中国钢铁价格 20 年

中国价格协会冶金价格分会
上海钢联电子商务股份有限公司　　**联合编著**

北　京
冶金工业出版社
2023

图书在版编目(CIP)数据

中国钢铁价格 20 年 / 中国价格协会冶金价格分会，上海钢联电子商务股份有限公司编著. —北京：冶金工业出版社，2023.5

ISBN 978-7-5024-9497-1

Ⅰ. ①中… Ⅱ. ①中… ②上… Ⅲ. ①钢铁市场—概况—中国 Ⅳ. ①F426.31

中国国家版本馆 CIP 数据核字（2023）第 080351 号

中国钢铁价格 20 年

出版发行	冶金工业出版社	电　话	（010）64027926
地　址	北京市东城区嵩祝院北巷 39 号	邮　编	100009
网　址	www.mip1953.com	电子信箱	service@mip1953.com

责任编辑　曾　媛　美术编辑　彭子赫　版式设计　孙跃红
责任校对　李　娜　责任印制　窦　唯
北京捷迅佳彩印刷有限公司印刷
2023 年 5 月第 1 版，2023 年 5 月第 1 次印刷
787mm×1092mm　1/16；18.75 印张；364 千字；285 页
定价:120.00 元

投稿电话　（010）64027932　投稿信箱　tougao@cnmip.com.cn
营销中心电话　（010）64044283
冶金工业出版社天猫旗舰店　yjgycbs.tmall.com
(本书如有印装质量问题，本社营销中心负责退换)

编委会和编辑人员

序 言（一）

　　钢铁行业是国民经济重要基础产业，产业链上接矿山、煤炭、电力、油气、运输，下联建筑、机械、汽车、家电、船舶、铁路、石油，以及军工国防等众多行业，是我国实现高质量发展、建设现代化强国和人民美好生活的重要支撑。钢铁产品处于工业产业链的中上端，影响面大，受关注度高，"牵一发动全身"。全面深入研究钢铁产品价格，可以更好地认识钢铁产业链的市场主体和遵循价值规律，发挥好市场配置资源的作用，对国民经济、工业产业、钢铁行业平稳运行和高质量发展至关重要。

　　自 1993 年国家逐步放开钢铁产品价格以来，特别是进入 21 世纪，我国钢铁行业进一步融入全球市场，在国内外市场竞争与合作中谋发展、强实力，不断发展壮大。20 年来，我国粗钢产量从 2001 年的 1.52 亿吨增加到 2021 年的 10.33 亿吨，年均增长 27.6%，连续 26 年位居世界第一，占全球产量 50% 以上；生铁产量和铁矿石消费量占全球比重均超过 60%。同时，我国建立起了全世界产业链最完备、规模最大的现代化钢铁工业生产体系，为我国工业化、城镇化、现代化进程做出了重要贡献。20 年来钢铁产品价格也经历了跌宕起伏，其中的影响因素是多维的，但主线依然是供需变化的综合反映。

　　自新冠疫情暴发以来，我国经济发展面临需求收缩、供给冲击、预期转弱三重压力。在以习近平同志为核心的党中央坚强领导下，国民经济工作稳中求进，保持了向好发展态势。钢铁行业力求在稳定运行的基础上，继续践行高质量发展。分析钢铁产品价格变化趋势，可以帮助企业和政府有关部门更好地深化供给侧结构性改革，加强行业自律，保障资源安全，增强创新能力，推进绿色低碳发展，稳定钢铁产品价格，保持行业运行平稳。

　　《中国钢铁价格 20 年》系统性地记录了钢铁产品价格"发生了什么"，也以翔实的供需基本面数据为支撑，回答了"为什么会发生"，并通过价值规律进而推演与展望了"还会发生什么"。

　　由中国价格协会冶金价格分会和上海钢联电子商务股份有限公司共同编纂《中国钢铁价格 20 年》，是钢铁行业价格领域的一件大事，实现了钢铁价格人多年未了的夙愿。两家单位经过反复研究，征求意见，不断修正，终成此书，并得到了中国价格协会的高度认可。在此，谨向付出辛勤汗水的全体编纂人员表示衷心的感谢！

　　希望《中国钢铁价格 20 年》研究成果，能为企业的生产经营活动提供参考，在引导和稳定钢铁产品价格方面发挥积极作用，为建立公平有序的市场竞争秩序、促进钢铁行业高质量发展送上一份特殊的成果，也是钢铁价格人向党的二十大胜利召开献上的厚礼。

屈秀丽

中国钢铁工业协会副会长
中国价格协会副会长
冶金价格分会会长
2022 年 8 月 18 日

序 言（二）

价格是数据的浓缩。

当我们看到价格时，看到的已经是结果，是价值规律、供需关系、流动性、政策、预期等多种因素交织的结果。价格将无数个维度的数据压缩成了单一数字，为市场提供了直观的信号系统。

价格数据的有效流动，让市场各方得以更高效地进行交易、制定定价策略、开展生产经营决策。对历史价格的跟踪与研究，则为识别价格运行规律与解读未来发展趋势提供了解码的密码本。

《中国钢铁价格20年》以中国钢铁产品价格指数走势为脉络，串联起了过去20年中国钢铁工业的发展历史与供需格局的演变过程，既系统性地介绍了"发生了什么"，也以翔实的供需基本面数据为支持，回答了"为什么会发生"，并进而推演与展望"会发生什么"。

同时，中国钢铁产品价格指数自身经历了20年的发展，在数据采集、指数编制等方法论上都臻于专业完备，以确保能够准确、及时、全面地反映市场变化，大幅提高了价格发现的效率，降低谈判成本，为维护供应链的稳定与安全发挥了重要作用。

相较于历史悠久的英美大宗商品价格指数，我国的商品价格指数仍很年轻，但依托中国超大规模市场优势，近年来"中国价格"在融入全球定价体系上取得了关键的突破。在铁矿石国际贸易、钢材及铁矿石场外衍生品合约的结算上，中国编制的价格指数参与到了全球定价机制中，成功让"中国价格"走向世界。

价格指数编制规则正是定价机制的重要组成部分，定价机制的话语权之争，发力点落在规则的制定权，即样本库的选择、数据的采集加工方法等。我们相信，中国样本的发言权与代表性，将继续致力于推动以中国样本、中国因素形成的基准价格得到更多的关注与应用。

在数字时代的今天，以价格为核心，围绕价格波动的多维度数据，对于钢铁工业及制造业的高质量发展，将发挥更大价值。科技与数据的结合，让数据融合、分析、提取价值变得更为智能化，进而转化为决策或行动。更细颗粒度的市场数据，结合企业自身的业务场景，正通过技术工具、模型方法论快速形成数据服务能力，为企业经营决策、精细化运营提供支撑。政府在进行宏观政策前瞻性准备时，也可参考更为可靠的产业监测数据与完善的预测预警模型。

作为全球最大最活跃的钢铁生产国与消费国，我国钢铁产量与消费量均占全球总量的 50% 以上，中国有能力以前所未有的规模生成并采集、处理有价值的产业数据。我们相信中国不仅拥有宝贵的数据资源，在数据资源的合理利用方面，也将在不久的未来处于有利的位置，并给钢铁工业及制造业带来更可持续的繁荣与未来。

朱军红

中国价格协会冶金价格分会副会长
上海钢联电子商务股份有限公司董事长
2022 年 8 月 18 日

前　　言

　　价格是市场经济的核心，是反映市场供求变化的最灵敏的信号，也是调节市场供需关系的重要杠杆，更是影响企业经营决策和成果的重要因素。钢铁产品作为基础原材料，其价格波动对上下游行业发展影响深远。随着我国市场经济的不断发展和改革开放的深入，钢铁行业面临的市场已是充分竞争的市场，且影响因素不仅只有供需、成本，而且还有国内外经济环境、产业政策、资本市场等众多因素，需要我们全面深入研究。

　　基于此，中国价格协会冶金价格分会和上海钢联电子商务股份有限公司共同编纂了《中国钢铁价格 20 年》，以期通过回顾钢铁产品价格多年来运行历程，分析总结其变化因素、变化规律、研判其变化趋势，为钢铁行业及上下游协同发展、为国民经济平稳健康发展做出积极的贡献。

　　中国价格协会冶金价格分会成立于 1992 年，隶属中国价格协会，在业务上受中国钢铁工业协会指导。30 年以来，分会紧跟行业热点、焦点问题，及时回应企业、社会关切，致力维护行业健康发展，深度参与了冶金产品的市场调研与监测、价格理论与实践研究、从业人员培训、价格咨询、协调价格矛盾与纠纷等工作。分会长期深耕于中国钢材价格指数（有专利）和铁矿石价格指数的研究工作，取得了丰硕成果，积累了丰富经验，在广大会员单位的共同努力下，得到了国家部委和行业企业的认可。

　　上海钢联电子商务股份有限公司（Mysteel）成立于 2000 年，是全球领先的大宗商品及相关产业数据服务商，以严谨的方法论和工作原则为基石，为市场提供可信的交易结算基准价格。作为中国首家通过国际证监会组织（IOSCO）认证的机构，Mysteel 编制的价格指数已成功参与到国际定价机制中，并被上海清算所、新加坡交易所、芝加哥商品交易所选定为金融衍生品结算价格指数。

　　两家单位优势互补，密切配合，共同编写《中国钢铁价格 20 年》，无疑会增加本书的实用性和权威性。

　　本书共分为八章及附录。第一章为本书研究背景、目的及意义，由张兰英、杨巍、潘昭帅撰写；第二章为中国钢铁行业 20 年来的发展历史和回顾，由张兰英、刁力、陈靖夫、杨巍、魏迎松、宋小文、肖微撰写；第三章为中国钢铁产业链原燃料及钢材价格走势回顾，由刁力、杨巍、邹昆昆、陈靖夫、周远见、杨丹虹撰写；第四章为中国钢铁产品价格指数的应用和发展，由张兰英、刁力、杨巍、任竹倩、周远见、杨丹虹撰写；第五章为中国钢铁产品价格运行影响因素，由魏迎松、宋小文、肖微、尹东玲、林缇撰写；第六章为中国钢铁工业 2022-2030 年发展前景展望，由刁力、陈靖夫、朱晓波、魏迎松、宋小文、肖微、张引、潘昭帅撰写；第七章为保持钢铁产品合理价位运行的建议，由刁力、杨巍、邹昆昆、尹东玲、林缇、张引、魏迎松、潘昭帅撰写；第八章为钢材价格理论与模型，由潘昭帅、张兰英、陈靖夫撰写。附录为钢材价格领域的相关文件，由张兰英、潘昭帅、夏晓坤撰写。

　　本书编委会由中国价格协会冶金价格分会和上海钢联电子商务股份有限公司等相关人员组成，中国价格协会副会长兼冶金价格分会会长屈秀丽、上海钢联电子商务股份有限公司董事长朱军红担任编委会主任；中国价格协会冶金价格分会常务副会长张兰英、上海钢联电子商务股份有限公司联席总裁夏晓坤担任编委会副主任；刁力（中国价格协会冶金价格分会秘书长）、魏迎松（上海钢联研究中心总监）、杨巍（中国价格协会冶金价格分会副秘书长）、陈靖夫（上海钢联钢材事业群副总经理）、周远见（上海钢联指数研发部经理）担任责任编辑。

　　《中国钢铁价格 20 年》是新中国成立以来，第一本系统地反映和研究钢铁产品价格的书籍。它以中国钢铁产品价格走势为脉络，串联起了过去 20 年（甚至更长时间）中国钢铁工业的发展历史与供需格局的演变过程以及影响因素；同时理论结合实践，既有价格理论机制与模型研究，又有价格实践中的大量数据支撑；既有价格指数监测系统，又有其实际应用。本书的出版必将为钢铁产业链的市场主体更好地认识和遵循价值规律，发挥市场资源配置起到积极的作用。

　　《中国钢铁价格 20 年》紧扣钢铁行业高质量发展主题，对新冠疫情和"双碳"背景下全球与中国经济进行展望、对钢铁行业发展趋势和价格走势进行深入研究、对保持钢铁产品合理价位运行的建言献策，是钢铁产业链中各企事业单位在生产经营中具有较高参考价值的书籍。

　　在撰写和编纂过程中，中国钢铁工业协会、中国价格协会和冶金工业信息中心等有关领导给予了大力支持和帮助，相关单位提供了大量的宝贵资料，并对我们的工作提出了许多宝贵意见。在此表示诚挚的感谢！

　　由于经验和水平有限，《中国钢铁价格 20 年》难免有疏漏和缺点，敬请各级领导、各界专家和广大读者批评指正。

《中国钢铁价格 20 年》编委会

2022 年 8 月 18 日

目　录

第（一）章

课题研究背景、目的及意义

钢铁产品是以铁（Fe）为主要元素的金属材料，是国民经济重要的基础原材料，是工业的基础，在我国工业化、农业现代化、城镇化和国防军事建设中发挥着重要作用。进入 21 世纪以来，我国经济进入高速增长阶段，钢铁工业也为我国工业化、城镇化进程做出了重要贡献。在新发展阶段，钢铁工业更是我国实现高质量发展、建设现代化强国、绿色低碳发展和人民美好生活的重要支撑。

钢铁行业上接矿山、煤炭、油气，下联建筑、基建、机械、汽车、船舶、集装箱、石油石化和家电等行业，处于工业产业链的中上端。钢铁产品用途广泛，产业链延伸长，钢铁产品价格在生产资料中位置重要，起到"牵一发动全身"的作用。研究钢铁产品价格，探索其变化因素，寻找其变化规律，研判其变化趋势，对国民经济平稳健康发展至关重要。

价格是市场经济的核心，是反映市场供求变化的最灵敏的信号，也是调节市场供需关系的重要杠杆，更是影响企业经营决策和成果的重要因素。随着我国市场经济的不断发展和改革开放的深入，钢铁行业面临的市场已是充分竞争的市场，且影响因素不仅只有供需、成本，而且还有经济环境、产业政策、资本市场等众多因素。需要全面深入研究，以便钢铁产业链的市场主体更好地认识和遵循价值规律，发挥好市场配置资源的作用。

2020 年以来，全球新冠疫情暴发，钢铁需求受到严重影响，同时受到全球股价、大宗商品和国内期货市场剧烈波动的影响，钢材价格出现大起大落。但是，在党中央的正确领导下，统筹疫情防控和经济社会发展，我国经济保持全球领先地位，为钢铁行业提供良好市场环境。钢铁行业积极应对国内外需求形势变化，努力克服原燃料价格高位运行的影响，行业总体运行良好，符合政策导向和市场预期，为满足下游行业用钢需求和保障国民经济持续恢复做出了突出贡献。

在此背景下，中国价格协会冶金价格分会与上海钢联电子股份有限责任公司撰写出版《中国钢铁价格 20 年》意义重大，她记录钢铁产品价格变化情况，探索价格变化及影响因素，认识价值规律，研判价格走势，为钢铁行业高质量发展服务，为稳定钢铁市场平稳运行服务，为我国经济"稳字当头，稳中求进"服务。

一、钢铁产品价格发展历程值得总结

我国的钢铁行业从新中国成立以来尤其改革开放之后，呈现快速发展的态势，从 1949 年新中国成立时年粗钢产量 15.6 万吨到改革前 1978 年的 3178 万吨，直至 1996 年突破了 1 亿吨的钢产量，2003 年钢产量突破 2 亿吨，2008 年钢产量 5 亿吨，2020 年钢产量突破 10 亿吨，2021 年达到 10.33 亿吨。连续 26 年世界第一，我国年钢产量占据了世界钢铁年产量的 50% 以上份额。截至 2021 年底，我国钢产量累计超过 150 亿吨。这巨大的进步与价格改革的率先放开息息相关，功不可没。

2001 年，我国加入世界贸易组织后，钢铁行业进一步融入全球市场，我国钢铁行业充分利用"两种资源""两个市场"，在国际竞争与合作的洗礼中谋发展、强实力，不断发展壮大。1996 年实现钢材净出口，2015 年达到 11956 万吨的历史最高值。随着我国加快建立以国内大循环为主体、国内国际双循环相互促进的新发展格局，低端钢铁产量的出口有所下降，2021 年钢材出口量为 6690 万吨。

进入 21 世纪以来，我国经济的高速发展和相关行业钢材消费强度的持续提升，有力推进了我国钢铁行业的产能扩张和持续高速发展。虽然经过多次周期性的波动和调整，但是，伴随我国的重工化和城镇化以及新型现代化的推进，我国后发的市场优势和巨大的市场需求以及市场化的充分竞争有效地推动了我国工业化的进程。投资、出口和消费引擎作用拉动经济发展，房地产、基础设施建设、机械机电、汽车行业、先进装备制造业、化工、家电、能源、造船等不同板块的轮动效应，科技创新的引领和技术进步以及制造能力和水平的赶超，使我国成为世界第二大经济体，并成为世界制造业较为完善的产业链链条，钢铁材料作为国民经济的基础材料，需求呈现出了中周期性的波动和较长周期的扩张态势，实现量的积累和质的跃升。

作为钢铁发展及经济运行的综合指标——钢铁产品价格，在不同的时期体现了不同的特点和运行趋势。研究和运用适合我国市场经济的钢铁价格的运行规律以及分别从宏观、中观和微观等层面进行机理的分析、调控、监管、预测、微观决策等等，始终是政府、行业和企业确保国民经济发展的协调均衡和行业健康、平稳、持续以及企业提升盈利能力和竞争力的重要抓手。钢铁价格的波动和振幅不仅反映在供需两端，影响钢材价格的因素扩展到国民经济总体发展水平和结构因素、产能先进性和淘汰落后以及优化布局的矛盾因素、财政和货币政策调整的强度因素、资本市场货币供应和企业负债结构因素、产业链传导强弱和滞阻因素、资源保障的刚性约束和弹性因素、供需错配和平衡的周期因素、国际国内市场和资源影响因素等各个方面。确保一定时期的相对稳定运行以及维持市场的理性繁荣和在钢铁产业链条发挥市场优化配置资源作用等方面相对于国民经济的发展将变得愈发重要。

钢铁产品价格是随着我国改革开放和经济体制改革不断深入而前进的，并且一直处在生产资料价格改革的前列。从 1993 年大部分钢铁产品价格放开，实现了由计划经济国家统一定价到市场经济企业自主定价的伟大跨越。钢铁产品价格改革的推进对钢铁行业迅速发展、技术进步和企业转换经营机制与提高竞争能力起到了重要作用。

钢铁产品价格放开后，钢铁企业开启了市场定价的模式。市场经济中信息获取的滞后性和不对称性给市场主体带来重大考验。价格是市场经济的基本信号。在市场经济条件下，资源的配置上要依靠价格杠杆，即由市场的供求调节价格，以价格引导生产要素的优化配置，从而提高企业的效率和效益，推进社会经济的发展。但受市场机制本身缺陷的制约，这种调节具有一定的自发性、盲目性和滞后性。因为市场调节是一种事后的调节，从价格形成、信息反馈到产品生产，有一定的时间差。企业又是单个的经营者，掌握的信息单一片面，微观决策带有一定的被动性和盲目性。如果市场功能不完善往往会导致经济秩序的紊乱和价格的大幅波动。这就是说，仅仅靠市场那只"看不见的手"是不够的，还必须有政府宏观调控、行业市场协调这只"看得见的手"，只有这两只手交替使用，相互配合，协调运作，经济运行才能正常，才能防止市场失灵。

从实践上看，钢铁产品价格放开后，当时我国的经济体制处于从计划经济向市场经济转换阶段，市场形成价格机制还不完善，各项法律、法规、制度还不健全。在这一时期，钢材市场又受到固定资产投资和信贷规模以及投机资本过热的影响，钢材价格出现了大幅度波动，螺纹钢价格达到 4000 元/吨，比市场放开前的价格升高两倍多。过高的价格引发了钢材（坯）的大量进口，同时也刺激了钢铁行业盲目铺摊子，上项目，大搞重复建设，最终致使钢材市场供大于求的矛盾不断加剧，导致后期钢材价格持续走低。这时不少企业为争夺市场，以低价、削价甚至不惜血本来开展市场竞争，螺纹钢价格一度降到 2000 元/吨左右。钢材价格的大起大落，扰乱了市场正常秩序，如果这种情况继续发展下去，不但会影响整个行业乃至国民经济的健康发展，而且也会损害钢铁企业本身的利益。

在钢材价格的暴涨暴跌之后，钢铁行业和钢铁企业开始认识到，我国钢材市场运行机制不健全、市场竞争不规范，钢材市场形成价格机制还有待完善，需要建立起符合市场经济发展规律的行业价格协调和价格信息监测机制，担负起引领市场走势、引导企业经营、规范定价行为的重任。

1992 年 8 月成立了冶金价格学会，后更名为中国价格协会冶金价格分会。主要负责为冶金企业提供价格政策、法规咨询，提供国家调价和企业定价方案的可行性研究咨询；组织冶金价格研究，探讨价格改革思路，安排价格改革理论研究课题；开展价格咨询、协调价格矛盾与纠纷；召开学术研讨与学术交流；举办物价人员培训，以此提高企业定价人员素质，参与价格专业技术考评。

1992 年 11 月成立"冶金工业价格信息咨询服务中心"，主要工作是：收集、加工冶金及相关产品价格信息，分析预测价格走势，建立冶金价格信息网络和数据库，定期举办价格信息发布会，为做好行业价格协调和引导工作、为深化价格改革提供高质量的信息支持。

1993 年冶金部组织成立了"冶金价格协调委员会"，组成人员是宏观管理价格的冶金部经济调节司负责同志和微观决策的各钢铁企业负责财务和营销工作的同志（现更名为中国钢铁工业协会财务与价格工作委员会），主要任务是贯彻落实国家的价格政策和产业政策，积极组织钢铁企业进行价格协调，每年定期召开会议，研究分析钢材市场供求趋势，发布正确价格信息，公布主要钢铁产品的协调参考价格，引导企业不要盲目跟风涨价，更不要低价倾销，努力维护钢材市场价格的稳定。

进入 21 世纪后，中国市场经济进一步发展，各项法律、法规不断健全；国有企业建立现代企业制度；政府机构职能由管理向服务转变等一系列变革，都表明中国社会主义市场经济的框架已基本形成。特别是加入世贸组织后，中国经济与世界经济融为一体。面对不断变化的新形势，钢铁行业的价格工作也与时俱进，行业协调也从重管理的宏观调控型向重服务的行业自律型转变。

2001 年国家冶金工业局撤销，组建了中国钢铁工业协会（以下简称"钢铁协会"）努力为会员服务、为行业服务，坚持提供服务、反映诉求，依法依规开展活动，努力发挥在政府和会员之间的桥梁、纽带作用。加强钢铁协会自身建设，培养造就一支高素质、精干的职业化、专业化队伍，努力建设成国内有威信、国际有影响的行业组织。钢铁协会以致力于中国钢铁行业的健康发展和永续繁荣为目标，积极促进中国钢铁工业的高质量发展，为建设钢铁强国而努力奋斗。

钢铁协会根据国家有关政策法规，结合行业特点，制定行规行约，建立自律机制，不断规范企业行为。在贯彻国家钢铁产业发展政策，促进行业结构调整、淘汰落后，推进技术进步，坚持绿色发展理念、促进节能环保水平提升，开拓市场，维护市场秩序，促进公平竞争，提高行业运行质量等方面，发挥行业组织的作用，维护行业整体利益和会员合法权益。

钢铁协会首先把反映供需和成本的综合指标——钢材价格监测作为服务政府、行业、企业和会员单位的重要内容。

2001 年 4 月，为了科学、合理、客观地反映钢材价格变化情况，更好地为钢铁和流通企业提供优质、真实的价格信息服务，中国钢铁工业协会推出了 CSPI 中国钢材价格指数（有专利），并联合冶金工业信息中心和冶金价格分会开展数据采集和指数编制工作。每周除了发布钢材综合价格指数外，还发布八个最具代表性的钢材品种的价格及指数（包括线材、螺纹钢、角钢、中厚板、热轧卷板、冷轧薄板、镀锌板和无缝管），基期的选择与英国商品研究院 CRU 国际钢材价格指数相同，均为 1994 年 4 月，为 100 点。之后并不断改进、扩充和完善监测系统。CSPI 中国钢材价格指数经过了近二十年的不断优化调整，其监测体系日臻完善，已被业内作为判断钢材市场价格走势的"晴雨表"和"风向标"，为钢材市场平稳运行、引导企业科学定价起到重要作用。

2003 年中国钢铁工业协会创建钢铁企业钢铁产品出厂结算价格直报系统，得到企业重视、支持和欢迎。为钢铁企业之间的价格对标挖潜，提升经济效益和竞争力，发挥积极作用。近二十年，不断扩充品种和采集企业，从钢材价格到原料采购价格，一应俱全，为报送企业建立一个信息共享的平台，得到企业广泛好评。

2011 年中国钢铁工业协会建立了 CIOPI 中国铁矿石价格指数监测系统。为适应广大钢铁企业和铁矿石贸易企业的需求，由中国钢铁工业协会牵头，中国冶金矿山企业协会、中国价格协会冶金价格分会和冶金工业信息中心积极参与、配合。经积极筹备，专家论证，几方共同努力，中国铁矿石价格指数自 2011 年 10 月份开始正式对外发布，是反映中国市场铁矿石价格变化情况的重要指标。

CIOPI 中国铁矿石价格指数是国内铁矿石市场的晴雨表，在企业经济活动分析、行业宏观管理中发挥重要作用，受到业内各界和政府部门的普遍关注。铁矿石价格指数不仅是反映钢铁行业运行以及影响变化因素的重要指标，也是对钢铁产业链的经济现象进行综合评定和测定，是分析产业经济景气的重要指标之一，是钢铁企业、矿山企业和贸易企业了解铁矿石价格信息的重要途径。CIOPI 中国铁矿石的价格发布，打破国外普氏指数"一家独大"局面，增强中国钢铁企业的"价格话语权"。

2008 年全球金融危机以来，国家开始运用期货这一金融工具，发挥"发现价格、规避风险、套期保值、资产配置"的作用。

2009 年 3 月 27 日螺纹钢期货在上海期货交易所开始交易，这是第一个上市运行的钢铁期货产品。2014 年 3 月 17 日热轧卷板期货合约在上海期货交易所开始交易。2011 年 4 月 15 日焦炭期货在大连商品交易所正式上市交易。2013 年 3 月 22

日焦煤期货合约在大连商品交易所上市交易。2012 年 10 月，大商所铁矿石期货由证监会立项，2013 年 10 月 18 日铁矿石期货合约已经在大连商品交易所上市交易。2014 年 8 月 8 日，硅铁、锰铁在郑州商品交易所上市交易。

钢铁全产业链期货的上市交易，一方面增加了市场的透明性，给企业提供金融避险工具，发挥"发现价格、套期保值"的功能；另一方面由于其金融属性强，市场游资大量进出，反复交易，加大了期货市场的波动，进而对钢铁产品现货价格影响较大，加大了钢铁价格的波动幅度和频次，对稳定钢铁市场价格造成压力。

"十二五"时期，由于全球金融危机后，国家 4 万亿元投资的刺激，房地产进入高增长阶段，也拉动钢铁产能的不断扩充，2010 年突破 6 亿吨、2012 年突破 7 亿吨、2013 年突破 8 亿吨。另外低质量的地条钢在市场中不断出现，钢铁市场严重供大于求局面出现，钢材价格出现腰斩，大部分钢企亏损。2015 年钢铁行业亏损总额达到 645 亿元，主营钢铁业务亏损高达 1000 亿元，可谓是钢铁行业进入了最冷的寒冬。CSPI 钢材综合价格指数从 2011 年初的 132.81 点下降到 2015 年末的 56.37 点，钢材价格只有 1994 年的一半多。"十二五"时期，钢材价格下降 57.54%。

"十三五"时期，钢铁行业拉开了供给侧结构性改革的序幕，累计压减钢铁过剩产能超过 1.5 亿吨，出清"地条钢"产能 1.4 亿吨，完成了化解钢铁过剩产能的上限目标任务，产能利用率达到 80%以上，产业集中度大大提升，行业迈出了脱困发展的新步伐。市场环境得到改善，钢材价格触底回升并呈现稳健上升态势，CSPI 钢材综合价格指数从 2016 年初的 57.6 点上涨到 2019 年末的 106.1 点，涨幅 84.2%。

2020 年以来，全球新冠疫情暴发，钢铁需求受到严重影响，同时受到全球股价、大宗商品和国内期货市场剧烈波动的影响，钢铁原料及钢材价格出现大起大落。但是，在党中央的正确领导下，统筹疫情防控和经济社会发展，我国经济保持全球领先地位，为钢铁行业提供良好市场环境。钢铁行业积极应对国内外需求形势变化，努力克服原燃料价格高位运行的影响，行业总体运行良好，符合政策导向和市场预期，为满足下游行业用钢需求和保障国民经济持续恢复做出了突出贡献。

2020-2021 年，我国钢铁产品价格随着疫情防控、经济社会发展和全球大宗商品波动情况而上下波动，总体价格以涨为主。CSPI 钢材综合价格指数从 2020 年初的 105.48 点上涨到 2021 年末的 131.7 点，涨幅 24.86%。

中国钢铁价格 20 年，是跌宕起伏的 20 年，价格运行轨迹与供需、成本、产业政策、宏观环境相关。近年来，随着国际市场、期货股市和大宗商品价格波动频率的加剧，钢铁价格的不确定性也进一步增加。

CSPI 钢材综合价格指数每周值：最高值为 2021 年 5 月第二周 174.81 点，最低值为 2015 年 12 月第二周 54.48 点，波动高达 220.87%。

CSPI 钢材综合价格指数年度平均值，最高为 2021 年 142.03 点，最低为 2015 年 66.39 点，波动幅度为 113.93%。

总结中国钢铁价格 20 年，我们积累的一些经验，建立了较为完善的价格管理体系和价格监测体系。但面对新发展阶段，钢铁行业产业政策发生重大调整，资源、能源、环境制约更加明显，现货市场、期货市场和企业定价关系更加紧密，如何稳定钢铁产品价格、保持行业运行平稳，需要我们研究和探索。

二、中国钢铁价格 20 年，建立了较为完善的价格管理体系和价格监测体系

（一）从钢铁企业方面看

钢铁企业作为直面市场和参与竞争赢得生存和发展的主体，建立较为科学的价格决策机制和较为灵活适应市场变化的价格运行体系。建立"协调、规范、联动、长效、创造价值"的价格分析、决策组织机构；制定"依法可行、快速反应、动态调节、适度引领、风险制衡"的价格管理制度和运行细则；本着"互利共赢、优强促进"的原则打造优势企业支撑的相对刚性的供应链条和具有较强抗风险能力和市场潜力的营销渠道，培育优质战略客户和供应商；以"贴近市场、适度引领、优化调整、长远效益最优、体现品牌价值、价格梯次追赶和经得起市场检验"等作为基本的定价原则；在市场价格的发现和确立以及适度引领方面科学合理决策和高效有效决策。

（二）从钢铁行业方面看

钢铁行业在价格管理方面，组建了中国钢铁工业协会财务与价格工作委员会和中国价格协会冶金价格分会，是做好指导、协调行业价格工作的专业组织。同时面向企业价格工作，开展调查研究、经济分析、咨询诊断、信息交流、专题研究工作；收集价格和相关的经济信息，监测价格变化，掌握国内外市场动态，对钢铁行业的经济运行、价格趋势进行分析和研究，为国家综合管理部门和会员单位提供决策依据和参考；组织制定价格方面的行业性规约，防范化解行业企业经营风险。

（三）从价格监测方面看

中国钢铁工业协会联合了中国价格协会冶金价格分会、中国冶金矿山企业协会、冶金工业信息中心等机构，建立了以钢铁企业、贸易企业和国内知名网站为主体的行业价格监测体系，建立组织机构，制定相关管理办法，建立信息员队伍，通过遍

布全国的监测网点，采集准确翔实的价格数据，每天监测铁矿石价格指数，每周监测钢材价格指数，每月监测钢铁产品价格企业结算价格，并通过交换网、APP、报刊等媒体做到信息共享。

价格指数作为反映重要商品和服务价格变化的"晴雨表"和"信号灯"，能够引导经营者及时调整生产经营决策，从而促进资源优化配置，钢铁协会推出的中国铁矿石价格指数、中国钢材价格指数，为国家部委和行业、企业及时了解客观、真实的铁矿石价格信息和钢材价格信息发挥了重要作用，为企业合理调节采购、生产和销售提供了有效支持，为钢铁市场平稳运行发挥了积极作用。

三、钢铁产品价格理论与实践面临新的挑战

从理论上看：钢铁产品价格形成的决定因素是市场，是供给和需求双方力量相互作用实现均衡的结果。供给和需求动态变化达到均衡调节着钢铁产品价格的变化，价格变化及相关预期反作用引起钢材供给和需求的新变化。钢铁行业在充分竞争和市场配置资源的决定性因素的新时期，价格运行机制和运行体系，注定是市场化机制和运行体系。但是，为防止市场失灵和严重失衡带来经济的剧烈波动和产生资源配置的扭曲和浪费缺陷，在新时期中国社会主义市场经济新阶段，实施适度的更高治理能力的宏观调控和政府、行业发挥更好作用显得尤为重要。

从实践上看：2020 年突如其来的新冠疫情在全球暴发，国内钢铁生产、消费、物流受到较大影响，钢铁产品价格剧烈波动；而全球股市、大宗商品随着疫情的发展形势，上下波动且幅度大，频率高。面对疫情钢铁行业坚持"应对疫情和稳定经营"双线作战，取得了控制疫情和行业稳定发展的良好成绩。为应对疫情，抑制钢铁产品市场的大幅度波动，应钢铁企业要求，中国钢铁工业协会联合冶金价格分会和冶金工业信息中心，加大价格监测力度，细化监测品种和监测周期。一是增加 26 个城市五大钢材品种（线材、螺纹钢、中厚板、热轧卷板、冷轧薄板）价格的每日监测，为企业提供快捷信息服务，为钢铁企业灵敏应对钢材市场的变化，及时快速的制定价格提供支撑，为钢材市场平稳运行起到引领作用。二是增加进口铁矿石 65% 品位的每日价格监测，由于我国环保需要，进口高品位铁矿石数量越来越多，国际市场高品位铁矿石由需求宽松转向需求偏紧，价格上涨较快，人为炒作增加，为增加铁矿石市场的透明度、公正性和客观性，为钢铁企业提供快捷、灵敏的采购信息服务，为企业降低成本提供支撑。疫情期间，钢铁行业加大监测力度，细化监测品种和监期，在企业最困难时期提供更加精准的信息支持。

2021 年以来，钢铁行业面临的市场环境更加复杂。一是新冠疫情导致全球经济

陷入衰退，各国为应对疫情的影响，纷纷采用量化宽松的货币和财政政策刺激经济，致使全球大宗商品价格大幅上涨，并不断创历史新高；二是随着中美关系、贸易保护、地缘政治等影响，世界经济恢复进程趋缓，我国外部环境更趋复杂严峻；三是我国进入新发展阶段，钢铁行业产业政策发生重大调整，资源、能源、环境制约更加明显，现货市场、期货市场和企业定价关系更加紧密，影响钢铁产品价格的因素更加多元和复杂。

2022 年，中央经济工作会议明确指出，我国经济面临需求收缩、供给冲击、预期转弱三重压力，经济工作要"稳字当头、稳中求进"。国家发改委、工信部等部委也下发通知，要求稳定大宗商品价格，加强信息发布，强化市场监管，促进产业链供应链贯通发展。

2022 年上半年，国内疫情呈现局部高度聚集和多点散发态势，地方疫情防控措施不断加严，多地封闭管控，交通暂时货运受阻，对钢铁供需面均产生较大影响。供应端部分钢厂出现断料焖炉甚至停产现象，需求端如汽车、家电也出现了供货受阻、开工率下降或停产现象。钢铁供需错配和价格波动现象可能会频繁出现。

俄乌军事行动削弱海外钢铁需求：战争和制裁势必推升全球通胀（特别是大宗商品），加剧产业链和供应链紊乱，干扰货币政策走向，影响实体需求，预计 2022 年海外钢铁需求将不及预期。如何保持产业链和供应链的稳定、钢铁产品价格在合理区间波动、保持行业运行平稳，需要生产企业、贸易企业、行业协会和政府部门的研究和探索。

《中国钢铁价格 20 年》客观、全面、科学地反映钢铁产品供需、价格及影响因素，有很多规律性、可预见性、可借鉴的东西，为政府、行业和企业了解价格变化规律，更好地指导政策及经营决策提供帮助，为钢铁行业高质量发展和钢铁产业链平稳运行提供支撑。

四、《中国钢铁价格 20 年》更好地服务钢铁行业高质量发展，为新时期钢铁产业链平稳运行提供帮助

2021 年是建党百年，实现第一个百年奋斗目标，开启向第二个百年奋斗目标进军新征程，我国应对百年变局和新冠疫情，构建新发展格局迈出新步伐，高质量发展取得新成效，实现了"十四五"良好开局。

2021 年，国民经济持续恢复，为钢铁行业发展提供了良好环境。全年钢材供需基本平衡，为下游行业发展创造了良好条件。钢铁行业积极采取有效措施，坚决贯彻落实压减钢产量决策部署，为实现钢产量同比下降做出了积极努力；受政策影响

钢材进出口结构持续优化；钢材价格先升后降，总体高于上年，钢铁行业效益创新高；"双碳"目标将引领钢铁行业绿色低碳转型发展。

2022年，我国经济坚持稳中求进工作总基调，完整、准确、全面贯彻新发展理念，加快构建新发展格局，全面深化改革开放，坚持创新驱动发展，推动高质量发展，坚持以供给侧结构性改革为主线，统筹疫情防控和经济社会发展，统筹发展和安全，继续做好"六稳""六保"工作，持续改善民生，着力稳定宏观经济大盘，保持经济运行在合理区间，保持社会大局稳定。

推动钢铁行业高质量发展应做到：

一是严禁新增钢铁产能。要严格执行项目建设程序，严格落实产能置换、项目备案、土地、环保、能耗、安全等规定，坚决杜绝新增产能等违法违规行为。对钢铁产能违法违规问题始终保持零容忍高压态势。

二是切实维护钢铁行业平稳运行。要认真总结钢铁行业2021年维护供需平衡的经验，完善供给侧管理，合理安排生产节奏，切实维护供需动态平衡。要优化钢材出口结构。要加快落实《关于振作工业经济运行 推动工业高质量发展的实施方案》，加强上下游产业合作，发挥产业链协同效应，做好生产要素协同，保供稳价。

三是密切跟踪国内外价格变化，加强经济运行监测分析。认真贯彻落实产能、产量"双控"系列决策部署，确保实现"全年粗钢产量同比下降"的目标。按照"稳生产、保供给、控成本、防风险、提质量、稳效益"的要求，密切跟踪国内外价格变化，加强经济运行监测分析，以供需平衡为目标，加强行业自律，在保供稳价的基础上，促进全行业实现稳定运行。

四是鼓励兼并重组。要坚持市场化、法治化原则，坚决打破市场分割、地区封锁，营造兼并重组有利环境。尊重企业主体地位，由企业自主决策。企业要认真贯彻国家方针政策和发展导向。

五是加快绿色低碳发展。要进一步增强对环保、节能、低碳改造必要性、紧迫性的认识，对标对表新要求，加大实施力度。要注重科技研发，着力打通工艺技术卡点和装备堵点，加强成果转化应用。

六是实施资源保障"基石计划"。推动国内新铁矿资源开发、境外新增权益铁矿、废钢资源回收利用等工作有序开展，提高钢铁工业资源保障能力，稳定铁矿石价格的平稳运行。

2021年，铁矿石、钢材等大宗商品价格大幅波动，给钢铁行业及上下游产业带来不利影响，引起了国家高度重视，有关部委多次约谈企业、行业协会听取情况说明，要求切实加强行业自律，维护行业平稳运行。2022年，国内外形势仍然复杂严峻，钢铁企业要在充分分析市场供需形势的基础上切实加强行业自律，不哄抬价格、不囤积居奇；按需组织生产，调整产品结构，坚持没有合同不生产、不给钱不发货的经营原则；加强与上下游行业的沟通，强化重点行业供需对接，秉持互利共赢、相互支持的理念，加强产业链协同，共同维护公平、公正、公开的市场秩序。

《中国钢铁价格 20 年》不仅反映供需和价格变化，而且解读《关于印发促进工业经济平稳增长的若干政策的通知》《"十四五"原材料工业发展规划》和《钢铁工业"十四五"发展战略研究报告纲要》，紧扣钢铁行业高质量发展主题，对新冠疫情和"双碳"背景下全球与中国经济进行展望、对钢铁行业发展趋势和价格走势进行深入研究、对保持钢铁产品合理价位运行建言献策，是钢铁产业链各企事业单位在生产经营中具有参考价值的书籍。

《中国钢铁价格 20 年》记述总结了二十年来价格升降波动伴随着国家经济发展对钢铁的需求，也是价格的改革促进着钢铁的强劲生产来满足国民经济的高增长。作为全球最大的钢铁生产国和最大的钢铁消费国，分析、总结、研究多年来钢铁价格运行的轨迹如何促进了钢铁工业的高质量、多品种的发展，进而如何满足国民经济建设的需要，经验值得认真总结和借鉴。深入研究合理价位对资源配置、满足需求、繁荣经济起重要作用，意义深远。

第 ❬二❭ 章

中国钢铁业二十年发展历史回顾

钢铁工业是国民经济的重要基础产业，是支撑国家发展和经济建设的重要支柱，也是反映一个国家综合实力的重要标志。工业革命以来，世界强国兴衰交替，钢铁作用巨大，英国、美国、德国、苏联和日本，都曾占据或一直保持世界钢铁强国地位。而中国钢铁快速发展相对较晚，直到 1949 年，中国钢产量仅有 15.8 万吨。新中国的建立和发展，改变了中国钢铁发展的历史轨迹，特别是近 20 年来的高速发展，绘就了一幅波澜壮阔的钢铁画卷。

新中国成立以来，钢铁工业的发展大体经历了三个阶段：一是从 1949 年中华人民共和国成立到"文化大革命"结束，处于"探索"过程，呈现波动发展态势；二是从改革开放之初到 20 世纪末期，处于"起步"过程，呈现稳定发展态势；三是进入新千年以来处于"加速"过程，呈现跨越发展态势。本章重点介绍近 20 年中国钢铁工业的发展特点。

第一节　中国钢铁工业发展特点

一、生产规模和品种质量同步发展、双轮驱动，有效满足了国民经济发展需要

1949 年中国钢产量为 15.8 万吨，只占全球的 0.1%。中华人民共和国成立后钢铁工业开始恢复、发展，提高产量是重中之重，20 世纪 70 年代中期的"三打两千六"，连续三年都没破 2600 万吨目标，反映了那个年代提高钢产量的艰难程度。1978 年改革开放时，中国钢产量 3178 万吨，占世界比例 4.4%。改革开放为钢铁工业利用国外资金、技术和资源创造了条件，特别是 1993 年钢铁产品价格改革，放开 93% 的钢材价格实行市场定价，至 1993 年底继续放开至 97%，大大提高了钢铁企业生产积极性，企业钢产量快速提升，1996 年首次突破 1 亿吨大关，达 10124 万吨，占

全球钢产量的 13.5%，成为世界第一产钢大国。

进入 21 世纪以来，我国进入工业化、城镇化快速发展阶段，钢铁产量 2001 年粗钢产量 1.52 亿吨，同比增长 18%；2010 年粗钢产量 6.37 亿吨，同比增长 11.4%；2020 年粗钢产量 10.65 亿吨，同比增长 7%；2021 年粗钢产量 10.35 亿吨，同比下降 3%；我国已连续 26 年位居粗钢产量世界第一，占全球产量 55.5%。

钢产量增长的同时，钢材品种质量大幅提高，钢材自给率不断提高。1949 年，钢材供给严重不足，1950 年钢材自给率仅 50%，只能冶炼 100 多个钢种，轧制 400 多个规格的钢材。1978 年钢材自给率提高到 72.7%，1/3 的外汇都用来进口钢材。2006 年，中国实现净出口钢材 2450 万吨（材坯合计折合粗钢 3463 万吨），结束了我国钢材净进口的历史。汽车板、家电板、管线钢、造船板、桥梁板、电工钢、不锈钢板、特钢棒线材以及航天军工用钢等产品实际生产水平达到较高水准。"十三五"规划以来，国产钢材共有 282 项品种的实物质量达到国际同类产品实物水平，20 项产品实物质量达到国际先进实物质量水平，2018 年钢材自给率达到 106.7%，国产钢材的国内市场占有率达到 98.7%，22 大类钢材产品中，有 17 类钢材产品自给率超过 100%。中国高端钢材国际竞争力和技术支撑力明显增强：自 2009 年起，单价高于 1000 美元的钢材出口量大于进口量；自 2010 年起，单价高于 2000 美元的钢材出口量大于进口量。

以新中国成立的 1949 年为基数，1949-2020 年间，我国钢铁工业的主要产品中，生铁产量从 25 万吨增加到 88752 万吨，增长了 3349.1 倍；粗钢产量从 15.8 万吨增加到 106477 万吨，增长了 6739.1 倍；钢材产量从 14 万吨增加到 132489 万吨，增长了 9462.5 倍。

进入 21 世纪的 20 年来，钢铁产量由快速增长向平稳增长过渡。2001-2005 年生铁产量为 115212 万吨，年均增长率 17.3%；粗钢产量为 119249 万吨，年均增长率 18.6%；钢材产量 129175 万吨，增长 18.9%；2006-2010 年生铁产量为 251738 万吨，年均增长率 7.6%；粗钢产量为 262091 万吨，年均增长率 8.7%；钢材产量 313597 万吨，增长 11.2%；2011-2015 年生铁产量为 342071 万吨，年均增长率 1.5%；粗钢产量为 384844 万吨，年均增长率 3.2%；钢材产量 508379 万吨，增长 3.1%；2016-2020 年生铁产量为 389324 万吨，年均增长率 4.8%；粗钢产量为 466757 万吨，年均增长率 5.7%；钢材产量 575689 万吨，增长 4.8%。

与此同时，我国钢铁工业在世界钢铁工业的地位明显上升。自 1996 年钢产量超过日本跃居世界第一以来，我国钢铁产量占世界的比重持续攀升。2020 年，我国钢铁产量占世界的比重已上升至 57.1%，比 2010 年上升 13 个百分点，比 2000 年上升

41.7 个百分点，比 1996 年上升 43.2 个百分点，比 1978 年上升 52.3 个百分点，比 1949 年上升 57.0 个百分点。进入 21 世纪的 20 年来，我国钢铁产量占世界的比重大幅度提升，年均提高近 2 个百分点。目前，在世界钢铁工业中，我国钢铁工业的产业链最完备、产业规模最大、产品品种系列最丰富（图 2-1-图 2-6）。

图 2-1　2000—2021 年粗钢产量和增速走势

数据来源：国家统计局，中国钢铁工业协会

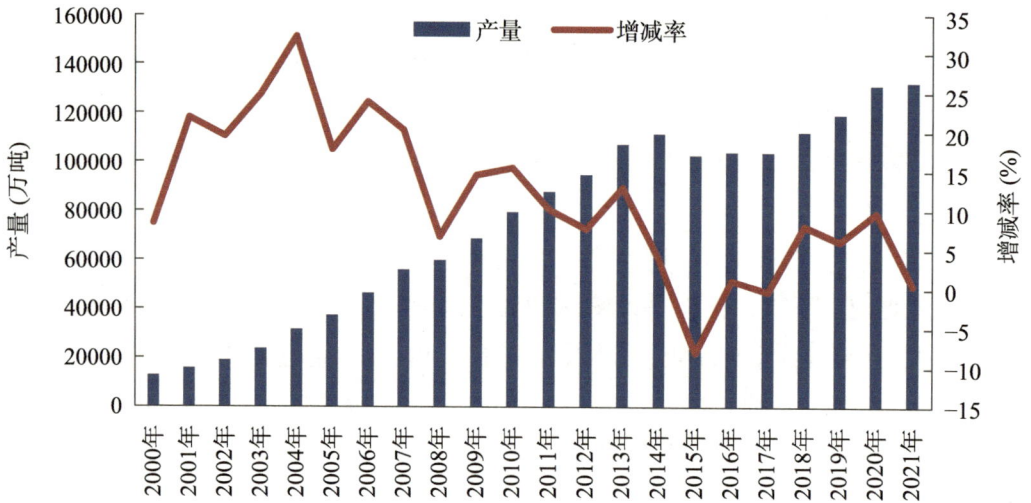

图 2-2　2000—2021 年钢材产量和增速走势

数据来源：国家统计局，中国钢铁工业协会

二、培育了以中国宝武为龙头的一批具有较强国际竞争力的钢铁企业集团

新中国成立后，钢铁基本建设始于对鞍钢的扩建改造，1953-1957 年，开展了

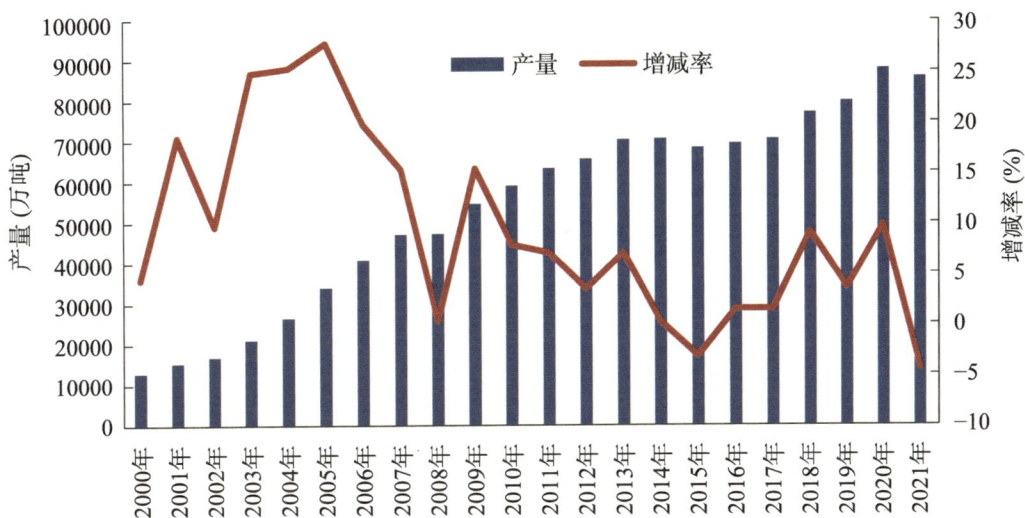

图 2-3　2000—2021 年生铁产量和增速走势

数据来源：国家统计局，中国钢铁工业协会

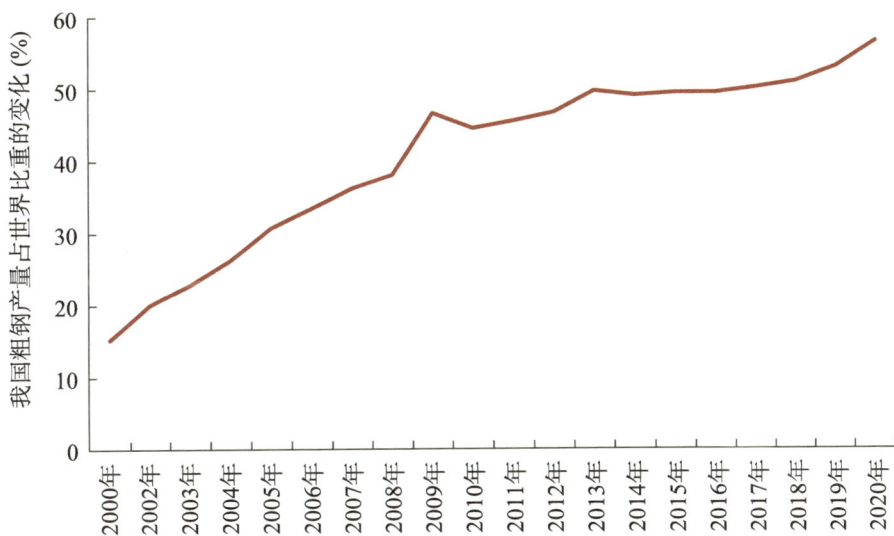

图 2-4　2000—2020 年我国粗钢占世界比重走势

数据来源：国家统计局，中国钢铁工业协会

苏联援建 8 个钢铁项目建设，包括新建武钢、北满钢厂、包头钢厂、热河钒铁厂（承钢前身），改扩建鞍钢、本钢等。"一五"末，国家提出钢铁工业建设"三大、五中、十八小"的战略部署，"三大"是继续建设鞍钢、武钢和包钢三个超过 100 万吨钢的钢铁基地，"五中"是建成年产 30 万–100 万吨钢的中型钢铁厂，包括扩建太钢、重钢、马钢、石景山钢铁厂，新建湘潭钢铁厂，"十八小"是在 18 个省、自治区新建

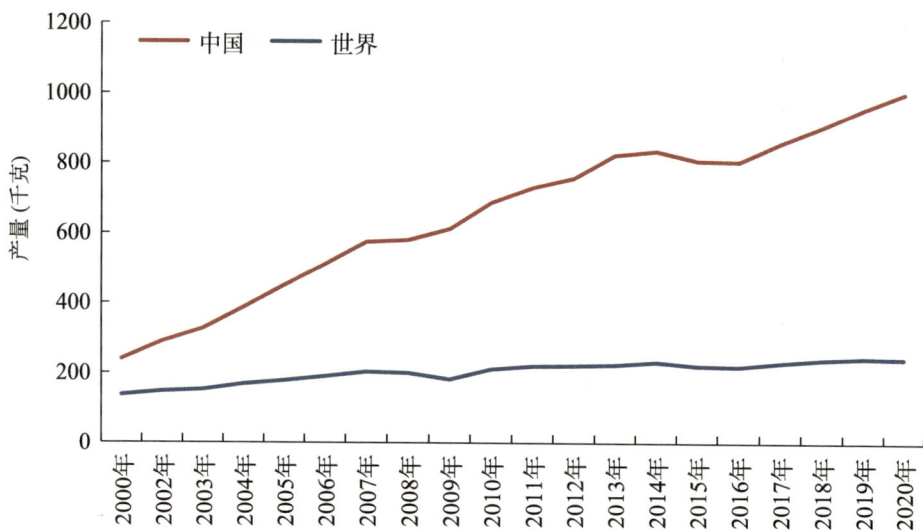

图 2-5　2000—2020 年我国与世界人均粗钢产量走势

数据来源：国家统计局，中国钢铁工业协会

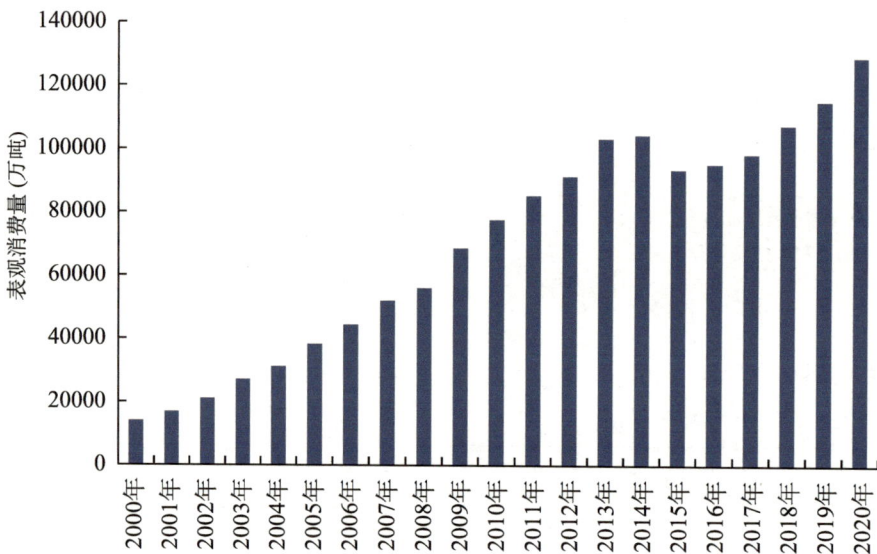

图 2-6　2000—2020 年钢材表观消费量走势

数据来源：国家统计局，中国钢铁工业协会

18 个年产 10 万–30 万吨钢的小型钢厂，包括河北邯郸、江西新余、江苏南京、广西柳州、福建三明、新疆八一、湖南涟源、河南安阳、吉林通化等。1964 年，以攀钢为标志性工程，建设长城钢厂、水钢、遵义金属制品厂等三线基地，恢复建设酒钢、兰钢、略钢，扩建成都无缝、重钢、昆钢，鞍钢援建宁夏石嘴山钢绳厂，本钢分迁建设西宁特钢等。这些钢厂中的多数，至今仍是中国钢铁的主力军，而且在产业布局中占有重要位置。改革开放后，中国政府从实现中国钢铁工业现代化，推动国民经济进一步发展的全局出发，决定建设宝钢。进入 21 世纪，中国具备了自主集成建设现代化沿海钢铁基地的能力，鞍钢鲅鱼圈、首钢京唐、宝钢湛江、山钢日照等国家生产力重大布局项目建成投产。与建设钢铁基地交相辉映的是钢铁兼并重组，20 世纪 90 年代末期，湘钢、涟钢和衡钢合并组建华菱集团，宝钢重组上海冶金控股集团和梅山钢铁公司，"十五""十一五"期间，宝钢、鞍钢、武钢、首钢等实施跨区域重组，河钢、山钢等实施区域内重组。十八大以来，以中国宝武的组建为标志，中国钢铁又开启了新一轮重组，对全球钢铁工业竞争格局产生深远的影响。2018 年中国大陆粗钢产量超过 1000 万吨的钢铁企业集团达到 22 家，全球前 50 大钢铁企业中，中国占据了 28 席（含台湾中钢）。

三、钢铁工艺技术、装备水平大幅提高，生产效率显著提升

1949 年生产钢铁的企业只有 19 个，能够修复生产的高炉只有 7 座，平炉 12 座、电炉 22 座。1949–1952 年，全国共恢复、扩建高炉 34 座、平炉 26 座，高炉利用系数仅有 1.02 吨/（立方米·日），焦比高达 976 千克/吨。至改革开放前夕，中国拥有炼铁高炉 982 座，总容积 87204 立方米；炼钢平炉 98 座，公称容量总计 17188 吨；炼钢转炉 276 座，公称容量总计 3034 吨；炼钢电炉 1678 座，公称容量总计 4156 吨。20 世纪 90 年代，连铸、高炉长寿、高炉喷煤、转炉溅渣护炉、型线材连轧和综合节能等关键共性技术的推广应用，推动了钢铁工业技术快速进步。

进入 21 世纪以来，中国钢铁装备大型化、高效化、智能化快速发展，大高炉、大转炉技术实现了对韩国、日本、美国等几十个国家的出口。全部淘汰 400 立方米以下炼铁高炉，256 家工信部规范企业范围内，已建成 425 座 1000 立方米以上高炉，其中 4000 立方米级 16 座，5000 立方米级 7 座，精料冶炼、高风温、高顶压、高富氧、大喷煤等高效炼铁技术普及推广，2018 年重点统计钢铁企业高炉平均利用系数 2.58 吨/（立方米·日），焦比 393 千克/吨，喷煤比 140 千克/吨。截至 2018 年底，工信部规范企业范围，拥有 100 吨及以上炼钢转炉 403 座，其中 300 吨级 14 座。钢铁工业基本淘汰了横列式型钢轧机、复二重线材轧机、劳特式中厚板轧机、二辊叠轧薄板轧机、开坯初轧机、热轧硅钢等工艺及产品，建成了一大批现代化轧制工艺技术装备，如国际领先的攀钢百米钢轨全长余热淬火工艺技术、有世界轧机之王美誉的鞍钢鲅鱼圈 5500 毫米宽厚板轧机等，都是立足于国产化的基础上建成投产的。随着工艺技术、管理水平、配套设施的不断完善，钢铁工业生产效率大幅提高，1949

年中国钢铁全员劳动生产率 2.38 吨/（人·年），2018 年重点统计钢企劳动生产率（按在岗人员计）已提高到 741 吨/（人·年），2020 年重点统计钢企劳动生产率（按在岗人员计）达到 850 吨/（人·年）。

新中国成立以来特别是改革开放以来，通过技术设备引进和自主创新的双管齐下，我国钢铁工业的技术装备日趋大型化、高效化、自动化、连续化、紧凑化、长寿化。截至 2018 年底，我国大中型钢铁企业拥有的 130 平方米以上烧结机 311 台，生产能力 88858 万吨，占大中型钢铁企业烧结机产能的 87.3%；1000 立方米以上转炉 322 座，生产能力 52245 万吨，占大中型钢铁企业高炉产能的 78.8%；100 吨以上的转炉 342 座，生产能力 51747 万吨，占大中型钢铁企业转炉产能的 75.7%；100 吨以上的电弧炉 21 座，生产能力 2172 万吨，占大中型钢铁企业电弧炉产能的 43.9%。同时，我国钢铁工业技术水平也明显提高。特别是 20 世纪 90 年代以来，连铸、高炉长寿、高炉喷煤、转炉溅渣护炉、型线材连轧和综合节能等关键共性技术在全国钢铁企业中得到推广普及。进入 21 世纪以来，一批先进工艺技术得到快速应用，首钢京唐高炉高比例球团冶炼工艺技术、中国宝武一体化智能管控平台技术、300 吨转炉"一键炼钢+全自动出钢"智慧炼钢技术、绿色洁净电炉炼钢技术、连铸凝固末端重压下技术、电渣重熔关键技术、热轧板在线热处理技术、无头轧制技术、棒线材免加热直接轧制技术、无酸酸洗技术等代表世界钢铁先进水平的工艺技术得到推广应用。由于技术进步迅速，"十三五"期间，我国钢铁工业累计获得了国家科技进步奖一等奖 3 项、二等奖 28 项，一大批高质量关键产品自主研发成功，如高速列车轮轴及转向架材料、超薄不锈钢精密带、高强热成型汽车板、新能源汽车电机用高性能硅钢、航母球扁钢等已达到国际先进水平。

四、建立健全了钢铁工业发展的产业体系，有力支撑了钢铁产业综合竞争力的提升

钢铁工业是中国"一五"计划发展的重中之重，156 项苏联援建项目中，钢铁工业投资占了总投资的近一半。从地质勘探到开矿选矿、耐火、焦化、炭素、铁合金再到冶炼、轧制、品种开发，从咨询、勘察、设计到施工，再到机修、科研、高效配套，钢铁工业是中国最早建成的完整工业体系。经过 1949 年之后 30 年的起步发展，和改革开放 40 年的洗礼考验，钢铁冶金配套产业体系日益健全，产业整体素质全面提高，有力支撑了钢铁工业的发展和产业综合竞争力的提升。以科技教育领域为例，1949 后中国建成了东北大学、北京钢铁学院、中南矿冶学院、昆明工学院、西安冶金建筑学院、鞍山钢铁学院、武汉钢铁学院、包头钢铁学院、马鞍山钢铁学

院等冶金院校，组建了钢铁研究院、规划院、设计院、矿冶院、建筑院、冶建公司等科研建设单位，源源不断地满足了钢铁建设发展对人才、技术、信息的需求。截至 2018 年底，钢铁工业累计建成国家重点实验室 20 个，国家工程研究中心 14 个，国家工程实验室 5 个，国家企业技术中心 42 家，上下游产学研用协同的国家产业技术创新战略试点联盟 4 个。有了这些实力雄厚的发展平台，未来中国必将成为世界冶金工业的创新中心、教育中心和研发设计中心。

五、钢铁工业绿色发展水平大幅提高

钢铁工业早期发展是比较粗放的，在节能环保方面重视程度不够，随着环境、能源外部条件的约束增强，钢铁工业开始加强能源节约和环境保护。特别是十八大以来，绿色发展提到了新的高度，中国钢铁持续推进清洁生产、特别排放限值、绿色工厂建设、错峰生产等重大事项，钢铁环保技术设施、排放绩效与管理水平大幅提升。重点钢企吨钢二氧化硫排放量由"十五"末期的 2.83 千克下降至 2018 年的 0.53 千克，吨钢烟粉尘排放量由 2.18 千克降至 0.56 千克，吨钢废水排放量由 4.71 立方米降至 0.74 立方米，部分特别排放限值地区与沿海钢铁企业实现废水"近零排放"。目前全行业正在全面推进超低排放改造，环保水平将进一步大幅提高。中华人民共和国成立伊始，钢铁工业吨钢综合能耗（标煤）曾高达 3 吨，20 世纪 80 年代起钢铁工业有步骤地推进节能工作，起初以扫浮财、杜绝跑冒滴漏等为主，吨钢综合能耗（标煤）从 1978 年 2.52 吨下降到 1985 年的 1.746 吨；"七五"到"八五"，钢铁节能逐渐从单体设备、工序转向整体，节能管理方式从经验管理转向现代化管理，1995 年吨钢综合能耗（标煤）下降到 1.44 吨；"九五"至"十五"，一批重大钢铁工艺技术的推广应用推动了钢铁节能的重大进步，如连铸和喷煤技术的推广普及，TRT、烧结及高炉热风炉余热回收技术的应用等，2005 年吨钢综合能耗（标煤）进一步下降到 0.694 吨；"十一五"到"十二五"，节能工作纳入了经济社会发展的约束性指标，钢铁工业以调整结构、实施重点工程，推动技术进步和加强监督管理为主，吨钢综合能耗下降（标煤）到 2015 年 0.572 吨。"十三五"以来，钢铁工业进入系统节能阶段，以提升企业整体能源利用效率为核心，完善健全能源管理组织架构，实现全流程能源精细化管理，加快工艺、装备、产品、原料的结构调整和技术进步，吨钢综合能耗（标煤）下降到 2018 年的 0.555 吨，相当于 1949 年的 18.5%。

改革开放 40 多年来，我国钢铁工业不断提升"三废"（废水、废气、废渣）排放标准，推行清洁生产，采用节能环保技术，节能降耗、资源综合利用取得了明显

进步。数据显示，我国重点大中型钢铁企业吨钢综合能耗从 1949 年的 3 吨标准煤左右下降到 2020 年 545 千克标准煤，高炉利用系数从 1952 年的 1.02 吨/（立方米·日）提高到 2020 年的 2.63 吨/（立方米·日）。我国早已全面淘汰了落后的平炉炼钢工艺，而且转炉炼钢实现了负能炼钢。同时，我国钢铁企业通过引进开发、推广应用"三废"综合治理及利用技术，废气处理率和处理废气达标率不断提高，吨钢外排大气污染物大幅减少，水的重复利用率大大提高，外排废水中污染物总量大幅度降低。数据显示，"十三五"期间，我国钢铁工业累计减排粉尘颗粒物 85 万吨、二氧化硫 194 万吨，减排各类废水 5 亿立方米，节约新水 22 亿立方米。2020 年，全国大中型钢铁企业外排废水总量比上年减少 3.85%，二氧化硫排放降低 14.38%，烟尘排放降低 17.68%，工业粉尘降低 10.54%，吨钢耗新水降低 4.34%。一大批花园式工厂、清洁生产环境友好型钢铁工厂相继涌现，宝钢湛江钢铁、河钢邯郸钢铁、安阳钢铁、青岛特殊钢、内蒙古包钢钢联股份等 14 家钢铁企业跻身"清洁生产环境友好企业"，德龙、安钢、三钢等一大批厂区已建设成为 4A、3A 级景区。

六、钢铁工业对外开放国际化发展不断迈上新高度

中国钢铁起步阶段主要是学习借鉴苏联的发展经验和技术，20 世纪 70 年代中期引进建设了"三厂一车间"的武钢"一米七"工程，但实质性对外开放和现代化钢铁建设，则始于改革开放。改革开放 40 多年来，中国钢铁在技术引进、海外资源、国际产能合作等方面进行了大量探索与实践。技术引进方面，1978 年 12 月宝钢动工兴建，大大缩短了中国钢铁与世界先进水平的差距，并引领了中国钢铁迈向现代化的步伐。海外资源方面，20 世纪 80 年代末，中国钢铁企业开始在秘鲁、澳大利亚以参股、并购等形式建设铁矿石生产基地，中钢和澳大利亚力拓公司合营的恰那铁矿、首钢斥资 1.2 亿美元收购了秘鲁铁矿公司，为加强我国资源保障和当地经济发展做出了重大贡献。国际产能合作方面，在"一带一路"倡议的推动下，中国钢铁企业将国际化向纵深推进，实现更高水平的开放。河钢成功收购塞尔维亚斯梅代雷沃钢铁厂，青山集团印尼镍铁项目，广西盛隆冶金马中关丹工业园 350 万吨联合钢铁项目，德龙镍业印尼镍铁不锈钢、德龙钢铁印尼钢厂，建龙东钢等海外钢铁项目进展顺利。技术服务方面，中国钢铁冶金设备技术出口逐步由单体设备及部件的出口，走向成套设备出口及工程总承包。中冶集团总承包的台塑越南河静 700 万吨钢厂项目投产，实现了钢铁项目总体设计和系统输出，带动 4000 立方米级大型高炉技术、标准和装备整体成套出口；马来西亚关丹联合钢铁（大马）350 万吨综合钢厂如期建成，成为中国资本、中国技术、中国管理全面走出去开展国际产能合作的典型。

七、钢铁产品竞争力不断提高，由钢材进口国转向出口国

新中国成立以来，随着钢铁工业技术装备水平的提高、工艺流程的优化、产品质量的改善和品种的增多，我国钢铁工业的竞争力不断提高。在国内市场上，目前我国经济建设和国防发展所需的主要钢材品种已完全可以立足国内生产，绝大多数钢铁产品的国内市场占有率和满足率都已达到 100%。我国经济和国防建设中所有重大项目和重点工程，都得到了国内钢铁企业的强力支持。例如：为国家重点建设工程乌德东水电站发电机提供磁轭钢，为国内首个控制性工程——黑河至长岭段天然气管道工程提供世界上口径最大、管壁最厚、钢级最高的管线钢，为亚洲最大自航绞吸挖泥船——"天鲲号"提供 BMS1400 耐磨蚀钢，为海洋工程领域世界首制的 VOC（挥发性有机物）系统模块提供锰碳低温钢，为国产航母"山东号"提供对称球扁钢等。

在国际市场上，特别是改革开放以来，我国钢铁产品的国际竞争力越来越强。1950 年，我国出口生铁 12.6 万吨、钢材 400 吨，实现了新中国钢铁产品出口零的突破。1982 年，我国出口钢材突破 100 万吨；1995 年，出口钢材突破 500 万吨；2007年，出口钢材突破 5000 万吨；2015 年，出口钢材突破 1 亿吨。近年来，由于国家钢铁发展战略的调整与国际市场环境的变化，我国钢材出口数量有所回落，产业国际竞争力仍在继续提高。如：2020 年，我国出口钢材 5367 万吨，比上年下降 16.5%；进口钢材 2023 万吨，比上年增长 64.4%；钢材产品出口均价达到 847.2 美元/吨，比上年上涨 1.3%；而进口均价下降至 831.6 美元/吨，比上年下降 27.5%；进出口钢材产品的价格差异从上年的 83.0 美元/吨变为 2020 年的–15.6 美元/吨。可以看到，钢材产品的进口均价高于出口均价的历史已经翻篇（图 2-7）。

从历史维度、全球视角来看，中国钢铁工业的发展、崛起和调整是一种必然，是世界钢铁工业发展规律和中国钢铁实际、特点共同作用的结果。与欧美等发达国家钢铁工业不同，中国钢铁工业脱胎于计划经济，崛起于改革开放进程中，走了一条独特的、前所未有的发展道路，有力支撑了国民经济发展需要。实践证明这条路是成功的，没有别的道路能够满足中国快速发展对钢铁的需求。同时，中国钢铁工业在崛起发展、满足需求的过程中，也承接了世界钢铁工业转移的接力棒，扩大了钢铁材料的应用领域，采用了大批的新技术、新装备，将世界钢铁工业发展水平推向了新高。

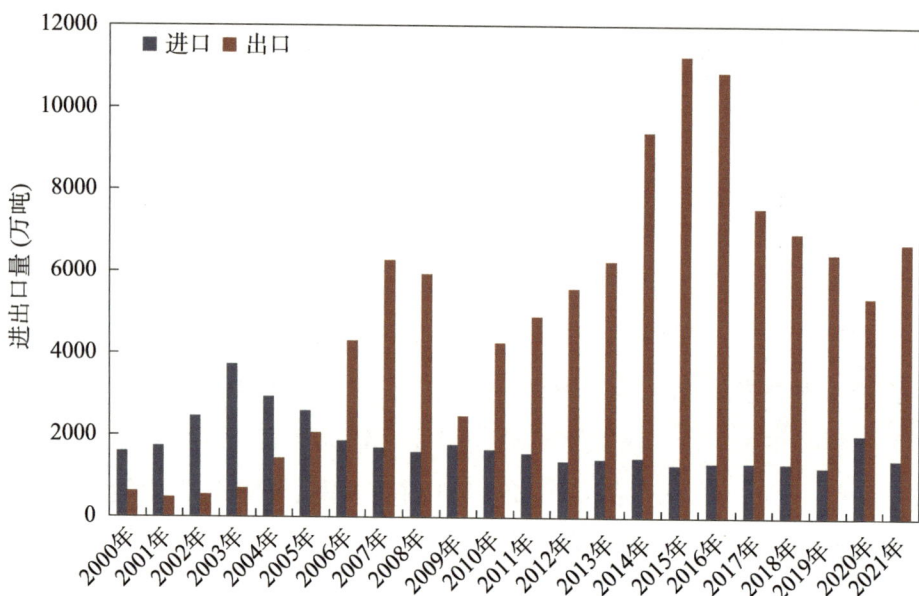

图 2-7　2000—2021 年我国钢材进出口走势

数据来源：国家统计局，中国钢铁工业协会

第二节　中国钢铁工业发展主要经验

我国钢铁工业发展之所以取得了举世瞩目的巨大成就，是因为在我国钢铁工业的发展进程中，我们始终不渝地坚持党的领导，坚持改革开放，与时俱进，不断调整完善钢铁工业的管理体制，充分利用国内国外两种资源、两个市场，充分发挥科学技术的引领带动作用。

一、将党的领导始终贯穿钢铁工业发展的进程之中

坚持党的集中统一领导，是我国工业化和经济建设顺利发展的基本经验，也是我国钢铁工业铸就辉煌的根本保障。

在社会主义建设时期，正是我们党带领全国人民自力更生，艰苦创业，重点建设了三个大型钢铁厂、五个中型钢铁厂和十八家小型钢铁厂，新建攀枝花钢铁基地，才极大地改善了我国钢铁工业的产业体系和产业布局体系，奠定了我国钢铁工业走向强大的基础。

改革开放以来，正是我们党按照中国特色社会主义本质要求，不断推动钢铁工业的结构调整、技术创新、管理机制变革，才使得我国钢铁工业不断走向强大。

中国钢铁工业的发展历程充分说明，坚持党的正确领导，是我国钢铁工业大起

来、强起来的基石。在建设世界钢铁强国的过程中，我们必须始终坚持党的领导。

二、与时俱进，不断改革调整钢铁工业的管理体制和资源配置方式

与时俱进，不断改进经济体制和社会资源的配置方式以适应生产力的发展，是我国社会主义经济建设取得巨大成就的重要经验，也是我国钢铁工业顺利发展的成功经验。

为了迅速改变钢铁工业底子薄、基础差的落后局面，我国在钢铁工业领域曾实行高度集中统一的计划管理体制，通过国家指令性计划统一调配钢铁生产的原材料供应，统一组织钢铁产品生产和销售，统一钢铁企业的利润分配和固定资产投资。这种高度集中的计划管理体制和资源配置方式，在当时背景下发挥了计划体制"集中力量办大事"的优越性，迅速建立起了铁矿石开采－炼铁－炼钢－轧钢－钢材深加工的完整产业体系，奠定了我国现代钢铁工业发展的基础。

改革开放后，钢铁工业与时俱进，不断通过经济体制改革来改变传统计划体制下政企不分、政资不分、政事不分、政府统得过多过死、激励机制缺失等弊端，实行市场化改革，充分发挥市场合理配置资源的积极作用，充分发挥市场机制激励和约束功能，建立以现代产权制度为核心的现代企业制度，充分调动企业和职工的主动性、积极性和创造性，极大地解放和培植了我国钢铁工业生产力，促推世界第一钢铁大国在东方诞生。

三、坚持对外开放，充分利用国外资源、技术和市场

通过对外开放，引进来，走出去，充分利用国外资源、资金、技术和市场，是我国钢铁工业百年间取得赶超跨越式发展的成功做法。

新中国成立之初，我国充分利用与苏联友好的有利条件，改善了我国工业化和经济发展过程中缺钢少铁的局面。20世纪70年代初，随着我国与西方国家关系的改善，一些先进的技术装备被引入我国，如武钢从国外引进"一米七"轧机。通过这种方式，提高了我国钢铁工业的技术装备和工艺水平，改变了钢铁工业板、管稀缺，薄板严重依赖进口的局面，改善了钢铁工业的产品结构。改革开放后，我国又先后引进日本、德国的技术装备和先进管理经验，开工建设了宝钢项目。纵观这段历史，我国在立足发挥国内资源和市场的同时，积极引进国外前沿的技术装备，充分吸收国外先进的管理经验，使我国钢铁工业水平补足了短板，开始跻身于世界前列。

党的十八大以来，利用共建"一带一路"有利机遇，我国钢铁企业一方面积极

"走出去"获取国外矿产资源，另一方面积极开展跨国经营和产业布局，河钢收购塞钢、敬业集团收购英钢、建龙重工收购马来西亚东钢，等等。这既极大地缓解了我国国内铁矿石资源不足和钢铁产能过剩的困境，又为我国钢铁工业培育出一批具有全球资源配置能力和经营能力的跨国钢铁企业，可谓一举两得。

四、坚持技术创新，加强自主创新能力建设

钢铁工业百年发展光辉历程表明，坚持技术创新，加强自主创新能力建设，是我国钢铁由小到大、由弱渐强的重要驱动力。改革开放以来特别是党的十八大以来，我国钢铁工业之所以开发的钢铁新品种不断增多，产品质量不断提高，能源资源消耗强度不断降低，一个重要原因就是坚持走科技创新发展之路，加大了产业研发投入，加强了产业自主创新能力建设。

以高强度汽车钢的自主研发为例，为了打破国外钢铁企业对高强度汽车钢的垄断，满足我国迅速发展的汽车工业对高强度汽车钢的市场需求，在国家有关部门的支持下，宝钢自 2002 年起连续投入巨资研制开发超高强钢。2009 年，宝钢投产了我国首条超高强钢专用生产线。截至目前，宝钢已成功开发多种先进高强钢品种以及生产工艺技术，其重点开发的第三代高强钢 Q&P 钢已实现批量供货，宝钢也因此成为目前世界上唯一一家可以同时工业化生产第一代、第二代和第三代全系列超高强钢的钢铁企业。

目前的中国钢铁工业在数量和质量两个方面均取得了巨大进步，基本满足了国家发展的需要，具备了较强的国际竞争力，钢铁强国之路展现出光明前景。从产品服务能力、产业规模效应、技术装备水平、支撑配套体系、从业人员素质等方面，中国钢铁工业综合实力已处在世界一流方阵，是可率先进入制造强国先进行列的产业之一。特别是十八大以来，钢铁工业不断适应新常态，贯彻落实供给侧结构性改革，产业调整升级取得了本质性的长足发展，为世界钢铁工业化解过剩脱困发展贡献了中国智慧，做出了突出贡献，彰显了大国责任和国际领导力，也为中国钢铁工业的高质量发展打下了坚实的基础。

第<三>章

中国钢铁产业链原燃料及钢材价格走势回顾

第一节　铁矿石价格

一、铁矿石基本介绍

铁矿石中的平均含 Fe 量在 25%以上，被称为有利用价值的铁矿石，主要用于提炼生铁、炼钢等用途。

铁矿石分类方式较多，主要有以下三种方式：（1）按形状，分为粉矿、块矿、球团矿；（2）按含 Fe 量，分为富矿（含铁量>50%）、贫矿（含铁量在 40%-50%以下）；（3）按矿物组成，分为磁铁矿石（Fe_3O_4）、赤铁矿石（Fe_2O_3）、褐铁矿石、菱铁矿石（$FeCO_3$）等（表 3-1）。

表 3-1　铁矿石矿物组成分类

名称	化学式	理论含量	颜色	光泽	条痕	比重	硬度
赤铁矿石	Fe_2O_3	70%	结晶为钢灰和铁黑色，其他为暗红色	镜铁矿石有金属光泽，其他为土色	樱红色	4.8-5.3	5.5-6.0
磁铁矿石	Fe_3O_4	72.4%	钢灰色或黑灰色	较暗的玻璃光泽	黑色	4.9-5.2	5.2-6.5
褐铁矿石	$nFe_2O_3 \cdot mH_2O$	55.2%-62.9%	黄褐色、暗褐色和黑色	无	黄色、黄褐色	3.0-4.2	1.0-4.0
菱铁矿石	$FeCO_3$	48.2%	灰色和黄褐色	玻璃光泽	灰色和浅黄色	3.9	3.5-4.0

数据来源：钢联数据。

我国铁矿石需求量居全球第一，产量主要集中在澳大利亚和巴西。根据世界钢协数据，2020 年全球铁矿石产量达 23.8 亿吨，同比下降 1.6%，产量主要集中在澳大利亚、巴西、印度、中国（富矿）、俄罗斯等五国，分别占全球铁矿石总产量的

39.5%、16.7%、11.6%、8.7%和 4.7%，合计占比达 81.2%。据世界钢协数据，2020
年全球生铁产量 14.07 亿吨，同比增长 1.3%，其中，中国生铁产量 9 亿吨左右，占
世界生铁产量 64%（图 3-1 和图 3-2）。

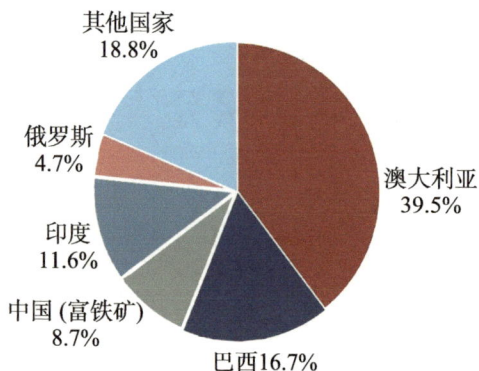

其他国家 18.8%
俄罗斯 4.7%
印度 11.6%
中国（富铁矿）8.7%
巴西 16.7%
澳大利亚 39.5%

图 3-1　2020 年分国别铁矿石产量占比

数据来源：钢联数据，世界钢协

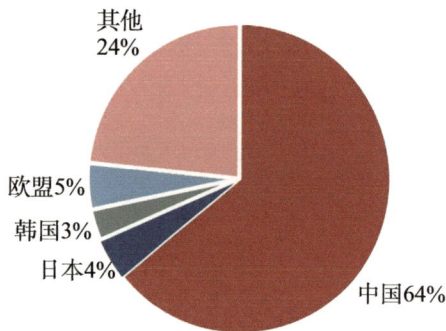

其他 24%
欧盟 5%
韩国 3%
日本 4%
中国 64%

图 3-2　2020 年分国别生铁产量占比

数据来源：钢联数据，世界钢协

二、铁矿石价格走势周期性强、波动剧烈

铁矿石市场特点：一是铁矿石属于寡头垄断市场，资源主要集中在四大矿山手
中（淡水河谷（VALE）、必和必拓（BHP）、力拓（RIO）、FMG），2009 年以前，铁
矿石定价机制以长协定价为主，价格波动不剧烈，2009 年之后长协定价机制瓦解，
指数定价机制进入市场，价格波动剧烈；二是全球铁矿石资源分布及消费区域严重
不均衡，贸易活跃度高，近几年贸易量占全球产量的 70% 左右，中国铁矿石对外依
存度长年在 80% 以上，价格波动剧烈；三是铁矿石金融属性强，2013 年 10 月铁矿
石期货在大连商品交易所上市，2008 年 5 月海外掉期合约上市，2014 年 6 月上海清
算所掉期业务上线，金融市场情绪对价格波动影响加大。

2001-2015 年铁矿石价格呈现"M"形走势，2016-2021 年呈现"∧"形走势（图
3-3），具体表现为：

2001-2005 年铁矿石定价机制属于长协定价，主要根据需求增长以及运费大涨支
撑铁矿石价格上涨。2001 年 12 月，我国正式加入世界贸易组织 WTO，经济高速发
展，生铁产量进入快速扩张期，带动铁矿石需求快速增长。同时，2003 年之后中国
对铁矿石的高需求造成海运市场运力严重失衡，带动波罗的海干散货运价指数 BDI
涨幅翻 3 倍，支撑铁矿石价格大幅上涨，年度长协谈判价格涨幅逐渐加大，2003 年、
2004 年、2005 年涨幅分别为 9%、16%、71%，年度长协谈判价格与现货价格分歧

快速拉大。不过，整体看，此阶段铁矿石价格跟随钢价呈现上涨态势，走势长期保持一致。

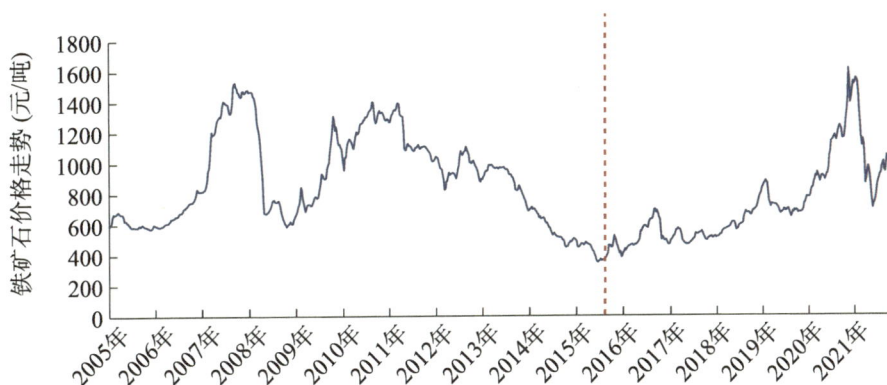

图 3-3 铁矿石价格走势

数据来源：钢联数据

2006-2010 年，金融危机以及定价机制的转变对价格波动影响大，铁矿石价格呈"N"形走势。2007 年之前铁矿石价格一直在 700 元/湿吨下方运行，整体保持窄幅波动。自 2007 年初大幅上涨至 2008 年 3 月的阶段性高点 1530 元/湿吨，价格上涨速度快、时间短、波动剧烈。随后全球金融危机爆发，铁矿石作为国际化品种受影响巨大，价格高位运行 6 个月后开始回落，仅用 8 个月时间下跌 942 元/湿吨至 2009 年 4 月的 588 元/湿吨。2009 年随着铁矿石长协定价机制瓦解，指数定价机制进入市场，中国铁矿石进口量占全球铁矿石贸易量的 60% 以上，铁矿石价格跟随中国需求的增长而上涨，2009 年 4 月以后上涨 814 元/湿吨至 2011 年 2 月的 1402 元/湿吨，持续时间 1.8 年，涨幅为 148%。

2011-2015 年，铁矿石价格呈现下行走势，下跌时间较长。自 2011 年 2 月开始，铁矿石价格从高点 1402 元/湿吨下跌至 2015 年 12 月的 349 元/湿吨，跌幅达 75%，价格下行近 5 年时间。主要分为两个不同阶段，2013 年 2 月之前，铁矿石价格抵抗式下跌，运行两年时间下跌 296 元/湿吨；2013 年 2 月至 2015 年 12 月，2013 年、2014 年铁矿石期货和掉期上市，金融属性增强，2015 年期货成交量较 2014 年增长 1.7 倍，在基本面走弱以及期货价格大幅下跌七成背景下，铁矿石价格进入快速下跌通道，较 2013 年 2 月下跌 68%。

2016-2021 年，铁矿石价格进入大级别上涨阶段，2021 年 5 月创历史新高。在我国供给侧结构性改革背景下，铁矿石基本面偏弱，价格长期保持低位运行，2016-2019 年 1 月价格一直运行于 700 元/湿吨以下。以巴西矿难为标志性事件，2019

年铁矿石价格开启了新一轮的上涨行情，2021 年全球进入疫情后时代，经济快速复苏，在货币大量超发背景下，导致大宗商品绝大多数品种价格不断创新高。2021 年 5 月 Mysteel 铁矿石价格上涨至 1612 元/湿吨的历史高位，较 2019 年上涨 164%，相较于 2008 年与 2011 年的上涨周期，此阶段持续时间更长，上涨幅度也更大。经过两个月的高位盘整后，粗钢压减政策落地，铁矿石价格快速下跌至 2021 年 11 月 701 元/湿吨。

三、铁矿石年度均价周期性依然明显

铁矿石年度均价同样具有明显的周期性，但波动幅度明显收敛。2006-2010 年，年均价在 603-1243 元/湿吨之间运行，波动幅度 106%。2007 年和 2008 年铁矿石年内高低点振幅最大，均在 100% 以上，其他年份波动较小。2011-2015 年，铁矿石年均价呈现下跌行情，年均价自 2011 年 1279 元/湿吨下跌至 2015 年 466 元/湿吨，跌幅 63.6%。2016-2021 年，铁矿石年均价呈一路上行态势，由 2016 年 458 元/湿吨涨至 2021 年 1165 元/湿吨，涨幅达 154%，持续近 5 年时间；2019 年之前上涨较为平缓，之后则明显加速，2021 年达到 130%（图 3-4 和表 3-2）。

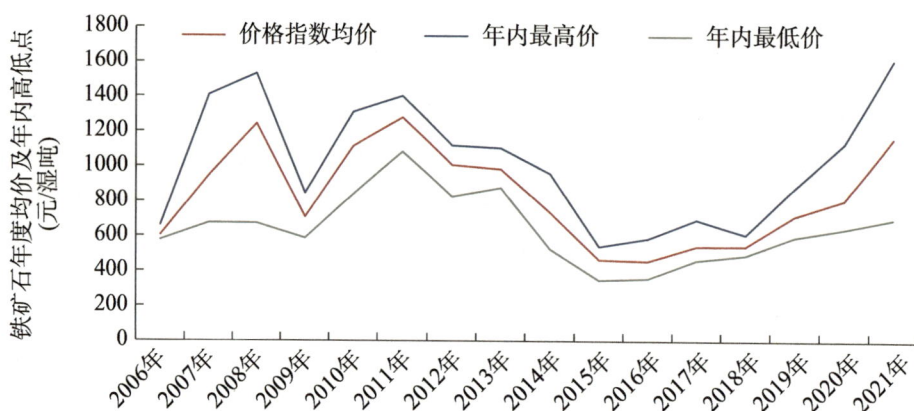

图 3-4 铁矿石年度均价及年内高低点趋势

数据来源：钢联数据

表 3-2 铁矿石年均价及年内高低点 （元/湿吨）

年份	价格指数均价	年内最高价	年内最低价	高低点振幅（%）
2006	603	659	577	14.30
2007	947	1409	675	108.80
2008	1243	1530	672	127.70
2009	708	846	588	43.90

续表 3-2

年份	价格指数均价	年内最高价	年内最低价	高低点振幅（%）
2010	1116	1311	840	56.20
2011	1279	1402	1083	29.40
2012	1008	1120	827	35.50
2013	984	1107	877	26.20
2014	737	959	528	81.80
2015	466	541	349	54.90
2016	458	588	359	63.80
2017	543	696	464	50.00
2018	545	611	492	24.10
2019	718	880	597	47.40
2020	810	1136	645	76.20
2021	1165	1612	701	130.00

数据来源：钢联数据。

四、铁矿石品种价差区间波动明显

除 2021 年铁矿石品种价差波动剧烈外，其他时间以区间波动为主。数据显示，2013-2020 年较长时间内，铁矿石品种价差均保持在较为稳定的区间内，其中高中品位价差波动区间在 15-260 元/湿吨；高低品位价差波动区间在 40-320 元/湿吨。2021 年是较为特殊的一年，钢厂对中高品矿需求明显增加，带动各品种价格快速上涨，品种价差迅速拉大，创下多年极值，其中 8 月高中品位矿价差最大 413 元/湿吨，7 月高低品位矿价差最大 654 元/湿吨（图 3-5）。

图 3-5　铁矿石品种间价差走势

数据来源：钢联数据

分阶段来看，2016 年 3 月以前，铁矿石价格下跌趋势中，品种价格优势不突出，品种间价差呈现收缩态势，2016 年 1 月高低品位矿价差由 216 元/湿吨缩小至 41 元/湿吨，2016 年 3 月高品位矿与中品位矿价差由 139 元/湿吨缩小至 17 元/湿吨；2016 年 3 月-2018 年 8 月，铁矿石品种间价差呈现扩张态势，高低品位矿价差扩张至 316 元/吨，高品位矿与中品位矿价差扩张至 272 元/吨，价差高位持续时间两个月；2018 年 8 月-2019 年 9 月，铁矿石品种间价差呈现收缩态势；2019 年 9 月-2021 年 7 月，铁矿石品种间价差呈现扩张态势，扩张时间接近两年。

铁矿石各品种年均价走势一致，价差区间波动。2014-2020 年铁矿石各品种价格走势与综合价格走势一致，呈现先抑后扬态势，各品种间价差区间波动明显，高中品位矿价差位于48-147 元/湿吨之间，高低品位矿价差位于81-232 元/湿吨之间。2021年，新冠疫情后铁矿石品种间价差明显走扩，高中品位矿价差扩大至 221 元/湿吨，高低品位矿价差扩大至 394 元/湿吨（表 3-3）。

表 3-3　铁矿石年均价及年内高低点　　　　　　　　　　（元/吨）

年份	高品位矿均价	中品位矿均价	低品位矿均价	高中品位价差	高低品位价差
2014	596	662	753	90	157
2015	383	415	463	48	81
2016	393	448	511	64	118
2017	470	546	693	147	223
2018	444	509	676	167	232
2019	648	709	784	75	136
2020	736	812	921	110	186
2021	942	1115	1336	221	394

数据来源：钢联数据。

五、铁矿石国产矿与进口矿价差由负转正

2011 年之前，进口矿的高价时代逐步消退。2009 年以前，铁矿石定价模式主要是国外三大矿山以及日本共同制定长协价格，我国铁矿石定价权丧失，在需求快速增加阶段，2005-2008 年 7 月铁矿石价格一路上涨，进口矿价格高于国产矿，内外价差持续为负值，最低值为 2007 年 11 月的-221 元/湿吨；随着金融危机爆发，进口矿价格快速回落，而国产矿生产成本高，跌幅不及进口矿，2008 年 5 月-2009 年 10 月，国产矿价格超过进口矿，内外价差转正，最高值 148 元/湿吨；2009 年之后金融危机影响减弱，全球经济处于恢复期，叠加长协定价机制瓦解，2009 年 11 月-2011 年 7 月，内外价差极值波动幅度有所收窄，但波动频繁。

2011 年 7 月之后，国产矿价格长期高于进口矿，国内外价差持续为正。2011 年 7 月以后，铁矿石定价以指数定价为主流，市场价格更公正、透明，国产矿与进口矿价差逐步扩大，2017 年 12 月内外价差达到历史高位 254 元/湿吨，内外价差季节性波动明显，夏季价差明显收窄，秋冬季价差扩大（图 3-6）。

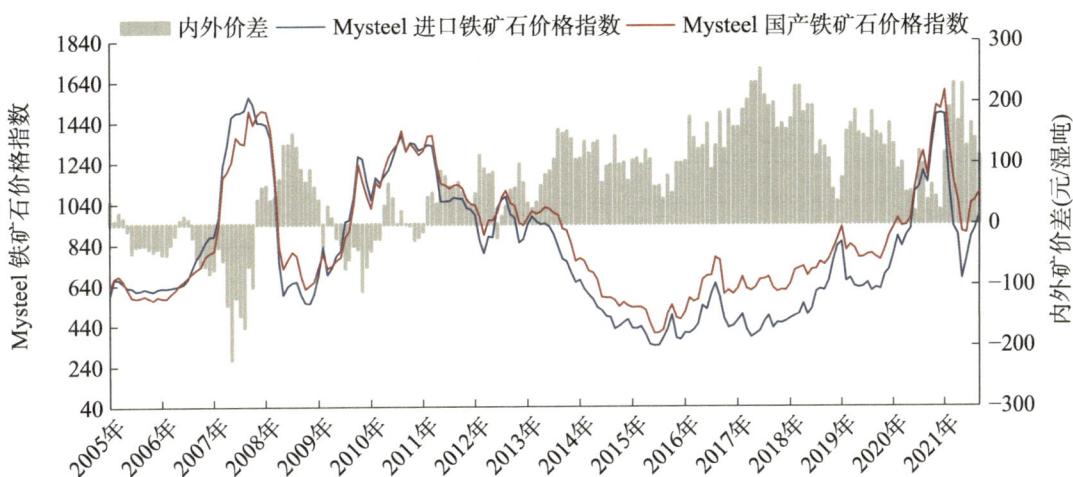

图 3-6 内外矿价格及价差走势

数据来源：钢联数据

年度均价看，2011 年以前，国产矿和进口矿价差以正向为主。国产矿和进口矿价差区间为–77~44 元/湿吨，两者年度均价高点均出现在 2011 年，与铁矿石绝对价格指数高点出现时间有所差异。2011 年之后内外矿价差均为正值。主要因为铁矿石属于寡头垄断市场，长期以来以长协定价机制为主，2009 年以后长协定价机制瓦解，向指数定价机制转变，品种价格差异性突出；其次，进口铁矿石平均铁品位低于国产铁精粉矿品位，进入指数定价后，价格回归供需基本面（表 3-4）。

表 3-4 铁矿石年均价及年内高低点 （元/湿吨）

年份	进口矿年均价	国产矿年均价	内外矿价差
2005	640.5	643.0	2.5
2006	625.6	596.0	−29.6
2007	1004.4	927.1	−77.4
2008	1241.7	1248.9	7.2
2009	678.0	725.7	47.7
2010	1139.7	1111.7	−28.0
2011	1271.1	1291.9	20.8
2012	973.7	1032.1	58.4

续表 3-4

年份	进口矿年均价	国产矿年均价	内外矿价差
2013	956.0	1009.2	53.2
2014	673.8	798.1	124.3
2015	425.7	524.9	99.2
2016	425.4	529.7	104.4
2017	477.2	654.1	176.9
2018	479.4	667.6	188.2
2019	680.1	799.2	119.1
2020	775.0	886.8	111.8
2021	1134.2	1253.8	119.6

数据来源：钢联数据。

第二节　焦炭价格

一、焦炭基本介绍

焦炭是固体燃料的一种，由煤在约 1000℃ 的高温条件下经干馏而获得。主要成分是固定碳，挥发物很少，燃烧时无烟，热值约为 25104-31380 kJ/kg，银白色或灰黑色，有金属光泽，坚硬多孔。焦炭主要用于炼铁，充当还原剂和热量来源，它在生铁生产成本中约占 1/4-1/3，又可用于肥料工业、生产乙炔、氰氨基钙、二硫化碳和电极等反应剂，也是城市煤气工业的重要原料。

分类：（1）按用途分类：焦炭可分为冶金焦（包括高炉焦、铸造焦和铁合金焦等）、气化焦和电石用焦，而市场流通中冶金焦按各指标不同大致可以分为三类。（2）根据炼焦干馏温度不同可分为焦炭和半焦两类（表 3-5 和表 3-6）。

表 3-5　国家标准 GB/T 1996—2017 冶金焦炭分类

指标	等级	粒度(mm)		
		>40	>25	25-40
灰分 A_d (%)	一级		≤12.0	
	二级		≤13.5	
	三级		≤15.0	
硫分 $S_{t,d}$ (%)	一级		≤0.70	
	二级		≤0.90	
	三级		≤1.10	

续表 3-5

指标			等级	粒度(mm)		
				>40	>25	25-40
机械强度	抗碎强度	M_{25} (%)	一级		≥92.0	
			二级		≥89.0	
			三级		≥85.0	
		M_{40} (%)	一级		≥82.0	
			二级		≥78.0	
			三级		≥74.0	
	耐磨强度	M_{10} (%)	一级		≤7.0	
			二级		≤8.5	
			三级		≤10.5	
反应性 CRI (%)			一级		≤30	
			二级		≤35	
			三级		—	
反应后强度 CSR (%)			一级		≥60	
			二级		≥55	
			三级		—	
挥发分 V_{daf} (%)					≤1.8	
水分含量 M_t (%)			干熄焦		≤2.0	
			湿熄焦		≤7.0	
焦末含量 (%)					≤5.0	

注：百分号为质量分数。

数据来源：钢联数据。

表 3-6　市场流通冶金焦炭分类

名称	指标			
	灰分 A (%)	硫分 S (%)	挥发分 V (%)	反应后强度 CSR (%)
一级	<12.5	<0.65	<1.5	≥65
准一级	<13	<0.7	<1.7	≥60
二级	<13.5	<0.8	<1.9	≥55

数据来源：钢联数据。

我国焦炭基本自给自足，但区域供需不平衡。据国家统计局数据，2021 年我国焦炭产量 46445.8 万吨，进出口较少。我国焦炭产量主要集中在华北地区、西北地区和华东地区，华北地区产量占全国 40%。2021 年前 5 省份分别是山西省 9857 万吨、陕西省 4320.8 万吨、河北省 4057 万吨、内蒙古自治区 4657.9 万吨、山东省 3186.8

万吨,而河北、江苏等地区钢铁产量规模靠前,焦炭消费与生产区域明显不均衡(图3-7 和图 3-8)。

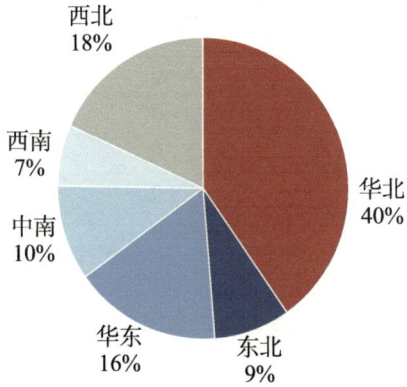

图 3-7　2021 年焦炭产量占比分地区

数据来源:钢联数据

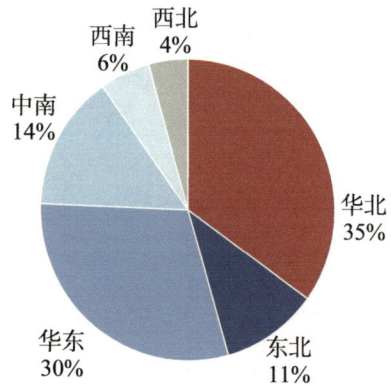

图 3-8　2021 年生铁产量占比分地区

数据来源:钢联数据

二、焦炭市场活跃度不高,价格波动频率慢

焦炭市场特点:一是部分钢厂含自有焦化厂,焦炭区域化程度强,焦企话语权弱,独立焦化企业和钢厂焦化企业产能占比约为 13∶7;二是焦炭产地集中于煤炭资源腹地,但消费区域分散,呈现产销不均衡状态,长途运费多数在 200-300 元/吨,占价格比重较大;三是焦化行业是煤焦钢产业链中间环节,由于行业集中度不高,受煤企和钢企两头挤压;四是具有一定金融属性,2011 年 4 月焦炭期货在大连商品交易所上市(图 3-9)。

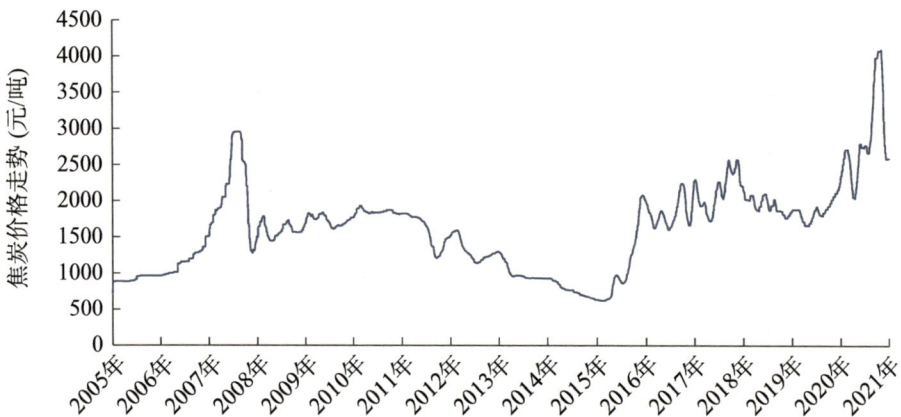

图 3-9　焦炭价格走势

数据来源:钢联数据

2001-2005 年，焦炭价格跟随板块上涨。国内焦炭行业的产业集中度不高，贸易形式以现货为主，焦炭价格表现分散、滞后、不权威、被动性等特征，未形成具有广泛影响力的定价机制。焦炭生产企业对焦煤缺少定价话语权，对下游钢厂的话语权较弱，此期间，主要受焦煤价格以及钢价影响较大，在焦煤与钢价均上涨情况下，焦炭价格跟随上涨。2005-2010 年，焦炭价格跟随煤价冲高回落，波动幅度较大。2005-2008 年 8 月，直接推高焦企成本，影响售价快速上涨，在 2008 年 8 月达到顶点 2924 元/吨，随着全球金融危机爆发，大宗商品价格快速下跌，焦煤价格快速回落，拖累焦炭价格断崖式下跌，在 2008 年 11 月达到最低点 1273 元/吨，较高点下跌 56%。金融危机过后，焦炭价格跟随煤价呈现震荡偏强走势，2010 年 12 月达到 1764 元/吨，较低点上涨 38.5%。

2011-2015 年，焦化行业长期无序扩张使得焦化行业产能过剩问题凸显，焦炭价格跟随钢材大幅回落。2011 年 4 月焦炭期货上市，价格对市场敏感度明显提升，在焦化产能过剩情况逐步加重背景下，钢材价格大幅回落 58%，以及焦炭期货价格大幅下跌 71%，带动焦炭价格进入下行通道，2015 年 12 月达到十五年来的最低点 629.3 元/吨，较 2011 年的高点跌幅高达 67.4%。

2016-2021 年，供给侧结构性改革背景下，焦煤上移推动焦炭价格震荡上行。2016 年开始，在供给侧结构性改革背景下，煤炭和焦化行业产能逐步调整，整体处于供需紧平衡状态，焦煤价格大幅上涨 2 倍，叠加基本面向好，推动焦炭价格震荡上行至 2018 年 11 月的高点 2563.6 元/吨，较 2015 年上涨 3.1 倍。2018 年 12 月-2020 年 4 月焦炭价格阶段性回调至 1656.4 元/吨，跌幅 35.4%。2020 年底-2021 年后疫情阶段，经济快速恢复，大宗商品价格强势上涨，叠加焦化行业去产能进入攻坚阶段，环保限产常态化，焦炭基本面健康，价格快速上涨至 2021 年 11 月的历史新高 4090.5 元/吨，较 2018 年的高点上涨 59.6%。

三、焦炭年均价波动收敛，2021 年创历史新高

2006-2008 年，焦炭年均价处于上行阶段。2008 年年均价达到阶段高点，为 2129 元/吨，年内最高价为 2955 元/吨，年内最低价为 1273 元/吨，年内高低点价差达 1681 元/吨，振幅达到 132%（图 3-10）。

2009-2015 年，焦炭年均价呈现下行趋势。此阶段低点出现在 2015 年，年均价为 761 元/吨，较 2008 年高点下跌 64%，年内最高价为 925 元/吨，年内最低价为 626.6 元/吨，年内高低点价差达 298 元/吨。2011 年高低点价差最小，为 155 元/吨，振幅只有 9%，最大振幅是 2012 年，为 51%。

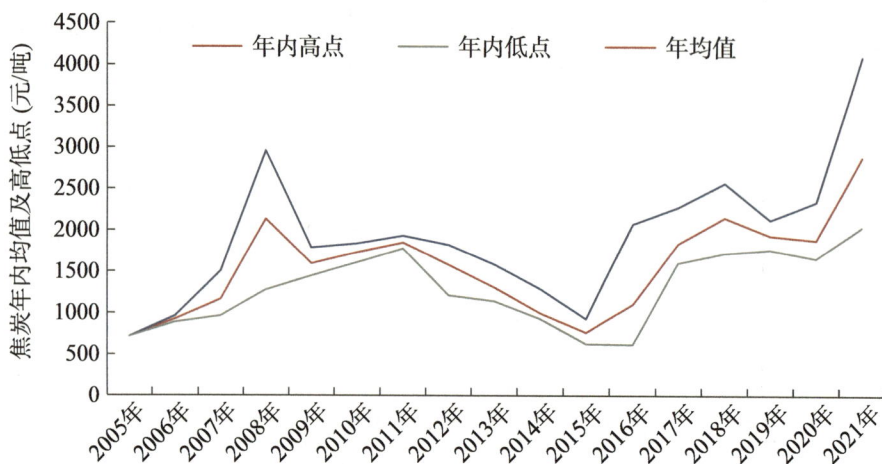

图 3-10 焦炭年度均价及年内高低点趋势

数据来源：钢联数据

2016-2021 年，焦炭年均价重回上行区间，2021 年创历史新高。此阶段高点出现在 2021 年，年均价为 2878 元/吨，较 2015 年上涨 278%，年内最高价为 4091 元/吨，年内最低价为 2034 元/吨，年内高低点价差达 2057 元/吨，振幅为 101%。但此阶段高低点价差最大在 2016 年，为 1455 元/吨，振幅达到 236%，也是近十六年来振幅最大值（表 3-7）。

表 3-7 焦炭年均价、高低价及振幅　　　　　　　　（元/湿吨）

年份	价格均价	年内最高价	年内最低价	高低点价差	高低点振幅（%）
2006	924	961	882	79	9
2007	1164	1504	962	543	56
2008	2129	2956	1274	1682	132
2009	1594	1783	1443	340	24
2010	1728	1833	1606	227	14
2011	1847	1928	1773	155	9
2012	1580	1820	1209	611	51
2013	1307	1587	1138	449	39
2014	993	1289	925	364	39
2015	761	925	627	298	47
2016	1102	2073	618	1455	236
2017	1833	2276	1599	677	42
2018	2150	2565	1719	846	49
2019	1932	2123	1760	363	21
2020	1878	2339	1656	683	41
2021	2878	4091	2034	2057	101

数据来源：钢联数据。

四、焦炭主流品种价差以区间波动为主

2009-2021 年，主流焦炭品种价差波动区间较小。由于河北地区是焦化的主要消费区域，资源交易量大，因此，选取河北省一级焦、准一级焦和二级焦。其中冶金焦主流品种准一级焦与二级焦价格波动频繁，两者价差主要运行区间为–100-200 元/吨，而随着环保限产常态化，以及能耗双控等政策出台，导致市场上二级焦比例逐步减少，准一级焦和一级焦占比提升，一级焦多数是钢厂定制化资源，且需求量持续增加，价格涨幅超过准一级焦和二级焦，在 2017-2018 年期间，一级焦与准一级焦价差扩大至 610 元/吨。不过，2019 年以来，一级焦与准一级焦价差出现明显收缩，价差主要运行区间为 100-400 元/吨。2021 年四季度，能耗双控背景下，更环保的一级焦涨势快于准一级焦，导致两者价差扩大至 680 元/吨，但持续时间短，价差快速回归至 400 元/吨以下（图 3-11 和表 3-8）。

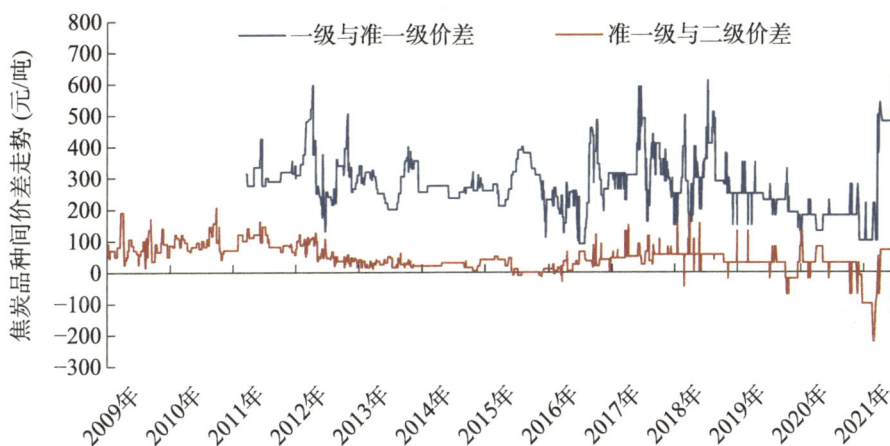

图 3-11　河北地区焦炭各品种价差走势

数据来源：钢联数据

表 3-8　焦炭分品种年均价格及价差　　（元/吨）

年份	一级冶金焦	准一级冶金焦	二级冶金焦	一级与准一级	准一级与二级
2007			1432		
2008			2308		
2009		1820	1733		86
2010		1959	1871		88
2011	2394	2096	1993	298	103
2012	2121	1802	1725	320	77
2013	1792	1504	1472	288	32

续表 3-8

年份	一级冶金焦	准一级冶金焦	二级冶金焦	一级与准一级	准一级与二级
2014	1451	1171	1146	281	25
2015	1196	918	894	278	24
2016	1455	1219	1203	236	16
2017	2274	1939	1893	335	46
2018	2553	2233	2177	320	56
2019	2290	1995	1985	296	10
2020	2142	1956	1927	186	28
2021	3181	2950	2917	230	33

数据来源：钢联数据。

五、焦炭不同区域价格差异大

焦炭主要消费地华北与南方价差明显大于其他地区，西北地区售价处于洼地。华北与南方价差高于其他地区，主要因为南方从主产区远距离运输费用较高，导致焦煤价格高于全国其他地区，焦企成本偏高使得焦炭定价基准高于其他地区。近几年随着焦煤供应紧张，进口焦煤量大幅增加，使得焦煤南北价差逐渐收窄，成本价差收窄带动焦炭的价差也出现收窄。2020-2021 年，华北焦炭价格波动快于其他地区，导致与其他区域个别时间段价差扩大（图 3-12）。

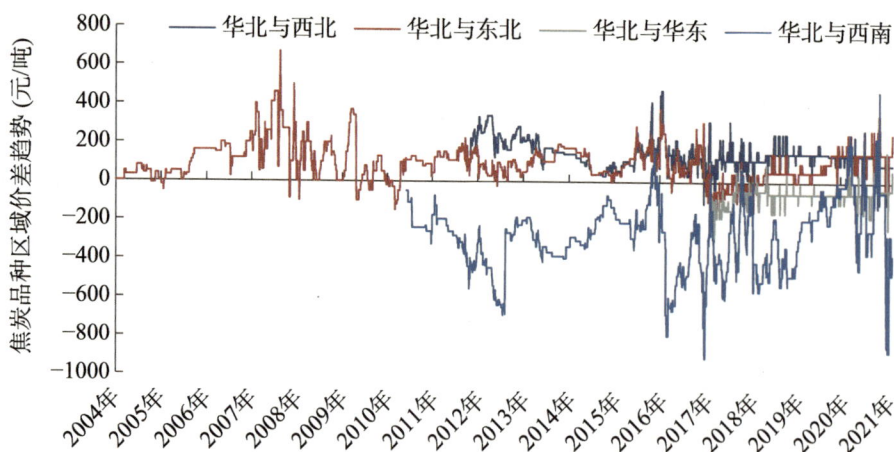

图 3-12 焦炭品种区域价差趋势

数据来源：钢联数据

西北地区售价处于洼地，主要是西北地区位于焦煤主产区一带，焦企运输成本低，生产成本低于其他地区，导致价格处于全国洼地，2016 年以来，华北与西北价差运行于 100 元/吨以上（表 3-9 和表 3-10）。

表 3-9　分城市焦炭价格表　　　　　　　　　　（元/吨）

区域	华北	华中	东北	西北	西南	华东
代表城市	唐山	平顶山	七台河	韩城	曲靖	菏泽
2005 年	1096	1127	1066			
2006 年	1042	1017	943			
2007 年	1319	1279	1143			
2008 年	2264	2223	2036			
2009 年	1707	1632	1593			
2010 年	1840	1800	1782			
2011 年	1971	1986	1891			
2012 年	1700	1633	1574		2022	
2013 年	1442	1364	1379	1209	1818	
2014 年	1117	1063	970	958	1456	
2015 年	863	815	789	793	1077	
2016 年	1193	1132	1039	1021	1380	
2017 年	1869	1995	1796	1745	2321	
2018 年	2148	2314	2180	2035	2457	2238
2019 年	1931	2063	1886	1785	2332	1989
2020 年	1895	1952	1800	1753	2016	1958
2021 年	2890	3038	2742	2773	3047	2945

数据来源：钢联数据。

表 3-10　分区域焦炭价差表　　　　　　　　　　（元/吨）

年份	华北与华中	华北与东北	华北与华东	华北与西北	华北与西南
2005	−31.2	30.0			
2006	25.0	99.5			
2007	39.9	176.1			
2008	41.5	228.2			
2009	75.4	113.8			
2010	40.2	58.2			
2011	−15.5	80.2			
2012	67.4	126.2			−322.3
2013	77.2	62.2		232.5	−375.8
2014	53.7	146.8		158.6	−339.5
2015	48.3	73.9		70.5	−213.6
2016	60.4	154.0		171.4	−187.3

元/吨	华北与华中	华北与东北	华北与华东	华北与西北	华北与西南
2017	−125.4	73.1		124.4	−452.0
2018	−165.8	−31.9	−89.4	113.7	−308.7
2019	−132.9	44.9	−58.1	145.7	−401.4
2020	−56.3	95.4	−62.4	142.0	−120.5
2021	−148.1	148.2	−54.7	117.1	−157.0

数据来源：钢联数据。

第三节 炼焦煤价格

一、炼焦煤基本介绍

炼焦煤是一种烟煤，具有一定的黏结性，在室式焦炉炼焦条件下可以结焦，用于生产一定质量焦炭的原料煤统称为炼焦煤。根据中国煤炭分类国家标准，烟煤中的贫瘦煤、瘦煤、焦煤、肥煤、1/3 焦煤、气肥煤、气煤、1/2 中黏煤都属于炼焦煤。炼焦煤主要用于生产焦炭，通常按用途分为冶金焦（包括高炉焦、铸造焦和铁合金焦等）、气化焦和电石用焦等。

分类：按 GB 5751—86 中国煤炭分类标准分八类：贫瘦煤、瘦煤、焦煤、肥煤、1/3 焦煤、气肥煤、气煤、1/2 中黏煤。根据其挥发分 V_{daf}、黏结指数 G_{RL}、胶质层 Y_{MN}、奥亚膨胀度 b、透光率 P_M、发热量 $Q_{gr, maf}$ 等区别。

我国炼焦煤供应不足，需要依赖进口。我国炼焦煤进口呈现上升趋势，2011 年我国炼焦煤进口量 4465 万吨，增至 2019 年的 7466 万吨，占国内炼焦煤总消费的 11.9%，进口来源国以澳大利亚和蒙古为主。2020 年 10 月以来我国禁止进口澳煤，进口来源国转向蒙古和俄罗斯，进口体量依然保持在 5000 万吨以上。

二、炼焦煤供应集中，价格振幅大

焦煤市场特点：一是进口是焦煤重要的供应渠道之一，价格受进口情况影响较大；二是煤炭企业集中度强于焦化企业，定价权强，市场主要以长协定价为主；三是焦煤的成本相对来说比较固定，焦煤价格主要受运价以及供需影响较大；四是煤炭企业生产受政策影响大；五是具有一定金融属性，2013 年 3 月焦煤期货在大连商品交易所上市（图 3-13）。

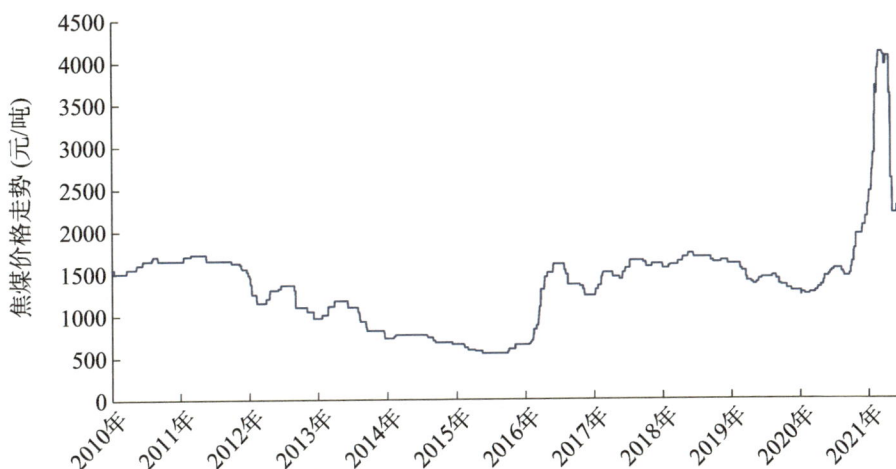

图 3-13　焦煤价格走势

数据来源：钢联数据

2001-2010 年，焦煤价格呈现上涨态势。煤炭行业步入黄金发展的十年，资金流入，产能迅速扩张，叠加相较于焦化企业，煤企生产集中度高，焦煤定价权强，以长协和市场定价为主，价格变动受需求影响大。因此，在需求大幅增加背景下，焦煤价格呈现上涨趋势。

2010-2015 年，产能过剩背景下，金融属性增强，焦煤价格整体呈震荡下行态势。2010-2012 年 7 月，焦煤价格运行稳定，基本维持在 1500 元/吨，在 2012 年 7 月达到 1550 元/吨后迎来下行拐点，在产能过剩背景下，煤炭市场化机制逐步形成，同时 2013 年 3 月焦煤期货上市，市场活跃度高，2014 年期货成交创历史高位 5130 万手（1 手 60 吨），期货价格的下跌，带动焦煤价格长期处于下行通道，2015 年 12 月炼焦煤价格达到最低点 550 元/吨，较 2012 年 7 月的 1550 元/吨，下跌 65%。

2016-2021 年，焦煤价格呈现"阶梯形"上涨走势，2021 年 9 月创历史新高。供给侧结构性改革背景下，煤炭供需结构得到优化，2016 年 4 月焦煤绝对价格指数大幅上涨，2017 年 1 月达到阶段性高点 1600 元/吨，较之前的低点上涨 2.9 倍。2017 年 1 月-2021 年 4 月，焦煤绝对价格指数在 1200-1700 元/吨区间震荡运行。2021 年 4 月，全球经济复苏背景下，炼焦煤价格爆发式上涨，2021 年 9 月达到历史最高点 4100 元/吨，较同年 4 月低点上涨 183%。在短暂高位运行后，炼焦煤价格断崖式下跌。2021 年底焦煤绝对价格指数跌至 2200 元/吨，跌幅高达 43.34%（图 3-14）。

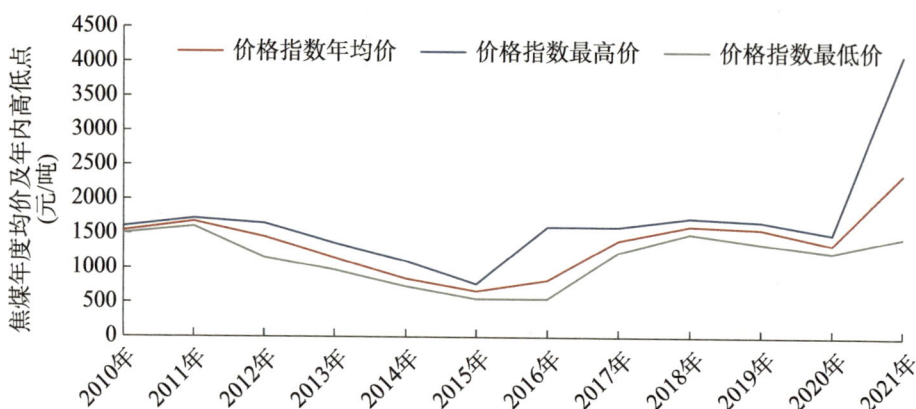

图 3-14　焦煤年度均价及年内高低点趋势

数据来源：钢联数据

三、焦煤年均价长期保持区间运行，2021 年创历史新高

2010-2020 年焦煤年均价长期运行于 660-1700 元/吨，整体趋势呈现先抑后扬态势。2021 年价格突破区间大幅上涨。

2010-2015 年，焦煤价格年均价呈现下降趋势。2015 年煤炭产能严重过剩，导致年均价处于有数据以来低点，为 662 元/吨，较 2011 年高点下降 60.5%。从振幅看，2014 年高低点振幅为 50.68%，是六年中最大振幅。

2016-2021 年焦煤价格年均价呈现上升趋势，年均价涨至千元以上。2016 年以来，我国供给侧结构性改革政策落地，煤炭供应过剩局面有所缓解，价格底部反弹。2021 年，全球经济复苏，加快带动价格大幅上涨，年均价超过 2000 元/吨，达到 2371 元/吨，较 2015 年低点上涨 258%。从振幅看，2016 年、2021 年高低点价差均在千元以上，2016 年振幅高达 190.91%，2021 年振幅为 182.76%。其他年份高低点价差在 230-370 元/吨区间运行，振幅均在 30% 以下（表 3-11）。

表 3-11　年度均价及高低点价差　　　　　　　　　　　（元/吨）

年份	价格均价	年内最高价	年内最低价	高低点价差	高低点振幅（%）
2010	1541	1600	1500	100	6.67
2011	1675	1720	1600	120	7.50
2012	1453	1650	1150	500	43.48
2013	1145	1360	970	390	40.21
2014	843	1100	730	370	50.68
2015	662	770	550	220	40.00

续表 3-11

年份	价格均价	年内最高价	年内最低价	高低点价差	高低点振幅(%)
2016	824	1600	550	1050	190.91
2017	1404	1600	1230	370	30.08
2018	1615	1730	1500	230	15.33
2019	1572	1680	1360	320	23.53
2020	1346	1500	1230	270	21.95
2021	2371	4100	1450	2650	182.76

数据来源：钢联数据。

四、炼焦煤各品种价格走势基本一致

炼焦煤各品种价格走势基本一致。焦煤 80%左右用来生产冶金焦，而炼焦主要用到的焦煤有四种，主焦煤、瘦煤、肥煤、气煤。其中主焦煤炼焦占比大约为 20%-50%，肥煤、气煤和瘦煤占比约 20%-30%不等，价格由高到低依次是主焦煤、瘦煤、肥煤、气煤，从历年数据看，价格走势一致性强（图 3-15）。

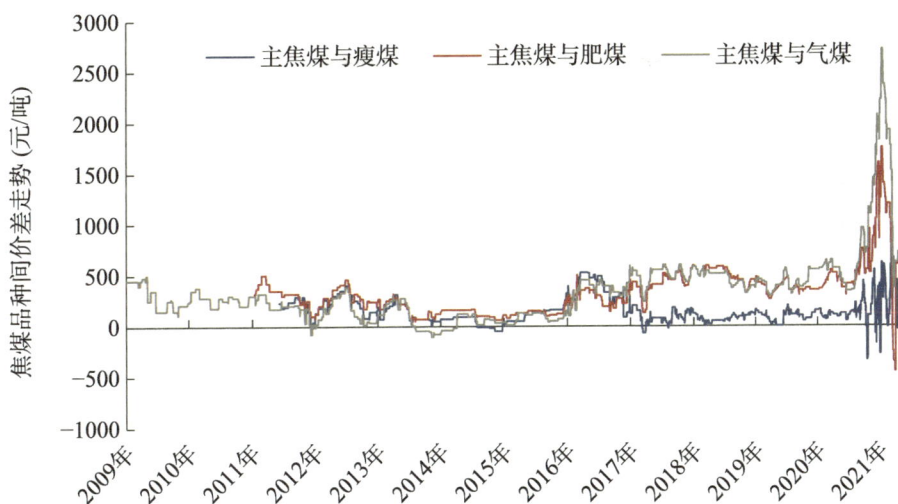

图 3-15 焦煤品种间价差走势

数据来源：钢联数据

各种价差走势阶段性有分化，2021 年创新高。2017 年 8 月以后，主焦煤与其他品种价格出现分化，主焦煤与瘦煤价差阶段性收缩后，长期窄幅波动，进入 2021 年，价差波动剧烈，价差扩大至 350-620 元/吨；而主焦煤与其他品种价差长期于 500 元/吨附近波动，进入 2021 年，全球煤炭供应紧张，我国主焦煤供应短缺加剧，主焦煤价格大幅攀升，与肥煤价差一度扩大至 1770 元/吨，与气煤价差一度扩大到 2720 元/吨。

年度均价看，各品种走势一致。从各品种年度均价看，2009-2021 年，各品种炼焦煤价格呈现先抑后扬态势，其中主焦煤、肥煤和气煤在 2015 年价格达到低点，年均价分别为 675 元/吨、563 元/吨和 612 元/吨，瘦煤在 2016 年价格达到低点 627 元/吨。2021 年各品种焦煤价格均达到价格历史高点。

从品种价差看，主焦煤与瘦煤价差稳定，与其他品种价差明显走扩。主焦煤与瘦煤价差最小，均在 250 元/吨以内；2011-2017 年，与气煤价差明显低于与肥煤价差，与气煤价差运行于 14-251 元/吨，与肥煤价差运行于 112-355 元/吨，2017 年以后与气煤价差明显走扩，高于与肥煤价差，2021 年品种价差达到历史高位，与气煤价差高达 1037 元/吨，与肥煤价差达到 696 元/吨（表 3-12）。

表 3-12　分品种价格及品种价差表　　　　　　　　　　（元/吨）

年份	主焦煤	肥煤	气煤	瘦煤	主焦煤与肥煤价差	主焦煤与气煤价差	主焦煤与瘦煤价差
2008			1470				
2009			945				
2010	1532		1282			250	
2011	1688		1437			251	
2012	1408	1144	1257	1178	264	151	231
2013	1177	891	1006	960	286	170	217
2014	832	701	818	742	131	14	91
2015	675	563	612	649	112	63	26
2016	857	663	690	627	194	167	230
2017	1430	1151	1038	1180	279	392	250
2018	1641	1152	1119	1563	490	523	78
2019	1581	1143	1165	1500	438	417	81
2020	1398	976	909	1300	422	489	98
2021	2511	1815	1474	2315	696	1037	196

数据来源：钢联数据。

五、不同区域价差表现较稳定，但 2021 年异常扩大

主产区价格优势明显，山西与河北价差稳定，与其他区域价格出现扩大趋势。由于焦煤主产地比较集中，主要集中在华北和华中地区，而主焦煤在焦煤消费结构中所占比例最高达到 40%左右，因此，对比主焦煤主产地和消费代表区域价差发现，

主产地山西的主焦煤通常情况下存在价格优势，价格比其他地区要便宜。2021年以前，山西与其他地区价差均在–150-200元/吨，进入2021年，国内主焦煤供应紧张，单一煤种价格涨势过大，山西与河北价差虽仍处于–150-200元/吨，但价差处于十年来高位，与河南、安徽、江苏价差均超过区间范围，与河南价差扩大至639元/吨，与安徽价差扩大至458元/吨，与江苏价差扩大至323元/吨（表3-13和表3-14）。

表 3-13　分区域价格表　　　　　　　　（元/吨）

年份	山西均价	河北均价	安徽均价	河南均价	江苏均价
	柳林	唐山	淮北	平顶山	徐州
2011	1680	1632	1490	1695	
2012	1459	1475	1341	1502	
2013	1137	1212	1110	1178	
2014	841	924	958	992	
2015	663	754	753	783	694
2016	821	874	735	892	910
2017	1400	1430	1220	1439	1459
2018	1615	1513	1457	1523	1584
2019	1572	1533	1638	1597	1620
2020	1346	1429	1488	1484	1272
2021	2369	2251	1730	1911	2046

数据来源：钢联数据。

表 3-14　分区域价差表　　　　　　　　（元/吨）

年份	山西与河北价差	山西与安徽价差	山西与河南价差	山西与江苏价差
2011	48	190	–15	
2012	–16	118	–43	
2013	–75	27	–41	
2014	–83	–117	–151	
2015	–91	–90	–120	–31
2016	–52	87	–71	–89
2017	–29	181	–39	–59
2018	101	158	92	31
2019	39	–66	–25	–47
2020	–82	–141	–137	74
2021	118	639	458	323

数据来源：钢联数据。

国内外价差有所不同，中国与北美地区价差高，与澳洲及俄罗斯价差低。2021年以前，进口焦煤价格呈现下行趋势，2020年焦煤价格处于低位，除中国与美国价差长年为负外，中国焦煤价格均高于其他国家价格，中国焦煤价格与澳大利亚和俄罗斯的价差在600元/吨以内，与加拿大价差在300元/吨以内，进口价格优势明显。2021年开始，进口煤价格大幅上涨，美国、加拿大焦煤价格均高于国产焦煤，澳大利亚和俄罗斯焦煤价格仍低于国产焦煤（表3-15和表3-16）。

表 3-15　各国主焦煤价格表　　　　　　　　　　　　　（元/吨）

年份	中国山西地区	澳大利亚	美国	加拿大	俄罗斯
2017	1400	1428		1404	
2018	1615	1549		1546	
2019	1572	1447		1469	
2020	1346	1047	2007	1095	940
2021	2369	1775	3178	2531	1799

注：澳大利亚、俄罗斯、蒙古、加拿大进口价格均考虑关税和增值税。
数据来源：钢联数据。

表 3-16　中国与各国驻焦煤价差不含税　　　　　　　（元/吨）

年份	中国与澳大利亚	中国与美国	中国与加拿大	中国与俄罗斯
2017	−28		−4	
2018	65		68	
2019	126		104	
2020	300	−661	251	407
2021	594	−809	−162	570

数据来源：钢联数据。

第四节　废钢价格

一、废钢基本介绍

广义的废钢铁就是报废的各种钢铁制品。狭义的废钢铁是指符合冶炼标准的原材料。废钢按用途可以分为熔炼用废钢和非熔炼用废钢。按照 GB/T 4223—2017 废钢铁分类标准，熔炼用废钢按其外形尺寸和单件重量可以分为 8 个型号，分别为：重型废钢（Ⅰ类、Ⅱ类），中型废钢，小型废钢，轻薄料废钢，打包块，破碎废钢

（Ⅰ类、Ⅱ类），渣钢，钢屑（表 3-17）。来源上可以分为自产废钢、加工废钢、折旧废钢及进口废钢四方面。

表 3-17　废钢等级标准

型号	类别	外形尺寸及重量要求	供应形状
重型废钢	Ⅰ类	1200mm×600mm 以下，厚度≥12mm，单重 10-2000kg	块、条、板、型
	Ⅱ类	800mm×400mm 以下，厚度≥6mm，单重≥3kg	块、条、板、型
中型废钢	—	600mm×400mm 以下，厚度≥4mm，单重≥1kg	块、条、板、型
小型废钢	—	400mm×400mm 以下，厚度≥2mm	块、条、板、型
轻薄料废钢	—	300mm×300mm 以下，厚度＜2mm	块、条、板、型
打包块	—	700mm×700mm×700mm 以下，密度≥1000kg/m³	块
破碎废钢	Ⅰ类	150mm×150mm 以下，堆重比≥1000kg/m³	
	Ⅱ类	200mm×200mm 以下，堆重比≥800kg/m³	
渣钢	—	800mm×400mm 以下，厚度≥6mm，单重≤800kg	块
钢屑	—		

数据来源：钢联数据。

高炉上料过程中添加废钢，可以提高高炉生产率及降低燃料比。据了解，吨铁水中每增加 100kg 废钢铁，可增产铁 5.0%左右。吨铁水中每增加 100kg 废钢，可降焦比 7.0%左右。另外高炉的铁水罐里面也会加一部分破碎料、钢筋切头提前预热融化，这样可以提高铁水的产出，增加效益。

长流程钢厂多使用重废，短流程电炉钢厂多采用重废、轻薄料、破碎料配合等方式（表 3-18）。炼钢流程中，铁水与废钢是最主要的两种原材料。废钢既可以作为铁水的补充加入转炉中充当"冷料"，也可以用电炉独立进行炼钢。而铁水除了传统的高炉－转炉工艺以外，也可以应用在电炉中。与一些电炉炼钢主导的国家和地区不同的是，中国的废钢消耗大部分来自长流程钢厂。

表 3-18　转炉中各类废钢收得率　　　　　　　　　　　　　　（%）

指标	重废		炉料		中废	全铁水
	边角料	重废	钢筋头	转子		
废钢比	11.41	11.71	11.66	11.82	11.53	0.00
收得率	97.46	93.30	83.81	95.42	84.34	91.14

数据来源：钢联数据。

政策鼓励废钢消费，供给跟随消费增长而增长。据测算，中国 2020 年废钢消耗量约 2.5 亿吨，长流程工艺废钢消耗占比约 68%。2020 年，我国废钢资源产生量为 2.4 亿吨，钢厂自产废钢、加工废钢约占 41%，而折旧废钢约占 59%，总量 1.4 亿吨左右。自产废钢几乎不进入流通，加工废钢由于纯净度高，通过打包压块或无需加工即可直接入炉。

二、废钢供应极度分散，市场基本由买方主导

废钢市场特点：一是废钢来源主要有自产废钢、社会废钢、进口废钢，其中社会废钢近几年占比在 70% 以上，废钢品种多且杂乱，供应极度分散；二是需求较为集中，钢厂话语权强，以钢厂采购价为市场风向标；三是调价频率相对钢材偏低。

2001-2011 年，废钢跟随钢价及铁水成本上涨。2011 年以前，废钢准入门槛低，废钢回收、加工企业明显增加，但系统不完善，价格主要跟随市场需求增加以及钢价、铁水成本上涨变动。2008 年金融危机爆发，废钢价格也跟随大宗商品价格上涨至阶段高点，随后价格快速回落，2009 年 4 月最低值 2411 元/吨，后逐步上涨至 2011 年 9 月最高值 3761 元/吨，上涨幅度 55.99%。

2011-2015 年，废钢价格跟随钢价进入下跌通道。该阶段，地条钢产能扩张速度快，加剧钢铁供应严重过剩，叠加钢铁成本大幅回落带动钢价大幅回落，普钢指数下跌 61%，影响废钢价格大幅下跌，使得此阶段废钢价格呈现下跌幅度大、持续时间长、下跌速度快的特点，给行业带来较为严重的冲击。自 2011 年 9 月最高值 3761 元/吨，一路下跌至 2015 年 12 月最低值 1074 元/吨，下跌 2687 元/吨，幅度达 71.44%。

2016-2021 年，环保限产背景下，鼓励废钢消费，价格整体呈持续上涨态势。自 2015 年 12 月最低值 1074 元/吨，上涨至 2021 年 5 月最高值 4043 元/吨，上涨 2969 元/吨，涨幅达到 276%。该阶段，供给侧结构性改革落地执行，环保限产常态化，2017 年全国打击"地条钢"产能 1.4 亿吨，政策利好电弧炉发展，此外，新冠疫情影响废钢回收、加工环节，带动废钢价格呈现大幅上涨行情（图 3-16）。

三、废钢年均价波动幅度大

2009-2011 年，废钢年均价整体呈持续上涨态势。年均价由 2603 元/吨上涨至 3577 元/吨，涨幅 37.42%。从振幅看，三年最高价为 3761 元/吨，最低价 2411 元/吨，2009-2011 年三年高低价差振幅均在 17% 左右。

2012-2015 年，废钢年均价呈现下跌走势，体现为"速度快、幅度大、持续时间长"三大特点。自 2011 年 3577 元/吨下跌至 2015 年 1430 元/吨，下跌 2147 元/吨，

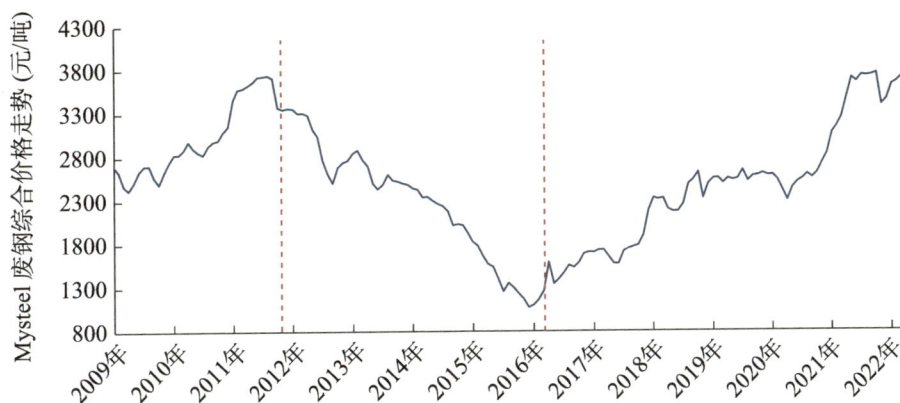

图 3-16　废钢综合价格走势

数据来源：钢联数据

跌幅 60%；2011 年之后价格波动周期持续时间明显延长，2012-2015 年下跌持续 4 年之久。从振幅看，2013 年高低点价差较小，振幅为 20%，2015 年高低点价差最大，在 700 元/吨以上，振幅为 79.25%（图 3-17）。

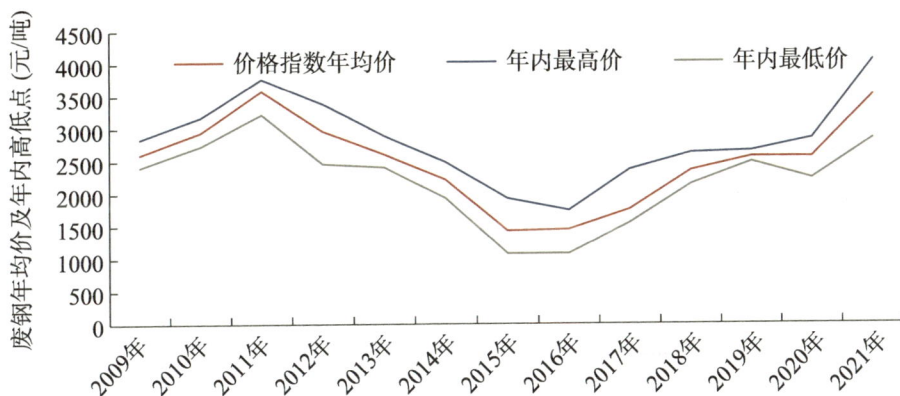

图 3-17　废钢年均价及年内高低点走势

数据来源：钢联数据

2016-2021 年，废钢年均价呈逐步上行态势。年均价自 2015 年 1430 元/吨，一路上涨至 2021 年 3504 元/吨，涨幅 145%，持续近 5 年时间。从振幅看，2019 年高低点价差最小，振幅仅为 6.92%，2021 年高低点价差最大，在千元/吨以上，但振幅为 42.67%，不及 61.9%（表 3-19）。

四、废钢各品种价格走势一致，价差由负转正

由于江苏省电弧炉产能分布最高，占全国比重在 15% 以上，对废钢消费最大，

表 3-19　废钢年均价及年内高低点　　　　　　　　（元/吨）

年份	价格指数年均价	年内最高价	年内最低价	高低点振幅（%）
2009	2603	2842	2411	17.92
2010	2940	3172	2732	16.09
2011	3577	3761	3219	16.85
2012	2958	3380	2457	37.58
2013	2605	2887	2406	20.00
2014	2211	2482	1928	28.75
2015	1430	1926	1074	79.25
2016	1449	1742	1076	61.90
2017	1755	2363	1546	52.83
2018	2351	2620	2137	22.61
2019	2560	2647	2476	6.92
2020	2551	2837	2224	27.60
2021	3504	4043	2834	42.67

数据来源：钢联数据。

而江苏省废钢消费大户沙钢位于张家港，且重废是需求量较大品种，因此，本节选取张家港重废价格与废钢价格进行分析。

废钢品种价格走势一致。2011 年张家港重废年均价 3683 元/吨，较 2009 年上涨 40.7%。2012—2015 年，张家港重废年均价持续下行，2015 年跌至低点 1275 元/吨，较 2011 年下跌 65.4%。2016-2021 年张家港重废年均价呈上行走势，2021 年年均价 3120 元/吨较低点上涨 143%。

品种价差由负转正，转正后价差先收缩后扩张。2009—2011 年，张家港重废价格明显低于废钢价格指数，价差年均值为负值，在 –118 元/吨至 –18 元/吨之间。2012 年以后品种价差转正，先收缩后扩张，价差变动趋势性更为明显。2012—2017 年，废钢价差呈现收缩态势，主要是废钢价格指数涨势明显慢于张家港重废，2017 年价差年均价降至 65 元/吨。2018—2021 年废钢品种价差明显走扩，主要是废钢品种逐渐丰富，品种价格受供需面影响大，导致废钢价格指数走势明显快于张家港重废，2021 年价差年均价达到 390 元/吨（图 3-18 和表 3-20）。

五、区域价差走势具有一定趋同性

不同区域价差走势均呈现先收缩后扩张态势，季节性表现弱。2007—2012 年，区域价差呈收缩态势。华北与华东价差最低收缩至 2011 年 6 月的 –525 元/吨；华北与华南价差最低收缩至 2012 年 2 月的 –758 元/吨。虽走势方向保持一致，但不同区

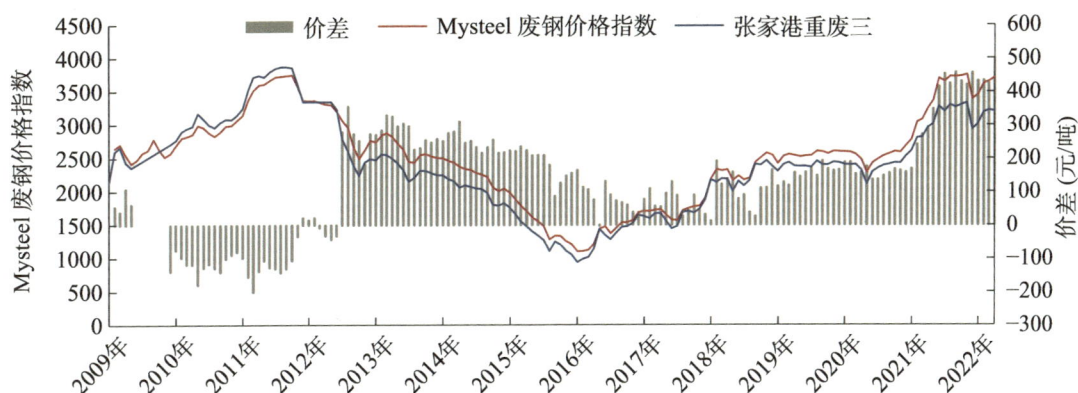

图 3-18　废钢价格指数与价差趋势

数据来源：钢联数据

表 3-20　废钢年均价及品种差　　　　　　　　　　（元/吨）

年份	重废三（张家港）	废钢价格指数	价差
2009	2619	2600	−18
2010	3054	2936	−118
2011	3685	3584	−101
2012	2838	2985	147
2013	2340	2614	274
2014	1982	2228	246
2015	1275	1455	180
2016	1366	1441	75
2017	1691	1756	65
2018	2238	2349	111
2019	2404	2562	158
2020	2388	2546	158
2021	3102	3492	390

数据来源：钢联数据。

域价差结构上有较大差异，华北与华东价差收缩幅度小于华北与华南价差，且华北与华南价差最小值出现的时间更早。2012—2021 年，整体价差处于扩张阶段。华北与华东价差由−498 元/吨扩张至 175 元/吨，波动幅度达 673 元/吨；华北与华南价差由−758 元/吨，扩张至 175 元/吨，波动幅度达 933 元/吨，相比较而言，华北与华南的价差波动更为剧烈（图 3-19）。

　　相较于华北与华东价差，南北价差波动性大。从区域价差年均价表现看，华北与华东的价差年均波动幅度在−183-257 元/吨之间；华北与华南地区价差波动幅度在−600-352 元/吨之间，变动幅度明显大于华北与华东区域价差（表 3-21）。

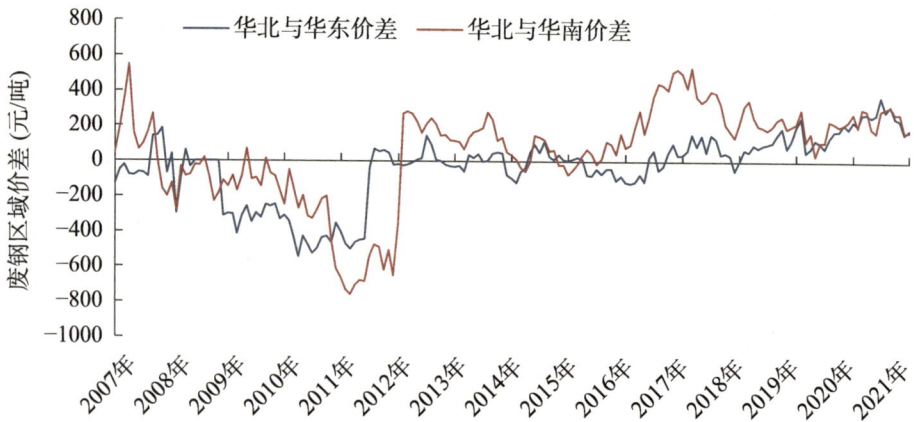

图 3-19　废钢区域价差趋势

数据来源：钢联数据

表 3-21　废钢不同区域年均价及区域价差　　　　　　　　（元/吨）

年份	华北（唐山）	东北（哈尔滨）	华东（张家港）	华南（福州）	西南（成都）	西北（兰州）	华北-华东	华北-华南
2012	2655	2322	2838	3255	2409	2438	−183	−600
2013	2353	2135	2340	2153	2358	2147	12	199
2014	1982	1876	1982	1838	2077	1869	−1	143
2015	1292	1143	1275	1263	1333	1151	17	29
2016	1316	1200	1366	1266	1368	1146	−51	50
2017	1676	1531	1691	1324	1443	1341	−15	352
2018	2308	2105	2238	1987	2093	1941	70	321
2019	2516	2233	2404	2284	2300	2205	113	232
2020	2536	2297	2388	2354	2326	2321	148	182
2021	3358	3084	3102	3113	3091	2967	257	246

数据来源：钢联数据。

第五节　钢坯价格

一、钢坯基本介绍

钢坯是炼钢炉炼成的钢水经过铸造后得到的产品。钢坯是指用于生产钢材的半成品，一般不能直接供社会使用。通常情况下，钢坯与钢材是比较容易区分的，但对于某些钢坯，与钢材具有同样规格和同样用途的（如轧制管坯），可通过是否供其他行业使用、是否经过钢材加工工艺过程、是否经过成品轧机加工来区分。

分类：（1）从制造工艺上主要可分为两种：模铸坯和连铸坯（模铸工艺已基本淘汰）。（2）按外形和用途不同可分类成方坯、板坯、管坯、原坯、异型坯等。市场上流通最多的是方坯和板坯，方坯：截面宽、高相等，或差别不大，主要用来轧制型钢、线材；板坯：截面宽、高的比值较大，一般宽厚比为3，主要用来轧制板材。（3）按牌号和化学成分可分：Q195、Q215、Q235、Q275、20MnSi。市场中流通最多的是Q235和20MnSi（表3-22）。

表 3-22　GB 700—2006 钢坯分类

牌号	统一数字代号	等级	厚度（或直径）(mm)	脱氧方法	化学成分（质量分数）(%)				
					C	Si	Mn	P	S
Q195	U11952	–	–	F、Z	≤0.12	≤0.30	≤0.50	≤0.0350	≤0.040
Q215	U12152	A	–	F、Z	≤0.15	≤0.35	≤1.2	≤0.045	≤0.050
	U12155	B							≤0.045
Q235	U12352	A	–	F、Z	≤0.22	≤0.35	≤1.40	≤0.045	≤0.050
	U12355	B		Z	≤0.20				≤0.045
	U12358	C			≤0.17			≤0.040	≤0.040
	U12759	D		TZ				≤0.035	≤0.035
Q275	U12752	A	–	F、Z	≤0.24	≤0.35	≤1.50	≤0.045	≤0.050
	U12755	B	≤40	Z	0.21			0.045	0.045
			>40		0.22				
	U12758	C	–	Z	0.20			0.040	0.040
	U12759	D		TZ				0.035	0.035

数据来源：钢联数据。

二、钢坯市场小众，市场价格波动频繁

钢坯市场特点：一是市场小众，每年市场流通资源量不高，多数地区是消化当地生产的资源为主，流通的钢坯大部分来自河北唐山，但流通市场较为活跃；二是环保限产对生产和消费影响大；三是价格易受成本及钢价影响（图3-20）。

2001—2010年，钢坯价格跟随原料及钢价呈现"N"形走势。由于钢坯属于半成品，主要集中在华北、华东地区，河北省钢坯年产量常年占据全国1/5，主要集中在唐山一带，唐山钢坯市场交易比较活跃，价格易波动，2001—2008年钢价以及原材料价格冲高回落，钢坯价格也跟随快速上涨至5750元/吨，随着金融危机爆发，价格快速回落。2009—2010年，钢坯价格跟随钢价上涨。

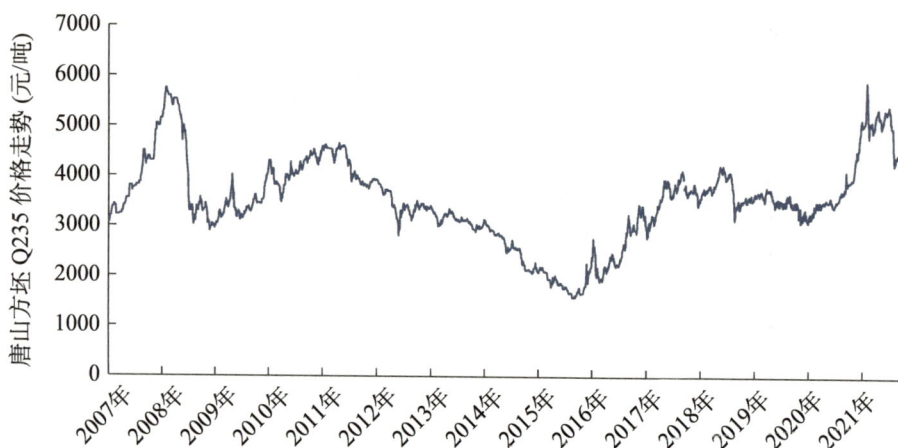

图 3-20 唐山方坯 Q235 价格走势

数据来源：钢联数据

2011-2015 年，钢坯价格跟随成本及钢价整体下行。2011 年 9 月钢坯价格达到阶段性高点 4466 元/吨，随后跟随钢价以及成本回落进入长期下行通道。2015 年 12 月触及历史最低价 1524 元/吨，较 2011 年高点跌 2942 元，跌幅为 65.9%。

2016-2021 年，供给侧结构性改革背景下，钢坯价格呈现阶梯式上涨态势。供给侧结构性改革背景下，高炉和调坯轧材企业产能逐步优化，2016-2018 年钢坯价格震荡上涨，在 2018 年 11 月到达 3982 元/吨后，呈现震荡式回落，2020 年 4 月后钢坯价格迎来爆发式上涨，2021 年 5 月到达历史最高点 5812 元/吨，高位短暂盘整后，价格出现回落至 2021 年 12 月的 4328 元/吨，但远高于过去五年年均水平。

三、钢坯年度均价走势呈现"N"形走势

从历史数据看，2001-2007 年，钢坯年均价处于上行阶段，随后跌至 2015 年，2016 年以后价格进入上行阶段。2001-2007 年钢坯年均价跟随钢价上涨，2007 年达到高位 4513 元/吨，随后钢坯年均价震荡下跌，2015 年价格跌至低点 1825 元/吨，跌幅 59.6%。2016-2021 年，钢坯年均价进入上行阶段，2021 年钢坯年度均价达到高点 4727 元/吨，较 2015 年上涨 1.6 倍（图 3-21 和表 3-23）。

四、不同品类价差区间波动

钢坯品种价差运行于 20-250 元/吨。按市场主要流通钢坯品种主要有两种：方坯 20MnSi 规格 150mm×150mm 和方坯 Q235 规格 150mm×150mm。这两种方坯占据市场流通的 70% 以上。以河北地区为例，方坯 20MnSi 和 Q235 价格走势基本一致，

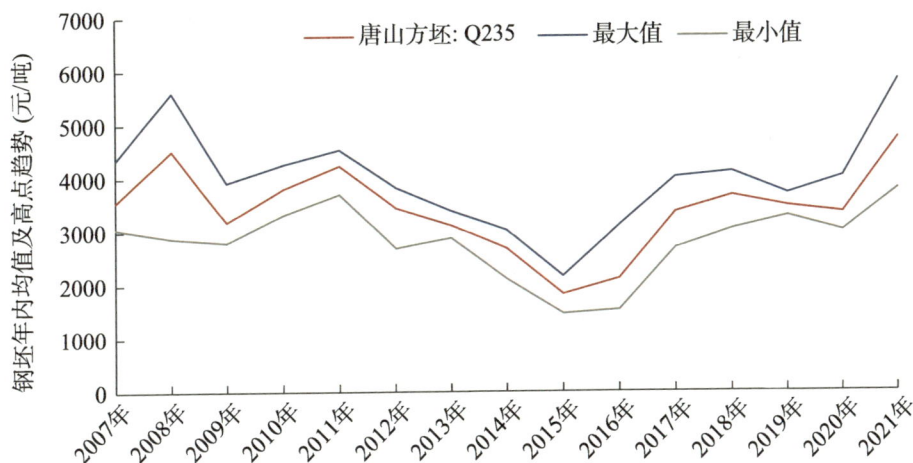

图 3-21　钢坯年度均价及年内高点趋势

数据来源：钢联数据

表 3-23　年度均价及高低点价差表　　　　　　　　　　　　（元/吨）

年份	价格指数均价	年内最高价	年内最低价	高低点价差	高低点振幅（%）
2010	3900	4211	3493	718	20.56
2011	4316	4544	3828	716	18.70
2012	3516	3917	2826	1091	38.61
2013	3156	3407	2928	479	16.36
2014	2729	3039	2242	797	35.55
2015	1893	2254	1518	736	48.48
2016	2157	3152	1581	1571	99.37
2017	3415	4028	2767	1261	45.57
2018	3742	4149	3214	935	29.09
2019	3549	3734	3392	342	10.08
2020	3414	4121	3091	1030	33.32
2021	4758	5812	3901	1911	48.99

数据来源：钢联数据。

且 20MnSi 价格绝大多数是高于 Q235 品种，价差运行于 20-250 元/吨（图 3-22）。

钢坯年均价价差运行于 100-150 元/吨。方坯 20MnSi 和 Q235 价差区间波动为主，两者价差的变动跟随其价格的涨跌变化，价差波动幅度不大，年均价差则在 102-142 元/吨之间波动（表 3-24）。

五、不同区域价差略有差异

南北价差明显高于其他地区，其他地区价差相对稳定。按市场主要流通的钢坯

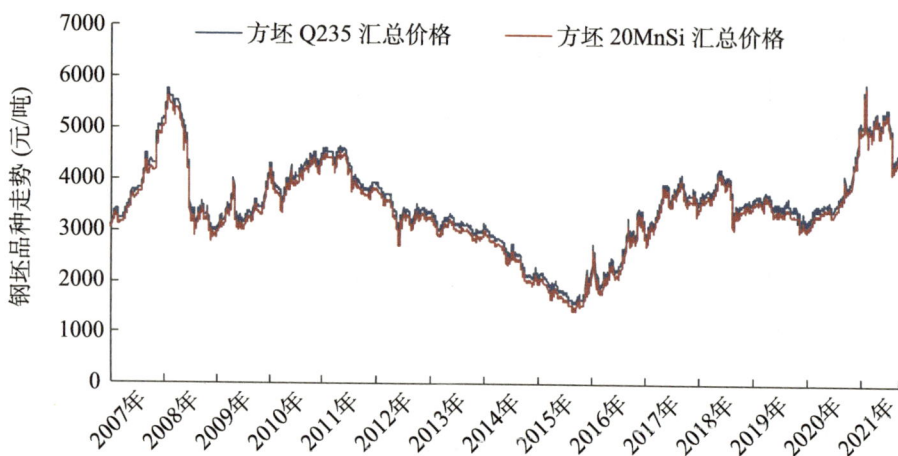

图 3-22 钢坯品种走势
数据来源：钢联数据

表 3-24 分品种价格及价差表　　　　　　　　　　（元/吨）

年份	20MnSi 汇总价格	Q235 汇总价格	价差
2007	3656	3554	102
2008	4655	4513	142
2009	3287	3176	111
2010	3923	3804	120
2011	4350	4230	120
2012	3557	3437	120
2013	3238	3118	120
2014	2796	2676	120
2015	1945	1825	120
2016	2237	2114	122
2017	3464	3360	104
2018	3780	3667	113
2019	3568	3463	105
2020	3450	3341	109
2021	4830	4727	103

数据来源：钢联数据。

品种（方坯 Q235 规格 150mm×150mm）为例，看各个地区钢坯价格的差异。华北与西南地区之间价差最大，波动幅度在–315-53 元/吨之间。华北与华中、东北和华东价格相对稳定，常年运行于–100-0 元/吨。具体看，华北与华中的价差 2015 年最大，达到–138 元/吨，其他年份均运行于–100-0 元/吨之间；华北与华东地区价差长期运行于–100-0 元/吨之间，波动幅度在–93- –20 元/吨之间。华北与东北价差波动较小，除 2008 年价差在–400 元/吨，其他年份均运行于–70-0 元/吨之间（表 3-25 和表 3-26）。

表 3-25　钢坯分区域价格表　　　　　　　（元/吨）

区域	华北	华中	华东	东北	西南
代表省份	河北	河南	山东	辽宁	云南
2007 年	3554	3545	3605	3530	
2008 年	4513	4598	4577	4914	
2009 年	3176	3248	3232	3229	
2010 年	3804	3847	3879	3852	3751
2011 年	4230	4314	4293	4284	4366
2012 年	3437	3504	3529	3506	3647
2013 年	3118	3142	3170	3165	3184
2014 年	2676	2726	2696	2724	2890
2015 年	1825	1964	1873	1870	2109
2016 年	2114	2162	2146	2111	2253
2017 年	3360	3431	3412	3372	3480
2018 年	3667	3720	3739	3670	3846
2019 年	3463	3511	3549	3467	3778
2020 年	3341	3397	3434	3345	3535
2021 年	4727	4743	4776	4732	4812

数据来源：钢联数据。

表 3-26　钢坯区域价差表　　　　　　　　（元/吨）

年份	华北与华中	华北与华东	华北与东北	华北与西南
2007	9	–51	24	
2008	–85	–64	–400	
2009	–72	–56	–53	
2010	–43	–75	–48	53
2011	–84	–63	–54	–136
2012	–67	–92	–69	–210
2013	–25	–52	–48	–67
2014	–50	–20	–48	–214
2015	–138	–48	–45	–283
2016	–48	–32	3	–139
2017	–70	–52	–12	–120
2018	–53	–72	–3	–179
2019	–48	–86	–4	–315
2020	–57	–93	–5	–194
2021	–16	–49	–5	–85

数据来源：钢联数据。

第六节　钢材综合价格

一、钢材基本介绍

钢材是以铁为主要元素，含碳量在 2%以下，并含有其他元素的金属材料；是由钢锭或钢坯通过压力加工制成的一定形状、尺寸和性能的材料。钢材应用广泛、品种繁多，按形状可分为长材、管材、板材、型材等，按用途可分为建筑及工程用钢、结构钢、工具钢和特殊性能钢。建筑及工程用钢指的是基础设施、民用住房和工业厂房建设上所消耗的钢材，包括普通碳素结构钢、低合金结构钢和钢筋等。结构钢包括碳素结构钢和合金结构钢，主要用于制造机器和结构的零件及建筑工程用的金属结构等。工具钢包括碳素工具钢、合金工具钢及高速工具钢。

国内钢材以自销为主。国家统计局数据显示，2021 年我国钢材产量为 13.36 亿吨（包含重复材）。海关数据显示，2021 年我国钢材进口 1431 万吨，出口 6690 万吨，钢材净出口仅为 5259 万吨。钢协统计，2021 年钢材消费量为 12.84 亿吨。2021 年钢材主要下游行业分别是房地产、基建、机械、钢结构、汽车、家电、造船和能源等，占比分别约为 35.4%、16.8%、16.3%、9.5%、5.6%、2.4%、2.0%和 6.5%。

二、钢材价格呈现震荡波动，总体向上的走势

钢材市场特点：一是市场化属性较强，钢材直供比例偏低，2021 年直供比例为 44.3%，贸易氛围浓厚；二是政策属性较强，钢铁是重要的基础原材料行业，关乎国民经济的各个层面，鉴于其重要性，长期以来，政府主管部门对钢铁行业的发展指导和监督明显强于其他行业。三是金融属性较强，自螺纹钢期货于 2009 年上市后，电子成交体量快速增长，期货由于具有价格发现功能，常作为避险工具使用，期货与现货紧密结合，期货由于其强预期性，对钢材现货市场价格有较大影响。

2001-2021 年，钢材价格呈现震荡波动，总体向上的走势。有两个高点是，2008 年 7 月第二周和 2021 年 5 月第二周，分别为 6283 元/吨和 6634 元/吨；一个低点在 2005 年 12 月第三周 1981 元/吨，二十年价格震荡波动 3.3 倍。

二十年来，我国经济从高速增长发展到高质量增长，投资、出口和消费不断增长，城镇化率不断提高，钢材消费较快增长。钢材需求增长和钢铁产量增长带来的铁矿石、焦煤、焦炭等钢铁原燃料价格上涨，推升钢材价格震荡上行。我国国民生产总值（GDP 修正数）由 2001 年的 10.97 万亿元，增长至 2021 年的 114.92 万亿元，增长 9.5 倍；我国城镇化率由 2001 年 37.66%，增长至 2021 年的 64.72%，提升 27.06

个百分点；钢材消费由 2001 年 16950 万吨，增长至 2021 年的 128404 万吨，增长 6.6 倍。

从时间来看：

2001-2011 年，我国经济高速增长，钢材消费快速增加，钢材价格出现长时间震荡上涨，金融危机爆发后出现大幅调整。21 世纪初，我国加入世界贸易组织，叠加城镇化的快速推进，此阶段，中国经济进入高速发展阶段，钢铁行业为了满足国民经济发展的需要也进入了扩张期。钢铁产量、产能以及固定资产、房地产投资大幅度增长，同时世界经济持续复苏，致使国内外钢材价格波动上行，特别是 2006-2008 年钢材价格快速上涨，至 2008 年 7 月国内钢材综合价格迎来阶段性的高点 6283 元/吨。2008 年四季度美国次贷危机引发全球经济危机，钢铁需求及产量双减，钢材价格呈现断崖式下降，并在 2009 年 4 月触底至 3466 元/吨，跌幅达 44%。2009 年我国政府投资四万亿元刺激经济快速回升，钢材价格从低谷中稳步回升。

2012-2015 年，钢铁产能逐步过剩，钢材价格持续下跌。2011 年以后我国经济进入转型期，逐步退出宽松的货币政策，对经济的拉动力量由投资逐步转向投资和消费，更侧重结构调整和创新驱动。"十二五"期间，我国的国民生产总值、固定资产投资、房地产投资和工业增加值的增速均呈下降趋势。前期钢铁行业的产能扩张，造成市场供大于求，竞争激烈，行业亏损。2015 年 12 月钢材综合价格最低跌至 1980 元/吨，较 2012 年高点下跌 56%，钢铁行业出现大范围亏损，不少钢铁企业破产倒闭，行业进入萧条期。

2016-2021 年，钢材价格开始修复性上涨，2021 年创历史新高。2016-2018 年，随着全国钢铁去产能工作的快速推进，钢铁行业去产能，控产量，取缔"地条钢"，大力加强环保治理和质量检查，市场环境得到净化，钢铁产能严重过剩的局面逐渐扭转，钢铁供需关系明显改善，钢材价格出现持续的修复性上涨，于 2017 年 12 月达到阶段性高点 4731 元/吨，较 2015 年低点上涨 138%，行业效益大幅改善。2020 年新冠疫情暴发后，钢材价格一度出现下挫。之后，为抵御疫情对经济的强烈冲击，全球大部分国家和地区实施了空前宽松的货币政策和财政政策。在一系列政策的推动下，全球大宗商品价格大幅度上涨，国内钢材价格也持续上涨，并于 2021 年 5 月创历史新高，达到 6634 元/吨，行业效益也于 2021 年达到历史最高水平。

从年度均值来看：

钢材综合价格最高年份 2021 年为 5409 元/吨，次高年份 2008 年为 5214 元/吨，第三高年份 2011 年为 4860 元/吨。最低年份 2015 年为 2419 元/吨，次低年份 2001 年为 2602 元/吨，第三低年份 2002 年为 2636 元/吨（图 3-23）。

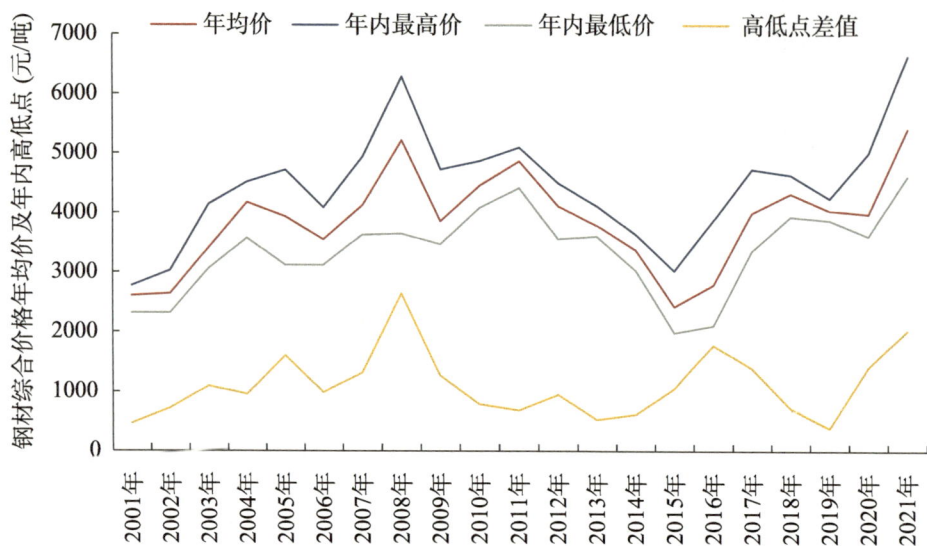

图 3-23　钢材综合价格年均价及年内高低点

数据来源：钢联数据

三、不同区域钢材价格走势一致，但价格存在差异

南北价差呈现扩大态势。我国钢材市场众多，分布广泛，且发展不均衡，各区域市场供需不平衡，价格差异较大。据钢协统计，2021 年钢材生产量占全国的比重分别为：华北 34.7%、华东 30%、中南 15.5%、东北 9.5%、西南 6%、西北 4.3%；2021 年钢材消费量占全国的比重分别为：华北 19.4%、华东 41.7%、中南 20.6%、东北 4.9%、西南 9.3%、西北 4.1%。从钢材供需占比看，华东、中南、西南地区供需存在缺口，属于钢材流入地区；华北、东北、西北供需过剩，属于钢材流出口地区。钢材价格"南高北低"主要是区域市场供需不平衡所致。

21 世纪以来，南方经济发展明显快于北方，南北差距逐渐拉大，钢铁消费主要区域也由北转向南，北方钢铁区域产能过剩问题尤为突出，每年大量钢材从北方运往南方销售，"南材北运"成为我国钢材市场的特征。考虑各种物流费用的增加，南方钢材价格长时间高于北方，华东与华北钢材价差均值 76 元/吨，波动范围–27-124 元/吨，价差较高的年份是 2004 年、2013 年、2014 年和 2017 年；华南与华北钢材价差均值 131 元/吨，波动范围–26-232 元/吨，价差较高的年份是 2012 年、2013 年、2014 年和 2017 年。在钢材品种中，建筑用钢材因南北方需求季节性差异更为明显，导致建材南北价差波动更大，制造业用钢材南北价差相对稳定（图 3-24）。

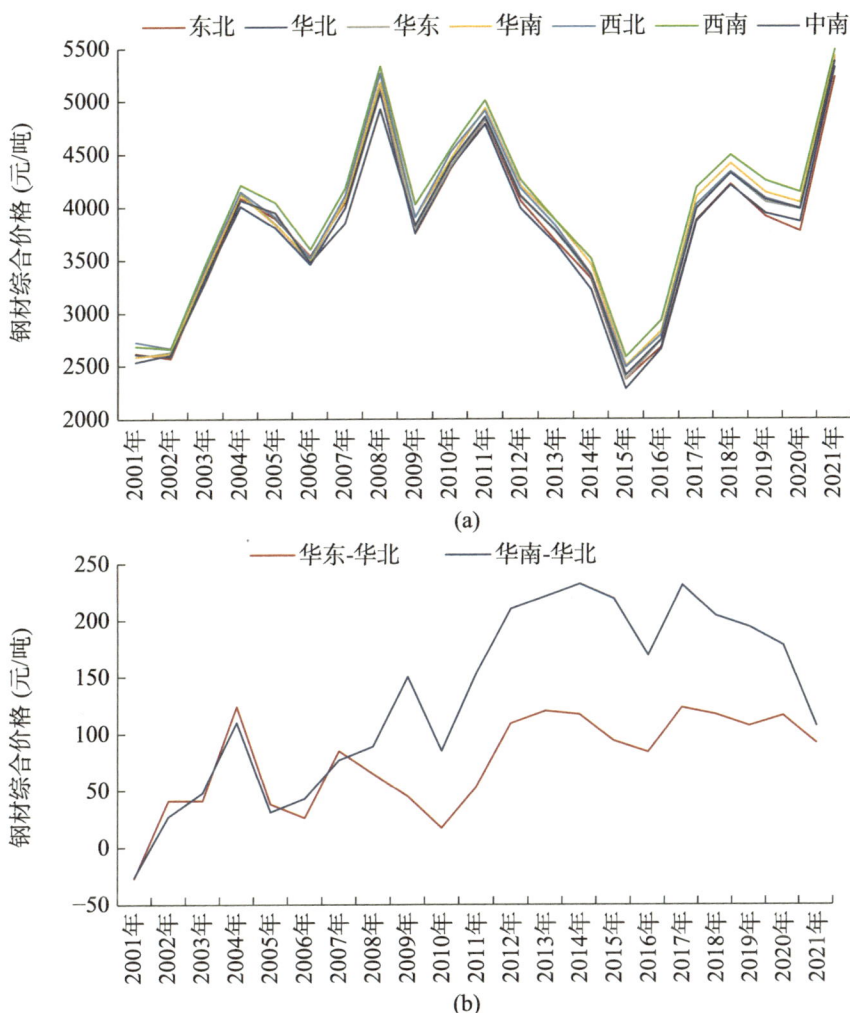

图 3-24　分区域钢材综合价格

数据来源：钢联数据

第七节　螺纹钢价格

一、螺纹钢基本介绍

螺纹钢是热轧带肋钢筋的俗称，简称钢筋。普通热轧钢筋牌号由 HRB 和屈服强度构成，H、R、B、E 分别为热轧（Hot-rolled）、带肋（Ribbed）、钢筋（Bar）、抗震（Earthquake），后面的数字是指螺纹钢的屈服强度，单位为 MPa。螺纹钢广泛用于房屋、桥梁、道路等土建工程建设。大到高速公路、铁路、桥梁、涵洞、隧道、防洪、水坝等公用设施，小到房屋建筑的基础、梁、柱、墙、板，螺纹钢都是不可或缺的结构材料。

螺纹钢有多种分类方式：一是以几何形状分类，根据横肋的截面形状及肋的间距不同进行分类或分型，如英国标准（BS4449）中，将螺纹钢分为 I 型、II 型。这种分类方式主要反应螺纹钢的握紧性能。二是以性能分类（级），如我国标准（GB 1499.2—2018）中，按屈服强度将螺纹钢分为 3 个等级，分别是 HRB400(E)、HRB500E、HRB600。三是按用途分类，如分为钢筋混凝土用普通钢筋、钢筋混凝土用热处理钢筋等（表 3-27）。

表 3-27　螺纹钢分类

分类标准	主要品种
截面几何形状	六边形、圆形
性能分类	HRB400(E)、HRB500(E)、HRB600
用途	钢筋混凝土用普通钢筋、钢筋混凝土用热处理钢筋等

数据来源：《上期所钢材交易手册》。

国内螺纹以自产自销为主。上海钢联调研数据显示，2021 年我国螺纹钢产量为 2.89 亿吨，占粗钢产量的 28%，也是占比最大的钢材品种。海关数据显示，2021 年我国进口螺纹钢 182 万吨，出口钢筋 45 万吨。因此，在不考虑库存变动和合金条杆出口的情况下，2021 年我国螺纹钢表观消费大约为 2.97 亿吨，进出口占比较小。

螺纹产销均集中在华东地区，但其他区域供需不均衡。由于螺纹钢生产技术门槛相对较低，因此国内生产企业较多，且大多是民营企业。从区域分布上看，华东螺纹钢产量占比最大，高达 38%；其次是华北，达 17%。从消费分布来看，华东占比同样最大，达 33%；其次是西南，占比为 16%；而华北和东北常年供大于求，因此"北材南下""冬储"等属于行业特性（图 3-25）。

房地产和基建是螺纹主要消费领域。从下游来看，螺纹钢需求主要集中于房地产行业，配合混凝土用作地基、墙体、柱的支撑，大约占总需求的 70%；其次是桥梁、铁路等基建工程，占比大于 20%，剩下的 10% 基本用于轻工制造（图 3-26）。

二、螺纹钢市场流通量大，价格波动频繁

螺纹钢市场特点：一是钢材品种产量最大品种，生产企业多，多为民营企业，生产工艺分长流程和短流程，市场流通大；二是消费季节性较明显，通常有"金三银四""金九银十"这样的旺季，也有 6-8 月、12 月-次年 2 月这样的天然淡季，而长流程供给调节往往滞后，因此容易造成供需错配；三是金融属性强，2009 年 3 月

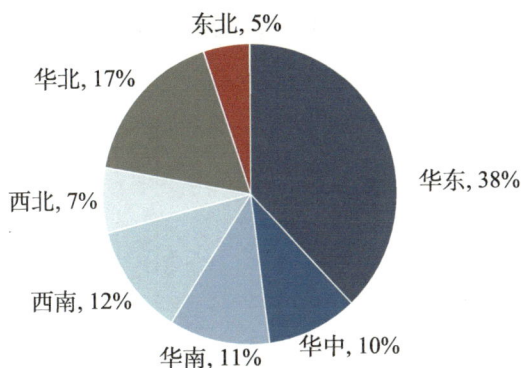

图 3-25　螺纹钢产量分区域

数据来源：国家统计局，钢联数据

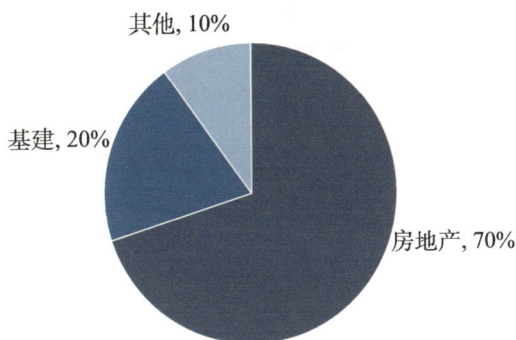

图 3-26　螺纹钢主要下游占比

数据来源：钢联数据

螺纹钢期货在上海期货交易所上市，成交体量巨大，2021 年高达 6.56 亿手（1 手 10 吨），是现货产量规模的 22 倍。

2001-2011 年，经济增长叠加金融属性增强，螺纹钢价格呈现上涨走势，但波动较大。21 世纪初，我国加入世界贸易组织，叠加房地产行业迎来新一轮的发展期，推升大宗商品价格上涨，螺纹钢价格也持续上涨，在 2003 年 12 月迎来阶段性的高点 4204 元/吨。之后价格出现了较大幅度的回调，并在 2004 年 5 月触底至 2678 元/吨，跌幅达 36%。2007-2008 年 5 月，钢价一路冲高至 5741 元/吨，较之前的低点涨幅高达 114%。随后金融危机爆发，对国际大宗商品价格造成了不利影响，钢价断崖式下跌，2009 年 4 月跌至低点 3319 元/吨，跌幅 42%。为了缓和 2008 年金融危机对国内经济的负面影响，国内出台了 4 万亿元救市计划，期间有大量货币流入房地产，2009 年 4 月开始螺纹钢价格出现大幅度上涨，涨至 2011 年 8 月高点在 5086 元/吨，涨幅 53%。

2012-2015 年，产能逐步过剩，螺纹钢价格进入了长期的下行通道。2011-2012 年期间，由希腊债务违约引发的全面欧债危机，对全球经济造成影响较大，螺纹钢价格在 5000 元/吨以上跌至 4000 元/吨附近。而此后的几年内，从"四万亿"刺激政策得到大量资金的钢企无序扩张，粗钢尤其是螺纹钢产能过剩的问题越来越严重。2015 年 12 月螺纹钢价格最低跌至 1871 元/吨，较 2011 年高点下跌 63%，这也是有记录以来螺纹钢价格的最低点。

2016-2021 年，螺纹钢价格再次重回上行区间，2021 年创历史新高。2016-2018 年，全国供给侧结构性改革开始，大量落后、僵尸产能被淘汰，国家重点打击"地条钢"使得市场环境得到了极大改善，螺纹钢价格呈现快速上涨趋势，2017 年 12 月达到了阶段性的高点 4916 元/吨，较 2015 年的低点上涨 163%。2020 年，新冠疫情暴发，3 月螺纹钢价格阶段性回落至 3534 元/吨，但在有效的防疫措施以及全球宽松的货币政策刺激下，2020 年四季度开始，螺纹钢价格呈现上涨趋势，2021 年，高通胀预期下，螺纹钢价格大幅上涨，创出历史新高 6290 元/吨。此后因政策扰动以及高价煤泡沫破灭，5 月中旬和 11 月分别出现了短期的暴跌行情（图 3-27）。

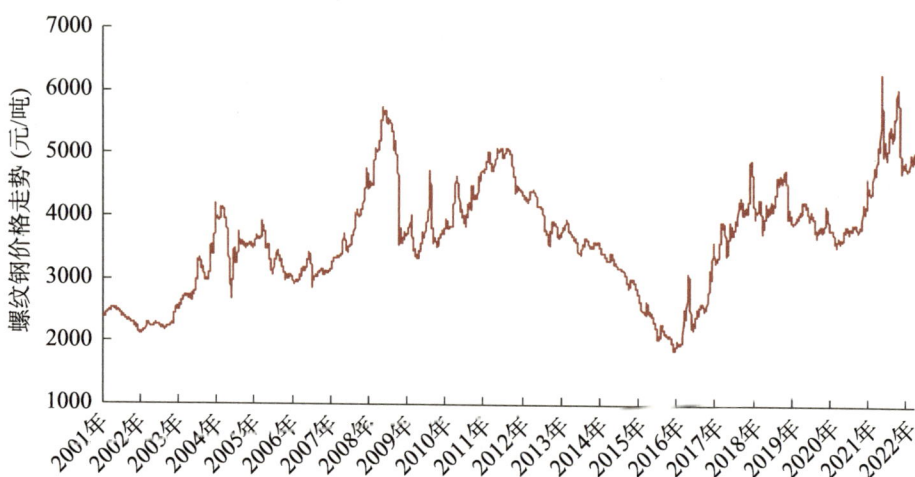

图 3-27 螺纹钢价格走势
数据来源：钢联数据

2001-2021 年，螺纹钢年均价呈现"N"形走势，2021 年创历史新高。高低点差值通常都在 500-1000 元/吨，但部分年份超过了 1500 元/吨。价差的变化也呈现鲜明的特点，在经济发生重大转折点的时候，例如 2003-2004 年、2007-2009 年、2020-2021 年这样的特殊年份，价差比其余时间要大得多，其中 2008 年价差最大为 2210 元/吨。此外，2021 年因高通胀，螺纹钢最高价、最低价和均价都超过了 2008 年（图 3-28 和表 3-28）。

三、不同品类价格走势一致性强，价差相对稳定

按性能分类，螺纹钢各牌号之间存在较稳定的价差，质量越好价格越高。以主流杭州市场价格为例，对同一家钢企的同一种规格 ϕ20mm、不同牌号进行价格对比。从表 3-29 中可以看出，2015-2021 年，通常 HRB400E 市场价比 HBR400 价格高出 30-60 元/吨之间，并且价差通常较为稳定；而 HBR500E 比 HBR400E 价格高出 300-470 元/吨，且 2016 年呈现收窄，2017-2019 年扩大，而 2020 年之后则开始趋于稳定。

按尺寸划分，螺纹钢各品种间价差也较稳定，小尺寸价格反而更高。（1）由于工艺水平要求不同，通常 ϕ10-12mm 的小尺寸螺纹钢价格最高，例如同一家公司、

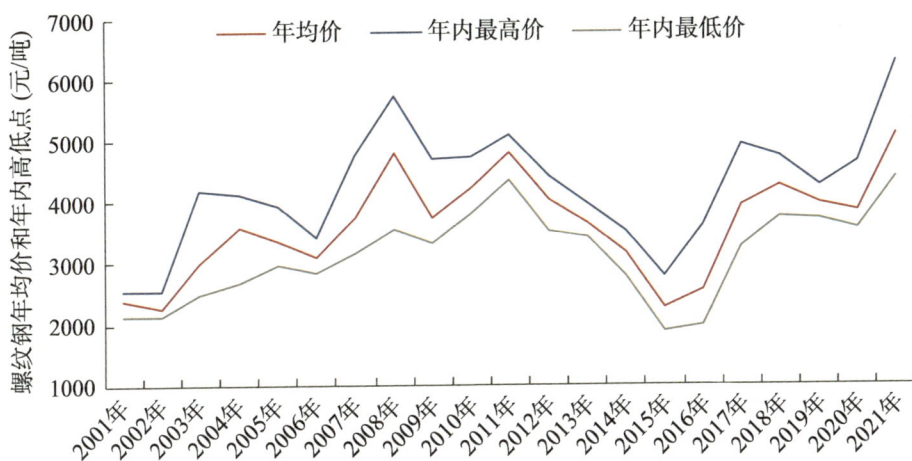

图 3-28 螺纹钢年均价及年内高低点

数据来源：钢联数据

表 3-28 螺纹钢年均价及年内高低点　　　　　　　　　　（元/吨）

年份	年均价	年内最高价	年内最低价	高低点差值
2001	2376	2537	2122	416
2002	2258	2560	2123	437
2003	3014	4204	2495	1709
2004	3574	4139	2678	1461
2005	3351	3933	2977	956
2006	3096	3416	2848	568
2007	3746	4760	3156	1604
2008	4815	5741	3531	2210
2009	3724	4717	3319	1399
2010	4221	4737	3809	928
2011	4816	5086	4356	730
2012	4032	4428	3524	904
2013	3627	3951	3402	549
2014	3159	3504	2764	740
2015	2272	2765	1871	894
2016	2560	3609	1962	1646
2017	3939	4916	3267	1649
2018	4245	4749	3754	995
2019	3980	4254	3693	561
2020	3837	4637	3534	1103
2021	5095	6290	4374	1916

数据来源：钢联数据。

同一个市场，ϕ12mm 通常比 ϕ20mm 价格高出 150-170 元/吨，并且 2018 年之后，价差开始趋于稳定；ϕ16mm 比 ϕ20mm 高出 30 元/吨，除 2013 年波动较大外，其余年份相对稳定。（2）ϕ28-32mm 大尺寸螺纹钢价格高于中等尺寸、但低于小尺寸螺纹钢，例如，ϕ28mm 比 ϕ20mm 价格高出 100-170 元/吨，并且近几年逐渐缩小；但比 ϕ12mm 价格低 40 元/吨以内（图 3-29 和表 3-29）。

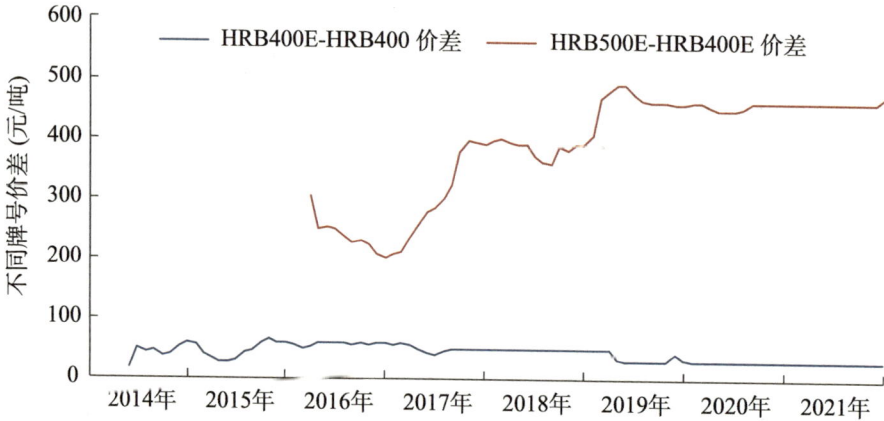

图 3-29　螺纹钢不同牌号价格对比

数据来源：钢联数据

表 3-29　螺纹钢品种价差 （元/吨）

年份	沙钢 HRB400	沙钢 HRB400E	价差	冷钢 HRB400E	冷钢 HRB500E	价差
2012	4059	—	—	—	—	—
2013	3655	—	—	3532	—	—
2014	3135	3059	−76	3105	—	—
2015	2195	2241	46	2189	—	—
2016	2455	2512	58	2461	2805	344
2017	3840	3891	50	3864	4170	305
2018	4142	4192	50	4159	4543	384
2019	3914	3950	36	3915	4379	464
2020	3751	3781	30	3756	4213	456
2021	5021	5051	30	5034	5496	461

数据来源：钢联数据。

四、不同区域螺纹钢价格走势一致，但价差存在差异

螺纹钢价格区域性特征也非常明显。华南螺纹钢价格通常高于其他区域，广州螺纹钢均价高于天津 150-500 元/吨，这主要是因为当地螺纹钢需要过磅。华北和东

北地区长期供大于求,螺纹钢价格通常低于其他地区。但 2021 年由于北方减产较多,北方供应过剩情况得到改善,华北、东北与其他区域的价差明显缩小,华东与华北、华南与华北的螺纹钢均价分别缩小至 50 元/吨、287 元/吨(图 3-30 和表 3-30)。

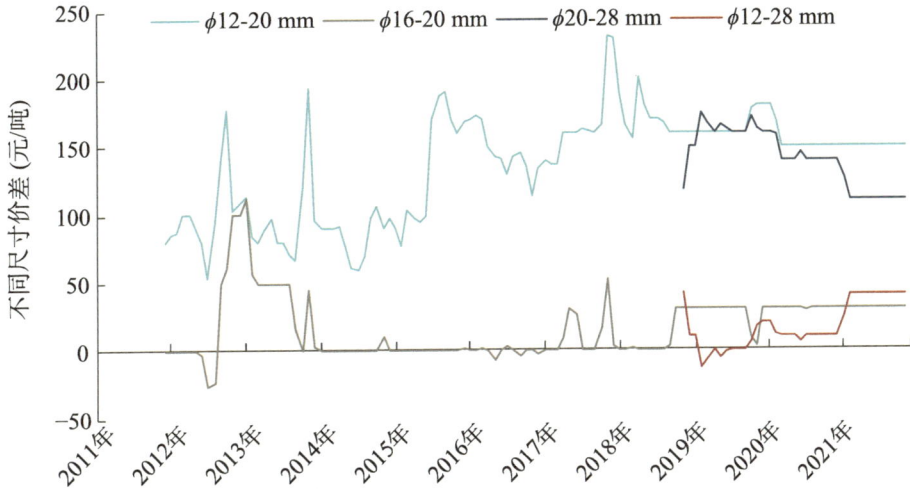

图 3-30　螺纹钢不同尺寸价格对比

数据来源:钢联数据

表 3-30　螺纹钢按尺寸划分价格及价差表　　　　　　　　　　　　　　(元/吨)

年份	φ12mm	φ16mm	φ20mm	φ28mm	φ12-20mm	φ16-20mm	φ20-28mm
2012	4159	4072	4059	—	87	13	
2013	3754	3707	3655	—	47	52	
2014	3219	3136	3135	—	83	1	
2015	2323	2195	2195	—	128	0	
2016	2603	2454	2455	—	149	−1	
2017	4000	3851	3840	—	149	11	
2018	4318	4148	4142	4020	170	6	
2019	4077	3939	3914	4076	138	25	162
2020	3907	3781	3751	3896	126	30	145
2021	5171	5051	5021	5134	120	30	113

数据来源:钢联数据。

螺纹钢的区域价差有较强的季节性规律,通常旺季区域价差较小,而淡季11月-次年1月,因北方需求基本停滞,价差会扩大到年内高峰,从而引发"北材南下"(图3-31、表3-31和表3-32)。

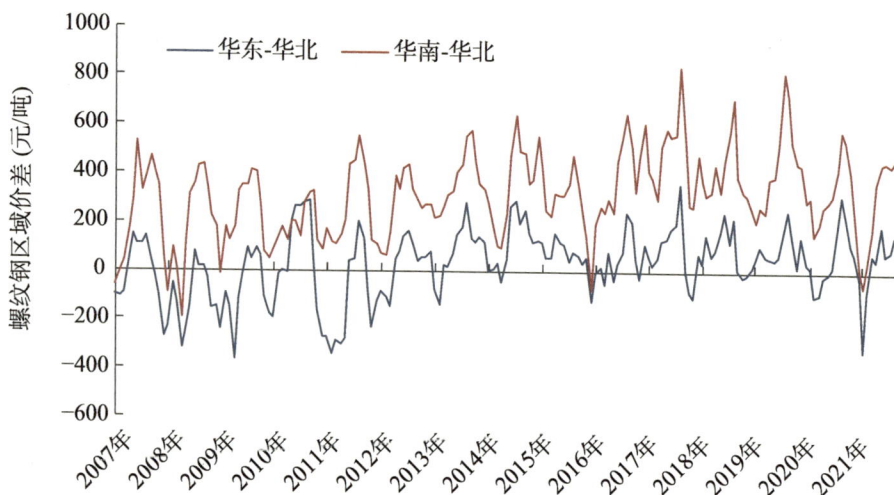

图 3-31 螺纹钢区域价差变化

数据来源：钢联数据

表 3-31   螺纹钢分城市价格 　　　　　　　　　　　（元/吨）

区域 代表城市	华东 杭州	华南 广州	华中 武汉	华北 天津	东北 沈阳	西南 成都	西北 西安
2007 年	3960		3917	3929	3968	4239	3985
2008 年	4753	5059	4897	4870	4868	5113	4951
2009 年	3663	4017	3827	3761	3709	4074	3831
2010 年	4364	4487	4399	4311	4167	4521	4342
2011 年	4730	5094	4802	4842	4920	5036	4778
2012 年	3913	4188	4045	3926	4065	4225	4070
2013 年	3585	3842	3701	3523	3498	3743	3589
2014 年	3089	3327	3202	2983	3084	3242	3044
2015 年	2177	2432	2284	2063	2211	2371	2209
2016 年	2452	2716	2453	2419	2457	2623	2504
2017 年	3840	4224	3830	3722	3735	4049	3875
2018 年	4142	4485	4107	4064	4023	4331	4200
2019 年	3901	4234	3923	3834	3765	4084	3934
2020 年	3741	4035	3770	3688	3654	3852	3756
2021 年	5039	5277	5011	4989	5023	5074	4987

数据来源：钢联数据。

表 3-32   螺纹钢区域价差 　　　　　　　　　　　（元/吨）

年份	华东-华北	华南-华北
2007	31	
2008	−118	189
2009	−98	256

年份	华东-华北	华南-华北
2010	53	176
2011	−111	252
2012	−13	263
2013	62	318
2014	105	344
2015	113	369
2016	32	296
2017	119	502
2018	78	421
2019	67	400
2020	54	347
2021	50	287

数据来源：钢联数据。

第八节　线材价格

一、线材基本介绍

线材（俗称"高线"或"盘条"）是指经线材轧机热轧后卷成盘状交货的钢材，一般直径在 5.5-14mm。线材主要用于建筑和拉制钢丝及其制品。由于制造标准件的需要，许多冷拉坯料直接使用盘条，盘条具有比直条拉拔头少、连续性强、拉拔效率高等优点。常见线材多为圆断面，异型断面线材有椭圆形、方形及螺纹形等，但生产数量很少。

线材按照生产工艺可分为两种：用复二重轧机生产出来的线材叫普线。普线一般盘重小，约在 100-200kg，尺寸精度差，主要用于建筑行业，复二重轧机属于被淘汰的轧制工艺。高速线材轧机是指轧机纵向排列，轧件同时在各架轧机上轧制，每架只轧一道，轧辊转数与延伸系数成比例地增加。高线轧机轧制速度高，最高可达 120m/s，产量高，头尾温差小，产品尺寸精度高、质量高，盘重大，一般在 1.5-2.0t。目前我国新建线材轧机均是高速线材轧机。

随着工业的发展，线材的应用领域越来越广，对其品种质量要求日益严格和专业化。线材的钢种非常广泛，有碳素结构钢、弹簧钢、碳素工具钢、合金结构钢、轴承钢、合金工具钢、不锈钢等。凡是需要加工成丝的钢种大都经过线材轧机生产成盘条再拉拔成丝。因为钢种、钢号繁多，所以在线材生产中通常将线材分为如表 3-33 所示的五大类。

表 3-33　线材分类

名称	定义
建筑用线材	主要用于钢筋混凝土的配筋和焊接结构件，是用途最大的一类线材，牌号 HPB300；执行标准为 GB 1499.1–2017《钢筋混凝土用热轧光圆钢筋》
软线	指普通低碳钢热轧圆盘条，牌号主要是碳素结构钢标准中所规定的 Q195、Q215、Q235、Q275 和优质碳素结构钢中所规定的 10、15、20 号钢
硬线	指优质碳素结构钢类的盘条，如制绳钢丝用盘条，轮胎钢丝等专用盘条。硬线一般含碳量偏高，泛指 45 号以上的优质碳素结构钢、40Mn-70Mn 等
焊线	指焊条用盘条，包括碳素焊条钢和合金焊条钢的盘条
合金钢线材	指各种合金钢和合金含量高的专用盘条。如轴承钢盘条、合金结构钢、不锈钢、合金工具钢盘条等。低合金钢线材一般划归为硬线，如有特殊性能也可划入合金钢类

数据来源：公开信息整理。

国内线材产销基本均衡。2021 年，线材产量为 1.56 亿吨，较 2001 年 3110 万吨增长 4 倍。我国线材进口和出口量较小，根据海关数据显示，2021 年，我国线材进出口量分别为 103 万吨、323 万吨，表观消费量为 1.54 亿吨。

二、线材价格波动同样频繁，与螺纹钢联动作用强

线材市场特点：一是产量大，生产企业众多，多为民营企业，市场流通量大，下游行业较集中；二是金融化早于热卷，2009 年 3 月线材期货在上海期货交易所上市，但是受螺纹钢期货的挤压效应，线材期货成交并不活跃；三是线材和螺纹钢供需重叠度高，受螺纹钢影响大，与螺纹联动作用强。

2001-2008 年，线材价格波动向上，在 2008 年 6 月创阶段性高点。2001-2006 年，线材价格呈现震荡上涨的态势，这一阶段线材价格上涨幅度不及板材，主要由于线材供应增长较快，抑制价格过快上涨。2007 年开始，线材开启持续上涨行情，时间长达 18 个月。2008 年 6 月，线材价格上涨至 6227 元/吨历史高位。

随后，线材价格进入下跌行情，2008 年 10 月，线材价格下跌至 3438 元/吨，较 6 月高点价格下跌幅度为 45%，几近腰斩。这一阶段，线材价格在短时间内下跌幅度较大，仅 4 个月时间跌至 2007 年 4 月水平。2008 年 10 月，线材价格开始震荡上行，高点在 2011 年 9 月，价格为 4926 元/吨。

2011-2015 年，线材价格进入下行通道。这一阶段，房地产行业进入调整期，线材价格进入长达 4-5 年的下跌区间，2015 年 12 月线材价格跌至 1980 元/吨，较 2011 年 9 月高点下跌 62%。

2016-2021 年，线材价格整体呈现上涨态势，2021 年创历史新高。2016-2017 年，

线材价格震荡向上，2017 年 12 月达到了阶段性的高点 5021 元/吨。2018-2020 年 3 月，线材价格震荡偏弱运行，最低回调至 3758 元/吨。2020-2021 年，受新冠疫情后房地产施工需求启动，线材价格大幅上涨，并于 2021 年 5 月创出历史新高 6697 元/吨（图 3-32）。

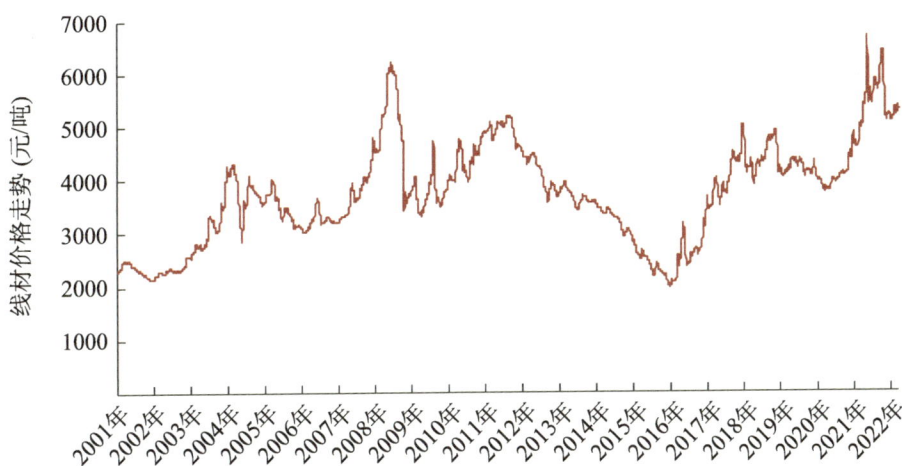

图 3-32　线材价格走势

数据来源：钢联数据

三、线材年均价呈"N"形走势，2021 年创历史新高

2001-2011 年，线材年均价上移。此阶段高点出现在 2008 年，年均价为 4996 元/吨，年内最高价为 6227 元/吨，年内最低价为 3438 元/吨，年内高低点价差达 2789 元/吨。

2011-2015 年，线材年均价呈现下行趋势。此阶段低点出现在 2015 年，年均价为 2370 元/吨，年内最高价为 2839 元/吨，年内最低价为 1981 元/吨，年内高低点价差达 858 元/吨。

2016-2021 年，线材年均价重回上行区间，2021 年创历史新高。此阶段高点出现在 2021 年，年均价为 5451 元/吨，年内最高价为 6700 元/吨，年内最低价为 4583 元/吨，年内高低点价差达 2116 元/吨（图 3-33 和表 3-34）。

四、不同品种价格走势一致，价差逐步走扩

不同品种价格走势一致，小规格价格更高，两者价差逐步走扩。现行市场主要流通的线材品种为 HPB300：ϕ6mm 和 HPB300：ϕ8mm，两者因为轧制成本、性能的不同，通常有一定的价差，一般直径更小的产品价格更高。近四年价差呈现扩张

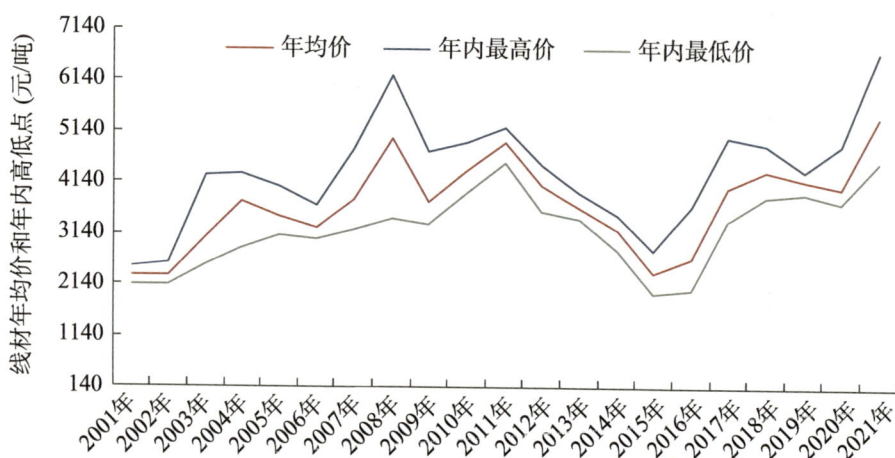

图 3-33 线材年均价及年内高低点

数据来源：钢联数据

表 3-34 线材年均价及年内高低点 （元/吨）

年份	年均价	年内最高价	年内最低价	高低点差值
2001	2325	2486	2128	358
2002	2323	2583	2128	455
2003	3071	4288	2524	1764
2004	3776	4308	2843	1465
2005	3480	4041	3105	936
2006	3248	3687	3030	657
2007	3802	4798	3223	1576
2008	4996	6227	3438	2789
2009	3757	4747	3323	1423
2010	4388	4926	3959	967
2011	4927	5216	4518	699
2012	4096	4510	3571	939
2013	3659	3955	3436	519
2014	3228	3522	2833	689
2015	2370	2839	1981	858
2016	2659	3690	2054	1636
2017	4063	5026	3415	1612
2018	4396	4907	3876	1031
2019	4198	4404	3964	439
2020	4046	4879	3755	1123
2021	5451	6700	4583	2116

数据来源：钢联数据。

态势，2018 年两者价差为 49 元/吨，到 2021 年，两者价差扩大至 150 元/吨（图 3-34 和表 3-35）。

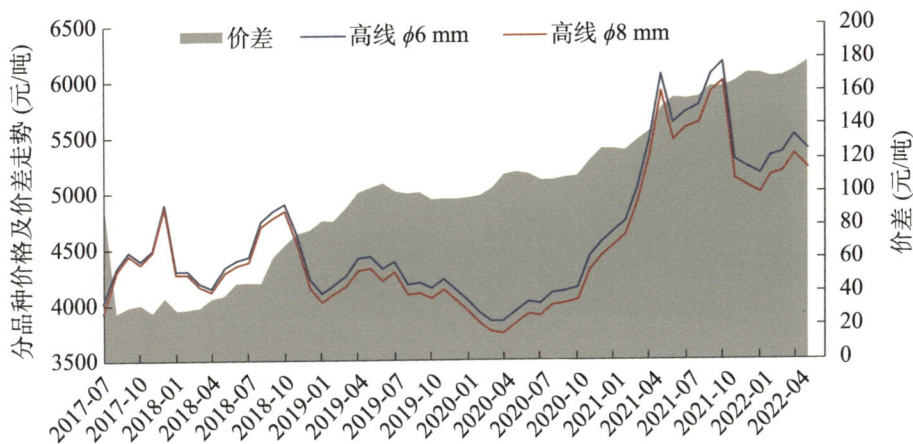

图 3-34　线材不同品种价格及价差

数据来源：钢联数据

表 3-35　线材品种价差　（元/吨）

年份	高线：HPB300：ϕ6mm	高线：HPB300：ϕ8mm	价差
2018	4449	4400	49
2019	4243	4147	96
2020	4081	3972	109
2021	5478	5328	150

数据来源：钢联数据。

五、不同区域线材价格存在一定差异，区域价差有所扩大

线材价格区域特点呈现"南高北低"特点。由于产地和消费地不完全重合，线材价格区域性特征也非常明显。从表中可以看出，各区域市场的价格变动基本一致，但区域价格存在一定差异。华北和东北的线材价格通常低于其他地区，主要是因为华北地区是我国最大线材产地，当地长期供大于求，成为市场价格洼地。华东地区是我国第二大线材产地，但同样是线材最大消费市场，资源价格仍明显高于北方地区。华南地区资源消费量较大，但供应主要以湖南湘钢、广东韶钢、广西柳钢几个厂商为主，资源偏紧叠加线材运输费用，市场价格相对较高。

近几年区域价差有所扩大。华南-华东地区线材价差呈现扩大走势，2014-2015

年两区域价差为负，2017-2018 年价差约 60 元/吨，2021 年两区域价差扩大至 125 元/吨。华南-华北地区区域价差同样呈扩大趋势，2014-2016年，两区域价差在100-200 元/吨；2017-2021 年，两区域价差扩大到 300-400 元/吨。值得注意的是，每年到 4 月份，华南-华北、华东-华北地区线材价差明显收窄甚至由正转负，主要由于 3-4 月，北方地区气候转暖，户外施工活动开启，对线材需求明显增加，而南方季节性特征不明显，导致 4 月份北方市场线材价格涨幅高于南方，南北价差收窄（图 3-35 和表 3-36）。

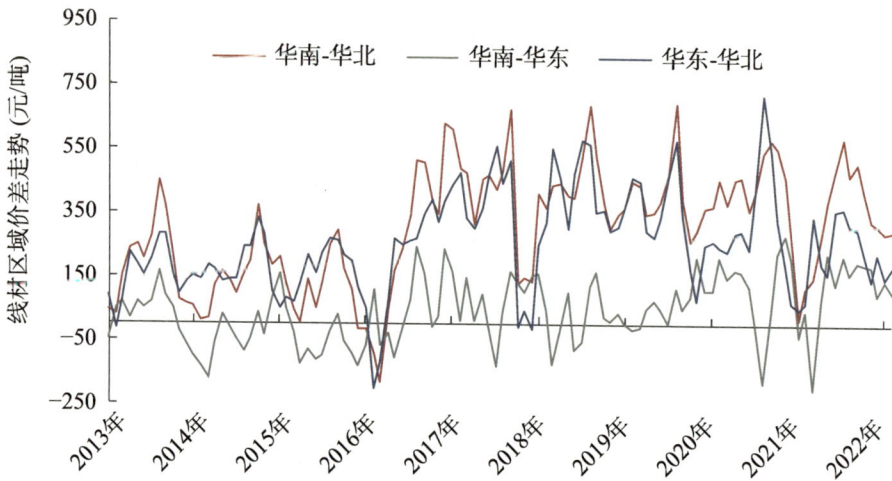

图 3-35　线材区域价差走势

数据来源：钢联数据

表 3-36　线材分城市价格　　　　　　　　　　（元/吨）

区域	华东	华南	华中	华北	东北	西南	西北
代表城市	杭州	广州	武汉	天津	沈阳	成都	西安
2014 年	3268	3216	3282	3103	3115	3261	3107
2015 年	2393	2384	2444	2213	2230	2440	2292
2016 年	2705	2709	2646	2559	2474	2678	2528
2017 年	4133	4201	4014	3718	3775	4039	3933
2018 年	4432	4494	4312	4110	4044	4325	4214
2019 年	4187	4222	4110	3812	3766	4092	4000
2020 年	4025	4125	3948	3711	3684	3892	3832
2021 年	5368	5493	5291	5141	5134	5253	5259

数据来源：钢联数据。

第九节　角钢价格

一、角钢基本介绍

角钢俗称角铁，是两边互相垂直成角形的长条钢材，有等边角钢和不等边角钢之分，等边角钢的两个边宽相等。角钢属建造用碳素结构钢，是简单断面的型钢钢材，主要用于金属构件及厂房的框架等。在使用中要求有较好的可焊性、塑性变形性能及一定的机械强度。生产角钢的原料钢坯为低碳方钢坯，成品角钢为热轧成形、正火或热轧状态交货。

角钢广泛地用于各种建筑结构和工程结构，如房梁、桥梁、输电塔、起重运输机械、船舶、工业炉、反应塔、容器架以及仓库货架等。角钢分类见表3-37。

表3-37　角钢分类

名称	定义
等边角钢	等边角钢的两个边宽相等，其规格以边宽×边宽×边厚的毫米数表示。如"∠30×30×3"，即表示边宽为30mm、边厚为3mm的等边角钢。也可用型号表示，型号是边宽的厘米数，如∠3。型号不表示同一型号中不同边厚的尺寸，一般书写中将角钢的边宽、边厚尺寸填写齐全,如目前国产等边角钢规格写为2-20
不等边角钢	不等边角钢可分为不等边等厚和不等边不等厚两种。不等边角钢的截面高度按不等边角钢的长边宽来计算。指断面为角形且两边长不相等的钢材。其边长由25mm×16mm-200mm×125mm，由热轧轧机轧制而成

数据来源：公开信息整理

根据上海钢联调研数据,2021年我国工角槽产量为2995万吨,同比下降16.87%。

二、角钢价格呈现"N"形走势

角钢市场特点：一是主要是由调坯轧材企业生产，以唐山地区产业集群为主，生产集中度较高，对市场影响较大；二是消费领域较集中，主要应用于钢结构、装配式住宅。

2004年前角钢价格数据缺失,由于角钢价格走势与普钢价格指数走势基本一致,可以通过普钢价格指数来观察2004年前角钢价格变化。

2004-2010年，该阶段角钢价格整体向上，但波动幅度较大。2004-2008年，角钢价格长期上涨，并在2008年7月迎来阶段性的高点5681元/吨。之后钢价出现了较大幅度的回调，并在2009年4月触底至3409元/吨,跌幅达40%。2009年5月-2010

年，钢价触底反弹，这一阶段，"四万亿"投资落地，工角槽钢需求增加，推动价格上涨，高点在 2010 年 12 月，价格为 4593 元/吨（图 3-36）。

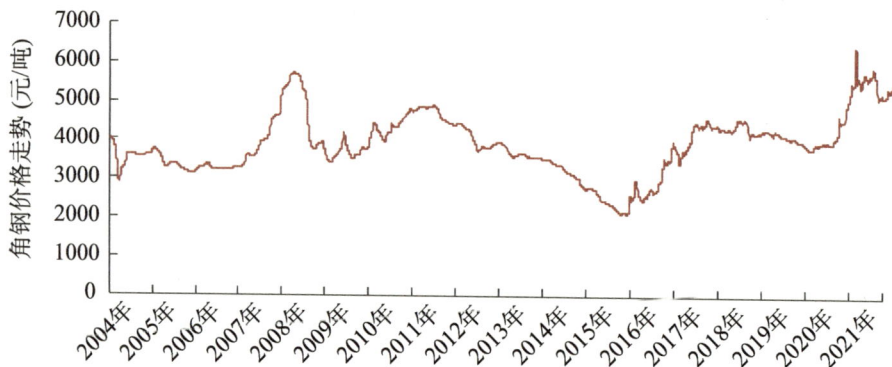

图 3-36　角钢价格走势

数据来源：钢联数据

2011-2015 年，角钢价格在 2011 年 8 月达到高点 4888 元/吨后，开始进入了长期的下行通道。2015 年 12 月最低跌至 2119 元/吨，较之前的高点跌幅高达 56.64%。

2016-2021 年，角钢价格重回上行区间，尤其是 2020-2021 年间价格涨势迅猛。这一阶段，北方地区"去产能"及调坯轧材厂环保限产政策压力较大，整体开工率维持较低水平，角钢供给受限，驱动角钢价格上涨，2020 年四季度开始，受益于新冠疫情后需求释放，角钢价格持续大幅上涨并于 2021 年 5 月创出历史新高 6432 元/吨。

三、角钢年均价呈"N"形走势，波动幅度减弱

2004-2011 年，角钢年均价上移。此阶段高点出现在 2008 年，年均价为 4976 元/吨，年内最高价为 5716 元/吨，年内最低价为 3747 元/吨，年内高低点价差达 1969 元/吨。

2011-2015 年，角钢年均价呈现下行趋势。此阶段低点出现在 2015 年，年均价为 2550 元/吨，年内最高价为 3025 元/吨，年内最低价为 2119 元/吨，年内高低点价差达 906 元/吨。

2016-2021 年，角钢年均价重回上行区间。此阶段高点出现在 2021 年，年均价为 5375 元/吨，由于钢价波动剧烈，年内最高价为 6432 元/吨，年内最低价为 4463 元/吨，年内高低点价差达 1969 元/吨，波动幅度为 31%（图 3-37 和表 3-38）。

四、不同品类价格走势一致，但价差有所分化

分规格来看，目前市场主要流通的角钢规格为 50×50×5、100×100×10、

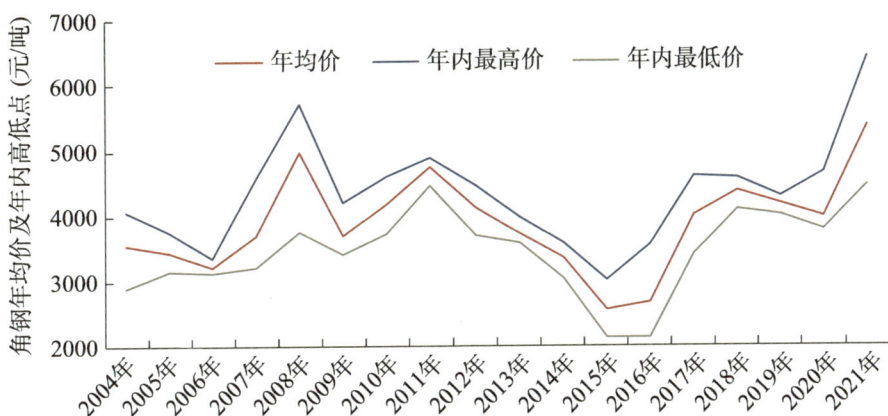

图 3-37　角钢年均价及年内高低点

数据来源：钢联数据

表 3-38　角钢年均价及年内高低点　　　　　　　　　　（元/吨）

年份	年均价	年内最高价	年内最低价	高低点差值
2004	3538	4053	2897	1156
2005	3441	3749	3161	588
2006	3224	3362	3117	245
2007	3683	4574	3217	1357
2008	4976	5716	3747	1969
2009	3682	4205	3407	798
2010	4177	4593	3735	858
2011	4751	4888	4453	435
2012	4122	4453	3683	770
2013	3719	3967	3567	400
2014	3359	3579	3030	549
2015	2550	3025	2119	906
2016	2656	3559	2141	1418
2017	4003	4590	3400	1190
2018	4368	4567	4087	480
2019	4178	4285	4016	269
2020	3972	4659	3783	876
2021	5375	6432	4463	1969

数据来源：钢联数据。

200×200×16，在相同材质下，边长越长的品种价格越高。2019-2020 年，品种价差较小，在百元/吨以内，2021 年钢铁市场波动剧烈，品种价差扩大，角钢 Q235B：200×200×16 年均价为 5404 元/吨，角钢 Q235B：50×50×5 年均价为 5159 元/吨，两

者年均价价差达到 245 元/吨，而角钢 100-50mm 价差降至 10 元/吨以下（图 3-38 和
表 3-39）。

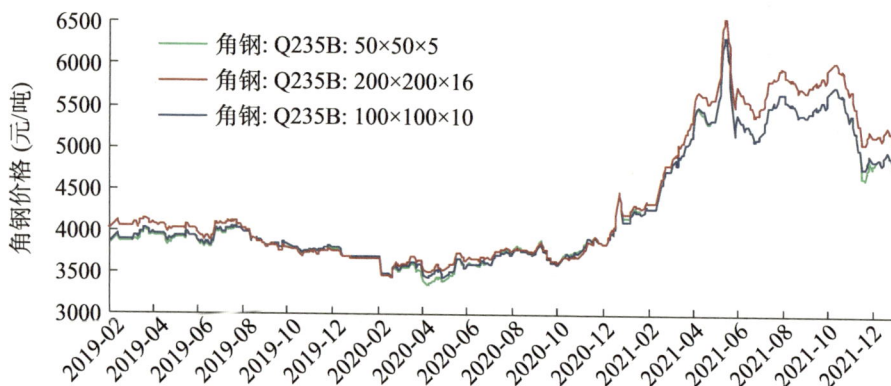

图 3-38　角钢不同品种价格对比

数据来源：钢联数据

表 3-39　角钢不同规格价差　　　　　　　　　　　　　　　　（元/吨）

年份	Q235B：50×50×5	Q235B：100×100×10	角钢 100-50mm 价差	Q235B：200×200×16	角钢 200-50mm 价差
2019	3868	3884	16	3937	70
2020	3684	3695	10	3720	36
2021	5159	5165	5	5404	245

数据来源：钢联数据。

五、各区域市场的年度价格走势一致，但南北区域角钢价差大

　　角钢产地相对集中，而消费地相对分散，因此价格区域性特征也非常明显。以
热轧角钢：Q195：2.5×355×C 同一规格在不同城市的价格表现来看，各区域市场的
年度价格变化趋势基本一致，但区域价格存在一定差距。

　　东北地区角钢价格通常低于其他地区。一方面，东北地区鞍山宝得钢厂是重要
的角钢生产商，具有一定的资源优势，另一方面，沈阳地区价格采用理论计重，而
唐山、乐从角钢价格采用过磅计重。

　　华南地区角钢价格通常高于其他区域。一方面，华南地区角钢资源较为匮乏，
主要来自华北、东北地区，物流运输费用较为昂贵。另一方面，华南地区角钢采用
过磅计重，价格明显高于其他地区。

　　从近几年区域价差来看，南北价差走扩。2018-2020 年，区域价差波动较小，华

南地区-华东地区价差在 400-500 元/吨，华南地区-东北地区价差在 600 元/吨附近。2021 年，由于市场波动剧烈，区域价差扩大，华南地区-华东地区区域价差扩大至 528 元/吨，华南地区-东北地区区域价差扩大至 763 元/吨（表 3-40 和表 3-41）。

表 3-40　角钢分区域价格　（元/吨）

区域	东北地区	华北地区	华东地区	华南地区
代表城市	沈阳	唐山	上海	乐从
2018 年	4042	4256	4257	4710
2019 年	3856	3937	3987	4513
2020 年	3691	3720	3835	4258
2021 年	5120	5404	5355	5883

数据来源：钢联数据。

表 3-41　角钢分区域价差　（元/吨）

年份	华南地区-华东地区	华南地区-东北地区
2018	453	668
2019	525	656
2020	423	567
2021	528	763

数据来源：钢联数据。

第十节　中厚板价格

一、中厚板基本介绍

中厚板是指钢坯经再结晶温度以上轧制的一种宽厚比和表面积都很大的扁平钢材，厚度在 4-20mm 称为中板，厚板 20-60mm 称为厚板，60mm 以上称为特厚板。中厚板是我国造船（海工）、桥梁、压力容器、输气管线、高层建筑、锅炉等建造行业不可或缺的结构材料。按用途分类，见表 3-42。

表 3-42　中厚板分类

名称	定义
工程机械用钢	主要用于工程机械、煤矿机械和港口机械等，占中厚板消费比重最大
船舶海工用钢	船板及海工板用于远洋、沿海和内河的船舶及海洋平台的建造
管线用钢	用于输送石油、天然气管道所用的一类具有特殊要求的钢种

续表 3-42

名称	定　义
风电用钢	应用于风力发电设备，随着我国近年来新能源发电设备的巨大投入，风电用钢板量逐年递增
耐磨耐腐蚀用钢	广泛应用在煤矿机械、水泥、矿山工程等行业，挖掘机、前轮装载机、各类自卸车车厢、输送机、溜槽、容器、破碎机、搅拌机、筛选设备、爆破拆除工具以及驳船等设备
锅炉容器用钢	用于压力容器使用，针对用途、温度、耐腐的不同，所应该选用的容器板材质，也不尽相同
模具用钢	用于制造汽车、家电制品、音像等产品模具的模架、模芯
核电用钢	主要用于核电站建设，随着我国核电行业的发展，国内钢厂纷纷投入大量资金加强研发

数据来源：公开信息整理。

中厚板供应略大于需求。目前，我国已经成为全世界最大中厚板生产国，产地主要集中在江苏和河北。截至 2021 年，中厚板产量为 7930.9 万吨。我国中厚板进口和出口量较小，根据海关数据显示，2021 年，我国中厚板进出口量分别为 192 万吨、369 万吨，表观消费量为 7754 万吨。

二、中厚板市场流通相对较少，价格波动频率略低

中厚板市场特点：一是相较于螺纹钢、热轧卷板等品种，下游对中厚板规格、厚度等要求更为复杂；二是长协订购模式份额较大，市场交易量较小；三是中厚板金融属性弱，价格波动频率相对较小。

2001-2010 年，该阶段中厚板价格整体向上，2008 年创历史高点。2001-2005 年初，价格长期上涨，并在 2005 年 3 月迎来阶段性的高点 5049 元/吨。之后中厚板价格断崖式下跌，并在 2005 年 10 月达到最低点 2900 元/吨。2006-2008 年 6 月，中厚板价格一路冲高至 6669 元/吨，创历史高点，较之前低点涨幅高达 130%。随后中厚板价格再次急转直下，2009 年 5 月跌至低点 3359 元/吨。2009 年下半年，中厚板价格开始反弹，高点在 2010 年 12 月，价格为 4734 元/吨。

2011-2015 年，中厚板价格进入下行通道。在 2011 年 2 月达到高点 5067 元/吨后，开始进入了长期的下行通道。2015 年 12 月最低跌至 1873 元/吨，较之前的高点跌幅高达 63%。

2016-2021 年，供给侧结构性改革背景下，中厚板价格重回上行区间， 2021 年价格涨势迅猛，但价格仍低于 2008 年高点。2016-2018 年，中厚板价格呈现上涨趋势，2018 年 8 月达到了阶段性的高点 4543 元/吨，较 2015 年 12 月低点上涨 142.55%，

之后价格开始回调，2020 年 4 月，中厚板价格阶段性回调至 3600 元/吨。2020-2021 年中厚板价格迎来大涨行情，并于 2021 年 5 月创出历史新高 6587 元/吨，上涨行情维持一年之久（图 3-39）。

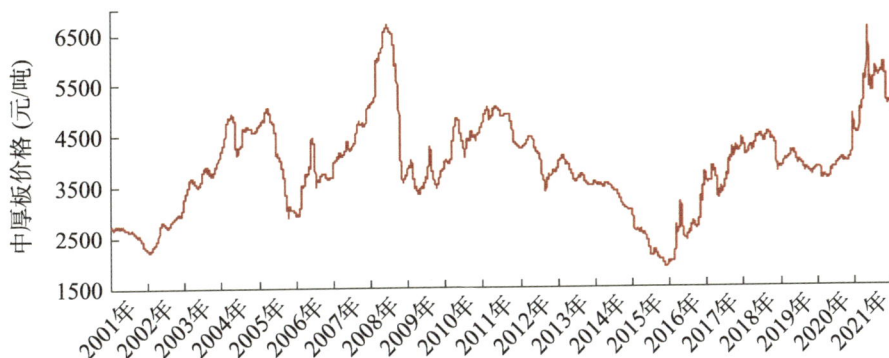

图 3-39　中厚板价格走势

数据来源：钢联数据

中厚板年均价最高点时间与其他品种不同。

2001-2011 年，中厚板年均价上移，2008 年达到历史最高点。此阶段高点出现在 2008 年，年均价为 5500 元/吨，年内最高价为 6675 元/吨，年内最低价为 3558 元/吨，年内高低点价差达 3117 元/吨。

2011-2015 年，中厚板年均价呈现下行趋势。此阶段低点出现在 2015 年，年均价为 2295 元/吨，年内最高价为 2928 元/吨，年内最低价为 1873 元/吨，年内高低点价差达 1055 元/吨。

2016-2021 年，中厚板年均价重回上行区间。此阶段高点出现在 2021 年，年均价为 5355 元/吨，年内最高价为 6587 元/吨，年内最低价为 4475 元/吨，年内高低点价差达 2111 元/吨（图 3-40 和表 3-43）。

三、中厚板不同品类价格走势一致，品种板价差存在分歧

分规格来看，品种价差收窄。目前市场主要流通的中厚板规格为 8mm 和 20mm，由于 8mm 规格生产成本高于 20mm 规格，两者市场价差约 300 元/吨。从近十几年数据来看，两者价差逐渐收窄，2007-2008 年，两者价差在 400-500 元/吨，2010 年开始，两者价差稳定在 300 元/吨，2021 年为 319 元/吨。

品种板来看，价差存在分歧。中厚板主要市场流通品种板有：锅炉板、造船板、桥梁板、低合金板等。其中锅炉板价格通常远高于普通中厚板，但近年来两者价差

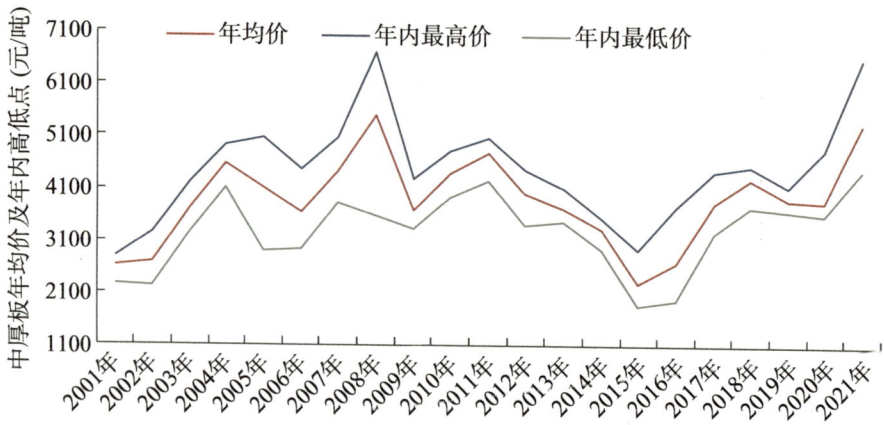

图 3-40　中厚板年均价及年内高低点

数据来源：钢联数据

表 3-43　中厚板年均价及年内高低点　　　　　　　　　　（元/吨）

年份	年均价	年内最高价	年内最低价	高低点差值
2001	2605	2785	2261	524
2002	2683	3262	2234	1028
2003	3713	4203	3250	954
2004	4562	4935	4116	819
2005	4102	5051	2891	2160
2006	3647	4470	2937	1533
2007	4414	5075	3822	1254
2008	5500	6675	3558	3117
2009	3667	4276	3342	934
2010	4398	4819	3938	881
2011	4789	5067	4245	822
2012	4005	4473	3388	1085
2013	3712	4100	3477	623
2014	3321	3546	2934	612
2015	2295	2928	1873	1055
2016	2688	3758	1970	1788
2017	3805	4412	3240	1173
2018	4283	4543	3756	787
2019	3906	4146	3684	462
2020	3872	4851	3600	1251
2021	5355	6587	4475	2111

数据来源：钢联数据。

趋于收窄，分阶段来看，2003-2009 年，两者价差波动加大，最高达到 891 元/吨，最低为 135 元/吨；2010-2021 年，两者价差收窄，波动范围在 300-600 元/吨，通常在 500 元/吨，2021 年两者价差为 575 元/吨。

造船板与普中板价差一般在 300-600 元/吨，近年来有扩大趋势。2021 年，我国造船行业高景气运行，新承接订单同比增长 1.32 倍，对船板需求大增，船板 - 普中板价差扩大至 584 元/吨（图 3-41 和表 3-44）。

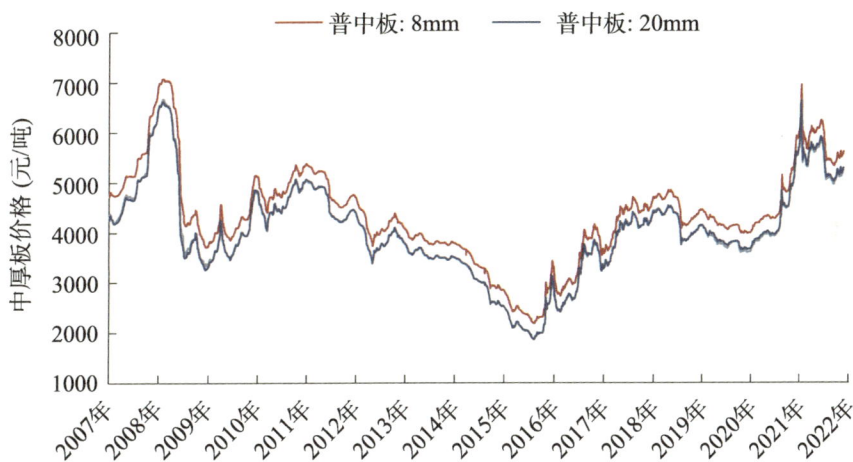

图 3-41 中厚板不同规格价格对比

数据来源：钢联数据

表 3-44 中厚板不同规格价差 （元/吨）

年份	中厚板	锅炉板	锅炉板-中厚板价差	造船板	造船板-中厚板价差
2003	3713	4552	839	3653	−59
2004	4562	4980	418	3856	−705
2005	4102	4882	780	3795	−308
2006	3647	4502	855	3679	32
2007	4414	4868	455	4269	−145
2008	5500	5635	135	5312	−188
2009	3667	4558	891	3974	308
2010	4398	4860	462	4548	150
2011	4789	5075	286	5127	338
2012	4005	4567	562	4401	395
2013	3712	4216	504	4202	490
2014	3321	3835	514	3790	469
2015	2295	2943	648	2799	504
2016	2688	3125	437	2999	311

续表 3-44

年份	中厚板	锅炉板	锅炉板-中厚板价差	造船板	造船板-中厚板价差
2017	3805	4191	385	4198	393
2018	4283	4772	488	4814	531
2019	3906	4454	548	4441	536
2020	3872	4347	475	4356	484
2021	5355	5930	575	5939	584

数据来源：钢联数据。

四、不同区域中厚板价差区间波动

不同区域中厚板价格走势一致，但价格存在差异。中厚板产地相对集中，而消费地相对分散，因此价格区域性特征也非常明显。从表中可以看出，各区域市场的价格变动基本一致，华北中厚板价格通常低于其他地区，这主要是因为华北地区为中厚板主产地，市场供大于求，成为全国中厚板价格洼地，西南中厚板价格通常高于其他区域（图 3-42）。

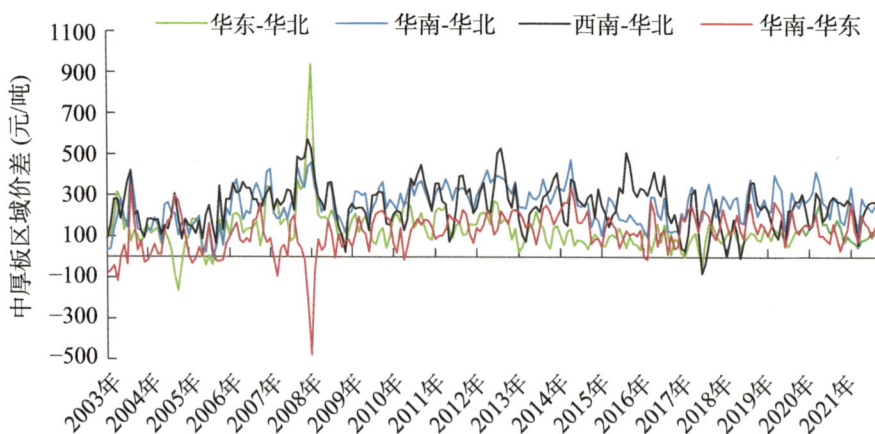

图 3-42　中厚板区域价差走势

数据来源：钢联数据

不同区域价差区间波动。从近几年区域价差来看，华东-华北地区区域价差在 200 元以内，2008 年受金融危机影响，价格快涨快跌，导致价差年度均价扩大至 326 元/吨，2021 年两区域价差为 127 元/吨；西南-华北地区区域价差在 200 元/吨附近，2008 年两区域价差达到最大，为 385 元/吨，2021 年两区域价差为 234 元/吨（表 3-45 和表 3-46）。

表 3-45　中厚板分区域价格　　　　　　　　（元/吨）

区域	华东	华南	华中	华北	东北	西南	西北
代表城市	杭州	广州	武汉	天津	沈阳	成都	西安
2004 年	4550	4596	4542	4404	4568	4627	4547
2005 年	4032	4147	4077	3973	4243	4136	4063
2006 年	3609	3668	3641	3514	3782	3735	3639
2007 年	4393	4484	4325	4206	4375	4501	4374
2008 年	5522	5515	5419	5196	5325	5581	5411
2009 年	3642	3731	3625	3489	3585	3712	3587
2010 年	4387	4527	4328	4253	4361	4484	4407
2011 年	4776	4899	4747	4587	4709	4902	4730
2012 年	3961	4120	3991	3803	3909	4074	3917
2013 年	3675	3862	3710	3524	3601	3816	3690
2014 年	3264	3457	3284	3138	3280	3407	3279
2015 年	2218	2382	2220	2139	2225	2409	2276
2016 年	2629	2735	2656	2547	2580	2879	2702
2017 年	3744	3874	3747	3667	3701	3886	3759
2018 年	4237	4399	4248	4143	4201	4263	4237
2019 年	3872	4039	3878	3774	3844	3976	3899
2020 年	3882	4041	3877	3760	3856	3971	3834
2021 年	5365	5474	5345	5238	5349	5472	5286

数据来源：钢联数据。

表 3-46　中厚板分区域价格差　　　　　　　（元/吨）

年份	华东地区-华北地区	西南地区-华北地区
2004	146	223
2005	59	163
2006	95	221
2007	188	295
2008	326	385
2009	152	223
2010	135	231
2011	190	315
2012	158	270
2013	151	291
2014	127	269
2015	79	270

年份	华东地区-华北地区	西南地区-华北地区
2016	83	332
2017	77	218
2018	94	121
2019	97	201
2020	122	211
2021	127	234

数据来源：钢联数据。

第十一节　热轧卷板价格

一、热轧板卷基本介绍

热轧卷板是以板坯（主要为连铸坯）为原料，经加热炉加热（或均热炉均热）后由粗轧机组及精轧机组轧制成的带钢。热轧卷板从精轧最后一架轧机出来的热钢带通过层流冷却至设定温度，由卷取机卷成热轧钢带。热轧卷板包括钢带（卷）及由其剪切而成的钢板。钢带（卷）可以分为直发卷及精整卷（分卷、平整卷及纵切卷）。

热轧卷板一般包括中厚宽钢带、热轧薄宽钢带和热轧薄板。

中厚宽钢带是其中最具代表性的品种，其产量占比约为热轧卷板总产量的三分之二，并且是上海期货交易所已上市的热轧卷板期货合约的标的物。中厚宽钢带是指厚度≥3mm 且＜20mm，宽度≥600mm，用连续式宽带钢热轧机或炉卷轧机等设备生产、卷状交货的钢带。

热轧薄宽钢带是指厚度＜3mm，宽度≥600mm，用连续式宽带钢热轧机或炉卷轧机或薄板坯连轧等设备生产、卷状交货的钢带。热轧薄板是指厚度＜3mm 的单张钢板。

热轧薄板通常用连续式宽带钢轧机、薄板坯连铸连轧等设备生产、板状交货的钢带。

热轧卷板按其材质、性能的不同可分为普通碳素结构钢、低合金钢、合金钢。按其用途的不同可分为冷成型用钢、结构钢、汽车结构钢、耐腐蚀结构用钢、机械结构用钢、焊接气瓶及压力容器用钢、管线用钢等。热轧卷板产品具有强度高，韧性好，易于加工成型及良好的可焊接性等优良性能，被广泛应用于冷轧基板、船舶、汽车、桥梁、建筑、机械、输油管线、压力容器等制造行业（表3-47）。

表3-47　热轧卷板分类

分类标准	主要品种
尺寸、生产方式	热轧薄板、中厚宽钢带、热轧薄宽钢带
材质、性能	普通碳素结构钢、低合金钢、合金钢
用途	冷成型用钢、结构钢、汽车结构钢、耐腐蚀结构用钢、机械结构用钢、焊接气瓶及压力容器用钢、管线用钢等

数据来源：《上期所钢材交易手册》。

国内热轧卷板供应较为充足。据Mysteel数据，2021年我国热轧卷板产量为2.63亿吨，占粗钢产量的25.5%，是仅次于螺纹钢的第二大品种。从区域上来看，热轧卷板的主产地集中在华北和华东地区，两地分别占比为41%、25%；此外，华南近年来新增投产的热轧产线较多，产能产量逐年增加。

据海关总署数据，2021年我国出口热轧卷板共计1059万吨，进口254万吨，表观消费2.54亿吨，其中50%以上用作冷轧或涂镀的基板。

二、热轧卷板价格走势与螺纹钢类似，但振幅超过螺纹钢

热轧卷板市场特点：一是产量仅次于螺纹钢，生产企业众多，多为国有企业，生产工艺单一，但技术要求高于螺纹钢，市场流通量也较大；二是消费季节性表现弱于螺纹钢；三是金融化晚于螺纹钢，但金融属性依然较强，2014年3月热轧卷板期货在上海期货交易所上市。

2001-2011年，热轧卷板价格与螺纹钢同样呈现上涨行情。21世纪初，制造业迎来了快速发展，国内热卷价格涨势超过了螺纹钢。2002-2005年，热卷呈现阶梯式上涨，并且出现了连续3个小高峰，分别是2003年12月的3981元/吨、2004年12月的4988元/吨以及2005年3月的5383元/吨。2005年卷螺价差一度扩张到1700元/吨，这与当时的板材供应能力不足有关。不过，2006年热卷的回调幅度也远超螺纹钢，两者价差甚至发生了短期的逆转。经过短暂的下跌后，热卷再次触底反弹，幅度明显强于螺纹钢，并在2006年12月涨至4633元/吨，年内高低点价差高达1100元/吨，而螺纹钢价差波动仅有热卷的一半。

2008年金融危机爆发前后，热卷和螺纹钢价格走势已经开始趋于高度的一致，尤其是螺纹钢期货于2009年上市后，钢材电子交易市场规模急剧扩大，市场定价模

式更加规范。2008 年 7 月，热轧卷板价格一路冲高至 6056 元/吨，较前期低点涨幅高达 105%。随后金融危机爆发，2008 年 11 月热卷价格跌至低点 3212 元/吨，跌幅47%。2009-2011 年，热卷价格触底反弹，5 月高点到了 4949 元/吨，涨幅 54%。

2012-2015 年，热轧卷板价格进入了长期的下行通道。这段时间，同样因粗钢产能过剩的原因，热卷价格开始长期下跌，2015 年 12 月最低跌至 1858 元/吨，较 2011年的高点，跌幅高达 62%。

2016-2021 年，热轧卷板价格再次重回上行区间，2021 年创历史新高。2016 年，供给侧结构性改革开始，热轧卷板价格呈现上涨趋势，2017 年 12 月达到了阶段性的高点 4441 元/吨，较 2015 年的低点上涨 139%。不过，由于前期螺纹钢减量更多，以及制造业进入下行周期，从而导致热卷价格开始长期低于螺纹钢。2020 年因新冠疫情影响，4 月热轧卷板价格阶段性回调至 3305 元/吨，跌幅 26%。2021 年热轧卷板价格迎来大涨行情，高通胀加持下，热卷价格于 5 月创出历史新高 6714 元/吨，涨幅 103%。此外，自 2020 年开始，因全球制造业订单集中流向我国，而建筑业发展受政策限制，卷螺价差开始长期保持正值（图 3-43）。

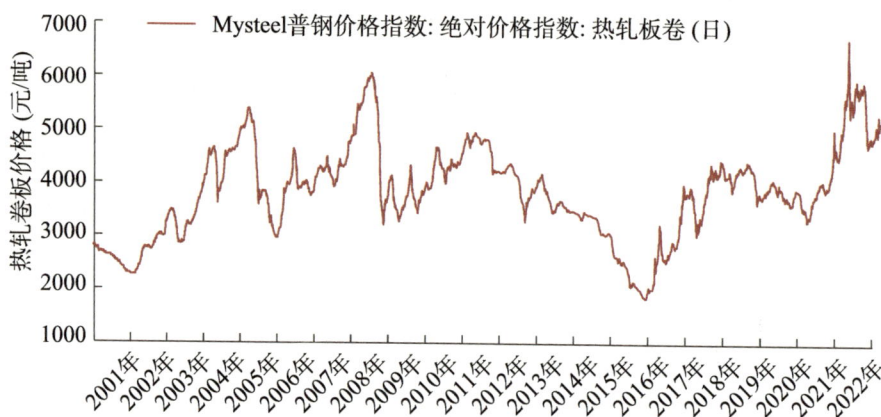

图 3-43　热轧卷板价格走势
数据来源：钢联数据

热轧卷板年均价波动幅度较大。从历史数据看，2001-2004 年、2015-2021 年热轧卷板年均价持续上涨，2004-2011 年均价震荡运行，期间 2008-2009 年波动较大，2011-2015 年长期下跌。最高年均价出现在 2021 年，达 5323 元/吨，最低价出现在2015 年，为 2295 元/吨。从表 3-48 中可以看出，大部分时候年内最大波动幅度都在1000 元/吨以上，部分年份达到了 2000 元/吨以上，其中最大的是 2008 年，差值为2844 元/吨（图 3-44）。

表 3-48　热轧卷板年均价及年内高低点　　　（元/吨）

年份	年均价	年内最高价	年内最低价	高低点差值
2001	2554	2831	2269	562
2002	2729	3281	2267	1014
2003	3311	3981	2847	1134
2004	4416	4988	3615	1374
2005	4197	5383	2961	2422
2006	3882	4633	2959	1674
2007	4274	4795	3923	872
2008	5048	6056	3212	2844
2009	3723	4332	3272	1060
2010	4286	4671	3878	793
2011	4672	4949	4175	774
2012	3991	4375	3277	1098
2013	3689	4182	3449	732
2014	3294	3478	3033	445
2015	2295	3036	1858	1178
2016	2778	3986	1984	2002
2017	3840	4441	3030	1411
2018	4147	4418	3627	791
2019	3829	4074	3596	478
2020	3831	5018	3305	1714
2021	5323	6714	4465	2248

数据来源：钢联数据。

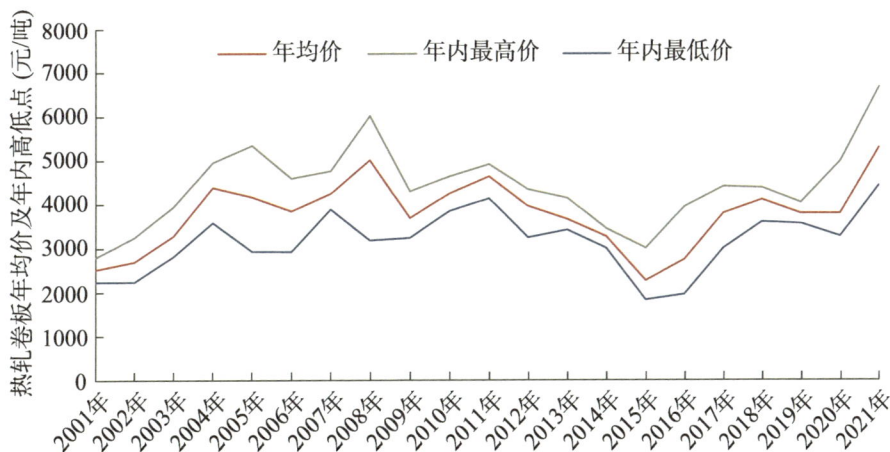

图 3-44　热轧卷板年均价及年内高低点

数据来源：钢联数据

三、品种钢价格高于普板，但价差较大

高端品种板走势与普板不完全相同。热轧卷板按材质和性能可以分为普碳热卷 Q235B、热轧酸洗板卷 SPHC、低合金卷 Q355B、花纹板卷 H-235B、耐候钢 SPA-H，以及车轮钢、大梁钢等品种板。Q235B 是比较基础常见的热轧卷板，其他品种如热轧酸洗和低合金卷、花纹卷价格都是以普碳为标的进行加价，其中热卷酸洗卷与普碳热卷的价格通常在 300-400 元/吨，2011 年达到 554 元/吨，后因南方产量提升，价差逐年缩小；低合金和花纹卷通常高于普碳 150-200 元/吨左右，价差变化幅度不大。

高端的热卷价格波动幅度较小，两者价差逐年扩大。一些用途特殊的品种板，如汽车用钢、耐候钢等价格要比普通的热卷高出许多，且因市场流通规模小，其价格波动相对较小。例如耐候钢价格走势长期偏稳定，2017 年之前与普碳热卷价差相对较小，甚至阶段性低于普碳热卷，2016 年价差仅 55 元/吨。而 2017-2020 年耐候钢价格基本保持高位不变，而普碳热卷价格出现回调，其中 2019 年两者价差超过 1000 元/吨，2021 年价差在短期的缩小后扩大到 1500 元/吨以上（图 3-45、表 3-49 和表 3-50）。

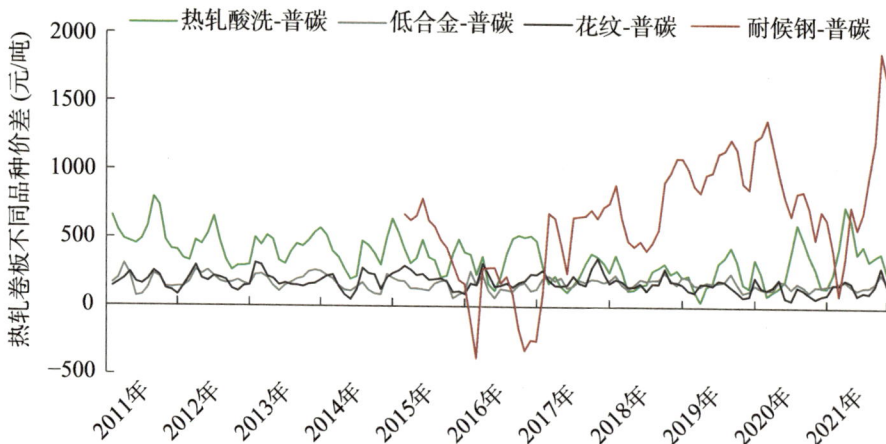

图 3-45　热轧卷板不同品种价差对比

数据来源：钢联数据

表 3-49　不同品种年均价变化 （元/吨）

年份	Q235B	热轧酸洗 SPHC	低合金卷 Q355B	花纹板卷 H-Q235B	耐候钢 SPA-H
2011	4590	5144	4764	4791	—
2012	3999	4416	4189	4173	—
2013	3689	4099	3873	3878	—
2014	3264	3648	3422	3435	—

年份	Q235B	热轧酸洗 SPHC	低合金卷 Q355B	花纹板卷 H-Q235B	耐候钢 SPA-H
2015	2201	2597	2358	2418	2598
2016	2723	3077	2868	2896	2778
2017	3743	4021	3922	3961	4161
2018	4099	4342	4292	4285	4747
2019	3781	4017	3961	3933	4816
2020	3817	4107	3970	3944	4754
2021	5324	5709	5500	5482	6157

数据来源：钢联数据。

表 3-50　热卷品种价差　　　　　　　　　　　　　　　　（元/吨）

年份	热轧酸洗-普碳	低合金-普碳	花纹-普碳	耐候钢-普碳
2011	554	174	201	—
2012	417	190	174	—
2013	411	184	189	—
2014	384	159	171	—
2015	396	157	217	398
2016	354	145	173	55
2017	278	179	218	418
2018	243	193	186	648
2019	236	180	152	1034
2020	290	153	127	937
2021	385	175	158	833

数据来源：钢联数据。

四、南北热轧卷板价差收缩

热轧卷板价格区域性特征也非常明显。由于热卷供应大多集中于唐山地区，而需求恰好相反，因此南方热卷价格通常高于北方。西南地区热轧卷板价格最高，通常高于华东 100-200 元/吨，其次是华中地区，价格略高于华东。

南北热轧板卷价差收缩。华东制造业发达，热卷需求供不应求，价格通常高于华北，2012-2013 年价差接近 100 元/吨，其余年份通常也都在 50-100 元/吨；华南通常高于华北 100 元/吨以上，2007 年、2014 年价差接近 200 元/吨，但 2021 年，华南热卷产能得到明显提升，叠加北方限产严格，供应能力大幅下降，导致两地价差缩小至 14 元/吨。

热卷区域价差也有很强的季节性规律。通常，年末淡季南北方的热卷区域价差扩大到峰值，而年初 4-5 月的旺季，价差会缩小甚至出现倒挂。从近几年来看，由于南方热卷供应能力提升，南北热卷价差已经缩小了很多（图 3-46、表 3-51 和表 3-52）。

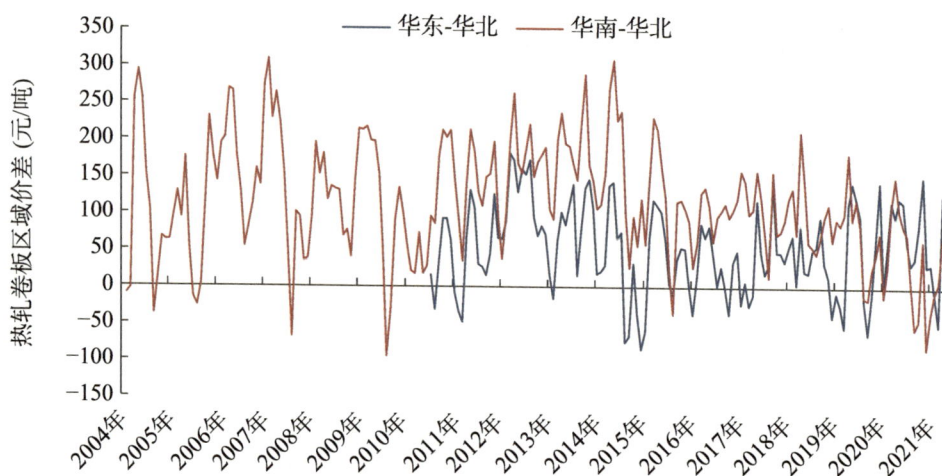

图 3-46 热轧卷板区域价差变化

数据来源：钢联数据

表 3-51 热轧卷板分区域价格 （元/吨）

区域	华东	华南	华中	华北	东北	西南	西北
代表城市	上海	广州	武汉	天津	沈阳	成都	西安
2004 年	—	4747	4718	4620	4712	4755	4665
2005 年	—	4070	4032	3963	4096	4162	4112
2006 年	—	3773	3761	3645	3720	3719	3709
2007 年	—	4221	4196	4040	4117	4159	4131
2008 年	—	4934	4955	4831	4931	5004	4906
2009 年	—	3693	3637	3552	3576	3757	3646
2010 年	—	4254	4242	4192	4228	4397	4296
2011 年	4591	4721	4666	4597	4635	4797	4714
2012 年	4002	4063	4009	3911	3937	4085	4035
2013 年	3689	3769	3691	3597	3594	3739	3725
2014 年	3264	3358	3286	3178	3194	3365	3233
2015 年	2201	2328	2231	2178	2188	2372	2285
2016 年	2724	2775	2743	2688	2630	2938	2788
2017 年	3743	3841	3767	3732	3666	4004	3834

区域	华东	华南	华中	华北	东北	西南	西北
代表城市	上海	广州	武汉	天津	沈阳	成都	西安
2018 年	4099	4148	4165	4041	3957	4272	4136
2019 年	3781	3850	3848	3758	3645	3951	3866
2020 年	3817	3813	3862	3757	3677	3984	3818
2021 年	5324	5277	5342	5263	5202	5433	5325

数据来源：钢联数据。

表 3-52　热轧卷板区域价差变化　　　　　　　　　　（元/吨）

年份	华东-华北	华南-华北
2004	—	126
2005	—	107
2006	—	129
2007	—	181
2008	—	104
2009	—	141
2010	—	63
2011	-7	123
2012	91	152
2013	91	172
2014	86	180
2015	23	151
2016	36	87
2017	11	109
2018	58	108
2019	23	92
2020	60	56
2021	61	14

数据来源：钢联数据。

第十二节　冷轧卷板价格

一、冷轧卷板基本介绍

冷板是由普通碳素结构钢热轧钢带，在再结晶温度以下，经过进一步冷轧制成厚度小于 3mm 的钢板，包括板和卷。其中成张交货的称为钢板，也称盒板或平板；长度很长、成卷交货的称为钢带，也称卷板。冷轧薄钢板是普通碳素结构钢冷轧板的简称，也称冷轧板。

由于在常温下轧制，不产生氧化铁皮，因此冷板表面质量好，加之退火处理，冷轧产品具有良好的冷弯、焊接、冲压性能，尺寸精度高，其机械性能和工艺性能都优于热轧薄钢板，后续涂层或镀层可使得表面具有抗氧化性、抗腐蚀性等。如果在冶炼过程中加入合金，产品的性能和组织能满足一些特殊的使用要求，如电磁性能（电工钢）、深冲性能等。

冷轧板主要包括冷轧薄板和冷轧薄宽钢带。冷轧卷板按其材质、性能的不同可分为普通薄钢板、优质薄钢板、涂镀板以及电工钢板等（表 3-53）。

表 3-53　冷轧卷板分类

分类标准	主要品种
尺寸、生产方式	冷轧薄宽钢带、冷轧薄板
材质、性能	普通冷板、优质冷板、涂镀板、电工钢板
用途	汽车板、家电板、食品罐头、包装、电机用硅钢等

数据来源：公开资料。

随着经济发展，冷轧卷板已被称为现代社会的必需材料，其用途很广，如汽车制造、电气产品、机车车辆、航空、精密仪表、食品罐头等。

国内冷轧板卷供应略大于需求。据 Mysteel 数据，2021 年我国冷轧卷板产量为11240 万吨，占热卷产量的 43%。2021 年我国出口冷轧卷板（冷轧薄板、冷轧薄宽钢带）共计 727 万吨，进口 177 万吨，表观消费 10690 万吨。

二、冷轧价格走势与热轧卷板相关，历史高点在 2005 年

冷轧卷板市场特点：一是生产以热轧卷板为基板加工而来的，因此普通的冷轧卷板价格走势受热卷影响较大，而两者的价差与冷轧下游需求的季节性关联度大，通常一、四季度要明显高于二、三季度；二是高端优质的冷轧板材价格较为稳定，电工钢板与冷轧卷板价格走势并不完全一致。

2001-2010 年，冷轧卷板价格呈现"M"形走势，历史高点出现在 2005 年 3月。这一阶段的冷轧卷板价格走势基本与热卷一致，呈现"M"形走势，不过稍有不同，一是冷轧卷板的价格最高点并不是出现在 2008 年，而是出现在 2005 年

3 月，为 7501 元/吨；二是 2008 年 4 万亿救市后，冷轧的价格涨势远远超过了热卷，并且阶段性高点提前一年在 2010 年 4 月出现，而热卷和螺纹钢等都是在 2011 年出现。

2011-2015 年，冷轧卷板价格跟随热轧板卷进入长期下行通道。受粗钢产能过剩以及热卷价格走弱影响，冷轧价格也不可避免地出现长期下跌，2015 年 12 月最低跌至 2362 元/吨，较之前的高点跌幅达 62%。

2016-2021 年，冷轧卷板价格再次重回上行区间，尤其是 2020-2021 年涨势凶猛。2016-2017 年，受益于供给侧结构性改革红利，冷轧卷板价格呈现上涨趋势，2017 年 12 月达到了阶段性的高点 5036 元/吨，较 2015 的低点上涨 113%。2020 年 4 月，新冠疫情影响下，冷轧卷板价格阶段性回调至 3695 元/吨。2021 年，冷轧卷板价格延续了上一年的强势，迎来大涨行情，并于 5 月达到历史第三高 7247 元/吨，较前低涨幅 96%（图 3-47）。

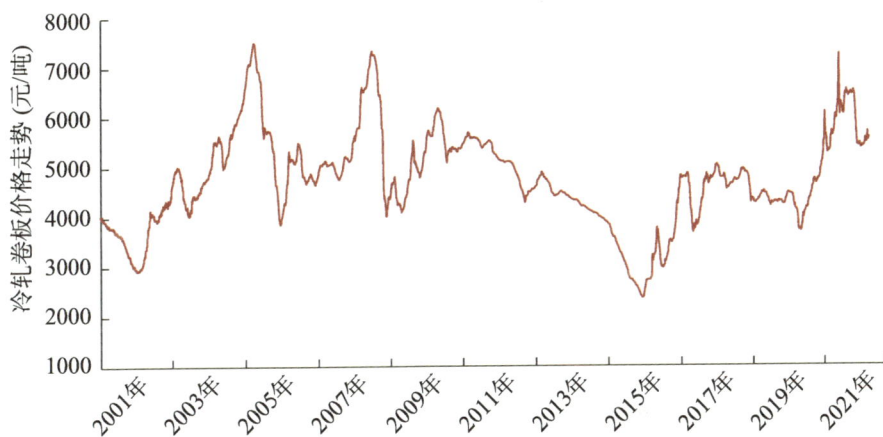

图 3-47　冷轧卷板价格走势

数据来源：钢联数据

三、冷轧卷板年均价历史高点出现在 2008 年

与众不同的是，2021 年多数钢材品种价格均创历史新高，但冷轧卷板价格最高点却在 2005 年 3 月的 7501 元/吨，年均价最高点出现在 2008 年的 6059 元/吨。

冷轧卷板的价格年内波动幅度也非常大，与热卷不相上下。从表中可以看出，多数年份年内最大波动幅度都在 1000 元/吨以上，部分年份达到了 2000 元/吨以上，其中最大的是 2005 年，高低点差值为 3648 元/吨（图 3-48 和表 3-54）。

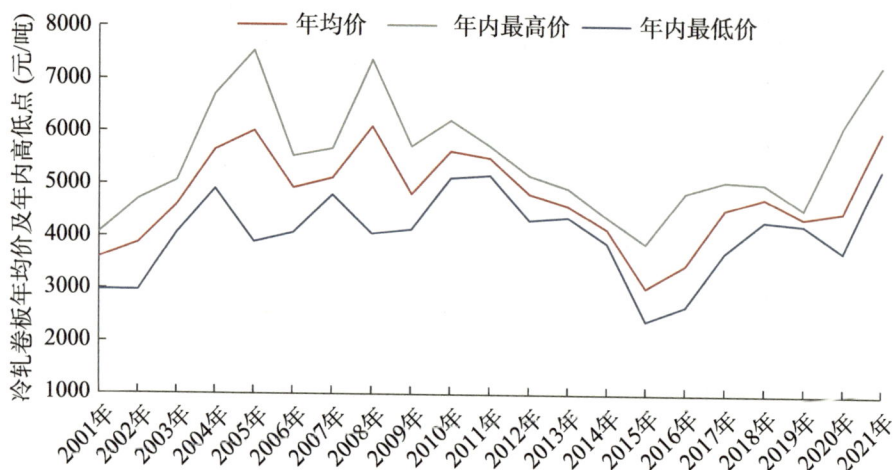

图 3-48　冷轧卷板年均价及年内高低点

数据来源：钢联数据

表 3-54　冷轧卷板年均价及年内高低点　　（元/吨）

年份	年均价	年内最高价	年内最低价	高低点差值
2001	3553	4033	2927	1106
2002	3831	4658	2921	1737
2003	4560	5015	4024	991
2004	5611	6672	4864	1808
2005	5971	7501	3853	3648
2006	4887	5490	4031	1460
2007	5075	5635	4755	880
2008	6059	7333	4012	3321
2009	4773	5681	4097	1584
2010	5594	6181	5084	1097
2011	5460	5695	5132	563
2012	4779	5131	4279	852
2013	4558	4892	4339	554
2014	4108	4338	3841	497
2015	2991	3838	2362	1476
2016	3434	4813	2643	2170
2017	4496	5036	3672	1363
2018	4713	4990	4274	716
2019	4334	4503	4201	302
2020	4452	6088	3695	2393
2021	5996	7247	5268	1979

数据来源：钢联数据。

四、冷轧卷板不同品类价差明显收缩

冷轧卷板的直供比例较高，许多品种不在市场流通，因此市场价格种类相对较少；并且有较强的品牌差异，国营大型钢企如宝钢的价格往往比民营企业高很多，本节主要以同一市场的不同牌号，进行价格对比。

冷轧各品种价格存在差异，品种价差逐步缩小。从图 3-49 和表 3-55、表 3-56

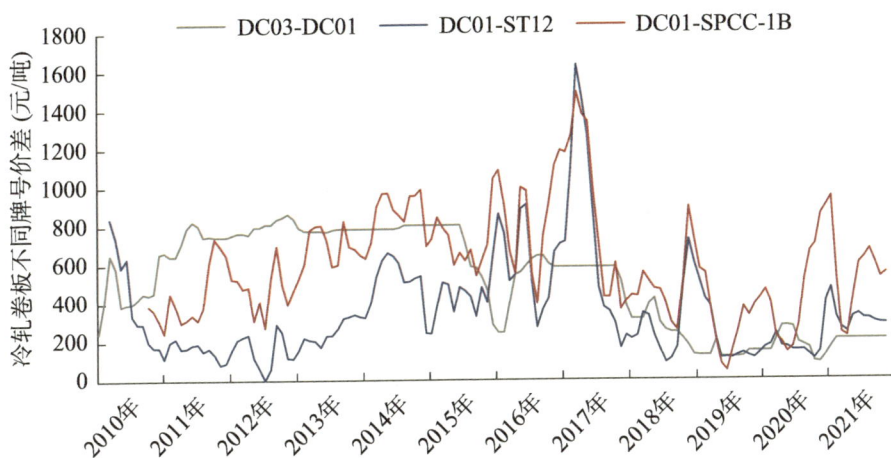

图 3-49　冷轧卷板不同牌号价差

数据来源：钢联数据

表 3-55　冷轧卷板不同品种年均价变化 （元/吨）

年份	冷成型：RECC	冷卷：DC01	冷卷：DC03	冷卷：SPCC	冷卷：ST12	冷硬卷：SPCC-1B
2009	—	5193	6235	—	—	5129
2010	—	6204	6636	—	5464	5129
2011	—	5599	6332	—	5433	5168
2012	—	4962	5763	—	4809	4483
2013	—	4792	5582	—	4554	4112
2014	—	4571	5368	—	4044	3705
2015	—	3303	4017	—	2893	2611
2016	—	4040	4545	—	3420	3206
2017	—	5209	5793	—	4417	4260
2018	—	4917	5220	—	4635	4440
2019	4251	4522	4658	4378	4273	4183
2020	4405	4636	4821	4598	4474	4215
2021	5939	6340	6540	6354	6016	5772

数据来源：钢联数据。

表 3-56　冷轧品种价差 　　　　　　　　　　　　　　　（元/吨）

年份	DC01-DC03	DC01-ST12	DC01-SPCC-1B
2010	−432	740	1075
2011	−734	166	431
2012	−801	153	479
2013	−791	238	680
2014	−797	527	866
2015	−714	410	692
2016	−505	619	833
2017	−584	792	949
2018	−302	282	477
2019	−136	249	339
2020	−185	162	422
2021	−201	323	568

数据来源：钢联数据。

中可以看出，DC01、DC03、SPCC 价格相对较高，而冷硬卷价格相对较低。具体来看，2009 年 DC03 与 DC01 的价差在 1042 元/吨，此后逐年递减，2021 年已经缩小至 201 元/吨；DC01 与 ST12 的价差变化较大，年均价最高可以达到 700 元/吨以上，最低在 150 元/吨附近，而月均价最高达到了 1600 元/吨以上；DC01 与冷轧硬卷的价差通常在 600 元/吨以上，2017 年月均价最高达 1382 元/吨，但 2018-2020 年其年均价缩小到 400 元/吨左右。

五、冷轧卷板不同区域价差区间波动为主，具有季节性特征

南方价格逐步高于北方，价差保持区间波动为主。2003-2006 年，华北的冷板价格高于华东 50-200 元/吨，但 2007 年之后，华东聚集了大量的汽车等冷轧消费企业，供不应求，价格开始超过华北，并且长期维持在 100 元/吨以上，2021 年两地价差为 145 元/吨。2008 年以前，华南与华北价差没有明确导向，但 2009 年之后，华南沿海城市深圳、广州等地家电产业迅速发展，冷轧需求增长，价格开始持续高于华北，长期维持在 100-200 元/吨之间，2021 年两地价差为 150 元/吨。

冷轧的区域价差也具有季节性特征，同样呈现淡季扩大，例如华东和华北淡季价差可以扩大到 300-400 元/吨；旺季缩小的特点，华东和华北旺季价差可以缩小到十几元以内，甚至是出现倒挂（图 3-50、表 3-57 和表 3-58）。

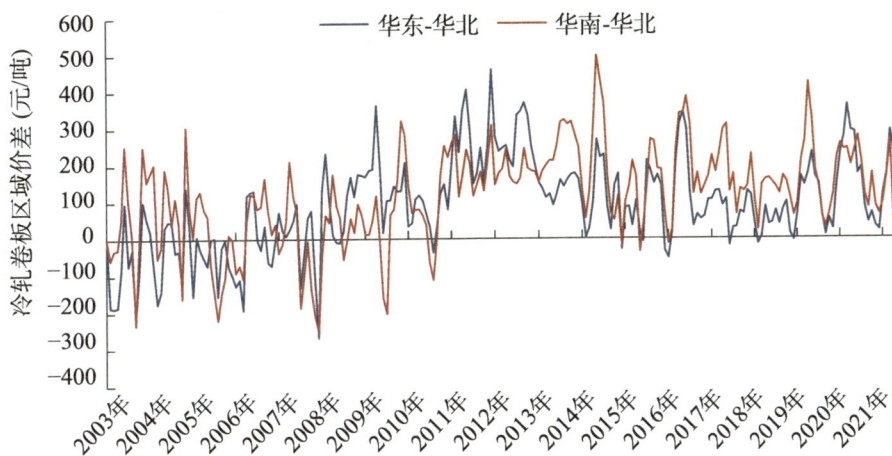

图 3-50 冷轧卷板区域价差

数据来源：钢联数据

表 3-57 冷轧卷板分区域价格 （元/吨）

区域	华东	华南	华中	华北	东北	西南	西北
代表城市	上海	广州	武汉	天津	沈阳	成都	西安
2003 年	4622	4773	4754	4808	4723	4712	4832
2004 年	5560	5685	5496	5610	5630	5637	5706
2005 年	5944	6045	5873	5958	5962	6025	6067
2006 年	4892	4882	4858	4953	5031	4868	4966
2007 年	5069	5125	4942	5051	5123	5171	5073
2008 年	6068	6014	5902	6053	6118	6176	6148
2009 年	4789	4690	4691	4647	4916	4767	4818
2010 年	5613	5579	5312	5499	5902	5366	5761
2011 年	5462	5439	5279	5322	5491	5532	5387
2012 年	4819	4748	4624	4556	4836	4805	4676
2013 年	4621	4573	4388	4389	4719	4507	4440
2014 年	4058	4181	3899	3938	4127	4122	4043
2015 年	2910	2981	2754	2790	3074	2970	3006
2016 年	3419	3452	3384	3305	3480	3531	3376
2017 年	4391	4491	4424	4266	4590	4550	4459
2018 年	4602	4694	4650	4545	4799	4646	4684
2019 年	4262	4357	4306	4184	4339	4346	4371
2020 年	4466	4472	4488	4301	4414	4544	4487
2021 年	6015	6020	6026	5870	6136	6073	6039

数据来源：钢联数据。

表 3-58　冷轧卷板区域价差变化　　　　　　　　　（元/吨）

年份	华东-华北	华南-华北
2003	−186	−35
2004	−50	74
2005	−14	87
2006	−61	−71
2007	18	74
2008	15	−39
2009	142	43
2010	115	80
2011	140	118
2012	263	193
2013	232	184
2014	120	242
2015	120	190
2016	114	147
2017	125	224
2018	57	150
2019	77	173
2020	166	172
2021	145	150

数据来源：钢联数据。

第十三节　镀锌卷板价格

一、镀锌板基本介绍

镀锌板卷是以热轧钢带或冷轧钢带为基板，经过连续热浸镀锌工艺而生产出来的材料。经横切以矩形平板供货的为热镀锌板；经卷取以卷状供货的热镀锌卷。经过镀锌的冷轧或热轧卷板表面质量好、耐腐蚀性能强、有利于深加工。

镀锌卷板按基板的不同可分为热轧镀锌卷板和冷轧镀锌卷板；按镀锌工艺的差别可以分为热镀锌和电镀锌；此外，还有镀铝锌卷板、镀锌彩涂卷板等（表 3-59）。

表 3-59　镀锌卷板分类

分类标准	主要品种
基板	热轧镀锌卷板、冷轧镀锌卷板
镀锌方式	热镀锌、电镀锌
用途	建筑、家电、汽车、容器、交通

数据来源：公开资料。

镀锌卷板主要用于建筑、家电、汽车、容器、交通等领域。

国内镀锌卷板供应大于消费，需要依赖出口。据 Mysteel 数据，2021 年我国镀锌卷板产量为 7284 万吨。据海关总署数据，2021 年我国出口镀锌卷板 1055 万吨，进口 175 万吨，表观消费 6404 万吨。

二、镀锌卷板价格与冷轧走势类似，但历史高点出现在 2021 年

镀锌卷板市场特点：一是以热轧卷板或冷轧卷板为基板加工而成，因此普通的镀锌卷板价格走势受冷轧或热轧卷板影响较大；二是下游行业看，用途相对冷轧板卷更广，除汽车、家电外，建筑领域用量也较大。

2001-2010 年，镀锌卷板价格走势与冷轧卷板类似，但波动幅度相对较小。2001-2005 年 4 月，镀锌卷板价格长期上涨，由于 2004-2005 年全球板材出现供应偏紧状况，并在 2005 年 4 月迎来阶段性的高点 7301 元/吨。不过 2004 年之前，镀锌市场较小，其价格波动远远小于冷轧卷板。之后价格出现了较大幅度的回调，并在 2005 年 12 月触底至 4005 元/吨，跌幅达 45%。2007-2008 年 6 月，镀锌卷板价格一路冲高至 7554 元/吨，较之前的低点涨幅高达 89%。随后因金融危机爆发，镀锌价格迎来了重大的转折点，2008 年 11 月跌至低点 4041 元/吨，跌幅 47%。2009-2011 年 5 月，价格触底反弹，高点在 5861 元/吨，涨幅 45%。不同于冷轧的是，镀锌的价格高点出现在 2008 年 6 月。

2011 年 9 月-2015 年，镀锌卷板跟随冷轧价格进入了长期的下行通道。2015 年 12 月最低跌至 2691 元/吨，较前期的高点跌幅达 52%。

2016-2021 年，镀锌卷板价格再次重回上行区间，2021 年镀锌卷板价格创历史新高。2016 年-2017 年，镀锌卷板价格呈现上涨趋势，2017 年 12 月达到了阶段性的高点 5206 元/吨，较 2015 的低点上涨 93%。2020 年 4 月，新冠疫情影响下，镀锌卷板价格阶段性回调至 4309 元/吨，跌幅 17%。2021 年镀锌卷板跟随冷轧出现持续上涨行情，并于 2021 年 5 月创出历史新高 7582 元/吨，涨幅 76%（图 3-51）。

镀锌卷板年均价和历史高点在 2021 年。镀锌的价格高点和年均价高点与冷轧不同，反而与热卷类似，均是出现在 2021 年，年均价最高 7582 元/吨。

镀锌卷板的价格年内波动幅度也非常大。从表中可以看出，部分年份达到了 2000 元/吨以上，其中最大的是 2008 年，差值为 3513 元/吨。与冷轧类似，随着镀锌产量的提升，镀锌价格年内波动幅度已经难以达到 2008 年，2021 年高低点价差为 1763 元/吨，只有 2008 年一半水平（图 3-52 和表 3-60）。

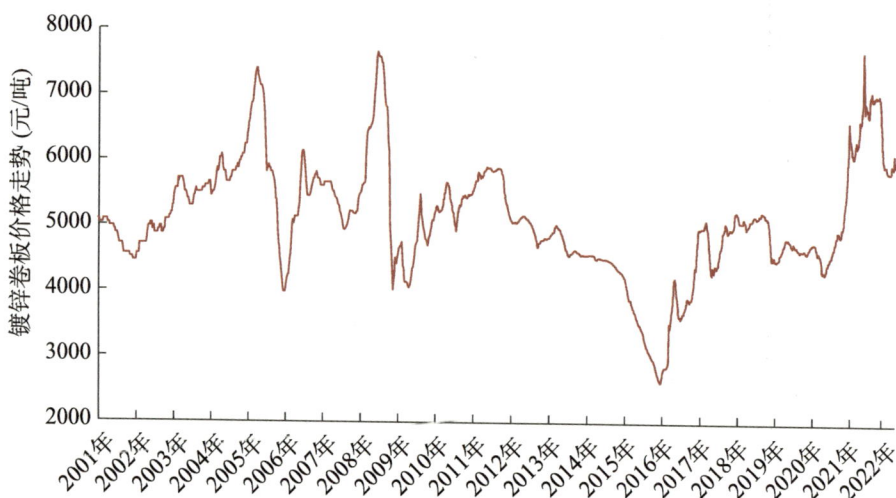

图 3-51　镀锌卷板价格走势

数据来源：钢联数据

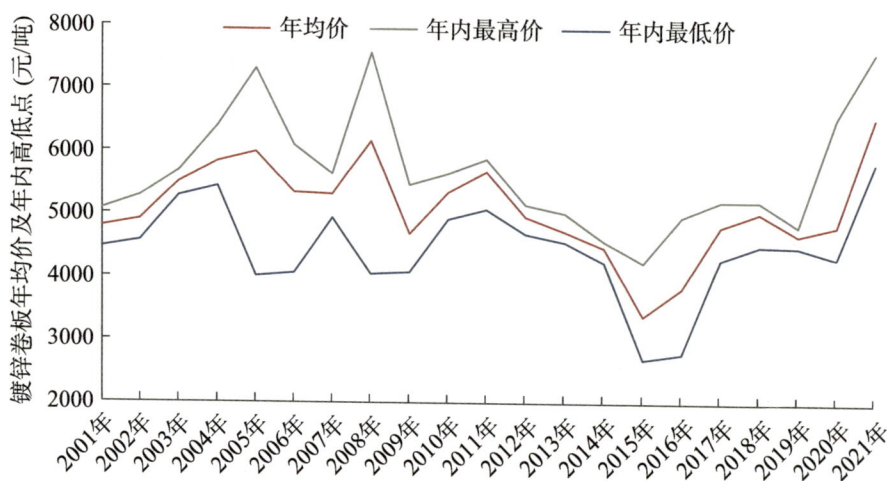

图 3-52　镀锌卷板年均价及年内高低点

数据来源：钢联数据

表 3-60　镀锌卷板年均价及年内高低点　（元/吨）

年份	年均价	年内最高价	年内最低价	高低点差值
2001	4791	5070	4462	608
2002	4901	5273	4563	710
2003	5501	5678	5273	405
2004	5827	6388	5425	963
2005	5979	7301	4005	3296
2006	5330	6084	4056	2028

续表 3-60

年份	年均价	年内最高价	年内最低价	高低点差值
2007	5308	5628	4928	700
2008	6152	7554	4041	3513
2009	4680	5455	4071	1384
2010	5337	5633	4908	725
2011	5667	5861	5066	795
2012	4952	5146	4678	468
2013	4716	5009	4551	458
2014	4465	4570	4232	338
2015	3378	4229	2691	1538
2016	3822	4957	2783	2173
2017	4802	5206	4280	926
2018	5025	5206	4501	705
2019	4673	4819	4486	334
2020	4825	6547	4309	2238
2021	6535	7582	5819	1763

数据来源：钢联数据。

三、镀锌卷板各品类价差波动较大

民企镀锌和国企镀锌性能差异较大，并且有较强的品牌差异，国营大钢企的价格往往比民营企业高。

对比同一市场的不同牌号，镀层金属含量高、工艺先进的镀锌卷板价格高。具体来看，由于镀层的有色金属价格不同以及镀层工艺的先进性，2019-2020 年镀锌板卷价格高于镀铝锌板卷价格 400-700 元/吨，但 2021 年两者价差缩小至 95 元/吨；2020 年锌铝镁价格高于普通镀锌板卷价格 1769 元/吨，但 2021 年缩小到 1073 元/吨；2019 年电镀锌价格比热镀锌价格高出 38 元/吨，随着工艺的改进，2020-2021 年两者价差扩大到 600-900 元/吨（图 3-53、表 3-61 和表 3-62）。

四、镀锌卷板不同区域价差较大

镀锌卷板价格区域性特征明显，华东和华南地区价格均高于华北地区，近些年价差区间波动为主。2010 年之前，华北与华东的价差正负均有，但 2011 年开始，随着华东冷系下游行业的快速发展，以及华北唐山镀锌生产厂家增加，华东价格开始持续高于华北，价差通常在 200-300 元/吨之间，部分时间达到了 400-500 元/吨，

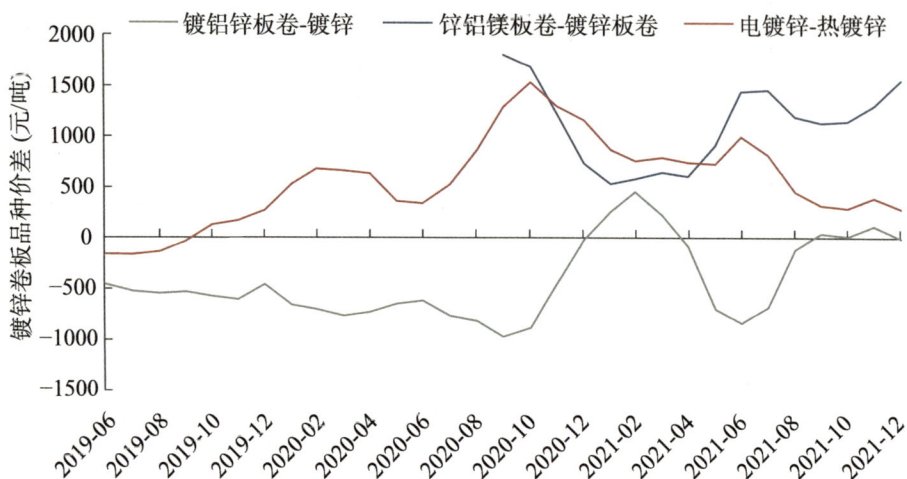

图 3-53　镀锌卷板品种价差

数据来源：钢联数据

表 3-61　镀锌卷板不同品种年均价变化　　　　　　　　　（元/吨）

年份	镀铝锌板卷：DC51D+AZ150	锌铝镁板卷：G550+AM150	镀锌板卷：DC51D+Z	电镀锌板卷：SECCN5
2011	6616	—		6712
2012	6117	—		6093
2013	5704	—		5873
2014	5670	—		5996
2015	4990	—		5152
2016	5108	—		5076
2017	5976	—		6727
2018	6167	—	—	6085
2019	5910		5442	5481
2020	5918	7042	5273	6118
2021	7630	8609	7535	8176

数据来源：钢联数据。

表 3-62　镀锌卷板品种价差　　　　　　　　　（元/吨）

年份	镀铝锌板卷-镀锌	锌铝镁板卷-镀锌板卷	电镀锌-热镀锌
2019	−468		
2020	−645	1769	845
2021	−95	1073	640

数据来源：钢联数据。

2021年两地价差为323元/吨。华南更是如此，2011年华南镀锌价格略低于华北；由于家电行业发展，2012年华南反超华北549元/吨，2019年、2021年两地价差均在200-300元/吨。

镀锌的区域价差变化也具有一定的季节性规律，但与冷轧不同的是，南北镀锌的价差最高值并非一定是出现在年末或年初，还有可能出现在年中6月或7月，而年末南北价差反而会缩窄到最小值。近几年来，由于南方镀锌产能逐渐增加，南北的价差已经较往年明显收窄（图3-54、表3-63和表3-64）。

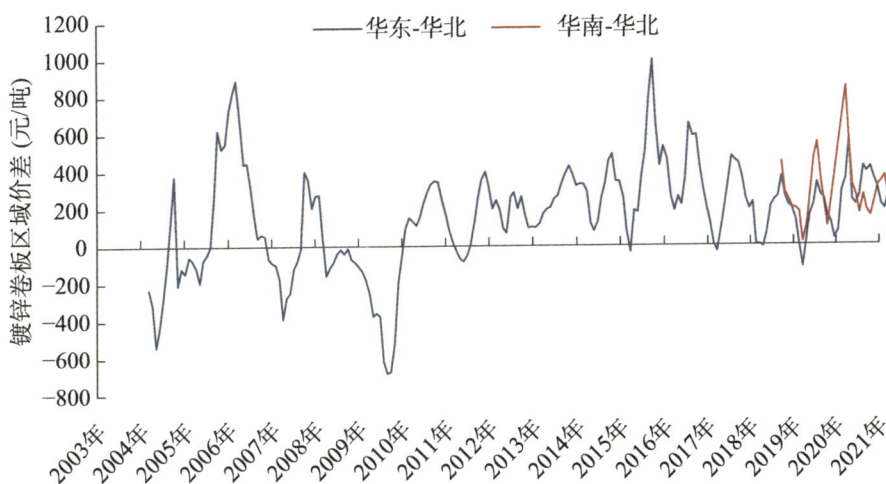

图 3-54　镀锌卷板区域价差

数据来源：钢联数据

表 3-63　镀锌卷板分区域价格　　　　　　　　　　　　　　（元/吨）

区域	华东	华南	华中	华北	东北	西南	西北
代表城市	上海	广州乐从	武汉	天津	沈阳	成都	西安
2003 年	—	—	4622	4773	4754	4808	4723
2004 年	6041	—	5560	5685	5496	5610	5630
2005 年	5918	—	5944	6045	5873	5958	5962
2006 年	5293	—	4892	4882	4858	4953	5031
2007 年	5181	—	5069	5125	4942	5051	5123
2008 年	6072	—	6068	6014	5902	6053	6118
2009 年	4595	—	4789	4690	4691	4647	4916
2010 年	5292	—	5613	5579	5312	5499	5902
2011 年	5634	5636	5462	5439	5279	5322	5491
2012 年	4912	5025	4819	4748	4624	4556	4836
2013 年	4735	4685	4621	4573	4388	4389	4719

续表 3-63

区域	华东	华南	华中	华北	东北	西南	西北
代表城市	上海	广州乐从	武汉	天津	沈阳	成都	西安
2014 年	4494	4568	4058	4181	3899	3938	4127
2015 年	3221	3636	2910	2981	2754	2790	3074
2016 年	3919	3875	3419	3452	3384	3305	3480
2017 年	4802	5213	4391	4491	4424	4266	4590
2018 年	4951	5494	4602	4694	4650	4545	4799
2019 年	4512	5033	4262	4357	4306	4184	4339
2020 年	4668	5165	4466	4472	4488	4301	4414
2021 年	6343	7395	6015	6020	6026	5870	6136

数据来源：钢联数据。

表 3-64　镀锌卷板区域价差变化　　　　　（元/吨）

年份	华东-华北	华南-华北
2004	356	
2005	−127	
2006	410	
2007	56	
2008	58	
2009	−95	
2010	−287	
2011	195	−9
2012	164	549
2013	163	
2014	313	
2015	241	
2016	467	
2017	312	
2018	257	
2019	155	213
2020	196	7
2021	323	283

数据来源：钢联数据。

第十四节　带钢价格

一、带钢基本介绍

热轧带钢是经 GB/T 3274-2017、GB/T 3524-2005、GB/T 700-2006、GB/T 222-

2006、GB/T 3524-2015 等国家标准认证的碳素结构钢和低合金钢热轧带钢。热轧带钢采用普通碳素结构钢作材质，以连铸坯为原料，经加热后由粗轧机及精轧机组制成厚度 2.00-6.00mm，宽度 50-900mm 的带钢，主要用作焊接钢管、镀锌带钢、冷轧带钢等（表 3-65）。

表 3-65　带钢分类

名称	定义及用途
热轧带钢	热轧带钢标准要求相对于冷轧材料要宽泛，一定程度可视为半成品，可作为冷弯型钢、焊管等钢材产品原料，也可用于农业机械及农用工具
冷轧带钢	冷轧带钢是以热轧带钢或钢板为主要材料经过冷轧机轧制而成的产品，相对于热轧带钢来说，冷轧带钢具有高精度尺寸，板形性能也较好，且制造成本较低，常应用于工程机械、交通运输机械、建筑机械等行业

数据来源：公开信息整理。

国内热轧带钢自给自足。我国热轧带钢产地主要集中在河北唐山和廊坊，其中，2021 年唐山带钢钢厂产能占全国带钢总产能的 43.6%。根据 Mysteel 数据显示，2021 年我国带钢产量为 10233 万吨，同比下降 2.12%，2021 年我国带钢进口 0.61 万吨，出口 2.71 万吨，表观消费量为 10231 万吨。

二、带钢市场较为活跃，2021 年价格创历史高点

热轧带钢市场特点：生产地主要集中在华北地区，而由于终端分散，市场交易方式灵活，因此市场变化对带钢价格影响较大。

由于带钢价格走势与普钢价格指数高度相关，2010 年之前数据缺失，因此可以通过普钢价格指数来观察。

2011-2015 年，带钢价格进入下行通道。带钢价格在 2011 年 1 月达到高点 4887元/吨后，开始进入了长期的下行通道。一方面，这一阶段，宏观经济增速趋缓，钢材需求下降；另一方面，带钢主要用于焊管生产，在房地产行业下行压力下，2015年 12 月最低跌至 1797 元/吨，较之前的高点跌幅高达 63%。

2016-2021 年，带钢价格重回上行区间，2021 年带钢价格冲至历史高位。2016-2018 年，钢铁行业供给侧结构性改革，华北地区是重点区域，部分地区停产率高达 50% 以上，供应明显收缩，带钢价格呈现上涨趋势，2017 年 12 月达到了阶段性的高点 4496 元/吨，较 2015 年 12 月低点上涨 150%。2018 年下半年，带钢价格震荡下行，2020 年 4 月，带钢价格阶段性回调至 3405 元/吨。2020 年 5 月开始，带钢价格迎来大涨行情，并于 2021 年 5 月创出历史新高 6662 元/吨（图 3-55）。

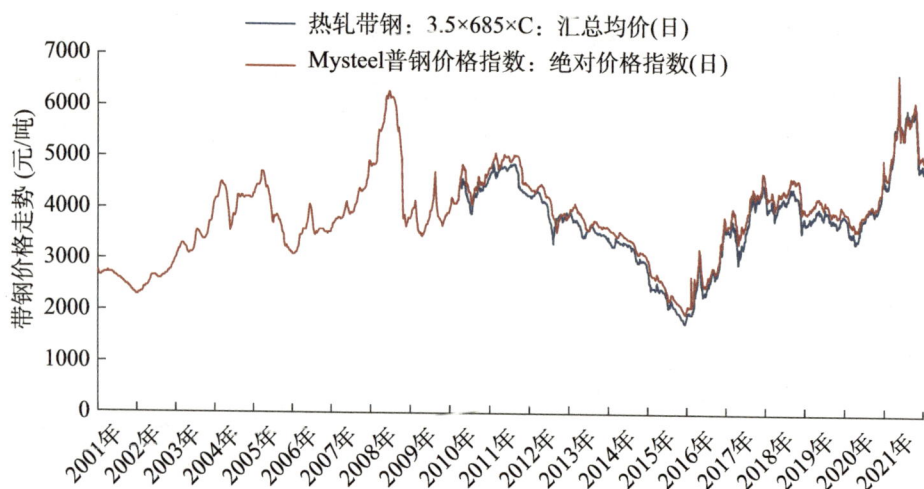

图 3-55　带钢价格走势

数据来源：钢联数据

带钢年均价呈现先抑后扬态势。2011-2015 年，带钢年均价呈现下行趋势。此阶段低点出现在 2015 年，年均价为 2239 元/吨，年内最高价为 2800 元/吨，年内最低价为 1797 元/吨，年内高低点价差达 1003 元/吨。

2016-2021 年，带钢年均价重回上行区间。此阶段高点出现在 2021 年，年均价为 5354 元/吨，由于钢价波动剧烈，年内最高价为 6662 元/吨，年内最低价为 4435 元/吨，年内高低点价差达 2227 元/吨，波动幅度为 33%（图 3-56 和表 3-66）。

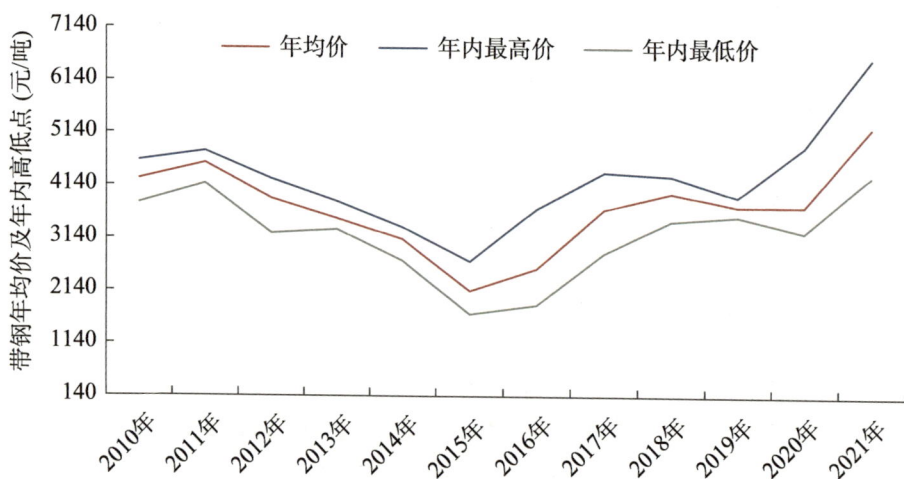

图 3-56　带钢年均价及年内高低点

数据来源：钢联数据

表 3-66　带钢年均价及年内高低点 （元/吨）

年份	年均价	年内最高价	年内最低价	高低点差值
2010	4358	4704	3900	804
2011	4660	4887	4265	622
2012	3989	4359	3330	1029
2013	3616	3940	3406	534
2014	3222	3450	2810	640
2015	2239	2800	1797	1003
2016	2658	3802	1972	1830
2017	3787	4496	2952	1544
2018	4102	4428	3568	860
2019	3852	4036	3668	368
2020	3859	4997	3368	1629
2021	5354	6662	4435	2227

数据来源：钢联数据。

三、热轧带钢不同品类价格走势一致，价差区间波动为主

合金含量越高价格越高，与其他品种价差较大，但均保持区间波动为主。分规格来看，目前市场流通的主要带钢品类有普通热轧带钢、低合金带钢和合金钢，由于在生产过程中所添加合金比重不同，其生产成本有一定差异。其中，合金优质带钢：50Mn 与普通热轧带钢：Q195 价差通常在 150-200 元/吨，2021 年两者价差为 165 元/吨；65Mn 与 51Mn 优质带钢价差通常在 100 元左右，2013 年两者价差达到最大，为 150 元/吨，2021 年两者价差为 100 元/吨（图 3-57 和表 3-67）。

四、带钢不同区域价差表现存在差异

带钢产地相对集中，而消费地相对分散，因此价格区域性特征也非常明显。以热轧带钢：Q195：2.5×355×C 同一规格在不同城市的价格进行分析。

华北地区价格洼地，与华东价差相对稳定，与华南价差逐步收缩。华北地区带钢价格通常低于其他地区，这主要是因为华北地区为带钢主产地，特别是唐山地区带钢产量位居全国第一，是最大的带钢外卖地，成为全国带钢市场价格洼地。西南地区带钢价格通常高于其他区域。从近几年区域价差来看，华东-华北地区区域价差一般在 100-200 元/吨，价差相对稳定，2013 年，两区域价差达到最大，为 200 元/吨；2021 年两区域价差为 179 元/吨。西南-华北地区区域价差波动较大，在 200-500 元/吨区间范围，2014 年两区域价差达到最大，为 529 元/吨，2021 年两区域价差为 215 元/吨（表 3-68 和表 3-69）。

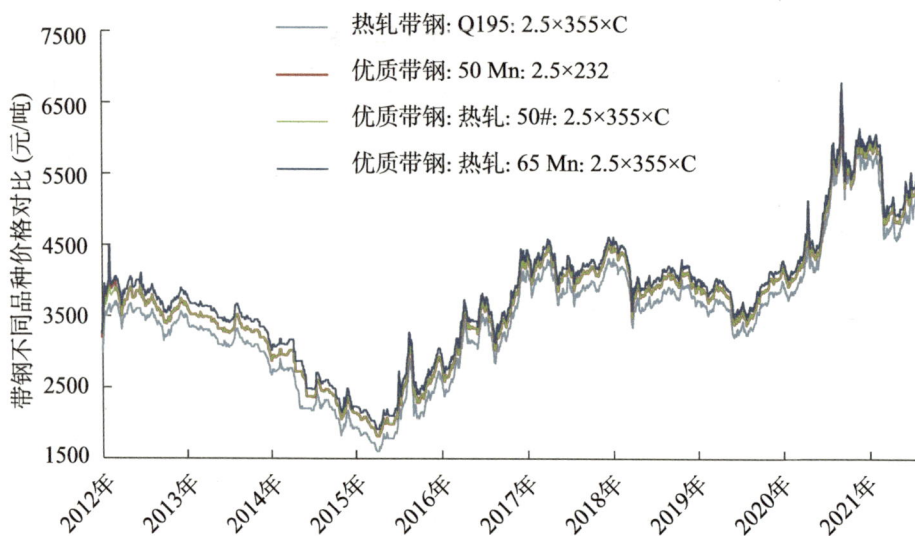

图 3-57　带钢不同品种价格对比（元/吨）

数据来源：钢联数据

表 3-67　带钢不同规格价格　（元/吨）

年份	热轧带钢：Q195: 2.5×355×C	优质带钢：50Mn: 2.5×232	优质带钢-热轧：50#: 2.5×355×C	优质带钢-热轧：65Mn: 2.5×355×C
2013	3412	3613	3612	3762
2014	2977	3182	3179	3329
2015	2034	2261	2261	2365
2016	2420	2634	2634	2750
2017	3605	3797	3797	3897
2018	3935	4138	4138	4238
2019	3737	3928	3928	4028
2020	3701	3889	3889	3989
2021	5215	5380	5380	5480

数据来源：钢联数据。

表 3-68　带钢分区域价格　（元/吨）

区域	西南地区	华南地区	华东地区	华北地区
代表城市	成都	广州	上海	唐山
2009 年	3823	3701	3647	3512
2010 年	4296	4290	4198	4086
2011 年	4826	4731	4665	4551
2012 年	4268	3987	3978	3831

区域	西南地区	华南地区	华东地区	华北地区
代表城市	成都	广州	上海	唐山
2013 年	3786	3660	3613	3412
2014 年	3506	3233	3171	2977
2015 年	2540	2241	2194	2034
2016 年	2830	2621	2590	2420
2017 年	4028	3805	3716	3605
2018 年	4221	4123	4059	3935
2019 年	3984	3924	3850	3737
2020 年	4128	3888	3871	3701
2021 年	5430	5424	5394	5215

数据来源：钢联数据。

表 3-69　带钢区域价差　　　　　　　　　　　　　　　（元/吨）

年份	华东地区-华北地区	西南地区-华北地区
2009	135	311
2010	112	210
2011	114	274
2012	147	438
2013	200	374
2014	194	529
2015	160	506
2016	170	410
2017	111	423
2018	124	286
2019	113	246
2020	170	427
2021	179	215

数据来源：钢联数据。

第十五节　无缝管价格

一、无缝管基本介绍

无缝钢管是由整支圆钢穿孔而成的，表面上没有焊缝的钢管，称之为无缝钢管。根据生产方法不同分为热轧管、冷轧管、冷拔管、挤压管、顶管等，均有各自工艺

规定。材质有普通和优质碳素结构钢（Q215-A–Q275-A 和 10–50 号钢）、低合金钢
（09MnV、16Mn 等）、合金钢、不锈耐酸钢等。

　　无缝钢管用途很广泛。一般用途的无缝钢管由普通的碳素结构钢、低合金结构
钢或合金结构钢轧制，主要用于输水、气管道和结构件、机械零件；而专用的无缝
管需要符合应用领域标准，主要用于锅炉、地质勘探、轴承、耐酸等。

　　国内无缝管供应略高于消费，存在出口。国家统计局数据显示，2021 年全国无
缝管产量 2550 万吨，较 2020 年下降 8.5%。据数据显示，2021 年，无缝管消费量
2228 万吨，较 2020 年下降 9.8%（表 3-70）。

表 3-70　无缝管供需平衡表　　　　　　　　　　　　（万吨）

年份	产能	产量	产能利用率(%)	进口	出口	消费
2021	4393	2550	58.05	15	339	2228

数据来源：国家统计局，钢联数据，海关总署。

二、无缝管价格与普钢价格走势一致，历史高点出现在 2021 年

　　无缝管市场特点：一是产量虽大，但用途多用于专业领域，价格波动不频繁；
二是价格透明度不高，"一单一议"现象较多（图 3-58）。

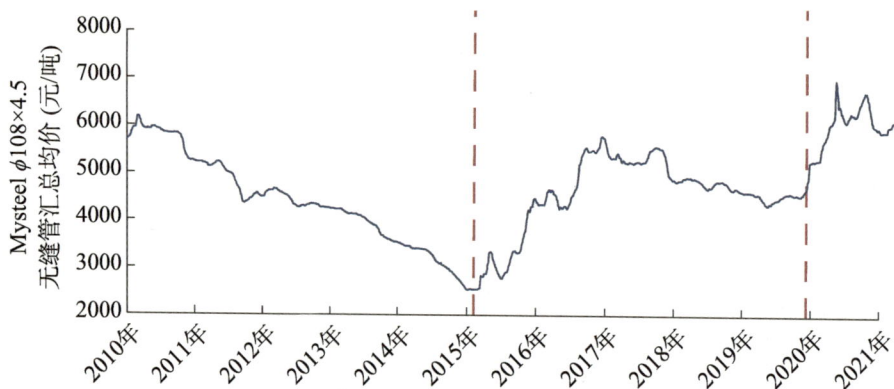

图 3-58　无缝管 φ108×4.5 价格走势
数据来源：钢联数据

　　无缝管价格走势和普钢指数类似，2001-2010 年，无缝管价格整体上涨，但波动
幅度较大。

　　2011-2015 年，无缝管行业持续低迷。无缝管价格于 2011 年 2 月达到最高值 6185

元/吨，随后价格持续下跌至 2015 年 12 月达到最低值 2553 元/吨，跌幅达 58.72%。该阶段无缝管价格下跌流畅、幅度大、持续时间长。

2016-2021 年，无缝管价格呈阶梯式上涨，历史高点出现在 2021 年 5 月。自 2015 年 12 月最低值 2553 元/吨，上涨至 2021 年 5 月最高值 7012 元/吨，上涨 4459 元/吨，涨幅达到 175%。该期间无缝管价格上涨可分为三个阶段：第一阶段上涨幅度最大，整体上涨 3235 元/吨；第二阶段呈下跌态势但波动区间较窄，自 2017 年 12 月至 2020 年 5 月，下跌 1453 元/吨，持续 2.4 年；第三阶段持续时间短、上涨幅度大，期间整体上涨 2659 元/吨。

无缝管年度均价呈"V"形走势。2011-2015 年，无缝管年均价在 3163-5782 元/吨之间波动，阶段高点出现在 2011 年，之后呈阶梯式下跌；2016-2021 年，无缝管年均价整体价格呈震荡上涨态势，在 3163-6116 元/吨之间波动，2021 年无缝管年均价创历史新高，为 6116 元/吨，较 2015 年低点上涨 93.36%。

无缝管价格波动有明显的周期性，年内最高价与最低价价差波动较大。高低点最大振幅出现在 2016 年，达 75.28%，对应的是较为迅猛的上涨行情；最小波动幅度在 2019 年，为 6.53%，对应的是缓慢的下跌行情。其他年份波动，则多在 30% 以下（图 3-59 和表 3-71）。

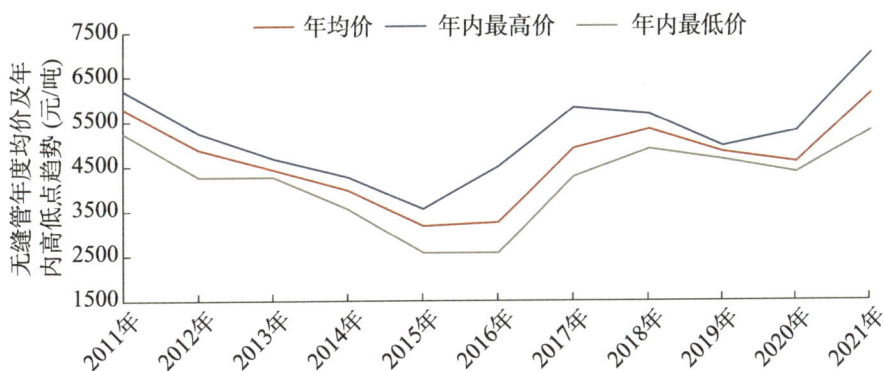

图 3-59　无缝管年度均价及年内高低点趋势

数据来源：钢联数据

表 3-71　无缝管年均价及高低点　　　　　　　　　　　　（元/吨）

年份	无缝管年均价	年内最高价	年内最低价	高低点振幅(%)
2011	5782	6185	5234	18.17
2012	4868	5239	4255	23.13
2013	4420	4667	4255	9.68
2014	3960	4255	3539	20.23

续表 3-71

年份	无缝管年均价	年内最高价	年内最低价	高低点振幅(%)
2015	3163	3539	2553	38.62
2016	3238	4482	2557	75.28
2017	4898	5806	4263	36.20
2018	5322	5664	4878	16.11
2019	4810	4941	4638	6.53
2020	4583	5279	4353	21.27
2021	6116	7012	5286	32.65

数据来源：钢联数据。

三、无缝管品种价差明显收缩，价差高点出现 2012 年

不同品种的无缝管价格走势较为一致，但品种价差明显收缩。对主流品种ϕ219×6与ϕ108×4.5进行分析，2011 年至 2015 年无缝管各品种价格下跌，但品种价差呈现先扬后抑态势，2012 年 9 月品种价差达到历史最高点 379 元/吨，随后价差快速收缩至 2015 年 9 月的 30 元/吨；2016 年以后，供给侧结构性改革背景下，无缝管价格呈现阶梯式上涨，但各品种价差出现负值，2016-2017 年价差运行于–100 元/吨至 100元/吨，2018 年四季度开始价差继续缩小。从年度均价看，2011 年以来，无缝管品种年均价价差呈现收缩态势，运行于–14 元/吨至 292 元/吨（图 3-60 和表 3-72）。

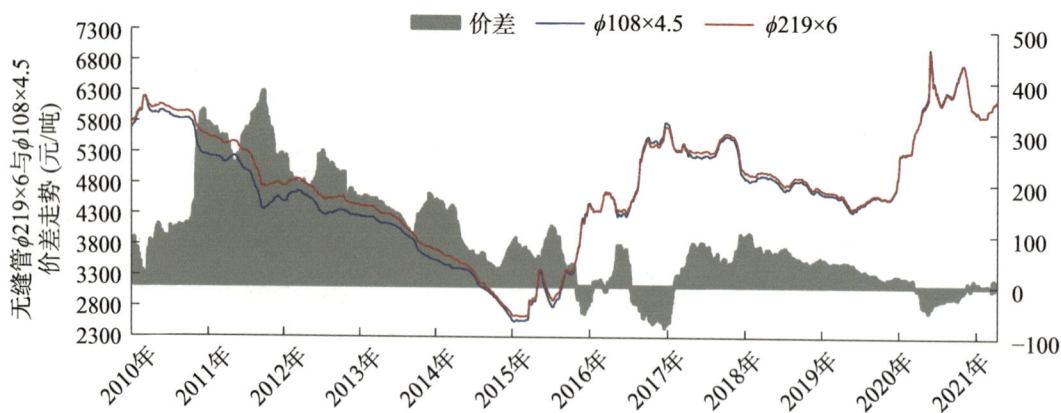

图 3-60　无缝管价格及品种价差走势

数据来源：钢联数据

四、无缝管区域价差有所差异

不同地区之间的无缝管价差有所差异，华北与华东价差区间波动为主，华北与

表 3-72 无缝管品种年均价及价差 （元/吨）

年份	无缝管 $\phi219\times6$	无缝管 $\phi108\times4.5$	价差
2011	5916	5782	134
2012	5159	4868	291
2013	4626	4420	206
2014	4105	3960	145
2015	3245	3163	82
2016	3283	3238	45
2017	4883	4898	−14
2018	5377	5322	55
2019	4871	4810	62
2020	4612	4583	29
2021	6104	6116	−12

数据来源：钢联数据。

华南价差长年为负。2007-2010 年，无缝管区域价差波动剧烈，波动区间在千元，华北与华东价差运行于−274-700 元/吨，华北与华南价格运行于−507-469 元/吨。2011年以后,华北与华东地区价差区间波动为主，在±300 元/吨之间，而华北与华南价差长年为负，呈现先扩大后收敛走势，运行于−650-0 元/吨。年度均价看，华北与华东价差运行于±100 元/吨，而华北与华南价差呈现收缩态势，由−524 元/吨收敛至−180元/吨（图 3-61 和表 3-73）。

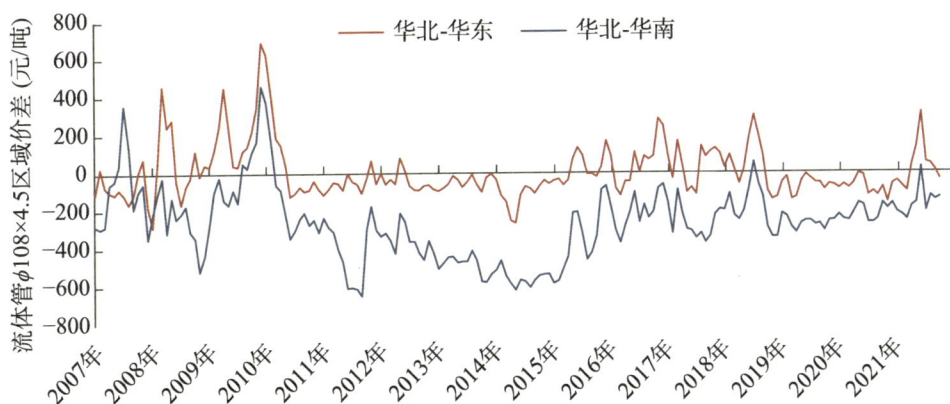

图 3-61 流体管 $\phi108\times4.5$ 区域价差

数据来源：钢联数据

表 3-73　无缝管分区域价格及价差　　　　　　　　（元/吨）

年份	华北（天津）	东北（沈阳）	华东（杭州）	华南（福州）	西南（成都）	西北（兰州）	华北与华东价差	华北与华南价差
2008	6411	6531	6387	6551	6750	6689	24	-140
2009	4699	4766	4588	4916	4869	4932	111	-217
2010	5408	5406	5174	5372	5442	5369	235	36
2011	5580	5887	5638	5919	6197	5859	-58	-339
2012	4618	4893	4636	4965	5212	4986	-19	-348
2013	4154	4387	4212	4585	4814	4492	-58	-431
2014	3629	3869	3721	4153	4403	3971	-92	-524
2015	2907	3130	2917	3368	3446	3229	-11	-461
2016	3124	3331	3111	3372	3317	3319	13	-248
2017	4804	4937	4733	5003	5104	5077	70	-199
2018	5184	5452	5080	5379	5555	5480	104	-196
2019	4608	4794	4647	4853	4989	4939	-39	-245
2020	4408	4480	4469	4646	4745	4692	-60	-238
2021	5984	6057	5995	6164	6262	6203	-11	-180

数据来源：钢联数据。

第十六节　焊管价格

一、焊管基本介绍

焊接钢管也称焊管，是用钢板或带钢经过卷曲成型后焊接制成的钢管，一般定尺 6 米。焊接钢管生产工艺简单，生产效率高，品种规格多，设备投资少，但一般强度低于无缝钢管。

焊管分类有多种方式，按用途分为一般焊管、镀锌焊管、吹氧焊管、电线套管、公制焊管、托辊管、深井泵管、汽车用管、变压器管、电焊薄壁管、电焊异型管和螺旋焊管。按底部形状分为圆形焊管和异型（方、扁等）焊管；按生产方式分为（1）按工艺分——电弧焊管、电阻焊管（高频、低频）、气焊管、炉焊管，（2）按焊缝分——直缝焊管、螺旋焊管。

焊管的用途主要是用于锅炉、汽车、船舶、建筑用轻型结构的门窗钢、家具，各种农业机械、棚架、电线穿线管、高层货架、集装箱等。

国内焊管供应略高于需求。数据显示，2021 年，全国焊管产能 8500 万吨/年，产能利用率为 71.1%，年产量为 5883.2 万吨；焊管消费量 5534.3 万吨，出口 377 万吨，进口 21.9 万吨（表 3-74）。

表 3-74　焊管供需平衡表　　　　　　　　　　　　（万吨）

年份	产能	产量	产能利用率	出口	进口	消费量
2021	8500	5883.2	71.10%	377	21.9	5534.3

数据来源：国家统计局，钢联数据，海关总署。

二、焊管价格呈现先抑后扬态势，2021 年创历史新高

焊管市场特点：一是生产工艺简单、规格多，设备投资小，一般强度低于无缝管；二是国内自给自足；三是焊管种类丰富，应用领域明显多于无缝管。

焊管价格走势和无缝管价格走势类似，2001-2010 年，无缝管价格整体上涨，但波动幅度较大，2008 年出现历史次高点（图 3-62）。

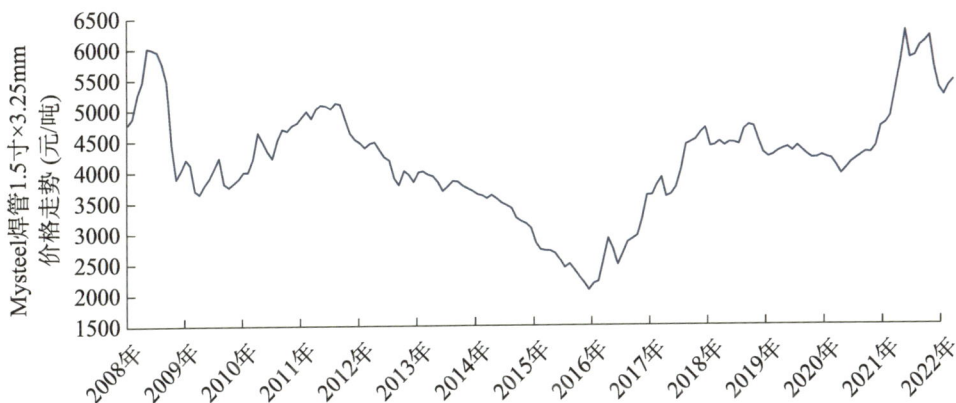

图 3-62　焊管价格走势

数据来源：钢联数据

2011-2015 年，钢材行业普遍下跌，焊管则表现出持续时间长、下跌幅度大的特点。自 2011 年 9 月最高点 5148 元/吨跌至 2015 年 12 月 2053 元/吨，下跌 3095 元/吨，幅度达 60.12%，持续 4 年 3 个月时间。从结构来看，下跌趋势可分为两个阶段，2013 年 4 月之前价格下跌较为平缓，之后下跌速度明显加快，下跌幅度也更大。

2016-2021 年，整体上看，焊管价格呈逐步上涨态势，2021 年创历史新高。自 2016 年 1 月最低价 2135 元/吨，上涨至 2021 年 5 月最高值 6713 元/吨，整体上涨 4578 元/吨，涨幅 214%，波动幅度最大，持续时间最长。结构上看，可分为三个阶段：2016 年 1 月-2017 年 12 月，持续两年时间的上涨，由最低值 2135 元/吨，上涨 2636 元/吨，至 2017 年 12 月 4771 元/吨；2018 年 1 月-2020 年 4 月，焊管价格震荡走弱，持续 2 年 4 个月，波动区间在 3919-4771 元/吨，波动幅度 852 元/吨；2020

年 4 月-2021 年 5 月，价格上涨最为剧烈，1 年时间上涨 2794 元/吨，涨幅 71.29%。

三、焊管年均价呈现先抑后扬态势

2008-2015 年，焊管年均价呈下行态势。自 2008 年年内最高价 5173 元/吨跌至 2015 年年内最低值 2053 元/吨，下跌 3120 元/吨，跌幅 60.31%。从结构上看，在整体下跌趋势中，出现一波上行周期。由 2009 年内最低价 3625 元/吨，涨至 2011 年年内最高价 5148 元/吨，涨幅 42%。

2016-2021 年，焊管年均价呈持续上涨态势。焊管年均价上涨 229%至 2021 年 5658 元/吨，创历史新高（图 3-63、图 3-64 和表 3-75）。

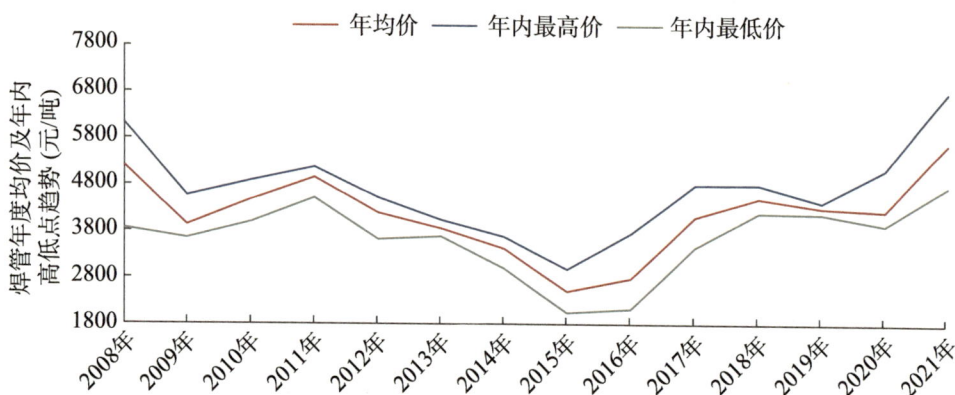

图 3-63 焊管年度均价及年内高低点趋势

数据来源：钢联数据

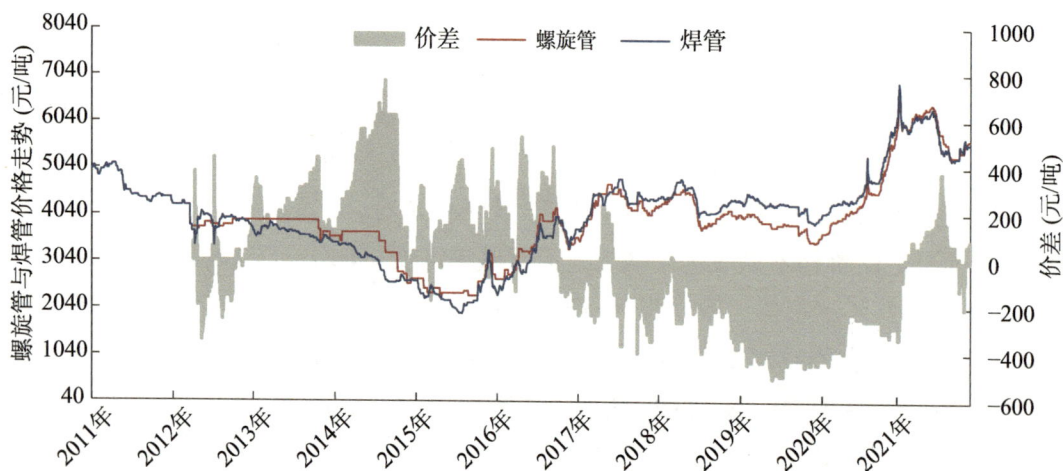

图 3-64 螺旋管与焊管价格及价差走势

数据来源：钢联数据

表 3-75　焊管年均价及高低点　　　　　　　　　　（元/吨）

年份	焊管年均价	年内最高价	年内最低价	高低点振幅(%)
2008	5173	6085	3835	58.67
2009	3911	4538	3625	25.19
2010	4447	4859	3971	22.36
2011	4928	5148	4485	14.78
2012	4167	4492	3602	24.71
2013	3834	4022	3665	9.74
2014	3415	3665	2989	22.62
2015	2506	2980	2053	45.15
2016	2785	3743	2135	75.32
2017	4085	4771	3445	38.49
2018	4493	4777	4179	14.31
2019	4288	4407	4160	5.94
2020	4224	5110	3919	30.39
2021	5658	6759	4749	42.32

数据来源：钢联数据。

四、焊管品种价差扩张与收缩交替，高点出现在 2015 年

2012-2021 年，焊管价差扩张与收缩交替。分为三个阶段：2012 年 10 月-2015 年 1 月,焊管的价差变化呈扩张态势，由 2012 年 10 月价差最小值–310 元/吨，扩张至 2015 年 1 月最大值 770 元/吨，价差波动幅度为 1080 元/吨；2015 年 1 月-2019 年 10 月,焊管价差变动呈持续收缩趋势，由 2015 年 1 月最大值 770 元/吨，收缩至 2019 年 10 月–500 元/吨，价差波动幅度为 1270 元/吨；2019 年 10 月-2021 年 11 月，焊管价格呈扩张态势，由 2019 年 10 月最小值–500 元/吨，扩大至 2021 年 11 月最大值 380 元/吨，波动幅度 880 元/吨。

焊管品种年均价价差由正转负。2013-2021 年，螺旋管与焊管价差由正转负，波动区间为–358-338 元/吨，价差最小值出现在 2020 年，为–358 元/吨，价差最大值出现在 2014 年，为 338 元/吨（表 3-76）。

表 3-76　焊管品种年均价及价差　　　　　　　　　（元/吨）

年份	螺旋管均价	焊管均价	价差
2013	3884	3777	107
2014	3670	3332	338

续表 3-76

年份	螺旋管均价	焊管均价	价差
2015	2626	2395	231
2016	2936	2753	182
2017	4045	4071	−27
2018	4265	4437	−172
2019	3954	4293	−339
2020	3903	4261	−358
2021	5701	5740	−39

数据来源：钢联数据。

五、焊管区域价差略有差异

华南焊管价格高于华北、华东价格，华北地区焊管价格处于洼地，与各地区价差波动无明显周期变化。华北地区是传统的钢铁集聚区，为焊接钢管企业提供了原材料，是焊接钢管产量主要区域，占比在 50%以上，且钢厂成本低于其他区域，导致价格成为洼地，而华南、华东为主销区，因此与华南、华东价差长期位于负值区间。由于华南地区相较于华东地区运距长，导致华北与华南价差长期低于华北与华东价差。华北与华东价差波动区间为–380-–39 元/吨；华北与华南价差波动区间为–507-–234 元/吨（图 3-65、表 3-77 和表 3-78）。

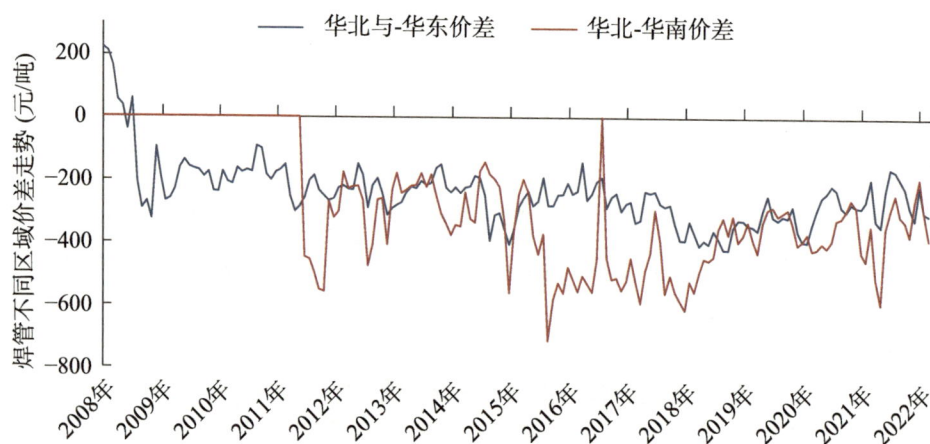

图 3-65　焊管区域间价差走势

数据来源：钢联数据

表 3-77　焊管区域年均价及价差　　　　　　　　（元/吨）

年份	华北（天津）	东北（沈阳）	华东（杭州）	华南（福州）	西南（成都）	西北（兰州）	华北–华东价差	华北–华南价差
2008	5107	5170	5146	—	5347	5228	−39	—
2009	3722	3834	3918	—	4066	4087	−196	—
2010	4284	4367	4456	—	4589	4418	−173	—
2011	4717	4861	4944	5094	5104	4890	−227	−377
2012	3956	4088	4186	4251	4320	4171	−230	−296
2013	3618	3726	3842	3851	4057	3864	−224	−234
2014	3186	3245	3449	3453	3676	3597	−263	−267
2015	2263	2313	2540	2695	2757	2718	−277	−432
2016	2601	2658	2836	3108	2962	2964	−235	−507
2017	3820	3876	4110	4309	4237	4302	−291	−490
2018	4194	4248	4574	4634	4586	4636	−380	−440
2019	4037	4012	4357	4379	4384	4413	−320	−342
2020	4000	3995	4289	4358	4274	4242	−289	−358
2021	5487	5414	5738	5859	5638	5686	−250	−372

数据来源：钢联数据。

表 3-78　焊管品种年均价及价差

年份	指数均值	年内最高值	年内最低值	高低点差值	高低点振幅（%）
2001	1216	1599	843	756	90
2002	1139	1739	882	857	97
2003	2616	4765	1530	3235	211
2004	4510	6208	2622	3586	137
2005	3371	4880	1747	3133	179
2006	3180	4407	2033	2374	117
2007	7065	11039	4219	6820	162
2008	6384	11793	663	11130	1679
2009	2607	4661	772	3889	504
2010	2758	4209	1700	2509	148
2011	1545	2173	1043	1130	108
2012	920	1624	647	977	151
2013	1205	2337	698	1639	235
2014	1105	2113	723	1390	192
2015	718	1222	471	751	159
2016	674	1257	290	967	333
2017	1144	1743	685	1058	154
2018	1355	1774	948	826	87
2019	1354	2518	595	1923	323
2020	1079	2097	393	1704	434
2021	2929	5650	1303	4347	334

数据来源：钢联数据。

第十七节　海运指数

一、海运指数基本介绍

现今全球衡量国际海运情况的权威指数是波罗的海指数（简称 BDI 指数），是由几条主要航线的即期运费加权计算而成，反映的是即期市场的行情，是由世界上第一个也是历史最悠久的航运市场波罗的海航交所发布。BDI 指数是散装原物料的运费指数，散装船运以运输钢材、纸浆、谷物、煤、矿砂、磷矿石、铝矾土等民生物资及工业原料为主。散装航运业营运状况与全球经济景气荣枯、原物料行情高低息息相关。故波罗的海指数可视为经济领先指标。

BDI 指数的分类构成如下：

波罗的海灵便型指数（BSI）反映大灵便型船舶市场的运价指数，由 5 条期租典型航线根据各自的权重加权而成。吨位：5 万吨以下，主要运输货物：磷肥、碳酸钾、木屑、水泥，占 BDI 权重：1/3；

波罗的海巴拿马型指数（BPI）反映巴拿马型船舶市场的运价指数，由 3 条程租和 4 条期租典型航线根据各自的权重加权而成。吨位：5 万-8 万吨，主要运输货物：民生物资及谷物等大宗物资，占 BDI 权重：1/3；

波罗的海海岬型指数（BCI）反映好望角型船舶市场的运价指数，由 7 条程租和 4 条期租典型航线根据各自的权重加权而成。吨位：8 万吨以上，主要运输货物：焦煤、燃煤、铁矿砂、磷矿石、铝矾土等工业原料，占 BDI 权重：1/3。

据克拉克森数据显示，2020 年全球商业航运船队 100 总吨及以上船舶达到 99800 艘，到 2021 年 1 月，运力 21.3 亿载重吨，其中散货船占比 42.77%，邮轮 29%，集装箱船 13.2%，杂货船 3.6%，其他船型 11.43%。

二、海运价格指数冲高回落后区间波动

2001-2005 年，该阶段 BDI 综合指数整体呈现上行走势。2001-2004 年底，全球经济快速增长，海上贸易量增多，带动 BDI 综合指数呈现上涨态势，2004 年 12 月达到阶段峰值 6208，较 2001 年低点上升 636%。2005 年 BDI 综合指数虽然断崖式下跌至低点 1747，较高点下降 71.9%，主要因船舶运力增加，导致运价回落，但仍显著高于 2003 年以前水平（图 3-66）。

2006-2010 年，BDI 综合指数冲高回落，2008 年阶段峰值达到历史高位。2006-2008

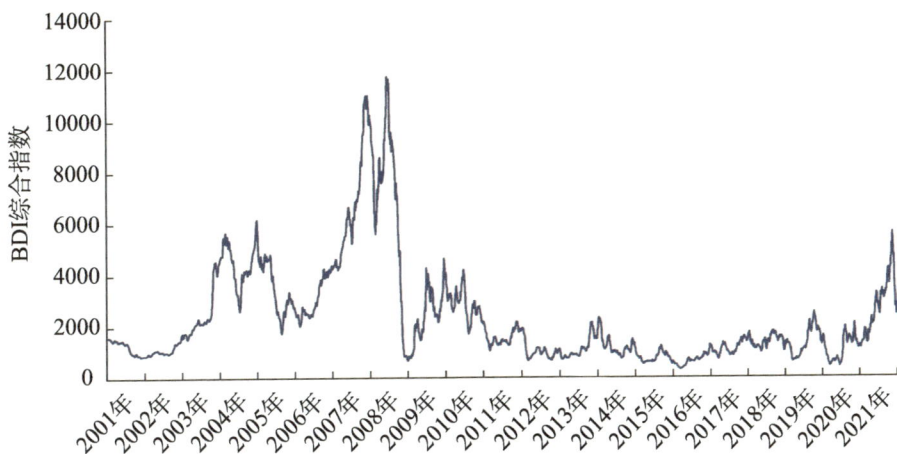

图 3-66　BDI 综合指数

数据来源：钢联数据

年 5 月 BDI 综合指数进入一个快速的上升期，2008 年 5 月创出历史新高 11793，较 2006 年低点上升 480%。随后全球金融危机爆发，影响国际贸易流通，海上运输量明显回落，3 个月再次进入断崖式下跌，同年 12 月跌至阶段低点 663，跌幅高达 94%。

2011-2021 年，BDI 综合指数长期区间震荡为主。2011-2019 年 12 月，BDI 综合指数长期运行于 300-2500 之间，高低点波动幅度在 768%，区间波动主要是随着全球贸易量增加，全球船舶商队运力跟随明显增加，运力一直处于"紧张-平衡-宽松"反复。2020-2021 年全球新冠疫情暴发，海上运输业务火爆，运价指数再度冲高。2020 年 5 月再次迎来上涨行情，2021 年 10 月 BDI 综合指数创下近十年新高 5650，较 2020 年 5 月低点 393 上涨 13 倍以上。随后全球压港运力缓解，以及新船投入增多，BDI 综合指数震荡下行到 2217，处于近十年平均水平。

三、BDI 指数年度均值冲高回落

从历史数据看，2001-2008 年，BDI 综合指数年均值整体处于上行阶段。在 2007 年均值达到历史高点 7065，但历史高点出现在 2008 年内为 11793，同年年内最低点为 663，也是 8 年来的低点，高低点相差 11130，振幅达到 1679%，也是近二十年来振幅最大值。

2009-2016 年，BDI 综合指数年均值进入逐步下行通道。此阶段均值最低点出现在 2016 年，为 674，同年年内最低点 290 也是二十年来的最低点。

2017-2021 年，BDI 综合指数呈现上升趋势。2021 年均值较 2017 年上涨 156%，2021 年年内最高值为 5650，创十年来高点，年内高点差值在 4347，振幅为 334%（图 3-67）。

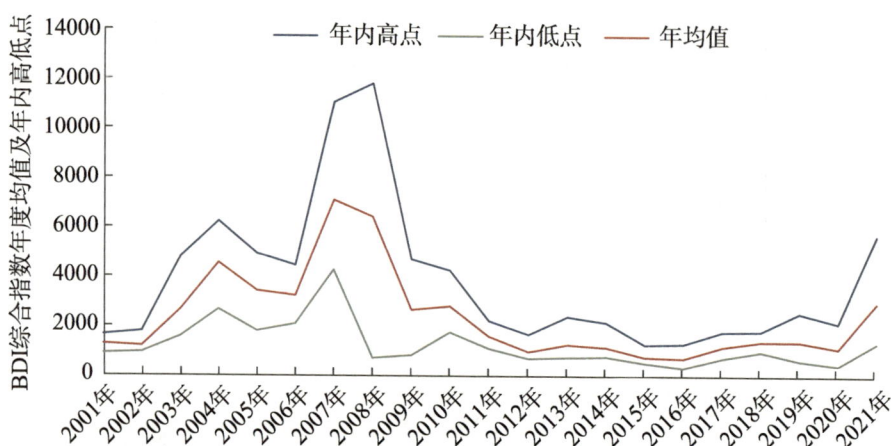

图 3-67　BDI 综合指数年度均值及年内高低点趋势

数据来源：钢联数据

四、不同运价差值走势一致

按 BDI 指数的构成分为三类指数：BSI 指数、BPI 指数、BCI 指数。三类指数差值走势如图 3-68 所示。

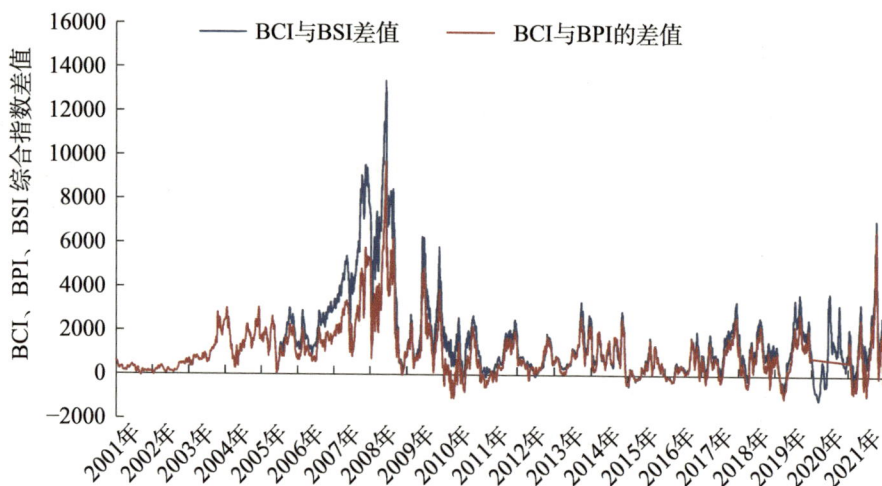

图 3-68　BDI 指数中三类指数差值走势

数据来源：钢联数据

2005-2008 年 BCI 与 BSI 差值和 BCI 与 BPI 差值均明显走扩，BCI 与 BSI 年均差值高点为 5382，较 2005 年上升 97%，BCI 与 BPI 年均差值高点为 3270，较 2005 年上升 122%。2009-2015 年 BCI 与 BSI 差值和 BCI 与 BPI 差值进入断崖式下跌，BCI 与 BSI 差值低点为 363，较高点下跌 93%。BCI 与 BPI 差值低点 333，较高点下

跌 90%。2016-2021 年 BCI 与 BSI 差值和 BCI 与 BPI 年均差值略有回升，但处于区间波动，2021 年 BCI 与 BSI 差值和 BCI 与 BPI 差值均升至 1000 以上，BCI 与 BSI 差值为 1557，较低点上升 329%。BCI 与 BPI 差值 1008，较低点上升 203%（图 3-68 和表 3-79）。

表 3-79　BDI 指数分项指数及差值表

年份	BSI 综合指数	BPI 综合指数	BCI 综合指数	BCI 与 BSI 差值	BCI 与 BPI 差值
2001		1248	1472		224
2002		1131	1396		265
2003		2542	3659		1117
2004		4383	6011		1629
2005	1869	3128	4603	2734	1475
2006	2249	3020	4285	2036	1265
2007	4535	7023	9916	5382	2894
2008	3974	6082	9352	5378	3270
2009	1660	2398	4147	2487	1749
2010	2147	3116	3481	1334	366
2011	1377	1745	2228	851	484
2012	905	964	1572	668	609
2013	982	1187	2107	1124	920
2014	939	964	1978	1039	1014
2015	666	696	1029	363	333
2016	597	697	1032	435	335
2017	844	1217	2081	1237	864
2018	1032	1455	2109	1078	655
2019	881	1387	2264	1384	877
2020	749		1483	735	
2021	2431	2980	3988	1557	1008

数据来源：钢联数据。

第〈四〉章

中国钢铁产品价格指数应用与发展

第一节　钢材价格指数（CSPI）

钢材：是指以铁为主要元素，含碳量在2%以下，并含有其他元素的金属材料。钢材是钢锭、钢坯或钢材通过压力加工制成所需要的各种形状、尺寸和性能的材料。钢材是国家的重要物资，在我国工业化、农业现代化、城镇化和国防军事建设中发挥着重要作用。其应用广泛、品种繁多，根据断面形状的不同，钢材一般分为型材、板材、管材和金属制品四大类，其中产量大、用途广的有线材、螺纹钢、中厚钢板、卷板带、薄钢板、带钢、无缝钢管、焊管、金属制品等品种。钢材产业链上接矿山、煤炭、油气，下联建筑、基建、机械、汽车、船舶、集装箱、石油石化和家电等行业，处于工业产业链的中上端。钢材价格在生产资料中位置重要，起到"牵一发动全身"的作用。钢材价格的变化对原材料产业、大宗商品和国民经济平稳健康发展至关重要。

价格：指单位货物或服务的价值，其水平由市场供需关系决定。单一同质的货物或服务价值（V）等于价格（P）乘以数量（Q），即 $V = P \times Q$。通过共同的货币单位，不同类型货物或服务的价值可以相加。

价格是商品的交换价值在流通过程中所取得的转化形式。在经济学及营商的过程中，价格是货币表现形式，为商品、服务及资产所订立的价值数字。在微观经济学之中，资源在需求和供应者之间重新分配的过程中，价格是重要的变数之一。在现代市场经济学中，价格是由供给与需求之间的互相影响、平衡产生的；在马克思主义经济学中，价格是对商品的内在价值的外在体现。事实上，这两种说法辩证地存在，共同在生产活动中起作用。

价格指数：是反映报告期与基期相比商品价格水平的变化趋势和变化程度的相对数，是反映价格总水平变动的数据。

价格指数按其所包括范围的不同分为：（1）个体指数，反映某一种商品价格水平升降程度的指数；（2）类指数，即分类商品价格指数，反映某一类商品价格水平升降程度的指数；（3）总指数，反映全部商品价格总水平升降程度的指数。

价格指数按其计算时所采用基准期的差别，可以分为环比价格指数（以上一期为基期）、年距环比价格指数（以上年同期为基期）和定基价格指数（以某一固定时期为基期）。环比价格指数，是指以报告期的前一期为基期而计算的价格指数，用以对价格的变动程度和趋势，作出阶段性观察。年距价格指数，是以报告期的上年同期为基期而计算的价格指数，以便在不受季节因素影响的条件下单纯反映价格的动态变化。定基价格指数，是以某一固定时期为基期而计算的价格指数，其目的是在此基础规定的前提下，统观价格变动趋势和规律。

一、CSPI 中国钢材价格指数推出的背景

（一）钢材价格放开，实现由计划价格到市场价格的飞跃

20 世纪 90 年代以来，根据党的十四大提出"价格改革是市场发育和经济体制改革的关键，应当根据各方面的承受能力，加快改革步伐，积极理顺价格关系，建立起以市场形成价格为主的价格机制"理论，国家物价局和冶金工业部进行冶金产品价格改革。先是推进双轨制的并轨，后是放开大部分钢铁产品价格，实现了由计划经济国家统一定价到市场经济企业自主定价的伟大转折。1993 年起钢材产品中除国防、军工、农业、农田水利（含救灾）以及部分铁路专用材仍实行国家定价或国家指导价外，其余 93% 的钢材价格完全放开，由生产企业根据市场情况自主定价。在生产资料中钢铁产品率先实现了由计划价格到市场价格的飞跃。放开钢铁产品价格，是加快我国价格改革步伐，建立社会主义市场经济的重要步骤，是国家为钢铁企业全面走向市场、创造良好外部环境所采取的重要举措，不仅对冶金工业的发展，而且对整个国民经济的发展都具有十分重要的意义。

价格放开的成果：初步建立以市场经济为主的价格机制，定价权下放给企业，使企业真正进入市场，在市场竞争中历练自主经营、自负盈亏、自我积累和自我发展的能力；价格放开使冶金行业经济效益增长显著，三年积累资金 1050 亿元，为调整产品结构、产业升级、冶金工业的持续发展奠定基础；促进冶金企业改变经营理念，转换经营机制，更加注重营销管理、成本管理和价格管理。邯钢在市场激烈竞争中，摸索出"模拟市场核算、实行成本否决"的经验，创造性地运用价格职能为企业管理服务，走出一条企业依靠自身内在发展动力，走向强大，走向成熟的路子。

（二）钢铁企业内部初步建立了产品定价机制和价格管理体制，价格决策成为企业参与市场竞争提高经营效果的重要手段

1994-2001 年，钢铁企业大都建立起产品定价机制和价格管理体制，确保了价格管理工作的正常运行，在组织机构、管理制度、决策体系、管理方式和监督机制等方面形成了运转体系。

一是普遍设立了价格管理组织机构。为保证价格管理的科学化、规范化和制度化，钢铁行业根据实际需要建立了相应的价格管理组织形式，配备相关人员，掌握行业价格运行状况，对行业存在的共性问题，组织专业人员研究解决，定期分析研究市场价格变化情况，确定本企业的价格政策。

二是建立和完善了内部管理制度。基本上使价格管理基本制度、价格工作制度以及价格管理执行制度日益完备化并具有与时俱进的可操作性。

三是企业开展价格自律，充分发挥市场主体的作用。从价格改革的实践经验看，要维持市场稳定运行，仅仅依靠行政压力是不可能实现的。作为市场价格的确定者，钢铁企业执行国家与价格管理相关的各项宏观调控政策，成为稳定市场的主要力量。具体表现为：在生产安排上，基本能够控制生产节奏，按需生产，保证钢材市场供需平衡、稳定运行；在销售过程中能够按《价格法》《合同法》等相关法规办事。

（三）价格放开后，出现大起大落，企业需要公开、透明的信息，引导市场平稳运行

冶金产品价格虽然放开了，但是价格改革的任务并没有完成，还有许多新情况新问题需要我们去探索去解决。价格放开不等于市场价格形成机制的完全确立和完善，如果没有相应的配套措施出台，价格体系仍会脱离价值规律和供求规律。

从理论上讲，价格具有信息职能，即价格变动可以向人们传递市场信息，反映供求关系变化状况，引导企业进行生产、经营决策。而价格的表价职能，又是价格本质的反映，它用货币形式把商品内含的社会价值表现出来，从而使交换行为得以顺利实现，也向市场主体提供和传递了信息。商品交换和市场经济越发达，价格的表价职能越能得到充分体现，也越能显示出其重要性，价格的表价职能与信息职能联系得非常紧密。

市场经济中信息获取的滞后性和不全面性对行业价格信息监测提出了客观要求。价格是市场经济的基本信号。在市场经济条件下，资源的配置上要依靠价格杠杆，即由市场的供求调节价格，以价格引导生产要素的优化配置，从而提高企业的效率和效益，推进社会经济的发展。但受市场机制本身缺陷的制约，这种调节具有

一定的自发性、盲目性和滞后性。因为市场调节是一种事后的调节，从价格形成、信息反馈到产品生产，有一定的时间差。企业又是单个的经营者，掌握的信息单一片面，微观决策带有一定的被动性和盲目性。如果市场功能不完善往往会导致经济秩序的紊乱和价格的大幅波动。这就是说，仅仅靠市场那只"看不见的手"是不够的，还必须有政府宏观调控、行业市场协调这只"看得见的手"只有这两只手交替使用，相互配合，协调运作，经济运行才能正常，才能防止市场失灵。

从实践上看，1993 年钢铁产品价格放开后，当时我国的经济体制处于从计划经济向市场经济转换阶段，市场形成价格机制还不完善，各项法律、法规、制度还不健全。在这时期，钢材市场又受到固定资产投资和信贷规模以及投机资本过热的影响，钢材价格出现了大幅度波动，普线价格曾经超过 4000 元/吨，比价格放开前的 1600 元/吨，升高两倍多。过高的价格引发了钢材（坯）的大量进口，当年进口钢材 3026 万吨，创历史新高，也刺激了冶金行业盲目铺摊子、上项目，大搞重复建设，最终致使钢材市场供大上求的矛盾不断加剧，导致以后钢材价格持续走低。这时不少企业为争夺市场，以低价、削价甚至不惜血本来开展市场竞争，普线价格一度降到 2000 元/吨左右。1998 年亚洲金融危机以来，全球钢材市场出现低迷形势，国内钢材供大于求局面不断加重，企业库存增加，钢材合同减少，许多生产和流通企业受资金短缺的制约竞相压价抢占市场，无序竞争，从而使企业出厂价格轮番下降，有的甚至低于成本销售。当时，普线价格低于行业成本 200 元/吨左右。竞相降价、恶性竞争造成了严重的危害，扰乱了正常的生产经营秩序，扭曲了价格信号配置资源的作用，企业以低于成本的价格倾销，合理的利润无法保证，许多企业陷于困境，造成国有企业亏损增加，效益下降。

在钢材价格的暴涨暴跌之后，冶金行业和钢铁企业开始认识到，我国钢材市场运行机制不健全、市场竞争不规范，钢材市场形成价格机制还得待完善，需要建立起符合市场经济发展规律的行业价格监测机制，担负起"行业价格信息监测、分析价格变化趋势、引导企业经营决策"的重任。此时 CSPI 中国钢材价格指数应运而生，是政府的需要、企业的需求和时代赋予的责任。

二、CSPI 中国钢材价格指数发展历程

为了科学、合理、客观地反映钢材价格变化情况，更好地为钢铁企业和流通企业提供优质、真实价格信息服务，发挥价格的信息职能作用。中国钢铁工业协会在 2001 年创建并推出了 CSPI 中国钢材价格指数，是国内运行最早、最具权威性的钢价指数。

经过二十年来的不断优化调整，其监测体系日臻完善，越来越受到国家有关部委、国内外媒体和钢铁企业的重视和好评，目前很多的钢铁企业把该指数作为制定出厂价格、效绩考核评价的一项指标和判断市场走势的风向标。

在国务院国资委和国家发改委的大力支持下，在广大钢铁生产及流通企业和钢铁网站信息员的积极参与和配合下，目前中国钢材价格指数运行良好，平稳正常。

从发展历程看分为以下两个阶段。

（一）创立阶段

党的十一届三中全会后，我国开始实行改革开放政策，中国钢铁工业现代化水平不断提升。同时，为了提高劳动生产率，钢铁行业积极进行经济和生产体制上的探索，通过改革释放了强大的内在发展动力，特别是 1993 年以后钢铁产品价格逐步放开，市场配置资源，需求决定生产，致使粗钢产量加速攀升（图 4-1）。

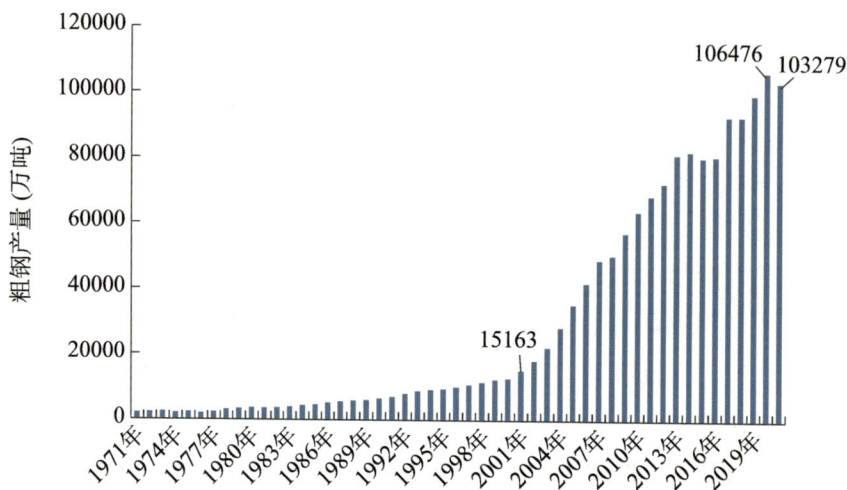

图 4-1　40 年中国粗钢产量迅速增长
数据来源：中国钢铁工业协会

我国钢铁行业发展有力地支撑了国民经济发展，但随着产能快速扩张，一些问题逐渐显现，特别是由于产能过剩矛盾、产品结构矛盾导致的钢材价格恶性竞争问题尤为突出。

（1）2001 年 4 月，中国钢铁工业协会推出了中国钢材价格指数。其目的是全面、准确、及时地反映国内市场钢材价格走势，向国家有关部委提供可靠的价格运行数据，为钢铁企业、贸易企业和相关行业提供生产经营决策依据，并委托中国价格协会冶金价格分会和冶金工业信息中心开展数据采集和指数编制工作。当时两个单位具备了从事价格信息工作的专业人才和基础数据，这两个单位部分工作人员，以前是在冶金工业部经济调节司价格处工作。1994 年钢材价格放开以来，他们从从事价格管理转向到价格信息服务，一直从事钢材价格的监测工作，储备了大量历史数据。

当时参与计算的基础样本来自 22 个全国中心城市、8 个最具代表性的钢材品种的市场价格，采用定基价格指数统计方式，基期的选择与英国商品研究院 CRU 国际钢材价格指数相同，均为 1994 年 4 月。钢价指数每周发布一次，除发布钢材综合价格指数外，还发布当时主流产品，如普线、二级螺纹钢、中厚板、热轧卷板、热轧薄板、冷轧薄板、镀锌板和无缝管的平均价格和指数。

（2）2005 年 3 月推出长材、板材价格指数。其指数发布周期、基期和品种构成与 CRU 国际长板材价格指数同步可比。长材指数采集品种包括普线、二级螺纹钢、角钢和优碳圆钢；板材指数采集品种包括中厚板、热轧卷板、冷轧薄板、镀锌板。

（二）不断发展和完善阶段

（1）2009 年 9 月，中国钢材价格指数 "CSPI" 荣获国家市场监督管理总局商标局颁发的商标注册证。这是中国钢铁工业协会成立以来获得的第一个注册商标。

（2）2010 年调整品种规格，加入权重系数，由算术平均升级为加权平均。2010 年，在钢铁协会屈秀丽副会长的倡导和支持下，钢协、冶金价格分会和信息中心升级了中国钢材价格指数的编制方法，根据企业的生产销售情况，增加和调整了部分品种及代表规格，并引入产量作为品种权重系数，参与钢材综合价格指数的测算，产量权重每半年调整一次。使钢材价格指数的计算方法更加科学、合理，更加客观地反映市场价格水平和变化规律。

从 2010 年起，纳入计算长材指数的品种包括：高线、螺纹钢、45#优碳圆钢、H 型钢和角钢等 5 个品种；纳入计算板材指数的品种包括：中厚板、热轧薄板、热轧卷板、冷轧薄板、镀锌板和热轧窄带等 6 个品种。上述品种再加上焊接钢管及无缝管共计 13 个品种，参与计算钢材综合价格指数。

根据我国钢材消费分布情况，兼顾各行政区域的平衡，中国钢材价格指数（CSPI）基础数据涵盖全国 26 个中心市场。

（3）2015 年，创建并推出了地区钢材价格和指数。我国钢材市场众多，分布广泛，且发展不均衡，区域价格差异较大，应钢铁企业的要求，增加监测和发布更加具体和实用的地区价格指数。反映区域市场钢材价格水平和变化趋势，更好地为钢铁和流通企业提供更加精细化的信息服务。钢协与冶金价格分会、冶金信息中心推出了地区钢材价格和指数（分东北、华北、华东、中南、西北、西南六大区和北京、上海和广州三大市场），编制方法也是以当地产量作为权重，每半年调整一次。基期同样是 1994 年 4 月。

（4）2017 年对钢坯和部分市场主要品种价格进行日监测。近年来，钢材价格大幅波动，金融、期货对钢铁现货价格影响很大，每周监测发布钢材价格及指数，已经难以满足钢铁企业的要求。应企业需求从 2017 年起对高线、螺纹钢、中厚板、热轧卷板和冷轧板卷五大品种的价格进行每日监测。对北京、上海、广州、唐山、武汉、沈阳、成都、西安八个市场价格进行监测。同时钢坯是反映钢材价格变化的先行指标，而且市场竞争充分，价格变化频繁，了解钢坯价格（特别是唐山、江苏等地），对把握钢材价格变化方向提供数据支撑。

（5）2019 年扩大监测体系增加西部螺纹钢价格监测和发布。为完善中国钢材价格指数监测系统，提高西部螺纹钢价格指数的影响力，经陕晋川甘钢企高峰论坛秘书处的申请，钢协同意将其纳入 CSPI 中国钢材价格指数编制及发布体系，建立基础数据的交换机制，已正式命名并发布 CSPI 中国钢材价格指数西部（陕晋川甘论坛）螺纹钢价格指数。该指数的编制发布及数据共享，加强中国钢材价格指数区域监测力度，开拓了与各地区价格监测的对接，为今后进一步拓展其他地区和品种奠定了基础，也开启了指数合作的先河。

（6）2020-2021 年新冠疫情期间，加大监测力度，细化监测品种和监测周期。2020 年 1-2 月，新冠疫情暴发，钢铁行业受到严重影响，原料进不来，产品运不出去，人员不到岗，钢铁需求受到严重影响，同时受到全球股价和国内期货市场剧烈波动的影响，钢材价格大幅度下降，钢铁原料高位波动，钢铁企业效益深度下滑。为配合钢铁协会"控疫情、强保障、保安全、稳经营"工作方针，抑制钢铁产品市场的大幅度波动，也应钢铁企业要求，中国钢铁工业协会联合冶金工业信息中心和冶金价格分会，加大价格监测力度，细化监测品种和监测周期。经研究决定：一是增加 26 个城市五大钢材品种（线材、螺纹钢、中厚板、热轧卷板、冷轧薄板）价格的每日监测，为企业提供快捷信息服务，为钢铁企业灵敏应对钢材市场的变化，及时快速的制定价格提供支撑，为钢材市场平稳运行起到引领作用。

三、CSPI 中国钢材价格指数监测体系保障机制

中国钢材价格指数（CSPI）发展历程是一个不断扩大、更新、优化的过程，慢慢形成体系。由国家发改委、工信部、国资委工作指导，中国钢铁工业协会总体部署，确定方法论，持有注册商标，制定管理办法，印制宣传册，发布价格指数（图4-2）。

发改委、工信部、国资委
工作指导

中国钢铁工业协会
总体部署
方法论确定
商标持有

冶金价格分会
冶金工业信息中心
数据采集
指数合成
专家团队管理
信息员队伍管理

钢铁协会财务资产部
指数审核
指数发布
指数分析
指数上报

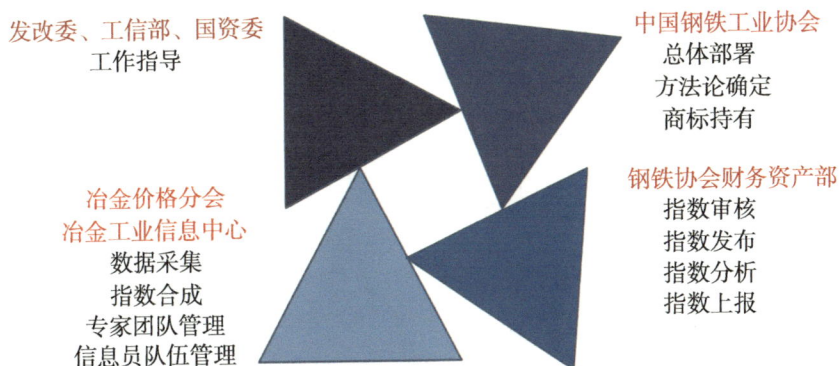

图 4-2　中国钢材价格指数（CSPI）监测组织保障

（一）建立信息员和专家队伍，制定管理办法，保证信息采集渠道畅通和数据准确

冶金工业信息中心和冶金价格分会，建立信息员队伍和专家团队。信息员是中国钢材价格指数监测工作的基石，各地信息员如何及时、客观、全面地报送钢材市场价格及变化情况，是这项工作能够生存发展的基础。信息员队伍建设是一项常抓不懈的基础工作。我们的采集点主要是直辖市和省会城市较大的钢材交易市场、各省较大的钢铁企业和钢贸企业，每个城市配备 2 名以上信息员。主要分布在钢铁企业、流通企业的销售、财务或信息部门，钢材市场的信息管理部门以及国内知名的钢铁网站。大部分信息员常年工作在营销一线，对钢材供需和价格非常了解，并有丰富的信息采集工作经验。信息员近 70 人，钢铁企业占 60%，流通企业占 25%，知名网站占 15%。通过邮件、微信、QQ、电话等多种形式报送信息，根据《中国钢材价格指数（CSPI）信息员工作管理办法》有关规定，钢协、信息中心和冶金价格分会，每年均评选价格指数监测工作先进单位和优秀信息员，予以表彰表扬。

制定管理办法是中国钢材价格指数监测工作正常运行的保障。针对信息报送存在的问题，如信息不及时，品种规格不完整，报送口径、产地不同比，信息员变动不及时告知或新老信息员工作衔接等诸多问题，在 2014 年管理办法的基础上，2017 年修改完善《CSPI 中国钢材价格指数信息员工作管理办法》，在征求大家意见后，2018 年以钢铁协会文件形式发布到各企业和信息员手中，2019 年 1 月起执行。此办法规定了信息员的权利义务、工作标准以及考评办法，规定了报送格式，使价格信息报送工作更加规范，有章可循。也使更多的企业今后能够合理合规地报送钢材价格（图 4-3）。

▮▮ 内部控制流程

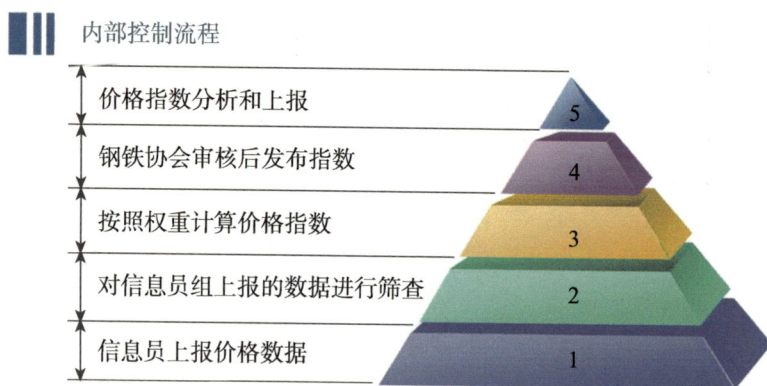

图 4-3　中国钢材价格指数（CSPI）内部控制流程

专家团队是中国钢材价格指数监测工作提升价值的重要保证。通过组织钢铁企业营销部门或财务部门主管价格的领导、钢铁知名网站的领导、钢铁下游用户代表，以及对钢铁价格有研究的专家，组建专家团队，人员约 30 名，对信息员报送价格过高或过低进行修正，使其更加客观准确；对近期价格的走势进行评估和研判；对中远期价格的走势及影响进行深入探讨和预测，建立预警机制，帮助企业和政府有关部门更好地深化供给侧结构性改革，加强行业自律，引导钢铁产品价格，保持行业运行平稳；对价格出现异动，分析其原因，并及时与钢铁协会沟通信息，为钢材价格的平稳运行，建言献策。

（二）建立了稳定的发布渠道和日趋完善的发布形式

中国钢材价格指数（CSPI）按周编制及发布（不含节假日、公休日），通过官方微信、手机短信、电子邮件等方式发布，在新华网、搜狐财经、新浪财经和《中国冶金报》《冶金经济内参》、中国钢铁新闻网等主流媒体，中国价格协会大数据中心，以及钢铁协会、冶金工业信息中心官网发布。

（三）钢材价格指数的月度分析，在行业中的影响与日俱增

中国钢材价格指数的月度分析报告，每月对总体、长板材、分品种、分时间、分地区的价格及指数进行评述，从产量、进出口、库存、下游消费、原料采购到企业效益，从不同角度剖析影响钢材价格变动的因素，再与国际市场相关联，进行国内外两个市场的比较分析，科学判断后期价格走向，在钢铁协会官网上刊登后，保持了近 3 万的高点击率。

中国钢材价格指数的月度分析报告，每月定期上报国家发改委、工信部、国资委、财政部等相关政府机构，作为国家掌握钢铁行业经济运行情况和制定宏观政策

的重要依据。

中国钢材价格指数的月度分析报告在《中国冶金报》《世界金属导报》《冶金管理》《中国钢铁业》"我的钢铁网""中国联合钢铁网""钢之家"等行业知名报刊和网站竞相登载，搜狐财经、网易财经、新浪财经、中国证券报、华尔街见闻等国内外知名媒体摘编引用，在行业内外的影响力与日俱增。

四、CSPI 中国钢材价格指数编制方法

（一）基本结构

中国钢材价格指数（CSPI）：由一个综合价格指数和长材价格指数、板材价格指数两个分项指数组成，包括六个区域价格指数（华北地区、东北地区、华东地区、中南地区、西南地区和西北地区）和八个主要钢材品种（线材、钢筋、角钢、中厚板、热轧卷板、冷轧薄板、镀锌板和热轧无缝管）的价格和指数，以及西部（陕晋川甘论坛）螺纹钢价格指数。在此基础上，还有六个分地区指数以及八个主要钢材品种的价格及指数（图 4-4）。

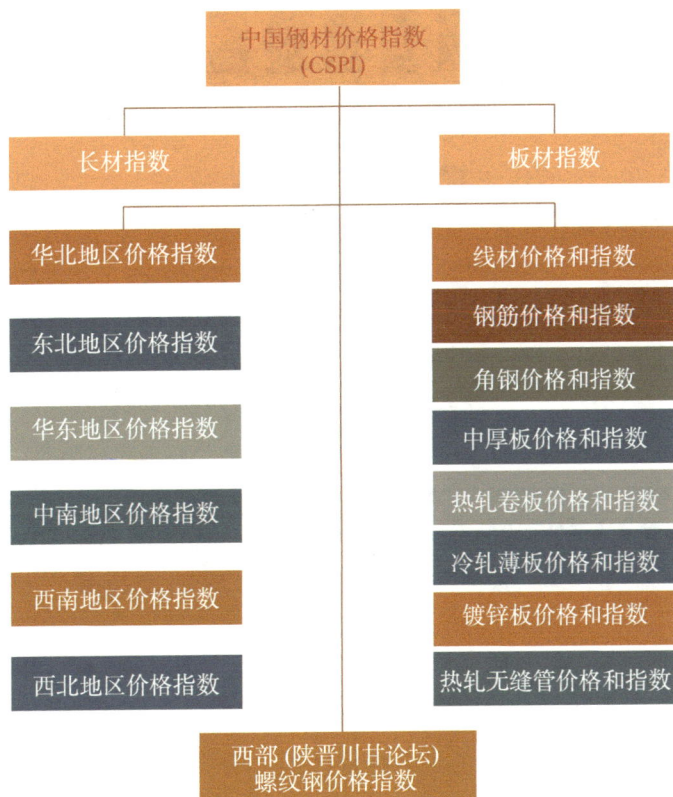

图 4-4 中国钢材价格指数（CSPI）结构图

1. 按品种划分

综合价格指数：纳入计算品种包括：高线、螺纹钢、45#优碳圆钢、H 型钢、角钢、中厚板、热轧薄板、热轧卷板、冷轧薄板、镀锌板和热轧窄带、焊接钢管和无缝管共计 13 个品种（图 4-5）。

长材指数：纳入计算品种有高线、螺纹钢、45#优碳圆钢、H 型钢和角钢等 5 个品种。

板材指数：纳入计算品种有中厚板、热轧薄板、热轧卷板、冷轧薄板、镀锌板和热轧窄带钢等 6 个品种（图 4-6）。

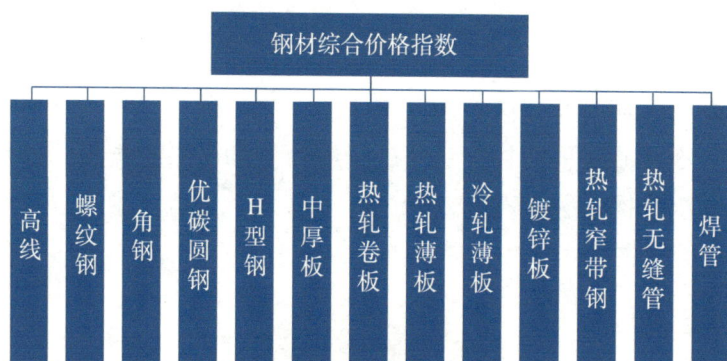

图 4-5　钢材综合价格指数（CSPI）结构图

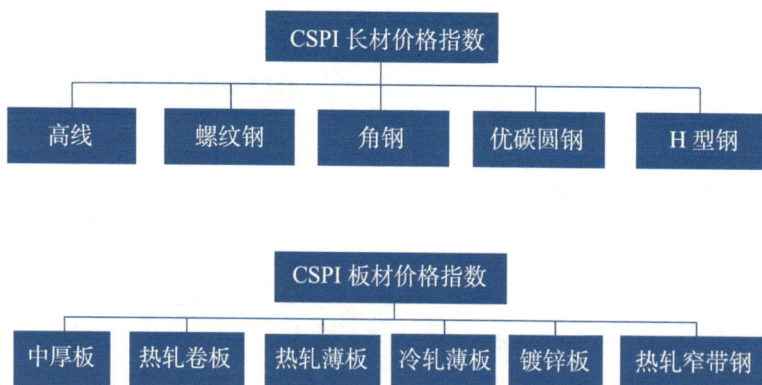

图 4-6　长材、板材价格指数（CSPI）结构图

2. 按地区划分

根据我国钢材消费分布情况,兼顾各行政区域的平衡,中国钢材价格指数(CSPI)基础数据涵盖全国 26 个中心市场。从行政区域上分为东北、华北、华东、中南、西北、西南六大区价格指数。各区域又下分五大品种的价格及指数（图 4-7）。

图 4-7　中国钢材地区价格指数（CSPI）结构图

（二）基础数据

根据我国钢材消费分布情况，兼顾各行政区域的平衡，中国钢材价格指数（CSPI）基础数据涵盖全国 26 个中心市场、13 个代表品种。

1. 采集区域

数据采集范围涵盖全国六大区域、26 个钢材市场。华北地区：北京、天津、石家庄、唐山、太原；东北地区：沈阳、长春、哈尔滨；华东地区：上海、南京、杭州、济南、南昌、合肥、厦门；中南地区：郑州、武汉、长沙、广州、南宁；西南地区：成都、重庆、贵阳、昆明；西北地区：西安、兰州（表 4-1）。

2. 代表品种

样本数据包括 13 个品种规格。

3. 样本标准

价格种类：重点市场主流产品价格、主流钢厂成交价格。

计量单位：元/吨（除螺纹钢为检尺的理论重量计量，其余均为过磅的实际重量计量）。

执行标准：产品的尺寸、外形、重量及允许偏差按照国家标准规定；产品的化学成分及允许偏差、表面质量、力学性能及工艺性能按照国家标准规定。

产品交货状态、包装、标志和质量证明按照国家标准规定（表 4-2 和表 4-3）。

表 4-1　中国钢材地区价格指数（CSPI）采集范围

序号	地区	中心市场
1	华北地区	北京、天津、石家庄、唐山、太原
2	东北地区	沈阳、长春、哈尔滨
3	华东地区	上海、南京、杭州、济南、南昌、合肥、厦门
4	中南地区	郑州、武汉、长沙、广州、南宁
5	西南地区	成都、重庆、贵阳、昆明
6	西北地区	西安、兰州

表 4-2　中国钢材地区价格指数（CSPI）采集代表品种及规格

样本品种	样本材质	样本规格(mm)
高线	HPB300	6.5
钢筋	HRB400	16
角钢	Q235	5#
优碳圆钢	45#	40
H 型钢	Q235	400×200
中厚板	Q235	20
热轧卷板	Q235	3
热轧薄板	Q235	1.5
冷轧薄板	SPCC/DC01	1
镀锌板	SGCC/DX51D	0.5
热轧窄带钢	Q195-Q235	2.75×235
热轧无缝管	20#	219×10
焊管	Q195-Q235	3″

表 4-3　中国钢材地区价格指数（CSPI）采集品种执行标准

样本品种	样本材质	执行标准
高线	HPB300	GB/T 701—2008
钢筋	HRB400	GB 1499.2—2018，GB/T 1499.2—2018
角钢	Q235	GB/T 706—2016
优碳圆钢	45#	GB 699—2015
H 型钢	Q235	GB/T 11263—2017
中厚板	Q235	GB 700—2015
热轧卷板	Q235	GB/T 25053—2010
热轧薄板	Q235	GB/T 912—2008
冷轧薄板	SPCC/DC01	GB/T 5213—2019
镀锌板	SGCC/DX51D	GB/T 2518—2019
热轧窄带钢	Q195-Q235	GB/T 3524—2015
热轧无缝管	20#	GB/T 8162—2018
焊管	Q195-Q235	GB/T 3091—2015

（三）指数基期

采用定基价格指数方法，优势是统观价格变动趋势和规律。以 1994 年 4 月份全国主要市场钢材平均价格为 100 点，作为基期，以后各期全国钢材平均价格与之进行对比后，依次计算综合指数、分地区指数和八大品种价格及指数。基数起点（1994年）与钢铁协会目前公布的中国铁矿石价格指数（CIOPI）及英国商品研究所公布的 CRU 国际钢材价格指数一致。

（四）计算方法

1. 权重系数

钢材综合价格根据参与计算的 13 个代表品种所对应的各大类产品产量占全国总产量的比重，作为该品种的权重系数。按照上年度的实际产量，每年 2 月调整一次权重系数。

2. 计算方法

（1）各钢材品种平均价格：每个品种、全国 26 个市场价格的算术平均值。

$$P_{线材}=Avg（P_{北京}+P_{天津}+P_{石家庄}+P_{上海}+...+P_{26}）$$

$$P_{钢筋}=Avg（P_{北京}+P_{天津}+P_{石家庄}+P_{上海}+...+P_{26}）$$

$$P_{角钢}=Avg（P_{北京}+P_{天津}+P_{石家庄}+P_{上海}+...+P_{26}）$$

......

（2）平均钢材综合价格和长板材价格：由各钢材品种价格加权计算得出。

$$P_{综合价格}=P_{线材}×q_{线材}+P_{钢筋}×q_{钢筋}+P_{角钢}×q_{角钢}+...+P_{13}×q_{13}$$

$$P_{长材价格}=P_{线材}×q_{线材}+P_{钢筋}×q_{钢筋}+P_{角钢}×q_{角钢}+...+P_5×q_5$$

$$P_{板材价格}=P_{中厚板}×q_{中厚板}+P_{热轧卷板}×q_{热轧卷板}+...+P_6×q_6$$

（五）指数编制

当期全国平均钢材价格对比 1994 年 4 月价格得出综合钢材价格指数；当期全国平均长材价格对比 1994 年 4 月长材价格得出长材价格指数（长材采集样本包括高线、钢筋（螺纹钢）、角钢、H 型钢和优碳圆钢）；当期全国平均板材价格对比 1994 年 4 月板材价格得出板材价格指数（板材采集样本包括中厚板、热轧卷板、热轧薄板、冷轧薄板、镀锌板、热轧窄带钢）。地区指数与综合指数计算方法相同。

五、CSPI 中国钢材价格指数应用及作用

中国钢铁工业协会：中国钢材价格指数（CSPI）是中国钢铁工业协会组织建立

的，作为民间社团组织，所发布的中国钢材价格指数（CSPI）能独立、客观、公正地反映中国钢材市场价格，起到了促进产业链健康发展和建立稳定可预测的市场预期、发挥维护市场平稳运行的稳定器作用，有力地维护了行业利益和国家产业安全，得到了国家有关部委和社会各界普遍认可。开展此项工作有以下几点优势：

一是政治上可靠。中国钢铁工业协会是国资委的直管协会，党建工作受国资委领导，在政治上可靠，可以保证行业信息的安全性。

二是专业能力强。中国钢铁工业协会是 20 世纪 90 年代国家机构改革撤销冶金工业部和国家冶金工业局期间成立的全国性行业社团组织，承担了原冶金部、冶金局涉及钢铁行业的主要业务工作，其工作人员主要来源于原冶金部机关和所属企事业单位，具有钢铁行业方面的专业知识储备。

三是监测预警体系完整。中国钢铁工业协会拥有覆盖钢铁行业全流程的专业研究人员和相关软硬件配套设施，并建立有监测体系保障制度，对完成此项目起到稳定的支撑作用。

四是不以营利为目的。中国钢铁工业协会为社会提供及时、准确的钢材价格数据不以营利为目的，具备客观、公正的优势。

五是起步早，并在时间上具有连续性。

政府相关部门：国家发改委、工信部、财政部、商务部、国资委采纳了 CSPI 中国钢材价格指数作为分析预测钢材市场变化趋势的重要指标，为制定产业政策提供数据支撑。多年来国家发改委、工信部每月发布钢铁行业运行情况，采用钢材综合价格指数和分品种价格指数的变化趋势，作为评判行业是否平稳正常运行的一项重要指标。

2018 年 9 月 22 日，在法国巴黎召开的全球钢铁产能过剩部长级会上，中国商务部发言称，中国去产能付出了巨大代价，取得了显著成效，为世界钢铁业复苏做出重大贡献。其中"钢材市场供需改善，价格合理回归"中，采用了"CSPI 钢材综合价格指数"作为评判标准。

钢铁企业：河钢集团、鞍钢、首钢、包钢、水钢、长治、通钢、新余等不少大中型钢铁企业把该指数作为单位绩效考核的一项指标，许多钢铁企业把该指数作为制定出厂价格的参考依据。

钢铁企业评价：中钢协发布的 CSPI 钢材价格指数很权威，数据来源广泛，与机构或网站相比，既有钢贸商报价，又有钢铁企业信息员的价格数据，数据来源于市场，更注重市场价格和企业价格的相互验证，所以中钢协 CSPI 钢材价格指数已经越来越广泛地用于钢厂的销售业务考核工作，钢厂的销售业务考核的标准是要跑赢市场，又要跑赢大盘，CSPI 钢材价格指数作为钢材市场价格涨落的标杆之一。相比机构或网站价格，CSPI 钢材价格指数比较平稳，不经常出现大起大落，没有自我利益方，可以引领市场走势；可以作为企业制定销售价格的衡量尺度。

钢贸企业：南京、重庆、云南、贵州等地的贸易企业与上游钢厂或下游用户以 CSPI 地区价格作为结算的依据。

钢贸企业评价：我们一直在关注中钢协 CSPI 钢材价格指数，并且一部分建筑钢材用 CSPI 作为结算，感觉比较平稳、比较客观，与市场吻合，有权威性。

下游用户评价：中石油物资采购中心每年采购钢材体量大，要求不断加强采购的信息化和标准化，中石油与中钢协等部门进行深度合作，为中石油用钢材价格资讯的获取提供了可靠、可信的数据和分析。质量、价格和服务是衡量企业物资采购能力和水平的三个核心要素，其中价格管理又是效益的体现，中钢协 CSPI 钢材价格指数已成为用户衡量采购价格的标准之一。

总体评价：钢价指数的影响力在不断加强。政府有关部门和企业对中国钢材价格指数的评价是基本反映了钢材价格水平和变化趋势。

六、CSPI 中国钢材价格指数变化趋势

（一）CSPI 钢材综合价格指数

2001-2021 年，震荡波动，总体向上的走势。有两个高点是，2008 年 7 月第二周和 2021 年 5 月第二周，分别为 162.26 点和 174.81 点；一个低点在 2005 年 12 月第三周 54.48 点，二十年价格震荡波动 2.2 倍。

从时间段看：

2001-2005 年，"十五"期间我国经济保持了快速增长的态势，同时加入 WTO，受需求增加和原燃材料价格上涨以及国际市场影响，国内钢材价格呈现"平稳、上升、下降"三个阶段。综合价格指数 2005 年末比 2001 年初上涨 47.5%。

2006-2010 年，国内钢材价格呈现"加速上涨、断崖下降、稳步回升"三个阶段。中国经济进入高速发展阶段，钢铁行业为了满足国民经济发展的需要也进入了扩张期。钢铁产量、产能以及固定资产、房地产投资大幅度增长，同时世界经济持续复苏，致使 2006-2008 年钢材价格快速上涨，至 2008 年 7 月出现峰顶；2008 年四季度美国次贷危机引发全球经济危机，钢铁需求及产量双减，钢材价格呈现断崖式下降。2009 年我国政府投资四万亿刺激经济快速回升，钢材价格从低谷中稳步回升。综合价格指数 2010 年末比 2005 年初基本平稳。

2011-2015 年，国内钢材价格以下降为主。2011 年以后我国经济进入转型期，

逐步退出宽松的货币政策，对经济的拉动力量由投资逐步转向投资和消费，更侧重结构调整和创新驱动。"十二五"期间，我国的国民生产总值、固定资产投资、房地产投资和工业增加值的增速均呈下降趋势。前期钢铁行业的产能扩张，造成市场供大于求，竞争激烈，行业亏损。综合价格指数 2015 年末比 2011 年初下降 56.1%（图4-8）。

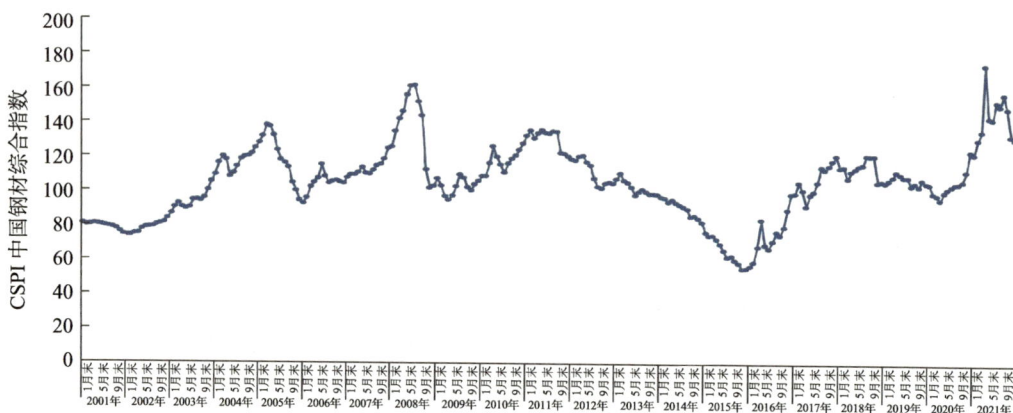

图 4-8   2001-2021 年 CSPI 中国钢材综合指数走势

数据来源：中国钢铁工业协会

2016-2021 年，国内钢材价格以震荡上升为主，呈现"上涨、下降、再升、再降"M 形四个阶段。2016 年国务院提出供给侧结构性改革，一系列配套政策逐步落实。钢铁行业去产能，控产量，取缔"地条钢"，大力加强环保治理和质量检查，使市场供大于求的矛盾有所改善，市场环境有所净化，钢材价格向合理有序回归的意愿强烈。2020 年初新冠疫情暴发，防控加严，物流受阻，钢铁产需双降，出口受限，钢材价格下跌。2021 年上半年，国内外疫情好转，钢材市场产需两旺，在原燃料大幅上涨的推动下，钢材价格直线上涨，在 5 月第二周创下历史新高；下半年钢铁需求减弱，"双碳"政策力度不断加大，钢材价格冲高回落。综合价格指数 2021 年末比2016 年初上涨 133.5%。

从年度均值看：最高年份 2021 年为 142.03 点，次高 2008 年为 136.66 点，第三 2011 年为 131.07 点。主要原因：2021 年是全球通胀，大宗商品流入性上涨推动钢价上涨；2008 年国内外经济快速增长，需求处于高峰期，拉动价格到高位；2011年进口铁矿石等原料大幅度上涨推动钢价上涨。最低年份 2015 年为 66.38 点，次低2016 年为 75.37 点。主要原因：钢材产量增速远大于钢材消费增速，钢材市场供大于求矛盾突出，市场竞争无序，价格跌至谷底（图 4-9）。

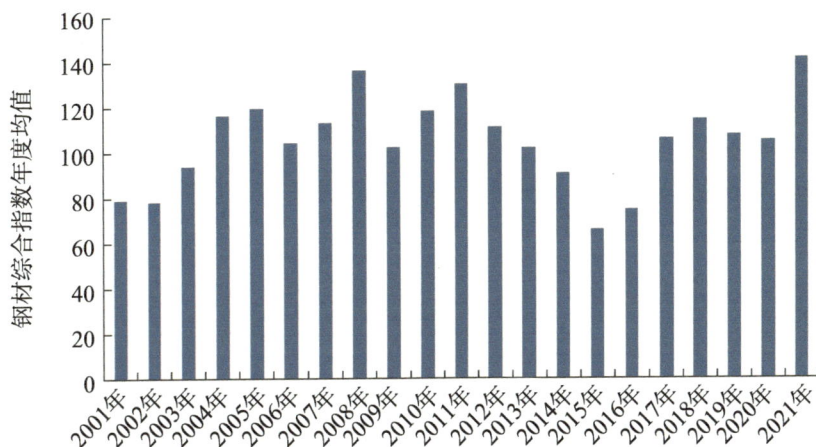

图4-9　2001-2021年钢材综合指数年度均值变化情况

数据来源：中国钢铁工业协会

（二）CSPI长材和板材价格指数

2001-2021年，长材和板材走势与钢材综合价格走势基本一致，呈现震荡波动，总体向上的走势。20年来，我国重视基础设施建设和房地产投资，长材价格走势大部分时间内好于板材。长材指数有两个高点是，2008年7月第三周和2021年5月第二周，分别为165.28点和179.56点；一个低点在2015年12月第三周55.13点，二十年价格震荡波动2.26倍。板材指数有两个高点是，2008年7月第三周和2021年5月第二周，分别为161.99和175.05点；一个低点在2015年12月第二周53.96点，二十年价格震荡波动2.24倍。

2007年以前，板材价格指数高于长材，一部分板材属于国家重点开发的高附加值产品，市场处于供需略紧状态。2007年后，随着我国板材投资建设步伐加快，品种结构不断调整，板管比提升，板材供需略紧状态得到改善。另外，2009年以后，国家四万亿投资政策，拉动固定资产投资，房地产投资，且房地产多年持续增长，拉动了长材市场需求；2020年国家针对疫情出台许多助企疏困措施，新基建和传统基建共同发力。所以，2010-2021年长材走势略好于板材（图4-10）。

从年度均值看：长材最高年份2021年为145.91点，次高2008年为138.93点，第三2011年为137.64点。最低年份2015年为67.05点，次低2016年为74.61点。高低波动为117.6%。板材最高年份2021年为141.4点，次高2008年为136.6点，第三2011年为127.17点。最低年份2015年为66.37点，次低2016年为78.13点。高低波动为113%（图4-11和图4-12）。

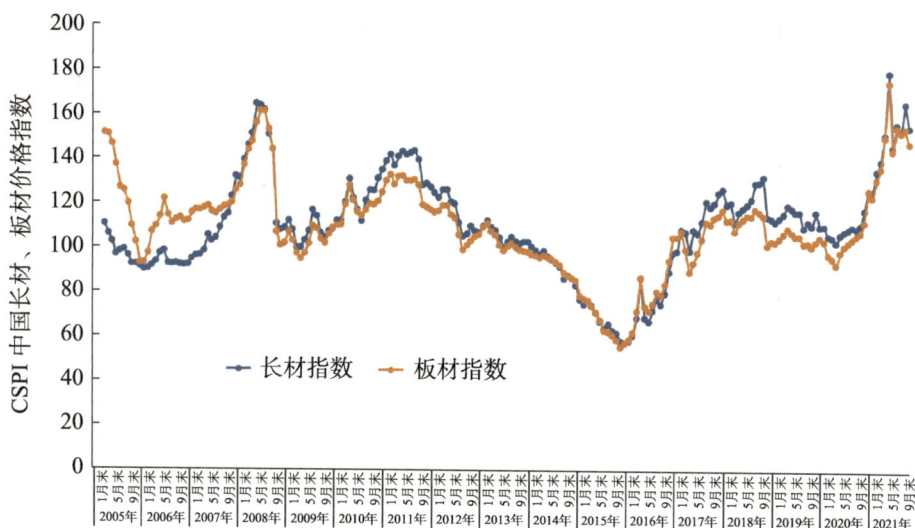

图 4-10 2005-2021 年 CSPI 中国长材、板材价格指数走势

数据来源：中国钢铁工业协会

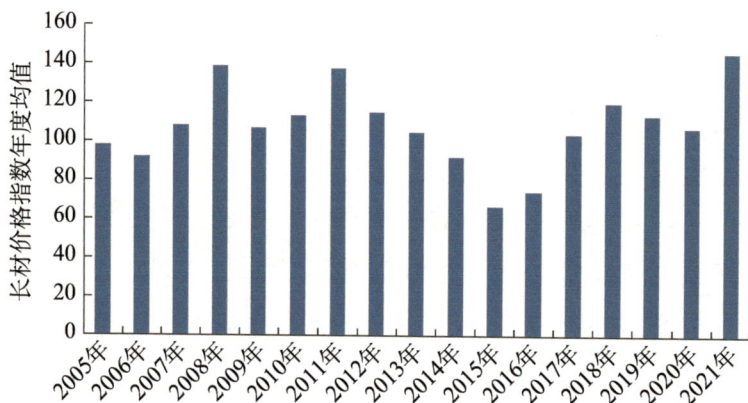

图 4-11 2005-2021 年长材价格指数年度均值变化情况

数据来源：中国钢铁工业协会

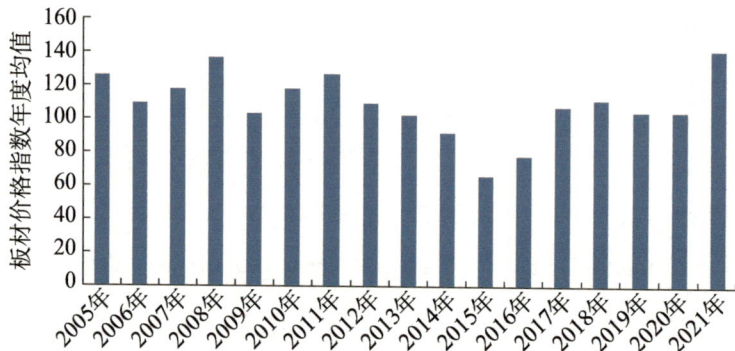

图 4-12 2005-2021 年板材价格指数年度均值变化情况

数据来源：中国钢铁工业协会

第二节　铁矿石价格指数（CIOPI）

铁矿石是钢铁生产的主要原料。随着我国钢铁产量迅速增加，进口铁矿石需求也大幅增长，钢铁行业对进口铁矿石依存度不断上升。而进口铁矿石价格形成机制基本上是局限于普氏指数等几家境外机构。为了更全面、真实地反映中国铁矿石市场，维护公平竞争的市场秩序，促进多元化定价机制的形成，实现市场参与者多方共赢，中国铁矿石价格指数（China Iron Ore Price Index，CIOPI）应运而生。

一、CIOPI 中国铁矿石价格指数建设的历史背景

虽然我国是世界上最大的铁矿石进口国，但在铁矿石价格形成机制的确立明显滞后于钢铁行业的发展，也落后于其他国际机构。进口铁矿石价格没有真实、全面地反映实际市场情况，不仅给中国钢铁企业造成了沉重的成本负担，严重损害了钢铁行业的健康发展，而且对产业安全带来严重威胁。因此，建立中国自己的铁矿石价格监测系统具有十分重要的紧迫性和必要性。

（一）铁矿石价格大幅上涨对中国钢铁行业造成巨大减利影响

由于国内铁矿资源的开发远不能满足国内需求，我国对进口铁矿石资源高度依存，截至 2021 年依存度超 80%，铁矿石进口量占全球贸易量的 70% 左右。自从 2009 年国际铁矿石价格长协谈判机制停摆以后，国际市场绝大部分的铁矿石交易以普氏指数（Platts）为定价基础，而普氏指数（Platts）又以三大矿招标价为依据。因为采样方式不公开、编制方式不透明，普氏指数受到国际钢铁行业的广泛质疑。

自 2003 年我国成为世界上最大的铁矿石进口国后，铁矿石进口价格开始大幅波动，2004 年国际铁矿石协定价格上涨 18.6%，2005 年上涨 71.5%，2006 年上涨 19%，2007 年上涨 9.5%，2008 年粉矿上涨 79.88%、块矿上涨 96.5%。2009 年铁矿石长协机制结束后，铁矿石价格开始更大幅度地上涨。2011 年，我国进口铁矿石平均价格达到 163.8 美元/吨的历史最高水平，比 2009 年的 79.87 美元/吨上涨了 83.93 美元/吨，涨幅高达 105.1%。2009-2011 年，进口铁矿石价格上涨，使中国钢铁行业增加成本 564.8 亿美元。2011 年我国钢材综合价格指数年平均为 131.07 点，比 2009 年仅上涨 27.98 点，涨幅仅为 27.1%，钢价涨幅远低于矿价涨幅。进口铁矿石价格的强劲上涨，使钢铁企业生产成本大幅上升，给钢铁企业带来巨大的减利影响。

进口铁矿石价格大幅波动，由 2007 年的 88.22 美元/吨升至 2011 年的 163.84 美元/吨，价格上升了 75.62 美元/吨。从同期中国钢铁工业协会会员钢铁企业的实现利润情况看，2007 年实现利润高达 1455 亿元，到 2011 年降至 858 亿元，利润下降了 597 亿元。自 2012 年起，虽然进口铁矿石价格有所下降，但与钢材价格相比总是先涨后跌，且涨幅大于钢价涨幅、降幅小于钢价降幅，造成钢铁企业实现利润大幅下降。

目前，国际铁矿石供应日益集中于澳大利亚的力拓、必和必拓、FMG 和巴西的淡水河谷等四家企业，使我国钢铁产业的发展严重受制于国际铁矿石巨头，对我国的产业安全乃至整个国家的经济发展带来严重影响。自 2011 年以来，钢材价格总体上呈现持续下行走势。即使钢价长时间处于低位，但只要钢材价格稍有上涨，进口铁矿石便立即跟涨，且涨幅远远高于钢材价格。钢材价格与进口铁矿石价格涨跌不同步，吞噬了钢铁企业日益微薄的利润，使钢铁企业采购进口铁矿石成为高风险的经济活动，许多企业就是因为没有"踩准点"而陷入亏损。

（二）中国对进口铁矿石依存度不断上升

中国粗钢产量从 1996 年的 1 亿吨到 2015 年的 8 亿吨，20 年间翻了将近 8 倍，不仅为国民经济的快速发展作出了重大贡献，而且为世界经济的繁荣和发展起到了积极的促进作用。我国 90%以上的钢铁产能是长流程工序，对铁矿石资源的刚性需求强劲，特别是宝钢等企业的建立，进一步加大了矿石需求。但由于我国国产铁矿石品位低、开采难度大、产量增长缓慢，远远不能满足国内钢铁生产需要。以铁矿石价格放开的 1994 年为例，当年我国进口铁矿石只有 0.37 亿吨，而到 2011 年建立 CIOPI 中国铁矿石价格指数监测系统时，进口铁矿石已经增加到 6.86 亿吨，增长了 17.4 倍，占全球铁矿石贸易总量比重超过 60%，到 2021 年进口量达到 11.2 亿吨，中国进口铁矿石占全球贸易量的比重达 70%以上，中国对进口铁矿石的依存度超过 80%。

（三）中国在国际铁矿石市场的价格话语权严重缺失

虽然我国早在 2003 年就成为世界上最大的铁矿石进口国，但在国际铁矿石价格形成机制中却没有获得与之相称的话语权地位，基本上被排除在定价机制以外。造成这种情况的主要原因，就是供给侧和需求侧产业集中度的悬殊差距。相对于中国钢铁企业偏低的集中度，国际铁矿石供应商高度集中，使卖方对市场的控制力要远远大于买方，进而对价格的影响力也更大。国外矿山基于对中国经济保持快速发展、钢铁需求拉动铁矿石需求保持增长、进口渠道相对单一的判断，因而坚持铁矿石价格逐年上涨。长协谈判中仅有 2007 年取得首发定价权。自 2010 年起，淡水河谷、力拓及必和必拓三大矿山开始单方面采用挂钩现货市场的短期价格合约，境外机构编制的价格指数逐渐成为定价依据，取代了沿用多年的长协年度定价体系，供需双方的价格协商机制退出历史舞台。

（四）现有境外指数存在的问题

现行的境外指数定价体系存在着编制过程全无透明、"暗箱操作"不公开，小样本决定大市场价格、不能及时反映市场变化，贸易矿决定协议矿价格、单一品种决定其他品种价格、关键节点与市场走势相背离等问题，不能真实、客观、及时地反映中国铁矿石市场的供求关系和价格变化。

为了更公平、更及时、更全面、更真实地反映中国进口铁矿石和国产铁矿石的交易价格，应广大企业的要求，经过中国钢铁工业协会会长办公会研究决定，在国家有关部委的支持和指导下，经广泛征求行业内外专家意见，中国钢铁工业协会联合中国五矿化工进出口商会、中国冶金矿山企业协会、冶金工业信息中心等单位，2011 年初建立了 CIOPI 中国铁矿石价格指数监测系统，并于 2011 年 10 月开始向社会公开发布 CIOPI 中国铁矿石价格指数。

二、CIOPI 中国铁矿石价格指数的特点

为了能真实、客观和科学地反映铁矿石价格变化情况，钢铁协会联合五矿商会和矿山协会等单位从 2011 年初就开始对铁矿石价格指数的编制方案反复研究，并多次征求企业意见，逐步完善了 CIOPI 中国铁矿石价格指数编制方案。方法论经多方论证，已于 2015 年向社会公开发布。

（一）CIOPI 的基本结构及特点

与普氏指数（Platts）等境外指数只反映中国北方某一港口交易价格情况形成对照的是，CIOPI 中国铁矿石价格指数在结构设计、数据采集、编制方法、发布方式上都各有不同的特点。

1. 兼顾国内、进口两个市场

为更全面地反映铁矿石市场价格变化，CIOPI 中国铁矿石价格指数下设"国产铁矿石价格指数"和"进口铁矿石价格指数"两个大类指数。其中：国产铁矿石价格指数由标准化为 62% 品位的国产铁矿石价格（人民币干基出厂含税价）计算得出；进口铁矿石价格指数由标准化为 62% 品位的进口铁矿石价格计算得出。

每个分项指数的计算基础均以 1994 年 4 月份市场价格为 100 点，以后各期价格与之进行比较、计算后得出分项价格指数；在计算"国产铁矿石价格指数"和"进口铁矿石价格指数"的基础上，以当年的铁矿石表观消费量为权重系数，综合计算出 CIOPI 中国铁矿石价格指数；CIOPI 中国铁矿石价格指数的基数选择与钢铁协会目前公布的 CSPI 中国钢材价格指数及英国商品研究所公布的 CRU 国际钢材价格指数一致。

2. 基础数据采集面广、代表性强

国产铁矿石价格基础数据：通过中国冶金矿山企业协会的国产铁矿石价格信息系统进行采集。根据国产铁矿石产量分布情况，兼顾各行政区域的平衡，在全国范围选择 14 个省区市、32 个矿山区域的国产铁精矿市场成交含税价格作为计算国内铁矿石价格指数的数据基础。2015 年，所选区域铁矿石产量超过全国产量的 90%，具有超强的代表性。

进口铁矿石价格基础数据：一是通过钢铁协会建立的进口铁矿石合同备案直报系统按日收集的企业直接进口铁矿石合同价格数据，以及进口铁矿石现货贸易合同价格数据。该系统内钢铁协会和五矿商会会员单位对外签订的进口铁矿石合同接近全国进口量的 70%，具有较强代表性；二是通过市场报价系统收集铁矿石价格指数专家组及信息员每个工作日对直接进口铁矿石和现货贸易的评估价格数据。同时，考虑大连商品交易所铁矿石主力合约当日收盘价格、北京国际矿业权交易所铁矿石现货平台当日报盘成交合同价格，以及新加坡 Global Ore 现货交易平台当日成交合同价格变化情况。

3. 基础价格数据同质可比，科学可信

根据工信部铁矿石产品等级划分行业标准，国产铁精矿参照普通精矿，进口矿参照粉矿。

国产铁矿石价格指数：按上述 14 个省区市、32 个矿山区域的国产铁精矿干基市场含税价格，统一换算为 62% 品位、干基含税标准价格；再加权计算全国铁矿石平均价格；全国加权平均价格指数以 1994 年 4 月价格为 100 点，计算国产铁矿石价格指数（表 4-4）。

进口铁矿石价格指数：先将各港口进口铁矿石合同中的粉矿干基含税到岸价格统一换算为 62% 品位、干基含税价格；再按实际合同量加权计算进口铁矿石平均价格，最后以 1994 年 4 月进口铁矿石美元价格为 100 点，计算进口铁矿石价格指数（表 4-5）。

表 4-4　62%品位国产铁矿石样本标准

项目	标准	取样区间
含铁量	62%	选择区间 60%-67%
湿度	8%	选择区间 6%-10%
二氧化硅	5%	选择区间 4%-6%
二氧化铝	0.75%	选择区间 0.3%-1.2%
磷	不高于 0.03%	—
硫	不高于 0.05%	—
酸碱性	酸性为标准	将碱性纳入搜集范围，并按市场价差折算为酸性
粒度	—	70%以上的粒度在 0.074mm 以内
数量	—	每宗交易合同量不小于 1000 吨
付款方式	100%现金付款	其他方式付款交易标准化为现金交易
估价单位	人民币/元	含 17%的增值税

表 4-5　62%品位进口铁矿石样本标准

项目	标准	取样区间
含铁量	62%	选择区间 60%-63.5%
湿度	8.0%	—
二氧化硅	4.5%	—
二氧化铝	2.00%	—
磷	不高于 0.075%	—
硫	不高于 0.02%	—
酸碱性	酸性为标准	将碱性纳入搜集范围，并按市场价差折算为酸性
粒度	—	90%以上的粒度在 10mm 以内
数量	—	每宗交易合同量不小于 3.5 万吨
付款方式	100%现金付款	其他方式付款交易标准化为现金交易
估价单位	美元/吨	不含 17%的增值税

（二）CIOPI 的编制方案日趋完善

1. 编制方法坚持科学、透明

考虑国内与国外矿品位的相匹配，国产铁精矿和进口铁矿石价格均折算为含铁品位 62%粉矿价格。国产铁矿石按各省（区/市）上年铁矿石产量占所选区域产量合计的比重作为权重系数（每年根据上年产量变化进行调整）；进口铁矿石以钢铁协会和五矿商会会员企业对外签订的进口矿合同中的实际数量作为权重系数。在计算"国产铁矿石价格指数"和"进口铁矿石价格指数"的基础上，按上年进口矿和国产矿占国内生铁产量的权重，加权平均算出"中国铁矿石价格指数"。

$$CIOPI=P_1×q（1-进口矿\%）+P_2×q（进口矿\%）$$

式中　P_1——国产铁矿石价格指数；

　　　P_2——进口铁矿石价格指数。

国产铁矿石价格指数计算模型：按 14 个省区市、32 个矿山区域的国产铁精矿干基市场含税价格，统一换算为 62% 品位、干基含税标准价格；再加权计算全国铁矿石平均价格；全国加权平均价格指数以 1994 年 4 月价格为 100 点，计算国产铁矿石价格指数：

$$P_{62\%（国产）}=P_{河北}×q_{河北}+P_{辽宁}×q_{辽宁}+P_{四川}×q_{四川}+\cdots+P_n×q_n$$

$$P_{河北}=Avg（P_{迁安}+P_{迁西}+\cdots）$$

$$P_{辽宁}=Avg（P_1+P_2+\cdots）$$

$$\cdots\cdots$$

式中　P——样本干基粉矿标准价格；

　　　q——样本权重系数（根据各省区市上年度铁矿石产量占所选全部区域产量的
　　　　　比重作为各省区市的权重系数；每年 2 月按上年产量情况调整一次）。

$$CIOPI_{国产铁矿石价格指数}=P_{62\%（国产）}/P_{62\%（国产1994）}$$

进口铁矿石价格指数计算模型：62% 品位直接进口铁矿石到岸美元价格和进口铁矿石现货贸易人民币含税价格计算过程如下：

第一步，将所采用的合同统一标准化为 62% 品位的数据，筛选条件为：合同签订日期为当日，品位折算、S、P、Al 和 Si 等按标准折扣折算，扣除水分、杂质等；

第二步，对专家组和信息员组上报的估价数据进行处理；

第三步，按照一定的比例对各类数据进行计算得出当日的 62% 品位直接进口铁矿石到岸美元价格和进口铁矿石现货贸易人民币含税价格；

第四步，根据 62% 品位国产矿价格和 62% 品位直接进口铁矿石到岸美元价格分别计算各自的指数，然后根据各自的权重，综合计算得出中国铁矿石价格指数：

$$P_{62\%（进口）}=P_1×q_1+P_2×q_2+P_3×q_3+\cdots+P_n×q_n$$

式中　$P_{62\%}$——青岛港 62% 品位干基粉矿价格；

　　　P——样本干基粉矿标准价格；

　　　q——样本权重系数。

2. 经过业内反复论证并逐步完善

中国铁矿石价格指数的编制工作一直得到了国家发改委、国资委、商务部和工信部等政府部门的关心、指导和支持。2011 年 8 月，国家发改委价格司专门组织商务部、工信部等有关部委召开了"铁矿石价格指数编制工作协调会"，听取了中国铁矿石价格指数编制工作的情况汇报。国家发改委价格司领导传达了国务院领导关于建立中国铁矿石价格指数的批示精神，强调了编制中国铁矿石价格指数的重要意义，对指数编制工作提出了明确要求。中国铁矿石价格指数编制方案从 2011 年初开始研究，于 2011 年 5 月形成初稿；当年 6 月份，在钢铁协会机关和有关单位征求意见；当年 7 月，在北京召开了"铁矿石价格指数编制工作座谈会"，专门听取了钢铁企业、矿山企业、贸易企业和研究机构的意见；当年 7 月底，钢铁协会会长办公会议（钢铁协会最高议事机构）听取了"中国铁矿石价格指数"编制方案的情况汇报，编制方案获讨论通过；12 月初，国家发改委价格司会同钢铁协会，邀请有关部门和机构的专家在福建厦门召开了铁矿石价格指数座谈会，向国家发改委、商务部、工信部、国家统计局、国务院发展研究中心、中国社科院、中国人民大学等部委和学术机构的专家学者征求意见。与会专家高度评价了指数编制和发布工作，认为指数原始数据是真实可靠的，所选区域的代表性非常强；指数编制和发布的框架清晰，方法较为科学，实证结果较好，值得充分肯定；一致认为，中国铁矿石价格指数是一个具有很强代表性的好指数。

2015 年，《CIOPI 中国铁矿石价格指数编制方法》中英文双版在钢协网站、《中国冶金报》、CIOPI 官方微信上向全社会公开发布。

三、CIOPI 中国铁矿石价格指数监测和保障体系

建立 CIOPI 中国铁矿石价格指数的目的，是帮助铁矿石供需企业及时、准确、全面地把握铁矿石价格变化趋势，引导企业合理决策，维护铁矿石市场的平稳运行。

（一）建立了统一协调的组织机构

为加强对中国铁矿石价格指数工作的领导，保障有关工作顺利开展，2012 年 10 月，钢铁协会联合中国五矿化工进出口商会、中国冶金矿山企业协会、冶金工业信息中心等有关单位成立了"中国铁矿石价格指数"工作领导小组及办公室。中国铁矿石价格指数工作由"中国铁矿石价格指数编制领导小组"统一领导，并协调各方工作联系。

领导小组成员由钢铁协会、矿山协会、五矿商会和冶金工业信息中心等单位有关部门的主管领导担任，主要职责是统筹协调中国铁矿石价格指数的编制和发布工作，研究、审定《中国铁矿石价格指数编制方案》，研究决定中国铁矿石价格指数工作的重要事项；办公室成员包括上述单位从事此项工作的相关工作人员。主要工作职责包括及时收集、整理国内铁矿石价格和进口铁矿石数量及价格；按《中国铁矿石价格指数编制方案》计算中国铁矿石价格指数并按周印发；承担领导小组研究决

定的有关工作。

（二）建立了网络直报系统及信息员、专家队伍

为保障中国铁矿石价格指数的编制和发布工作顺利开展，钢铁协会组建了包括 79 家钢铁企业及贸易企业的铁矿石价格信息员队伍，包括 29 名成员的进口铁矿石专家组团队以及包括 40 名成员的国产矿专家队伍，专家组成员来自钢铁企业和贸易企业以及钢铁协会、五矿商会和矿山协会等行业专家。在征求各方意见的基础上，铁矿石价格指数领导小组印发了《中国铁矿石价格指数工作暂行管理办法》《进口铁矿石信息员管理办法》《国产铁矿石价格信息员管理办法》和《进口铁矿石价格指数专家组工作管理办法》等制度性文件，分别就铁矿石价格指数工作的管理机构、工作流程、职责分工、保密要求、工作保障与监督等内容提出了明确要求和工作规范，为铁矿石价格指数编制和发布工作的规范运行提供了制度保障。

（三）建立了稳定的发布渠道和日趋完善的发布形式

从发布内容看，除发布一个综合指数、两个分项指数（即中国铁矿石价格指数、国产铁矿石价格指数和进口铁矿石价格指数）外，还发布 62%、65% 品位的国产铁精矿人民币价格和 62%、58% 进口粉矿到岸美元价格（含吨度价格）及现货贸易人民币价格；收集块矿溢价数据及企业铁矿石港口库存和厂内库存量数据。

从发布时间看，CIOPI 中国铁矿石价格指数于每个工作日编制当日铁矿石价格指数，并于当日的 17 点 30 分前发布；每周的周报于下周一发布；每月的走势综述于次月 5 日前发布。

从发布范围看，除发给国家有关部委外，还向钢铁协会会员企业、五矿商会会员企业、矿山协会会员企业反馈，同时对国内外公开发布。

从发布渠道看，每天中国钢铁新闻网以及钢铁协会、五矿商会、矿山协会网站以及微信公众号上发布，每天通过手机短信、微信公众号等向国家部委、行业及企业有关人群推送；每天在《中国冶金报》上登载；每周发布铁矿石价格指数周报，在微信公众号上公布。

四、CIOPI 中国铁矿石价格指数的作用

自中国铁矿石价格指数（CIOPI）编制和发布以来，对促进铁矿石价格的合理回归、进一步完善全球铁矿石价格指数体系等发挥了重要作用，受到业界的广泛关注，逐步成为钢铁企业、贸易企业和矿山企业生产经营决策的重要依据，成为部分企业签订进口铁矿石现货贸易合同的价格依据，也成为国家有关部委了解铁矿石价格走

势、开展政策研究的重要参考。

（一）对规范全球铁矿石定价体系起到重要作用

铁矿石价格指数是铁矿石买卖双方参考的重要价格指标。此前，包括必和必拓、力拓和淡水河谷在内的全球铁矿石巨头都是参照普氏指数（Platts）定价。普氏价格指数由普氏能源资讯制定，与信用评级机构标准普尔同属于美国麦格希集团公司。在近二十年中，中国逐步成为全球最大的铁矿石消费国，但市场信息权和定价却一直旁落境外企业。CIOPI 中国铁矿石价格指数的推出，完善了全球铁矿石价格指数体系。同其他指数相比，具有以下特点：

从样本数量上看，CIOPI 占据明显的优势，其样本数量是普氏指数的两倍。

从发布时间上看，中国铁矿石价格指数实现按日发布，发布时间较普氏指数早半小时，在一定程度上影响了在其后发布的普氏指数；从 2016 年 5 月份开始，中国铁矿石价格指数每日发布 58% 品位的价格指数，开始为低品位矿的定价提供参考，自 2018 年 1 月起，中国铁矿石价格指数每日发布 65% 品位的价格指数，为高品位矿的定价提供参考。

从实际效果看，中国铁矿石价格指数（CIOPI）对促进铁矿石价格的合理回归、纠正境外指数的主观偏差、规范全球铁矿石定价体系发挥了重要作用。

（二）促进进口铁矿石价格合理回归

中国钢铁行业对进口铁矿石资源高度依赖，但由于定价权掌握在国外四大矿山和境外机构手中，导致铁矿石价格严重背离其应有的市场价值。大幅上涨的铁矿石价格不仅对中国钢铁企业造成沉重的负担，也对产业安全造成了严重威胁。1986 年我国钢铁行业对进口铁矿石的依存度只有 16%，2016 年升至 86%。

从运行效果看，CIOPI 中国铁矿石价格指数的发布对中国市场铁矿石价格变化产生了深远的影响，基本挤掉了大部分价格泡沫，极大地降低了钢铁生产成本。从实际效果看：

自 2011 年 10 月 CIOPI 正式发布后，进口铁矿石价格大幅回落，由 175.54 美元/吨，降至 2012 年 10 月的 104.90 美元/吨，累计下降 70.64 美元/吨，降幅为 67.34%。

自 2014 年 1 月 CIOPI 开始按日发布后，进口铁矿石价格又迎来第二波大幅下降走势，由 1 月的 130.7 美元/吨，一路下跌至 2016 年 2 月的 42.8 美元/吨，累计下跌 87.9 美元/吨，降幅达 67.25%。从 CSPI 钢价和 CIOPI 矿价指数走势看，矿价与钢价走势曲线呈接近态势，矿价虚高部分正被逐步挤出，向合理价位回归。

（三）得到社会各界的普遍关注和高度认可

CIOPI 中国铁矿石价格指数在设计和搭建过程中，广泛听取了行业内外的意见。指数正式运行后，不仅得到了国家部委的认可，也得到了绝大多数钢铁企业、矿山企业、贸易企业、研究机构的肯定。行业内外都认为，推出 CIOPI 中国铁矿石价格指数是非常必要和及时的，铁矿石价格指数的编制方案设计是科学、真实和客观的。"CIOPI 中国铁矿石价格指数对外发布"入选为 2011 年中国产经十件大事之一，被评为 2011 年中国矿业十大新闻之一。2012 年 4 月，中央电视台经济半小时专门制作了《聚焦中国铁矿石价格指数》专题节目，播出后引起国内外企业和机构的广泛关注。

经过近 10 年时间的发展，CIOPI 中国铁矿石价格指数监测系统不断完善，发布内容日渐充实，发布的数据日益受到业界的广泛关注，逐步成为钢铁企业、贸易企业和矿山企业生产经营决策的重要依据，不仅成为部分企业签订进口铁矿石现货贸易合同的价格依据，也成为国家有关部委了解铁矿石价格走势、开展政策研究的重要参考。同时，通过与普氏指数、力拓和必和必拓等企业的交流，CIOPI 中国铁矿石价格指数的国际影响力也得到不断提升。

第三节 Myspic 钢材价格指数

Myspic 钢材价格指数由上海钢联电子商务股份有限公司旗下我的钢铁网（Mysteel）发布的系列钢材价格指数构成。

一、Myspic 钢材价格指数推出的背景

随着过去几十年全球化发展进程以及我国城镇化、工业化的加快，钢铁行业实现了高速增长。随即而来的是行业急需一个具备公允性的市场价格指数作为基准，钢材价格指数作为反映钢材市场供需关系、衡量钢材价格水平变化的重要经济指标，在表征经济形势、指导市场定价、引导产业健康发展等方面发挥着重要作用。上海钢联 Myspic 价格指数即诞生于这一背景下。

（一）美日等发达国家产业迭代为我国钢铁行业提供发展空间

作为最早完成工业化的国家，美国于 20 世纪 70 年代末将经济重心从第二产业向第三产业转移，互联网、芯片、生物医药、航空航天、金融等新兴产业得到快速发展。这些新兴行业从第二产业中转移了大量劳动力，叠加当地用工成本增加使包

括钢厂在内的大量美国企业将原材料制造工厂转移至亚洲发展中国家。此外，美国城市化进程的明显放缓也为其产业迭代提供了空间。1959 年后，美国进入城市郊区化发展阶段，该阶段城市化率年增长仅 0.19%。城市化进程的放缓带来基础设施建设和房屋建设需求的逐步减少，钢铁消费从而迎来大幅降低。

日本作为世界第二钢铁大国，在经历了 20 世纪 80 年代的美日"广场协议"事件后，日元遭受了大幅升值从而导致本国商品出口大幅下降，对外贸易环境持续恶化。日本经济进而转为内销加投资模式，大量"热钱"流入房地产市场从而加剧了日本房地产泡沫的形成。泡沫破裂后，房地产等制造业的衰退使得日本对于钢铁等原材料的需求急剧降低，一度陷入负增长状态。

美日两个钢铁大国需求骤降给中国钢铁行业的发展留出了广阔空间。

（二）中国内需增长为钢铁行业发展创造条件

在几十年的政策支持及人口红利的双重加持下，我国已发展为世界上最大的钢铁生产国，其中粗钢占全球粗钢产量的 56.7%（图 4-13）。

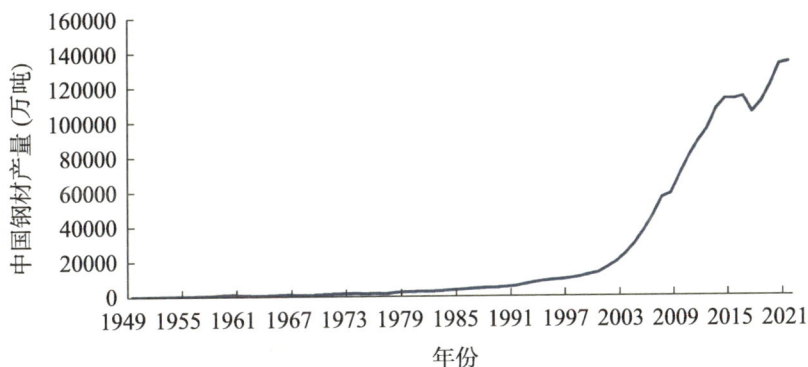

图 4-13　中国钢材产量统计
数据来源：中国钢铁工业协会

婴儿潮的出现使钢铁行业劳动力成本显著降低，较美日等发达国家具有较为明显的比较优势。据相关资料，新中国成立后，我国曾在 1950-1958 年、1962-1975 年、1981-1997 年三个阶段出现较为明显的新生儿数量峰值，即"婴儿潮"。20 世纪 80 年代，我国掀起一批的创业潮和外出务工潮，为经济发展提供了大量的年轻劳动力。人口数量的增长明显提升钢铁消费需求的同时，也显著降低了行业劳动力成本，为我国钢铁行业的飞速发展提供基础。我国以进口原材料和再加工生产出口的主流商业模式逐步形成，从而成为全球制造业的"世界工厂"。

与此同时，城镇化进程的加快加速了钢铁行业的发展。20 世纪 90 年代以来，基础设施建设、房地产行业的飞速发展使螺纹钢等建筑钢材的需求猛增。另一方面，我国居民生活水平的不断提升也显著增加了交通运输用钢、家电用钢等的需求。

在此背景下，Myspic 钢材价格指数应运而生。作为衡量钢材价格水平变化的重要经济指标，Myspic 钢材价格指数受到包括政府、企业和公众在内的各方经济主体的广泛关注。经过 20 多年的长期摸索和推广，Myspic 钢材价格指数已被国内多数钢铁企业所接受，并广泛应用于企业结算及参考中。

二、Myspic 钢材价格指数发展历程及应用

（一）价格指数形成及上线历程

Myspic 钢材价格指数体系共包含 98 条指数，其中品种价格指数 35 条，主要包含热轧卷板、螺纹钢、铸造生铁、球墨铸铁、钢坯及线材等；综合指数 62 条，主要包含普钢、长材、特钢、中厚板、造船板、型材、线材、无缝管、螺纹钢等；合作指数 1 条，为永年紧固件价格指数。

指数覆盖了超过 1700 个市场。日均发布价格行情与指数超 10 万条。指数涵盖制造业供给指数、钢铁业 PMI 指数等宏观监测类指数，以及各大品类大宗商品价格指数。其中最具有代表意义的价格指数的上线时间见表 4-6。

表 4-6　上海钢联主要钢材价格指数发布时间点

发布时间点	发布内容
2000 年 7 月 3 日	上海钢联正式发布上海市场螺纹钢价格
2000 年 7 月 3 日	上海钢联正式发布上海市场冷轧薄板价格
2000 年 7 月 10 日	上海钢联正式发布上海市场热轧薄板价格
2000 年 7 月 31 日	上海钢联正式发布螺纹钢、线材、中厚板、热轧板卷、冷轧板卷五大品种价格指数
2007 年 1 月 1 日	上海钢联正式发布普钢价格指数、特钢价格指数
2011 年 6 月 15 日	上海钢联正式发布焊管价格指数、无缝管价格指数、型钢价格指数
2011 年 7 月 20 日	上海钢联正式发布热轧窄带钢价格指数
2014 年 1 月 2 日	上海钢联正式发布 H 型钢价格指数
2016 年 1 月 20 日	上海钢联正式发布齿轮钢价格指数
2016 年 2 月 1 日	上海钢联正式发布工业线材价格指数、焊丝价格指数、拉丝材价格指数、冷镦钢价格指数、硬线价格指数

资料来源：钢联数据。

（二）价格指数的应用

随着钢铁行业供给侧结构性改革的持续推进、钢材市场化改革不断深入，钢材市场定价机制趋于成熟完善，钢材价格指数在指导市场实践方面的重要性愈发凸显，政府机构、行业协会、区域钢材交易中心等市场参与者均对价格指数的理论和实践的发展给予高度重视，钢材价格指数进入快速发展期。在有关机构的共同努力下，目前已经基本形成了能够客观反映我国钢材市场波动的全国性钢材价格指数体系，对钢材及相关产业发展都产生了深远的影响。因此，通过对钢材价格指数的发展和实践情况进行总结，有助于提升钢材价格指数工作水平，实现钢铁行业高质量发展。

钢材价格指数可以作为供需双方现货交易和签订长期合同时价格谈判的重要参考，以价格指数为参照，更容易制定一个能为供需双方所接受的价格，有助于提升谈判效率、建立长期稳定的供应关系。作为政府有关部门进行宏观调控的参考。作为国家分析宏观经济形势、研究通胀水平、制定宏观经济政策、进行价格改革的重要依据指标。建立科学合理的价格指数，有效规避国内及国际市场对市场的恶意控制，避免价格的不规范波动引起过度连锁反应，保障物价及民生经济的基本稳定。

截至 2021 年，公开编制发布钢材价格指数的机构已经达到 10 余家，从机构分布类型来看，有行业协会、钢材交易中心、信息咨询公司以及事业单位等。其中，交易中心和信息咨询公司是编制发布指数的主力军，编制发布了占总量 2/3 以上的钢材价格指数。目前在行业内有较大影响力的指数编制机构有国家发改委价格监测中心、中国钢铁工业协会等。其中，近年来钢材价格指数编制机构数量变化情况如图 4-14 所示。

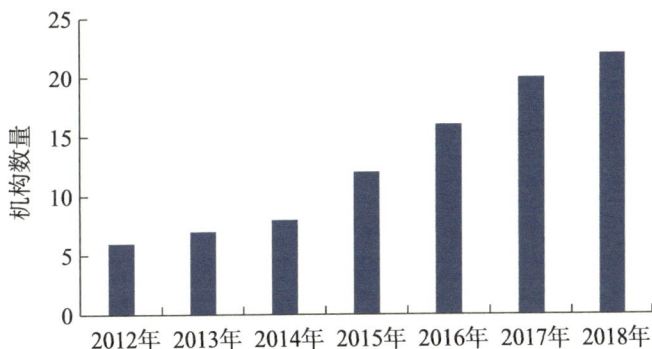

图 4-14　钢材价格指数编制机构数量变化情况（2012-2018 年）

数据来源：钢联数据

随着中国钢材市场的不断成熟，上海钢联钢材价格指数（Myspic）紧跟市场发展步伐，不断改进指数编制方法与标准，成为越来越多企业的现货结算基准。具体的指数定价模式发展历史见表 4-7。

表 4-7　上海钢联主要钢材价格指数发布时间点

应用时间点	应用企业及重大指数表现
2011 年 9 月 30 日	上海钢联建筑钢材价格指数被中国建筑集团有限公司运用于工程采购结算参考
2012 年 10 月 15 日	上海钢联上海螺纹钢价格指数被美国最大的期货交易所——芝加哥商品期货交易所（CME）采用为螺纹钢掉期交易的结算标准
2013 年 1 月 1 日	Myspic 钢材价格指数开始广泛运用于国内钢铁现货交易结算
2014 年 1 月 21 日	上海钢联发布中国制造业供给指数
2020 年 4 月 30 日	上海钢联螺纹钢价格指数、上海钢联热轧卷板价格指数通过国际证监会组织（IOSCO）金融基准原则鉴证，该鉴证涵盖 6 项 Myspic 钢材价格指数。同时，上海钢联聘请国际会计师事务所德勤（Deloitte）开展指数年度审计工作
2021 年 5 月 31 日	上海钢联上海螺纹钢价格指数被新加坡交易所（SGX）作为衍生品合约结算指数。作为全球唯一以中国国内参考价格为基准的合约。 上海钢联上海螺纹钢价格指数与上海期货交易所钢材螺纹钢价格高度相关，相关系数达 96% 以上。 同时，新交所-上海钢联上海螺纹钢美元合约与上海期货交易所螺纹钢合约之间在定价机制与合约设计方面存在差异，这将为市场带来新的套利机会

资料来源：钢联数据。

三、Myspic 钢材价格指数编制方法与趋势对比

（一）数据采集和指数编制

Myspic 钢材价格指数监测系统包括八个工作环节，依次为：市场调研、建立样本库、数据采集、验证及分类、数据标准化、离群值处理、指数编制和指数发布。系统建设主要有数据报送平台和数据处理程序。

1. 市场调研

为确保所编制的价格指数的合理性及适用性，上海钢联钢材价格指数团队会在指数编制前对于相关市场进行充分调研，积极收集和听取市场参与者的意见与建议，并形成书面调研报告作为后期价格指数编制的基础及准绳。价格指数团队会持续与市场参与者沟通并不定期更新调研报告内容，确保所编制的价格指数能够如实反映当前市场行情。

2. 建立样本库

为确保所编制的价格指数的准确性及代表性，上海钢联钢材价格指数采集团队

在指数编制前会对主要市场参与者进行摸排调研，并为其建立样本数据库，以确保样本的充足性。仅在相关市场样本覆盖率达到一定程度的情况下，价格指数团队才会进行后续编制工作。

上海钢联钢材价格指数团队会持续对样本数据库进行更新及完善，以确保所编制的价格指数能够反映绝大多数市场参与者的利益。

3. 数据采集

Myspic 钢材价格指数的数据提供商为指定地区的主要钢铁市场参与者，包括主要钢厂、大型贸易商、终端用户及现货交易平台，平均样本覆盖率达 75%以上。通常而言，符合标准的数据提供商需要具备丰富的行业背景、良好的行业信誉，与生产厂家具有长期合作伙伴关系、营运规模较大、现货资源较多、销售渠道较广泛等特性。

上海钢联严格把控提交收集过程，数据处理团队会对每项成交提交的细节，包括品牌、数量、价格、规格、牌号、合同条款、交货时间、物流运输、交易方式等进行核实，以确保样本的真实性。仅在所收集的价格数据完全遵循标准合同条款，并且在至少有一方的信息及其交易目的能够被确认的情形下，该价格数据才会被使用，不完全符合上海钢联所规定要求的提交内容将不会被纳入指数计算。如有必要，上海钢联可以要求提交者提供相关文件来判断合同的履行情况并验证数据的有效性。

上海钢联鼓励所有市场参与者成为 Myspic 钢材价格指数的数据提供商以扩大样本数据的广泛性从而提高价格指数的准确性。无论采用何种收集渠道：电话、电子邮件或是基于互联网的即时通信工具，数据采集团队均会对所采集到的信息加以详细记录，以确保其高质量和可靠性。上海钢联会存档记录与提交者的所有通信至少 5 年，以便价格指数中使用的所有提交信息都可以追溯到原始记录。所有数据将被存储在上海钢联的安全存储系统中，以确保数据的保密性及安全性，并防止未参与价格指数计算过程的各方不当使用数据。

4. 验证及分类

上海钢联根据样本类型，将所收集数据根据数据层级由高至低分为四类：成交价格、询盘价格、报盘价格及可成交价格。数据处理团队会对所收集的样本数据进行初步筛选，优先选取数据层级较高的数据。为确保 Myspic 钢材价格指数的准确性，上海钢联对于数据采集团队日度采集样本的最低数量有严格要求。

5. 数据标准化

上海钢联根据品牌、牌号、规格等依据 Myspic 钢材价格指数标准值对四类样本进行标准化。上海钢联针对不同品牌、牌号、规格与价格指数标准样本的差异，通过标准化处理程序设定了标准值，以替代不同钢厂、不同规格、不同商业条款间的升贴水进行调整。上海钢联依照钢厂公布的信息或合同信息，并结合市场信息、每日跟踪的指定地区市场实际成交情况等信息来对于标准值进行设定，至少每季度会对这些标准值进行更新。

6. 离群值处理

上海钢联钢材价格指数团队会先计算标准化处理后的所有价格数据样本，然后通过 1.5 倍四分位差离群值判定法则排除离群数据。高于 1.5 倍上四分位及低于 1.5 倍下四分位的数据将被认定为离群数据并予以剔除。

7. 指数编制

Myspic 钢材价格指数的编制基于采集样本在不同维度上的标准化结果，钢材价格指数编制团队在计算过程中会考虑材质、规格或区域之间的价差情况、成本端的变动影响及基于商业条款的差异。钢材价格指数编制团队将根据数据层级标准优先采用层级较高的数据。如果某一特定价格指数的成交提交数量不足，价格编制团队也会使用可成交价格数据和询报盘数据。

8. 指数发布

Myspic 钢材价格指数于国内每个工作日通过上海钢联网站、钢联数据以及手机 APP 等途径发布。上海钢联在对外发布的价格指数表单同一位置同步披露了价格指数最新值的简要计算基础和过程，包括价格信息采集点的数量、样本量、成交量、价格的范围、平均值和价格基准，在计算价格指数时使用的每种数据形式的百分比，以及主观判断的使用情况等内容。

（二）保障机制

为了确保价格指数的构建、维护和运营达到最高标准，上海钢联价格指数的管理者，即上海钢联电子商务股份有限公司，采用了稳健的管理框架来管理价格指数、批准新价格指数和批准对现有价格指数方法论的修改。

1. 指数管理委员会

上海钢联成立指数管理委员会，专项负责监督与价格指数有关的各方面工作。委员会不断审查其钢材价格指数编制方法论，以满足钢材市场不断变化的需求，来确保价格指数持续反映市场变化。同时，委员会使用精密的审计和监督机制，确保严格按照价格指数方法进行指数计算。委员会成员来自上海钢联管理层和普通员工。委员会的成员资格及其职权范围由上海钢联资讯管理委员会批准。在挑选指数管理委员会成员时，资讯管理委员会认真考虑，确保指数管理委员会具备履行职责所需的专业知识和技能。

2. 提交者审查机制

上海钢联价格指数的数据提供商必须接受行为准则，并与上海钢联签署协议，明确各方责任。此外，上海钢联还定期对于每个数据提供商及其数据提交历史进行审查，确保用于编制价格指数之数据的适合性和可靠性。审查内容包括但不限于数据提供商与上海钢联或上海钢联的员工的利益冲突情况、数据提供商的信用评级，数据提供商的运营和后勤问题等。除监管机构或相关市场监督机构要求外，上海钢联不会披露提交者例行审查的性质、范围或结果。

3. 保密性

上海钢联相当重视保密性，所有员工都必须严格遵守保密规定，除法律要求外，绝不披露任何与编制价格指数相关的信息，不管是否与指价格数值、数据或客户相关。钢材价格指数团队员工每年都会签署具体的利益冲突声明，声明其未从非公开信息中受益。

4. 员工素质

上海钢联非常重视对钢材价格指数团队成员的培训，从试用期到正式录用期，上海钢联都为钢材价格指数团队成员提供各种不定期培训和定期培训，并严格规范培训内容，以确保各成员具备履行特定职责所需的技能、知识和经验，同时理解并遵守内部程序和方法。

四、Myspic 钢材价格指数作用及意义

在我国钢铁产量快速增长同时，我国钢铁行业也逐渐显现出产能过剩、集中度低、产品同质化高等问题，激烈的行业竞争下，市场逐渐出现不正当价格竞争的行为，或竞相杀价，或囤积居奇，使得钢材市场价格大起大落，明显不利于钢铁产业链上下游行业的生产经营。钢材价格指数作为反映钢铁行业运行发展的晴雨表，是钢铁市场的核心要素，是行业效益–投资–产能–供求等关系连锁作用的结果。编制客观、中立的钢材价格指数对于钢铁行业发展具有重要意义。上海钢联作为独立的第三方大宗商品价格指数研究机构，是国内首个通过国际证监会金融基准原则认证的机构，一直恪守"客观独立公正　准确及时全面"十二字方针，为国内外市场长期提供准确的国内外钢材价格指数。

首先，从宏观方面来看，可作为政府有关部门进行宏观调控的参考。Myspic 钢材价格指数可以作为国家分析宏观经济形势、研究通胀水平、制定宏观经济政策、

进行价格改革等的重要依据指标。钢铁工业对于整个工业链发挥着承上启下的支柱作用，上游产业关乎着煤炭、铁矿石、有色金属、运输等"瓶颈"产业，下游应用在建筑与基建、汽车、家电、装备工业、机械等基础产业。如果钢铁产业与相关的上下游产业的发展不同步或发展过快，就会使钢材这个中间产品承受来自上下游两方面的巨大压力，一方面受到上游"瓶颈"产业的制约，钢铁企业或面临亏损困境，行业发展举步维艰；另一方面，钢铁产业与上下游产业发展的失衡，又将凸显产业链之间不协调的矛盾。Myspic 钢材价格指数为国家宏观经济运行监测和钢铁行业运行平稳发展以及稳价格增效益提供真实、准确、适用的信息数据，持续为把脉国民经济提供参考和帮助、为行业政策调整和储备提供支撑。另一方面，钢材价格指数可有效化解钢材价格波动带来的经济及民生影响。Myspic 钢材价格指数能够全面、准确、及时地反映不同时期国内市场钢材价格水平、变化方向以及价格运行趋势。我国作为全球最大的钢材生产和消费国，形成了颇具规模的钢材贸易流通业，但不同地区不同品种钢材价格表现差异巨大，由于信息的不透明形成了钢铁贸易价格壁垒。随着网络和信息技术的快速发展，市场信息逐渐透明，此时为给钢铁及相关产业交易提供连续性、权威性的价格指导，上海钢联钢材价格应运而生，并逐渐被国内外各类钢铁及相关行业生产贸易企业广泛接受。

其次，从中观方面来看，可有效推进钢材市场化及定价机制改革，维护市场健康运行。通过建立钢材价格指数，可以推进流通体制、市场化及定价机制改革，进一步推进市场化交易中心体系的建立，发展现货交易、远期合约、期货交易等多元化交易形式。明确钢材市场和价格的参照指标，可以运用价格指数有效地让供需双方把握市场的变化规律，对钢材市场变化做出有效应对，保障市场的供应稳定，保证产业链各环节的合理、和谐衔接。另一方面，Myspic 钢材价格指数为中国钢材价格应用研究课题工作提供数据支撑。通过对钢材市场供需、价格形成机制、价格运行趋势和价格指数应用前景的研究，有利于产业链上下游企业协调发展，有助于对钢材价格发展特征和规律进行探索，对未来价格趋势做出预测。与此同时，Myspic 钢材价格指数可维护中国在国际市场的竞争力及利益。Myspic 钢材价格指数将助力中国钢铁争夺国际话语权。国外英国商品研究院（CRU）、普氏（Platts）等专业机构已有上百年历史，其编制的国际市场钢铁价格指数在国际上具有一定影响力，而作为全球钢铁最大生产国和最大消费国的中国，却一直缺乏权威性钢铁价格指数以代表"中国价格"作为中外钢铁贸易中的定价参考。建立科学合理的钢材价格指数，将有效规避国内及国际市场对市场的恶意控制，避免价格的不规范波动引起过度连锁反应，保障物价及民生经济的基本稳定。

从微观方面来看，Myspic 钢材价格指数能够为钢铁企业、贸易企业、用钢企业以及相关行业提供生产经营决策依据。所有的钢材产品都要通过一个买卖双方都能够认可的价格进行交易，此时钢材市场参与企业一般都会根据当前市场行情来进行价格策略制定，Myspic 钢材价格指数能够给钢材市场参与企业提供钢材市场价格行情的变化，让市场参与者有据可循，能够对营销策略做出准确、及时地调整，助力企业分析经营状况，加强财务管理工作。以钢铁企业为例，可以根据 Myspic 钢材价格指数展现的市场价格、市场趋势、区域价差以及调整的预期进行钢材生产计划、区域资源配置的调整和优化，并结合企业检修、装修等计划进行合理安排和生产能力的匹配。此外，Myspic 钢材价格指数可以作为供需双方现货交易和签订长期合同时价格谈判的重要参考。钢材价格与一般消费品不同，因为行业特点因素，呈现波动波幅大、波动频繁等特性，原有一单一议价面临较大的价格波动风险，同时由于价格波动频繁供应商很难保证供应，此时钢铁行业需要一个能为供需双方所接受的价格，作为价格谈判的重要参考。Myspic 钢材价格指数可以有助于提升供需双方的谈判效率、建立长期稳定的供应关系。

五、Myspic 钢材价格指数市场代表性

首先，就中国钢铁工业协会发布的中国钢材价格指数（CSPI）和上海钢联发布的 Mysteel 普钢价格指数来看，如图 4-15 所示，可以明显看出两个指数走势呈现高度相关性，表明 Mysteel 普钢价格指数能够充分反映国内钢铁市场价格走势变化。

图 4-15　中国钢材价格指数（CSPI）和 Mysteel 普钢价格指数走势对比

数据来源：钢联数据

注：图 4-15 中国钢材价格指数（CSPI）和 Mysteel 普钢价格指数均选取相对价格指数，由于两个相对价格指数所选取的基期基点不同，故相对价格指数绝对值存在差异。

再看金融衍生品领域，自 2009 年 3 月 27 日上海期货交易所（SHFE）上市螺纹钢期货合约以来，我国钢材行业内的生产企业、贸易商和下游钢材消费企业积极利用期货市场来发现价格和套期保值，并吸引了大量投机者参与螺纹钢期货交易，连续多年螺纹钢持仓量和成交量始终排在国内商品期货市场前列。

对比上期所螺纹钢合约收盘价和 Mysteel 普钢绝对价格指数走势来看，如图 4-16 所示，可以明显看出二者走势非常一致，也表明期现相关性极高，充分发挥了价格发现功能。

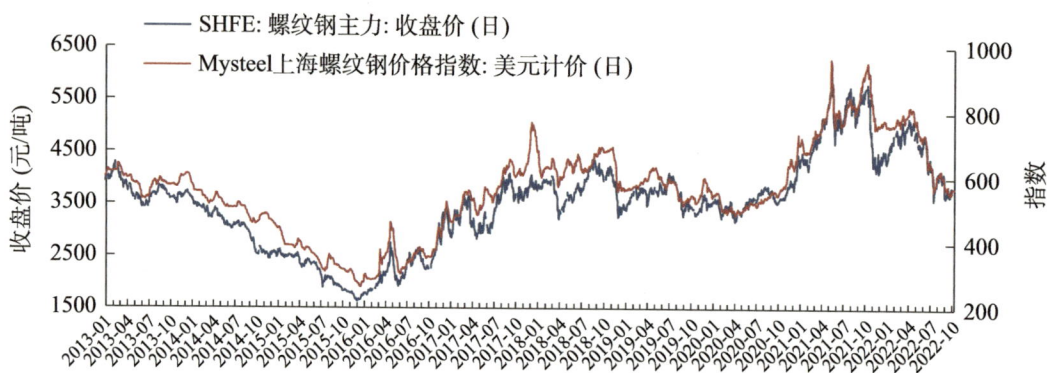

图 4-16　上期所（SHFE）螺纹钢合约收盘价和 Mysteel 普钢价格指数走势对比

数据来源：钢联数据

六、Myspic 钢材价格指数优化与完善

（一）国际化程度仍需不断提升

纵观全球资讯行业巨头，均有百年以上历史，具有极大先发优势的欧美资讯机构，已经形成了一整套严密完整的体现发达国家利益的定价体系。再加上西方跨国公司已经基本占据了传统产业链条的利润高地，制定了贸易规范和国际惯例，实际上提高了发展中国家参与定价交易的壁垒，使得定价权牢牢地掌握在以美国为首的西方国家手中。

经过十余年深耕细作，Myspic 钢材价格指数在国际市场上已占有一席之地，上海钢联螺纹钢价格指数先后被芝加哥商品交易所及新加坡商品交易所采用，作为其衍生品交易合约的结算基准。但整体而言，Myspic 钢材价格指数在国际上的影响力仍远远不够。后期，上海钢联需要在钢铁的国际贸易环节积极突破，进一步推进钢材价格指数国际化程度，提升我国钢铁行业的全球定价话语权。

（二）需进一步加强与衍生品交易所间合作

欧美期货市场已有百年历史，有的品种时间还更长，已经形成了一整套的严密完整的体现发达国家利益的定价体系。由于绝大多数大宗商品采用美元计价，通过复杂的衍生品市场，大宗商品市场已经和金融市场紧密地联系在一起。在纽约和伦敦市场，跟踪大宗商品价格指数的基金数量和规模，已经远远大于直接在期货市场进行买卖和持仓的基金规模，大宗商品价格的泛指数化，或者可以说，以高盛、标普为代表的西方资讯机构编制的商品指数在大宗商品定价体系中发挥着越来越重要的作用。

上海钢联推出的螺纹钢价格指数以及铁矿石价格指数，分别被芝商所及新交所作为结算基准。实现了我国现货价格指数在国际衍生品交易所交易的零的突破。将来，上海钢联仍需积极和国内外衍生品交易所开展合作，增加以 Myspic 钢材价格指数为结算基准的场内外衍生品合约数量，提高钢材价格指数的流动性和标准化程度，为我国钢材定价机制及定价话语权的形成和获取打下坚实的基础。

七、Myspic 钢材价格指数后续发展

（1）上海钢联将继续按照国际标准，积极对标国外资讯机构编制指数的方法与经验，消化吸收后对钢材价格指数不断进行迭代更新，编制适合中国国情的钢材价格指数。积极与国内外大矿山、大钢厂建立联系，与行业参与者保持密切沟通，提供相关信息，获得理解和支持，以完善样本信息采集渠道，加大指数的推广力度。同时，上海钢联会定期举办研讨会，解释推广钢材价格指数，并及时对指数的方法和细节做出调整。

（2）上海钢联立足国内，放眼国际市场，利用海外办公室的地理优势，持续引进高素质、国际化人才，加快钢材价格指数全球推广、获得国际产业客户认可的脚步。同时，上海钢联将加强内部培训体系及人才梯队建设，打造国内领先的钢材指数专家队伍，确保 Myspic 钢材价格指数编制方法的科学性和先进性。此外，在指数完善过程中，上海钢联将对相关硬件和软件系统进行持续投入，不论是与国家卫星机构的合作，还是获得国外机构的认证，均投入巨大精力。

（3）在电商平台快速发展和大数据技术的支持下，上海钢联将获得全样本全供应链的价格数据作为未来发展的主要方向。随着大宗商品市场的金融化发展，尤其是供应链金融的快速发展，通过采集全样本市场的实际成交价格，编制真实、准确的价格指数，而不是估价，用作市场交易和结算的基准。

（4）利用大数据的优势，通过机器学习、自动化计算系统等技术手段，进一步完善 Myspic 钢材价格指数监测系统，提高钢材价格指数的及时性、准确性。

（5）上海钢联将加强同政府、协会、金融机构的合作，基于大数据技术，大力发展电子化、网络化大宗商品现货市场。研发出多样化的、基于 Myspic 钢材价格指数的衍生产品，从而将期货市场和现货市场、场内市场和场外市场对接连通，满足企业多样的投资需求，吸引国际投资者参与我国钢材市场。

（6）上海钢联做好价格变化的深层次研究，以 Myspic 钢材价格指数为依托，发挥大数据优势，进一步加强价格指数的分析工作。加强对趋势性和规律性问题的研究，特别是国家宏观政策调整、资本市场变化、国际贸易摩擦以及地缘政治等因素对价格走势和价格传导机制的影响，提出政策建议，更好地为稳定行业运行、分析市场变化服务。

第四节　MyIpic 铁矿石价格指数

一、MyIpic 铁矿石价格指数推出背景

MyIpic 铁矿石价格指数的推出与铁矿石国际贸易格局的改变和定价机制的演变密不可分。铁矿石作为我国国民经济最重要的基础原材料之一，其储量与产量并不短缺。但由于国产矿品位低、杂质多、采选成本高等弊端，国内大量需求长期依赖进口。改革开放以来，我国房地产行业飞速发展，各地区基础设施建设实现质的飞跃。在此背景下，我国铁矿石的需求量激增。在 1978-2000 年期间，我国铁矿石进口量逐年增加，年进口增长率远超同时期日本和韩国（图 4-17）。

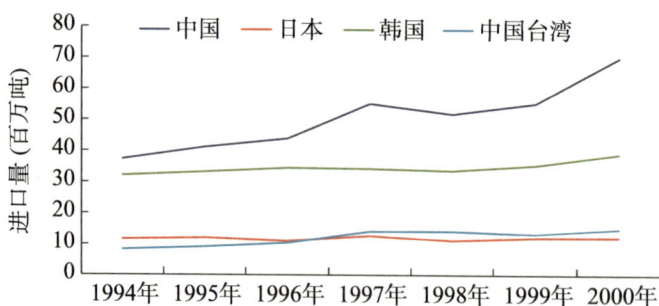

图 4-17　亚洲部分国家及地区铁矿石进口量（1994-2000 年）

数据来源：钢联数据、世界钢协、全球合金工具钢市场

需求量激增的背后是话语权缺失导致的生产成本高、价格风险大、货物供给不稳定等一系列问题。当时，亚洲国家的铁矿石定价话语权基本掌握在日本手中。日本自二战后快速复苏，在 1990 年经济危机到来前，均为澳大利亚铁矿石的主要需求

方。日本与澳大利亚在多次供需博弈后达成共识，确立了铁矿石年度长协定价机制。该机制后来被欧洲市场效仿，并默认为铁矿石国际定价通用规则。年度长协定价机制的主要规则可总结如下：

（1）年度合同定价。每年第四季度开始针对下一年度的矿石价格进行谈判。其中，矿石价格年度起止时间为当年 4 月 1 日至次年 3 月 31 日。价格一旦确定后即被"锁定"，下一年现货价格波动不会对合同价格产生影响。

（2）"首发-跟风"模式。第一次谈判达成一致的首发价格，即为全年定价标准，各谈判方必须接受。

（3）离岸价模式。谈判确定铁矿石国际贸易价格类型为离岸价（FOB），其价格不包含海运费等其他费用。

该模式的主要优势在于同一品质的铁矿石各地涨幅一致，同一类型、品质不同的铁矿石涨幅一致，极大保证了国际市场的供应稳定及价格稳定。

1990 年，日本遭遇前所未有的经济危机，楼市、股市在短短两年内经历暴跌，经济一蹶不振，对铁矿石的需求量大幅缩水导致亚洲铁矿石市场供过于求。在此期间，中国、韩国等亚洲国家的需求量虽逐年攀升，但总量有限，铁矿石价格并未得到大幅推升。

进入 2000 年后，我国铁矿石需求的爆发式增长与国外矿山产能扩张滞后的矛盾渐显。我国庞大的人口基数下的房地产、基建需求巨大，加之工业化、城镇化进程的加速，我国粗钢产量从 2000 年的 1.3 亿吨攀升至 2018 年的 9.3 亿吨。同期全球粗钢产量中，我国占比从 15% 攀升至 40%，贡献了约 84% 的全球粗钢生产增量。加之高炉-转炉炼钢的大规模发展，我国铁矿石需求迅猛增长，创下了全球铁矿石需求增速的纪录。以 2013 年为例，我国铁矿石表观消费量达 10.8 亿吨，占同年全球表观消费量的 55%（图 4-18）。

图 4-18　中国粗钢产量及占比趋势（2000-2018 年）

数据来源：钢联数据、世界钢协、国家统计局与高速增长的需求不匹配的是国外矿山对中国需求增长反应的严重滞后。2000年初，以澳大利亚三大矿山为代表的国外矿山企业对我国铁矿石需求持续增长的信心不足导致产能扩张速度过慢，铁矿石海运市场严重失衡。

日本经济的萧条与需求重心的转移导致长协定价机制已不能反映市场真实供需情况。一方面，2003年后，年度长协谈判价格涨幅逐渐加大，2003年、2004年、2005年长协价格涨幅分别为9%、16%、71%，使得长协价格与当年现货价格差距快速拉大。另一方面，海运市场的严重失衡导致铁矿石两大供给国——澳大利亚与巴西的运费价差明显。运费的明显差距使巴西铁矿石在中国的竞争力被削弱，从而为2008年产生两个长协年度价格埋下隐患（图4-19）。

图 4-19   澳洲及巴西铁矿石至中国国际海运费（2003-2009 年，海岬型）

数据来源：钢联数据

在此期间，我国铁矿石在国际市场上话语权缺失的根本原因在于国内矿质量的参差不齐。我国铁矿石产量虽高，但由于含铁量较低、矿山规模较小、开采成本较高等问题导致我国在国际谈判中长期处于不利地位，只能被动接受长协价格。2004年开始，宝钢代表中国钢厂介入亚洲市场价格谈判。2008年，买卖双方未能在规定期间内达成协议，导致长协定价机制出现裂痕。2009年，力拓同新日铁达成33%降幅的年度价格，但低于中国钢铁工业协会期望的45%降幅，中国企业拒绝接受谈判结果，长达35年的年度长协谈判机制正式瓦解。继而，现货指数定价机制正式走上舞台。现货指数一般由独立第三方指数机构制定，发展至今，已成为主流定价模式。

二、MyIpic 铁矿石价格指数发展历程

MyIpic 铁矿石价格指数由上海钢联电子商务股份有限公司旗下我的钢铁网（Mysteel）平台编制发布的铁矿石系列指数构成。

（一）MyIpic 铁矿石价格指数上线背景及主要历程

21 世纪初以来，国际大宗商品市场开启了超级大周期，以原油、铁矿石为代表的工业原材料价格暴涨，金融危机期间价格又出现剧烈震荡，我国企业深受价格上涨和波动之苦。与此同时，中国铁矿石需求爆发式增长与国外矿山产能扩张不匹配的矛盾逐渐显现，这样的矛盾为后期铁矿石长协定价机制的破裂埋下隐患。

在两者的矛盾隐患逐渐扩大的期间，指数定价结算的模式出现在铁矿石交易市场中并且逐渐地被更多的市场参与者关注到。指数定价模式即为使用第三方独立机构发布的价格指数作为基准进行结算，这一模式出现最初，国内鲜有价格报告机构能够扛起编制价格指数的任务。中国作为世界上最大的铁矿石进口国，在铁矿石国际贸易中本应拥有更多的话语权，上海钢联在捕捉到这些市场变化后，积极响应市场需求，迅速做出反应，希望能作为我国独立价格指数机构发出中国声音，在 2005 年 5 月上旬率先发布了 63.5% 和 63% 品位的印度粉矿远期现货价格指数，并在之后顺应市场的变化与需求，不断对现有铁矿石价格指数做出优化及扩充。同时，MyIpic 铁矿石价格指数致力于推动国内铁矿石市场贸易的公开化和透明化，让价格指数尽可能反映市场供需情况，避免过度投机对铁矿石价格指数造成的冲击。

上海钢联自 2005 年 5 月初开始发布相应的印度粉矿指数行情，截至 2021 年 4 月初为止，每日评估的铁矿石现货价格超过 400 个，涵盖以美元计价的外贸市场和人民币计价的港口内贸市场。其中，主要的价格指数的上线时间线如表 4-8 所示。

表 4-8　上海钢联铁矿石主要价格指数上线时间

日期	主要内容
2005 年 5 月 5 日	上海钢联正式发布 63.5% 和 63% 印度粉矿远期现货价格指数
2009 年 10 月 12 日	上海钢联正式发布 PB 粉远期现货品牌价格
2011 年 1 月 24 日	上海钢联正式发布卡拉加斯粉远期现货品牌价格
2011 年 5 月 16 日	上海钢联正式发布 PB 块远期现货品牌价格
2012 年 4 月 1 日	上海钢联正式发布青岛港 PB 粉和杨迪粉港口现货品牌价格
2012 年 12 月 4 日	上海钢联正式发布 62% 澳洲粉矿远期现货指数
2013 年 1 月 7 日	上海钢联正式发布 65% 巴西粉矿远期现货指数
2013 年 4 月 2 日	上海钢联正式发布 62% 和 58% 澳洲粉矿及 65% 巴西粉矿港口现货指数
2013 年 6 月 26 日	上海钢联正式发布 63% 球团远期现货价格
2013 年 11 月 6 日	上海钢联正式发布 62.5% 块矿远期现货溢价指数
2013 年 12 月 6 日	上海钢联正式发布 65% 和 63% 球团远期现货溢价指数
2018 年 10 月 19 日	上海钢联正式发布 62% 低铝粉矿远期现货指数
2020 年 3 月 30 日	上海钢联正式发布 64% 印度球团远期现货价格指数
2021 年 4 月 6 日	上海钢联正式上线港口现货块矿溢价指数（青岛港）及其美元折算价行情
2021 年 7 月 19 日	上海钢联正式发布 61% 港口现货价格指数

数据来源：钢联数据。

（二）价格指数在现货市场中的应用

随着长协定价机制的谈判破裂，自 2009 年开始铁矿石定价正式引入现货指数定价机制。与长协定价模式相比，指数定价模式可以直接使用由独立第三方提供的指数价格作为铁矿石买卖双方的合同定价依据，买卖双方无需耗时进行谈判，有利于降低买卖双方交易成本，也减少了人为干预，避免了本来高度依赖的买卖双方由于价格问题而导致的关系伤害。

一般地，在大宗商品市场编制并报道现货价格指数的机构被称作价格报告机构（Pricing Report Agency，简称 PRA）。其中，最早的价格报告机构成立时间可追溯至 1902 年的欧美。反观国内，由于我国经济发展条件等的制约，国内价格报告机构起步时间大多在 2000 年以后。目前，我国价格报告机构百余家，服务于大宗商品各个行业，各机构主营领域各不相同，有综合类的、有专攻某一板块的。2005 年 5 月 5 日，上海钢联推出 63.5% 印度矿远期现货价格，此后，国内外涌现出了一批针对中国铁矿石现货市场的铁矿石指数发布机构。其中，国外的指数发布机构主要有普氏能源资讯（Platts）、英国金属导报（Metal Bulletin）、环球钢讯（TSI）、阿格斯（Argus）等。

虽然 2009 年后，各大矿山才陆续开始使用指数定价模式结算，但铁矿石价格指数的出现时间远早于此。指数定价模式发展及现货市场应用历史如表 4-9 所示。

表 4-9　铁矿石定价模式的演变主要事件

日期	主要事件
2005 年 5 月 5 日	上海钢联 63.5% 和 63% 印度粉远期价格行情上线
2005 年 6 月 7 日	淡水河谷&日本钢铁工程控股公司（JFE）年度长协价涨幅 19%
2006 年 4 月	环球钢讯（TSI）推出铁矿石指数
2006 年 12 月 21 日	淡水河谷&宝钢年度长协价格涨幅 9.5%
2008 年 2 月 18 日	淡水河谷&新日铁年度长协价格涨幅 65%，"首发-跟风"模式被打破——力拓单独定价，实现运费加价
2008 年 4 月	普氏能源资讯（Platts）推出铁矿石指数
2008 年 9 月	英国金属导报（MB）推出英国金属导报铁矿石指数
2010 年 4 月	必和必拓&淡水河谷与亚洲部分钢铁企业达成短期合同（季度）定价协议
2010 年 6 月	普氏铁矿石指数正式被矿山采用，作为短期合同定价协议的结算依据
2010 年 10 月	必和必拓游说中国钢厂采用月度定价
2011 年 9 月	必和必拓正式采用英国金属导报 58% 指数定价低磷杨迪粉
2012 年 12 月 4 日	上海钢联正式推出铁矿石价格指数
2013 年 1 月	MyIpic 铁矿石价格指数作为唯一由中国国内机构发布的指数正式入围环球铁矿石现货交易平台（Global Ore）标准铁矿石交易合约（SIOTA）的指数定价适用

日期	主要事件
2015 年 9 月	必和必拓开始采用上海钢联 62%指数与普氏 62%指数的混合指数定价金步巴粉长协资源及远期现货资源
2018 年 1 月	福蒂斯丘（FMG）试行采用上海钢联港口价格行情作为其当年货物的结算基准
2018 年 9 月	必和必拓开始采用上海钢联 62%指数与普氏 62%指数的混合指数定价麦克粉和杨迪粉的长协资源及远期现货资源
2019 年 1 月	淡水河谷开始采用上海钢联 62%低铝指数与英国金属导报 62%的低铝指数的混合指数定价巴西混合粉（BRBF）的部分长协资源及远期现货资源
2021 年 1 月	力拓开始采用上海钢联 62%指数与普氏 62%指数的混合指数定价其大杨迪粉的长协资源
2021 年 4 月	必和必拓开始采用上海钢联 62%指数与阿格斯 62%指数的混合指数定价其旗下所有的粉矿的长协资源及远期现货资源
2021 年 9 月	力拓开始在其 PB 粉的招标中提供除了现有指数定价模式外的另外一种包装上海钢联 62%指数、英国金属导报 62%指数与阿格斯 62%指数在内的混合指数作为可选项之一

数据来源：钢联数据。

三、MyIpic 铁矿石价格指数编制方法

（一）MyIpic 铁矿石价格指数编制方法

MyIpic 铁矿石价格指数监测系统包括八个工作环节，依次为：市场调研、建立样本库、采集与入库、验证及分类、样本标准化、离群值处理、数据编制和数据发布。系统建设主要有数据报送平台和数据处理程序。

1. 市场调研

为确保所编制的价格指数的合理性及适用性，上海钢联铁矿石价格指数团队会在指数编制前对于相关市场进行充分调研，积极收集和听取市场参与者的意见与建议，并形成书面调研报告作为后期价格指数编制的基础及准绳。价格指数团队会持续与市场参与者沟通并不定期更新调研报告内容，确保所编制的价格指数能够如实反映当前市场行情。

2. 建立样本库

为确保所编制的价格指数的准确性及代表性，上海钢联铁矿石价格指数采集团队在指数编制前会对主要市场参与者进行摸排调研，并为其建立样本数据库，以确保样本的充足性。仅在相关市场样本覆盖率达到一定程度的情况下，价格指数团队才会进行后续编制工作。

上海钢联铁矿石价格指数团队会持续对样本数据库进行更新及完善，以确保所编制的价格指数能够反映绝大多数市场参与者的利益。

3. 采集与入库

MyIpic 铁矿石价格指数的数据提供商为指定地区的主要钢铁市场参与者，包括主要矿山、钢厂、大型贸易商、终端用户及现货交易平台，平均样本覆盖率达 80% 以上。通常而言，符合标准的数据提供商需要具备丰富的行业背景、良好的行业信誉，与生产厂家具有长期合作伙伴关系、营运规模较大、现货资源较多、销售渠道较广泛等特性。

上海钢联严格把控提交收集过程，数据处理团队会对每项成交提交的细节，包括品牌、数量、价格、规格、牌号、合同条款、交货时间、物流运输、交易方式等进行核实，以确保样本的真实性。仅在所收集的价格数据完全遵循标准合同条款，并且在至少有一方的信息及其交易目的能够被确认的情形下，该价格数据才会被使用，不完全符合上海钢联所规定要求的提交内容将不会被纳入指数计算。如有必要，上海钢联可以要求提交者提供相关文件来判断合同的履行情况并验证数据的有效性。

上海钢联鼓励所有市场参与者成为 MyIpic 铁矿石价格指数的数据提供商以扩大样本数据的广泛性从而提高价格指数的准确性。无论采用何种收集渠道：电话、电子邮件或是基于互联网的即时通信工具，数据采集团队均会对所采集到的信息加以详细记录，以确保其高质量和可靠性。上海钢联会存档记录与提交者的所有通信至少 5 年，以便价格指数中使用的所有提交信息都可以追溯到原始记录。所有数据将被存储在上海钢联的安全存储系统中，以确保数据的保密性及安全性，并防止未参与价格指数计算过程的各方不当使用数据。

4. 验证及分类

上海钢联根据样本类型，将所收集数据根据数据层级由高至低分为四类：成交价格、询盘价格、报盘价格及可成交价格。数据处理团队会对所收集的样本数据进行初步筛选，优先选取数据层级较高的数据。为确保 MyIpic 铁矿石价格指数的准确性，上海钢联对于数据采集团队日度采集样本的最低数量有严格要求。

5. 样本标准化

上海钢联根据品牌、牌号、规格等依据 MyIpic 铁矿石价格指数标准值对四类样本进行标准化。上海钢联针对不同品牌、牌号、规格与价格指数标准样本的差异，通过标准化处理程序设定了标准值，以不同钢厂、不同规格、不同商业条款间的升贴水进行调整。上海钢联依照钢厂公布的信息或合同信息，并结合市场信息、每日跟踪的指定地区市场实际成交情况等信息来对于标准值进行设定，至少每季度会对这些标准值进行更新。

6. 离群值处理

上海钢联铁矿石价格指数团队会先计算标准化处理后的所有价格数据样本，然后通过统计学方法排除离群数据。高于 1.5 倍上四分位及低于 1.5 倍下四分位的数据将被认定为离群数据并予以剔除。

7. 数据编制

MyIpic 铁矿石价格指数的编制基于采集样本在不同维度上的标准化结果，铁矿石价格指数编制团队在计算过程中会考虑材质、规格或区域之间的价差情况、成本端的变动影响及基于商业条款的差异。铁矿石价格指数编制团队将根据数据层级标准优先采用层级较高的数据。如果某一特定价格指数的成交提交数量不足，价格编制团队也会使用可成交价格数据和询报盘数据。

8. 数据发布

MyIpic 铁矿石价格指数于国内每个工作日通过上海钢联网站、钢联数据以及 App 等途径发布。上海钢联在对外发布的价格指数表单同一位置同步披露了价格指数最新值的简要计算基础和过程，包括价格信息采集点的数量、样本量、成交量、价格的范围、平均值和价格基准，在计算价格指数时使用的每种数据形式的百分比，以及主观判断的使用情况等内容。

（二）MyIpic 铁矿石价格指数保障机制

为了确保价格指数的构建、维护和运营达到最高标准，上海钢联价格指数的管理者，即上海钢联电子商务股份有限公司，采用了稳健的管理框架来管理价格指数、批准新价格指数和批准对现有价格指数方法论的修改。

1. 指数管理委员会

上海钢联成立指数管理委员会，专项负责监督与价格指数有关的各方面工作。委员会不断审查其铁矿石价格指数编制方法论，以满足铁矿石市场不断变化的需求，来确保价格指数持续反映市场变化。同时，委员会使用精密的审计和监督机制，确保严格按照价格指数方法进行指数计算。委员会成员来自上海钢联管理层和普通员工。委员会的成员资格及其职权范围由上海钢联资讯管理委员会批准。在挑选指数管理委员会成员时，资讯管理委员会认真考虑，确保指数管理委员会具备履行职责所需的专业知识和技能。

2. 提交者审查机制

上海钢联价格指数的数据提供商必须接受行为准则，并与上海钢联签署协议，明确各方责任。此外，上海钢联还定期对于每个数据提供商及其数据提交历史进行审查，确保用于编制价格指数之数据的适合性和可靠性。审查内容包括但不限于数据提供商与上海钢联或上海钢联的员工的利益冲突情况、数据提供商的信用评级，数据提供商的运营和后勤问题等。除监管机构或相关市场监督机构要求外，上海钢联不会披露提交者例行审查的性质、范围或结果。

3. 保密性

上海钢联相当重视保密性，所有员工都必须严格遵守保密规定，除法律要求外，绝不披露任何与编制价格指数相关的信息，不管是否与价格指数数值、数据或客户相关。铁矿石价格指数团队员工每年都会签署具体的利益冲突声明，声明其未从非公开信息中受益。

4. 员工素质

上海钢联非常重视对铁矿石价格指数团队成员的培训，从试用期到正式录用期，上海钢联都为铁矿石价格指数团队成员提供各种不定期培训和定期培训，并严格规范培训内容，以确保各成员具备履行特定职责所需的技能、知识和经验，同时理解并遵守内部程序和方法。

四、MyIpic 铁矿石价格指数与国外同类指数趋势对比

随着中国钢铁行业的发展壮大及在全球铁矿石市场的地位的提升，国内外价格报告机构开始陆续发布基于中国市场的铁矿石价格指数。在国内的众多港口中，青岛港优势地位最为突出，大宗商品集散地特征相对较为明显，铁矿石进口量多年居全球第一位。与其他港口相比，青岛港辐射内地的区域范围较为广泛且拥有 40 万吨级矿石码头，是目前世界上技术最前沿、性能最可靠、效率最快速的矿石码头。青岛港还包括船代货代、保税仓储、期货交割、混配加工、运输配送在内的综合物流服务功能，成本低效率高，成为多数钢企和贸易商的采购货物第一选择港口。因此，全球价格报告机构均选择青岛港作为基准港口发布相应的铁矿石价格指数。因此，本文基于青岛港，对上海钢联及普氏能源资讯 62%铁矿石价格指数趋势做出对比及分析。

普氏 62%铁矿石价格指数采取当天收市价估价原则（Market on Close，简称 MOC），即当天的指数价格代表 17:30 这一时间点附近的价格；而上海钢联采用全天结算价作为估价原则，即当天的所有成交的样本数据权重相同，当天的指数代表全天各个交易时间段综合的结算价格。由于收盘价或结算价均能反映当天的现货市场

走势，因此普氏指数与 MyIpic 铁矿石价格指数（62%铁矿石价格）走势基本一致（图 4-20）。尽管如此，二者在波动性上仍有明显差别。

图 4-20　上海钢联与 Platts 铁矿石指数走势比较（2010-2022 年）

数据来源：钢联数据、普氏能源资讯

一是普氏指数的最高值往往会高于 MyIpic 铁矿石价格指数。由于普氏指数采用收市价原则，在行情可能出现转折时，会有市场参与者刻意影响收市前的现货成交价格，进而影响当天的价格指数。

二是在价格走势的波动性上，普氏指数波动性更大一些，尤其 2010-2011 年，这一表征较为明显（图 4-21）。随机取 2018 年作为对比年，通过对比该年普氏指数与上海钢联铁矿石价格指数在最高值、最低值、价差、平均价格、标准差（即波动性）等方面的数据，发现普氏指数波动性更大，而上海钢联铁矿石价格指数表现得相对平缓（表 4-10）。

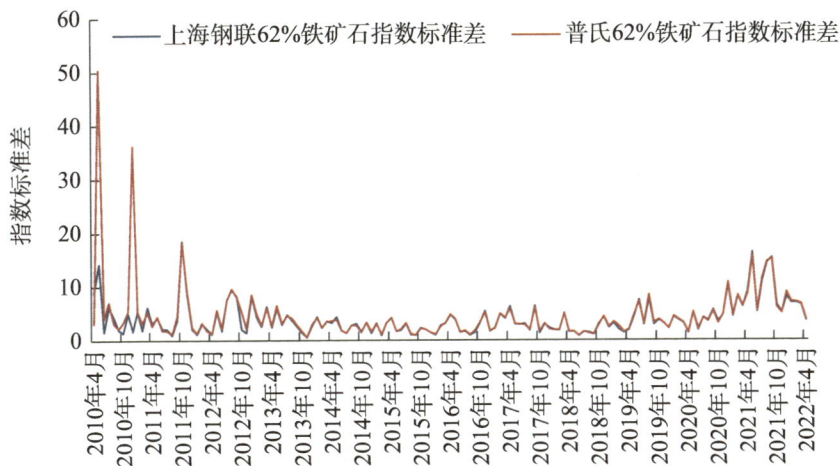

图 4-21　上海钢联与 Platts 铁矿石指数波动性对比（2010-2022 年）

数据来源：钢联数据、普氏能源资讯

表 4-10　上海钢联与 Platts 铁矿石指数价格对比

指数名称	最高值	最低值	2018 年全年均价	单位	样本标准差
普氏指数	79.95	62.5	69.41	美元/吨	4.83
上海钢联指数	79.65	62.5	69.31	美元/吨	4.80
差值	0.3	0	0.1	美元/吨	0.03

数据来源：钢联数据、普氏能源资讯。

有一个极端的例子，在 2016 年 3 月 7 日，并没有突发或者意外消息影响，普氏青岛港铁矿石到港价格单日暴涨 19%，引起全球商品期货剧烈波动。大宗商品价格的如此巨幅波动，也只有在 2008 年金融危机最严重时期才能看到，当时原油价格单日最大跌幅仅为 11.8%。普氏指数收市价原则易被少数机构操纵，是普氏作价方法论所受到的众多诟病之一。

五、MyIpic 铁矿石价格指数作用及意义

铁矿石这一大宗商品与铜、镍等有色金属不同，尚无相对成熟的期货市场，且我国作为全球铁矿石主要消费国，要一支国内客观、公正的价格指数来强化价格话语权。加之我国价格报告机构起步较晚，与国外机构相比已失去先发优势，更需要一支及时、全面的铁矿石价格指数在国际上争夺话语权和定价权。因此，编制 MyIpic 铁矿石价格指数具有重要意义。

宏观方面，编制 MyIpic 铁矿石价格指数可为我国政府及相关部门提供真实、可靠的宏观调控参考依据。国际市场中较为知名的铁矿石价格指数有普氏、阿格斯、MB 等价格报告机构编制的价格指数。其中，普氏价格指数的国际影响力最大。但普氏价格指数由于其编制方法（当天收市估价原则，MOC）导致其存在被投机者操纵的可能性、无法反映全天真实的成交情况等缺陷，无法客观反映我国铁矿石价格真实情况。编制 MyIpic 铁矿石价格指数可更为有效地保证我国经济的健康稳定发展，同时可作为我国分析宏观经济形势、研究通胀水平、制定宏观经济政策、进行价格改革的重要依据。另一方面，MyIpic 铁矿石价格指数可反映不同时期、不同港口、不同品质的铁矿石价格水平及变化趋势，可有效规避国内及国际市场对市场的恶意控制，避免价格的不规范波动引起过度连锁反应，保障物价及民生经济的基本稳定，对于我国稳定市场、引导消费、建设节约型社会有着不容忽视的作用。

微观方面，编制 MyIpic 铁矿石价格指数可为现货市场提供定价基准。买卖双方可直接用价格指数作为依据进行国际贸易，有效降低了价格波动风险及交易风险，较大程度上解决了铁矿石衍生品市场的品质不一的短板，方便了现货市场的金融化，

为供需双方提供了必要的避险工具。与此同时，编制 MyIpic 铁矿石价格指数可有效提高我国在国际贸易市场中的话语权、维护我国企业利益。在当前主流矿现货与衍生品市场上，超过 85% 以上的货源均采用远期指数合同定价，而普氏价格指数虽占据主导地位，但 MyIpic 铁矿石价格指数通过混合指数、个别品种单独定价等方式进入主流，现国际结算份额已超过 30%，有助于把握国际铁矿石价格走势，调节国内矿石供应及消耗，保障国内市场安全。

六、MyIpic 铁矿石价格指数优化完善

（一）价格指数国际影响力有待提升

在当前主流矿现货市场及衍生品市场上，约 85% 以上的货源均采用远期指数合同定价，其中，普氏价格指数仍居于主导地位，MyIpic 铁矿石价格指数占据 20%-30% 左右的结算份额。以主流矿山为例，必和必拓绝大部分品种采取上海钢联铁矿石价格指数与普氏铁矿石价格指数的算术平均数作为其远期合同的结算依据（即 (Mysteel+Platts)/2)；淡水河谷主力品种远期合同采用上海钢联铁矿石价格指数与 MB 铁矿石价格指数的算术平均数作为其远期合同的结算依据(即(Mysteel+MB)/2)，该种结算方法即为"混合指数定价"。

从普氏指数定价发展至混合指数定价，看似小小的改变背后是国内价格报告机构及行业机构多年的努力与耕耘。采取国际、中国价格报告机构编制的价格指数进行混合，表明双方资讯机构均受到了市场重视，可以兼顾买卖双方的利益。但纵观国际市场价格指数的应用场景，无论是结算份额占比还是数据引用频率等，普氏的影响力仍远大于上海钢联。欧美资讯机构已有百年历史，有些资讯机构时间更为悠久，在此期间已经形成了一整套严密完整的发达国家定价体系。加之现阶段铁矿石国际市场仍采用美元计价，无形中提高了我国价格指数进入国际市场的壁垒。MyIpic 铁矿石价格指数的国际影响力仍需加强，需要有久久为功的精神。

（二）与衍生品交易所合作力度有待加大

大宗商品价格指数应用场景除现货市场外，在金融及衍生品市场，价格报告机构提供的商品指数也被用作交易标的制定的参考基准，比如新加坡交易所（SGX）2013 年推出的铁矿石期货合约以环球钢讯（TSI）公司铁矿石指数进行结算，上海钢联推出的螺纹钢价格指数以及铁矿石价格指数，分别被 CME 以及上清所作为结算基准。可见，价格报告机构和商品价格指数已经成为大宗商品市场不可或缺的重要组成部分。不仅用于现货市场的议价与结算，还作为金融交易标的用于衍生品市场，如期货、期权或者掉期等市场。

纵观西方国家，价格报告机构与衍生品交易所作为主流定价模式主体，二者并非竞争而多为合作关系。该种合作模式在西方已较为成熟，合作双方依托自身优势，利用价格指数"生于"现货市场，可反映市场真实成交情况等特点进行设计，并通过衍生品市场推出满足客户切实需求的合约。该类合约更能被现货企业所接受，从而实现多方共赢。具体的合约数量统计见表 4-11。

表 4-11 国内外主要价格报告机构与交易所合作合约数量统计（2020 年）

价格报告机构名称	总部所在国	成立时间	主营业务范畴	交易所合作合约数
普氏能源资讯（Platts）	美国	1909 年	能源、金属、运输、农业	1238
阿格斯（Argus media）	美国	1970 年	能源、运输、金属、生物、碳排放	361
埃信华迈（IHS）	英国	1959 年	农业、化工、能源	105
Fastmarkets	英国	1882 年	金属	18
上海钢联（Mysteel）	中国	2000 年	黑色、有色、能源、化工、建材、农业	3

注：埃信华迈已被普氏能源资讯收购。

数据来源：公开资料整理。

受中国经济发展条件的制约，国内的价格报告机构起步较晚，以上海钢联为代表的价格报告机构借鉴西方成功经验，与国内外衍生品交易所展开合作。2012 年 1 月，上海钢联与芝加哥商品交易所（CME）签订数据授权许可协议，提供钢铁及相关原材料价格数据用于设计衍生品合约并成功上线，迈出了国内价格报告机构期现合作的第一步。证明了在符合中国国情的前提下推动价格报告机构与衍生品交易所之间的合作是必要且可行的。

七、MyIpic 铁矿石价格指数后续发展

（一）不断迭代更新，具备一套完善的指数编制方法论

大宗商品价格指数编制绝非一日之功，其背后的数据积累、历史沉淀、迭代更新等决定了这支指数能"走多远""走多久"。纵观西方价格报告机构，以普氏为例，其铁矿石价格指数发展至今，已形成了采价对象、采价机制、编制方法等全方位的迭代更新机制以确保指数编制方法论的科学性。铁矿石天然具有周期性，不同的价格周期供需双方话语权不同，加之政治局势、国际贸易等多方因素影响，铁矿石价格指数编制方法论的迭代变得尤为重要。

（二）利用大数据工具，实现数据采集智能化

目前来看，传统的电话采集、实地勘察等数据采集方式已经无法满足客户对于

价格指数及时性、全面性、精准性等的需求，利用大数据工具进行智能化数据采集已成为必然趋势。随着科技的发展，越来越多的新技术被引用到大宗商品数据采集及分析中来，如卫星遥感技术、大数据、人工智能等。以卫星遥感技术为例，一方面，其因大范围、全方位、多尺度、长时间动态监测等优势已经成为上海钢联大宗商品数据采集的重要手段；另一方面，以卫星遥感数据为主的另类数据源作为投资辅助，被期货市场同样给予厚望，卫星数据公司也因此受到全球顶级机构投资者的青睐，从而从侧面证明，卫星数据正在进入金融信息主流市场。智能化的数据采集正在为提升大宗商品价格指数透明度、准确度提供新的可能性。

（三）深入完善科学、自动化的数据计算及监测系统

价格指数的编制离不开对原始数据的验证与分类及模型的搭建与完善。上海钢联旨在构建完整的算法预测体系，通过引入时间维度和属性维度形成的面板数据，融入周度、节假日等周期性、季节性因子，对采集指标的当期值进行回归预测。离群值处理方面，上海钢联通过构建并完善融入规则和统计信息的离群数据发现系统和无监督的机器学习方法来实现，从而解决人工验证中存在的明显弊端、提高模型精度。

（四）加强战略合作，协同推出衍生品合约

价格报告机构作为现货市场与期货市场的重要联结者，应充分发挥自身指数服务优势以及庞大的客户资源优势，严抓指数产品及服务质量，始终对标国际最高水平，久久为功，与产业、企业及金融机构一道，为提升中国大宗商品行业成熟度、提升中国大宗商品话语权而不懈努力。金融机构应围绕自身在衍生品市场中的突出优势，大力推进金融创新业务，加强与价格报告机构间的合作，推进期货联动，避免衍生品市场脱离实体经济空转现象。

（五）加大人才引进力度，提升国际化水平

铁矿石作为全球性资源，定价基准国际化是大势所趋，资讯行业巨头的发展莫不如此。由于我国资讯行业、金融市场的发展较西方而言较为滞后，衍生品市场发展较晚，对价格指数定价权的认知不足，导致我国错失了很多提升价格话语权的机会。在这一背景下，加大人才引进力度尤为重要，尤其是有相关背景的国际化人才引进。突破必先借鉴，只有对西方价格报告机构的成功经验揉碎、吸收，取其精华，才有可能在其基础上推陈出新，提高影响力。加大在此方面有相关从业经验的人才可极大提高学习效率，完成经验借鉴与突破。

第〈五〉章

中国钢铁产品价格运行影响因素分析

第一节　经济周期对钢价的影响

　　本节主要探究库存周期对钢价的影响，库存变动具有典型周期特征，库存在产业链中发挥了重要作用，为产业链的正常运转起到了稳定器的作用。库存可以简单分为生产企业库存、中间流通库存和下游企业库存，在不同经济环境下，企业进行补库存和去库存的行为，对钢价均有显著影响。2000 年后，我国大概经历过 5 轮完整的库存周期，补库阶段一般持续 1-2 年左右，以工业企业产成品库存同比增速进行划分，有需求支撑的库存周期稳健性和持续性相对较好，2003-2013 年的 3 轮库存周期是强周期，每轮持续 40 个月左右，平均补库时间约为 2 年，2000-2002 年与 2013-2016 年的库存周期是弱周期，每轮持续 30 个月左右，补库阶段持续约 1 年，2016-2019 年受供给侧结构性改革影响较大，周期的形态较以往产生了一定的变化，库存周期时间较长，尤其从 2017 年 4 月-2018 年 10 月，库存同比增速在顶部长时间徘徊。

　　库存变动对钢价有显著影响。在主动补库存时期，反映经济环境向好，产品供不应求，企业主动补库存以扩大生产，在主动补库存时，钢价多数时期出现上涨。在主动去库存时期，经济环境恶化，产品出现滞销，企业主动去库存，降低存货和生产，在主动去库存时，钢价多数时期出现下跌（表 5-1、表 5-2 和图 5-1）。

第二节　政策法规对钢价的影响

一、财政政策影响

　　国内大多基础设施建设项目由政府主导，其资金重要来源之一就是国家财政，

表 5-1　库存周期与钢价表现

			不同时期钢材价格变化			
库存周期	起始时间	结束时间	主动补库期	被动补库期	主动去库期	被动去库期
第一轮	2000 年 5 月	2002 年 10 月	价格累计下跌 4.95%	价格累计下跌 4.19%	价格累计下跌 2.17%	价格累计上涨 7.78%
第二轮	2002 年 11 月	2006 年 5 月	价格累计上涨 52.58%	价格累计上涨 1.37%	价格累计下跌 24.01%	价格累计上涨 17.53%
第三轮	2006 年 6 月	2009 年 8 月	价格累计上涨 41.59%	价格累计上涨 1.48%	价格累计下跌 27.69%	价格累计下跌 1.16%
第四轮	2009 年 9 月	2013 年 8 月	价格累计上涨 27.45%	价格累计下跌 9.8%	价格累计下跌 13.76%	价格累计下跌 3.29%
第五轮	2013 年 9 月	2016 年 6 月	价格累计下跌 3.61%	价格累计下跌 8.94%	价格累计下跌 4.03%	价格累计下跌 5.2%
第六轮	2016 年 7 月	2019 年 11 月	价格累计上涨 14.95%	价格累计上涨 25.98%	价格累计下跌 2.89%	价格累计下跌 5.66%

数据来源：钢联数据。

表 5-2　历史制造业库存周期情况

库存周期		周期长度（月）	补库时长（月）
起始时间	结束时间		
2000 年 5 月	2002 年 10 月	29	12
2002 年 11 月	2006 年 5 月	42	25
2006 年 6 月	2009 年 8 月	38	26
2009 年 9 月	2013 年 8 月	47	23
2013 年 9 月	2016 年 6 月	33	11
2016 年 7 月	2019 年 11 月	40	9

数据来源：钢联数据。

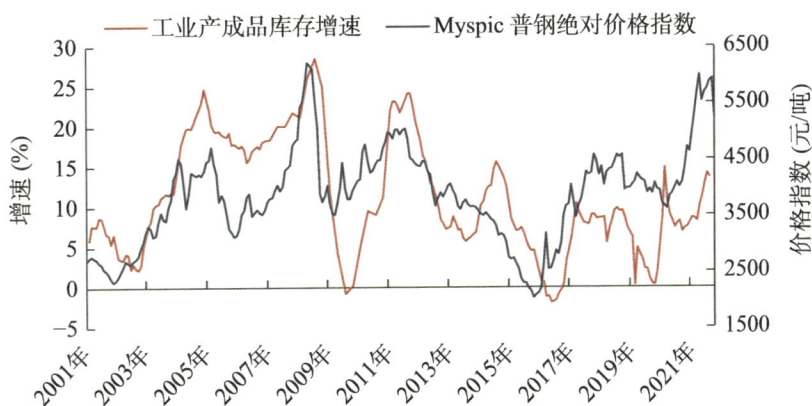

图 5-1　工业企业产成品库存同比增速

数据来源：钢联数据、国家统计局

因此财政政策的力度将影响消费端，从而影响钢价。据财政部数据，2021 年我国财政支出总额高达 24.6 万亿元，约占全年 GDP 总量的五分之一，过去二十年中，我国基础设施建设如火如荼，财政支出对其支持力度较大，财政收支情况本身便具有较强的政策属性。

2005-2013 年间，我国财政支出增速与钢价走势相关性较高，相关系数高达 73%。这一阶段，我国钢铁产业迅速发展，年粗钢产量从 3.53 亿吨快速上升至 8.13 亿吨，增量高达 4.6 亿吨，增幅高达 130.3%。一方面，钢铁业的迅速扩张离不开政府财政政策的支持，尤其是如宝钢、武钢等各大国企产能产量迅速扩张；另一方面，当时政府统筹规划全国"八纵八横"的基础设施建设，并完成了"西气东送""南水北调""青藏铁路"等世界级基建工程，是当时钢铁消费重要支撑。

2008 年金融危机暴发后，政府出台"四万亿"政策，钢材需求明显回升。2008 年 11 月，国务院常务会议提出至 2010 年底实施总规模达到 4 万亿元的投资。在中央扩大投资政策带动下，全社会投资增长势头强劲。同时，部分新增投资用于加快重大基础设施建设，为长远发展增强后劲。铁路项目加快建设，投产里程近 1500 公里。南水北调等大中型水利工程进展顺利，已基本建成近 1500 个大中型水利项目。期间，我国财政支出同比增速整体在 20% 以上，钢价亦明显上涨。据财政部数据，2008-2010 年间，我国财政支出同比增速分别为 25.4%、21.2% 和 17.4%。钢价亦从 3737 元/吨的低点迅速上涨至 4803 元/吨（2010 年 12 月），累计上涨 1066 元/吨，涨幅高达 28.5%（图 5-2 和表 5-3）。

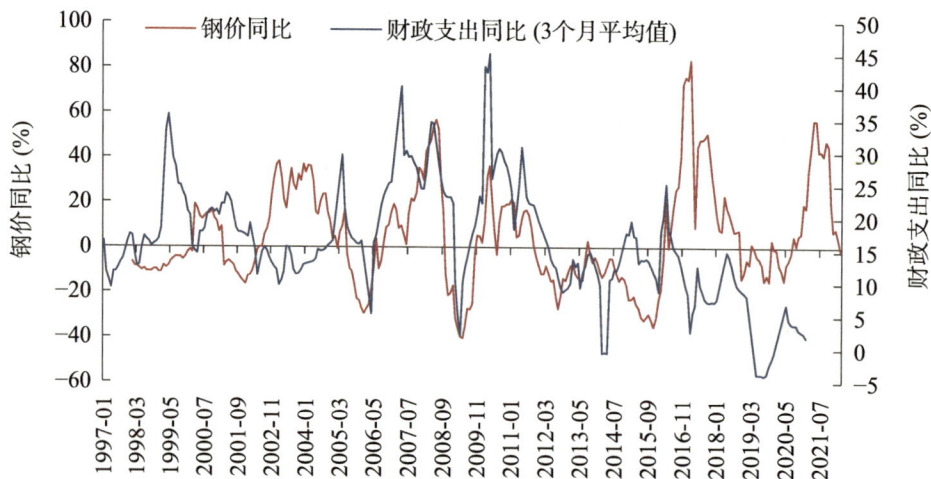

图 5-2　2005-2013 年政府财政支出对钢价的影响较大
（财政支出速度领先钢价 11 个月左右）

数据来源：钢联数据，财政部

表 5-3　"四万亿"政策投向领域

投放领域	金额测算（亿元）
廉租住房、棚户区改造等保障性住房	4000
农村水电路气房等民生工程和基础设施	3700
铁路、公路、机场、水利等重大基础设施建设和城市电网改造	15000
医疗卫生、教育、文化等社会事业发展	1500
节能减排和生态工程	2100
自主创新和结构调整	3700
灾后恢复重建	10000

数据来源：公开信息整理。

二、货币政策影响

M1 作为最靠近实体流通端的货币指标，其指数变化与钢价具有较高的相关性，M1 上升，反映实体投融资意愿有所提振，整体表现较佳；反之，M1 下降反映企业投融资积极性有所下降。为应对金融危机的冲击，稳定国内经济，央行进行宽松的货币政策。2008 年 9 月起，央行 2008 年内共进行五次降息和四次降准，一年期贷款基准利率从 7.47% 累计下行 216BP 至 5.31%，大型金融机构存款准备金率从 17% 累计下行 150BP 至 15.5%，中小型金融机构存款准备金率从 17% 累计下行 350BP 至 13.5%。多次降准降息驱动市场利率大幅下行，随后利率维持在底部，低利率驱动流动性供给增速上行（表 5-4）。

表 5-4　金融危机后央行货币政策调整情况

政策时间	货币政策调整
2008 年 9 月 25 日	降低一年期贷款基准利率 0.27%，中小型金融机构存款准备金率 0.50%；提升大型存款准备金率 0.50%
2008 年 10 月 9 日	降低一年期贷款基准利率 0.27%
2008 年 10 月 15 日	降低中小型金融机构存款准备金率 0.50% 和大型存款准备金率 0.50%
2008 年 10 月 30 日	降低一年期贷款基准利率 0.27%
2008 年 11 月 27 日	降低一年期贷款基准利率 1.08%
2008 年 12 月 5 日	降低中小型金融机构存款准备金率 2.00% 和大型存款准备金率 1.00%
2008 年 12 月 23 日	降低一年期贷款基准利率 0.27%
2008 年 12 月 25 日	降低中小型金融机构存款准备金率 0.50% 和大型存款准备金率 0.50%

数据来源：央行，公开信息整理。

宽松的货币环境推动钢价明显上涨。2008 年 11 月 M1 增速触底录得 6.8%，在货币政策的刺激下，M1 增速明显回升，2010 年 1 月 M1 增速触顶录得 39.0%，共计回升 32.2 个百分点。与此同时，普钢绝对价格指数从 3737 元/吨上涨至 4108 元/吨，共计上涨 371 元/吨。

2015 年初，为应对美联储加息以及我国经济下行压力，央行亦采取了新一轮的宽松政策，钢价亦明显上涨。2015 年央行连续降准降息，经过 5 次降准后存款准备金率相比降准前共下降 2.5 个百分点；5 次降息后，人民币贷款基准利率累计下降 1 个百分点；降准降息的全面开启造成多项利率水平的下降以及流动性的释放，2015 年底银行间债券质押式回购平均利率为 2.45%，同比下降 1.86 个百分点，10 年期国债到期收益率为 2.82%，同比下降 0.80 个百分点；利率下行促进流动性释放（表 5-5）。

表 5-5　2015-2016 年央行货币政策调整情况

政策时间	货币政策调整情况
2015 年 2 月 4 日	全面降准 0.5 个百分点，并对符合定向降准标准的银行额外降准 0.5 个百分点
2015 年 3 月 1 日	金融机构一年期贷款基准利率下调 0.25 个百分点至 5.35%；一年期存款基准利率下调 0.25 个百分点至 2.5%
2015 年 4 月 20 日	全面降准 1 个百分点，农村金融机构额外降准 1 个百分点
2015 年 5 月 11 日	金融机构一年期贷款基准利率下调 0.25 个百分点至 5.1%；一年期存款基准利率下调 0.25 个百分点至 2.25%
2015 年 6 月 28 日	降息 0.25 个百分点，同时定向降准 0.5 个百分点
2015 年 8 月 26 日	金融机构一年期贷款基准利率下调 0.25 个百分点至 4.6%；一年期存款基准利率下调 0.25 个百分点至 1.75%
2016 年 10 月 24 日	金融机构一年期贷款基准利率下调 0.25 个百分点至 4.35%；一年期存款基准利率下调 0.25 个百分点至 1.5%

数据来源：央行，公开信息整理。

2015 年 2 月 M1 增速触底录得 5.6%，在央行宽松货币政策的刺激下，M1 增速明显回升，2016 年 7 月 M1 增速触顶录得 25.4%，共计回升 19.8 个百分点。7 个月后普钢绝对价格指数从 2201 元/吨上涨至 4030 元/吨，共计上涨 1829 元/吨，共计上涨 83.1%（图 5-3）。

M2 与 M1 剪刀差与钢价亦具有较强的相关性，剪刀差大约领先钢价 5 个月。具体来看，2008 年金融危机暴发时，全球经济受到严重冲击，大量企业倒闭，在此背景下，M2-M1 增速差值从 4.7%（2007 年 8 月）的高点迅速下滑至 -12.1%（2009 年

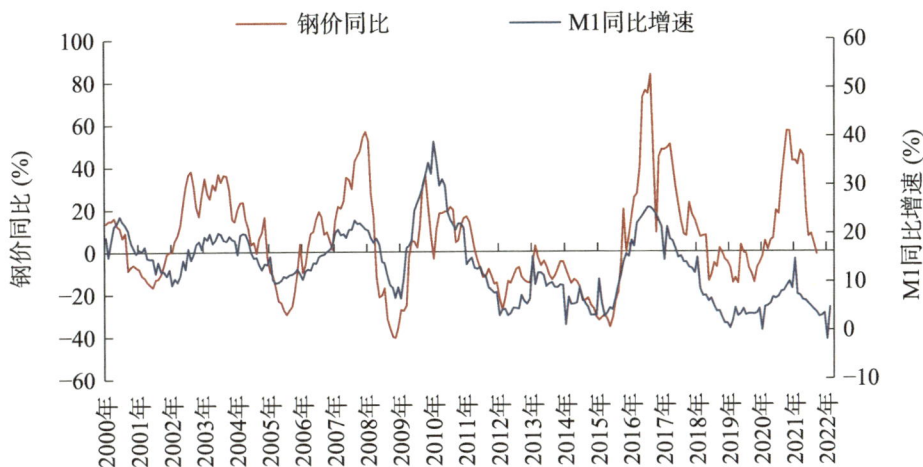

图 5-3　2008-2015 年 M1 与钢价相关性高达 71.5%

（M1 领先钢价 7 个月左右）

数据来源：钢联数据，央行

1 月）的低点，共计下降 16.8 个百分点。5 个月后，普钢绝对价格指数从 4825 元/吨下跌至 3503 元/吨，共计下跌 1322 元/吨，跌幅高达 27.3%。

随后在国家各种刺激政策的有序推动下，M2-M1 增速差值快速回升至 12.9%（2010 年 1 月），共计回升 25 个百分点，期间钢价亦明显回升，截至 2010 年 4 月，钢价迎来阶段性的顶点（4765 元/吨），较低点共计上涨 1262 元/吨，涨幅高达 36.1%（图 5-4）。

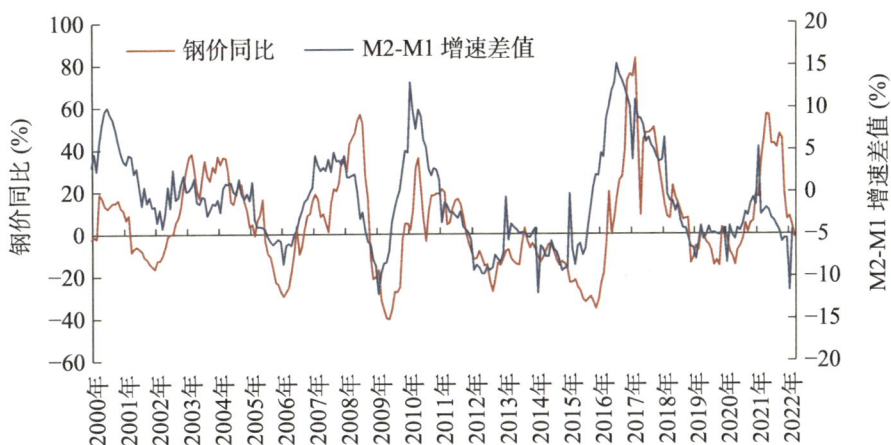

图 5-4　M2-M1 剪刀差与钢价相关性高达 75.46%

（M2 与 M1 剪刀差大约领先钢价 5 个月左右）

数据来源：钢联数据，央行

三、价格政策影响

2021 年钢材价格大幅上涨严重威胁产业链的平稳运行。2021 年 4-5 月，普钢绝对价格指数从 5326 元/吨上涨至历史高位 6634 元/吨，价格之高和上涨速度之快为历史罕见。钢价严重脱离基本面，也严重超出了下游企业的承受能力，导致下游出现大规模的停工停产，对产业链的市场秩序甚至对国民经济运行都造成不利影响。2021 年国务院陆续出台保供稳价政策，钢价出现阶段性回落。2021 年以来国务院常务会议提及大宗商品保供稳价达 10 次以上，其中 2021 年 5 月 12 日指出要跟踪分析国内外形势和市场变化，做好市场调节，应对大宗商品价格过快上涨及其连带影响，此次政策要求对钢价影响最大。为落实国务院相关会议精神，相关市场监管部门在上海和河北约谈钢铁企业，明确要求广大钢材生产、经营企业，要严格遵守《中华人民共和国价格法》《价格违法行为行政处罚规定》等法律法规，规范价格行为，不得捏造、散布涨价信息，扰乱市场价格秩序；不得相互串通，操纵钢材市场价格。此外，要求不得在生产成本未发生明显变化的情况下，大幅提高钢材销售价格，推动钢材价格过快、过高上涨，损害其他经营者和消费者合法权益。市场进入强监管模式，钢价出现大幅下跌，普钢绝对价格指数从高点 6634 元/吨下跌至 5413 元/吨，跌幅达到 22.5%。

四、税收政策影响

2019 年 3 月 21 日，财政部、国税总局、海关总署三部门联合发布《关于深化增值税改革有关政策的公告》，当年 4 月 1 日起，增值税一般纳税人（以下称纳税人）发生增值税应税销售行为或者进口货物的税率、境外旅客购物离境退税物品的退税率等均有不同程度下降。例如，纳税人发生增值税应税销售行为或者进口货物，原适用 16% 税率的，税率调整为 13%；原适用 10% 税率的，税率调整为 9%。由于政策公布时间与实施时间的窗口期非常短，因此给市场造成较大扰动，钢价也受到影响。由于钢材贸易一般流行"先款后货再票"的原则，部分贸易商为了节省税务成本，在当年三月下旬纷纷让利扩大销量，期间钢价出现小幅下跌，普钢绝对价格指数下跌 24 元/吨，螺纹钢绝对价格指数下跌 52 元/吨。

2021 年 12 月 31 日，财政部、国税总局发布《关于完善资源综合利用增值税政策的公告》。《公告》明确，从事再生资源回收的增值税一般纳税人销售其收购的再生资源，可以选择适用简易计税方法依照 3% 征收率计算缴纳增值税，或适用一般计税方法计算缴纳增值税。本公告自 2022 年 3 月 1 日起执行。以前废钢市场非常散乱，市场不透明，财税政策执行困难，为了规范市场，政策层面逐渐完善，按照新政策将给废钢产业链增加一定税务成本，为了避免税费增加，废钢供应商在 2022 年 1-2 月份加快出货，降低库存，这对废钢价格形成一定的抑制。1-2 月份废钢价格涨幅仅 2.5%，而其他原材料焦炭和铁矿涨幅达到 12.2% 和 8.7%。

五、产业政策影响

2018 年 3 月 22 日，美国总统特朗普在白宫签署了对中国输美产品征收关税的总统备忘录，并当场宣布对中国 600 亿美元进口商品加征关税，3 月 23 日中国商务部发布了针对美国钢铁和铝产品 232 措施的中止减让产品清单，拟对自美进口部分产品加征关税。中美贸易战一触即发，引发市场空前的悲观情绪，钢价大幅下跌。2018 年 3 月普钢绝对价格指数下跌 337 元/吨，螺纹钢绝对价格指数下跌 483 元/吨，热卷绝对价格指数下跌 349 元/吨，冷轧绝对价格指数下跌 304 元/吨。

2021 年 7 月 29 日，国务院关税税则委员会发布公告，自 2021 年 8 月 1 日起，取消 23 种钢铁产品出口退税。相较于 5 月份取消了包括热轧板、管材等 146 种钢铁产品的出口退税，此次进一步取消冷轧、取向硅钢等 23 种钢铁产品出口退税。出口退税取消对钢材出口带来一定阻力，当年 8 月钢价出现小幅下跌，冷轧绝对价格指数下跌 89 元/吨。

第三节　金融市场对钢价的影响

一、股票市场影响

以美股为例，美国股市作为全球最成熟的金融市场之一，具有风向标功能。其中，全球大量知名制造型企业均在美国上市，道琼斯工业指数的走势与全球大宗商品价格走势具有较高的相关性。美国次贷危机暴发导致美股迅速下跌，钢价亦快速回落。2007 年美国金融资产泡沫化达到顶峰，美国房市、股市均迎来狂欢。以道琼斯工业指数为例，2007 年 10 月美国道琼斯工业指数月度均值录得 13901 点，同比大幅增长 16.2%。随后由于美国暴发的大量的次级债券违约问题，美国金融市场受到严重冲击，11 月道琼斯工业指数下滑至 13201 点，环比大幅下跌 5%。2008 年 9 月，随着"雷曼兄弟"宣告破产，标志美国次贷危机演变成全球金融危机。数据表现来看，2008 年 5 月普钢绝对价格指数触顶，月度均价录得 6211 元/吨，同比大幅上涨 53.9%，随后钢价连续 7 个月下跌，截至 2008 年 12 月，普钢绝对价格指数月度均价下跌至 3840 元/吨，随后钢价便在 3800-4000 元/吨的区间内震荡运行。同一时期，道琼斯工业指数从 12812 点的水平迅速下跌至 8596 点，降幅达

32.9%。

美国开启大规模的量化宽松政策以刺激股市，钢价亦触底反弹。2008 年 9 月，美联储开始大规模量化宽松政策。2008 年 11 月 25 日，美联储首次宣布将购买机构债和 MBS，期间共购买 1.72 万亿美元资产。在此刺激下，美国道琼斯工业指数从 7691 点（2009 年 2 月）快速反弹，截至 2011 年 12 月，指数上升至 12076 点，共计上涨 4385 点，涨幅高达 57%。同期，普钢绝对价格指数从 3711 元/吨快速上涨至 4416 元/吨，共计上涨 705 元/吨，涨幅高达 18.99%（图 5-5）。

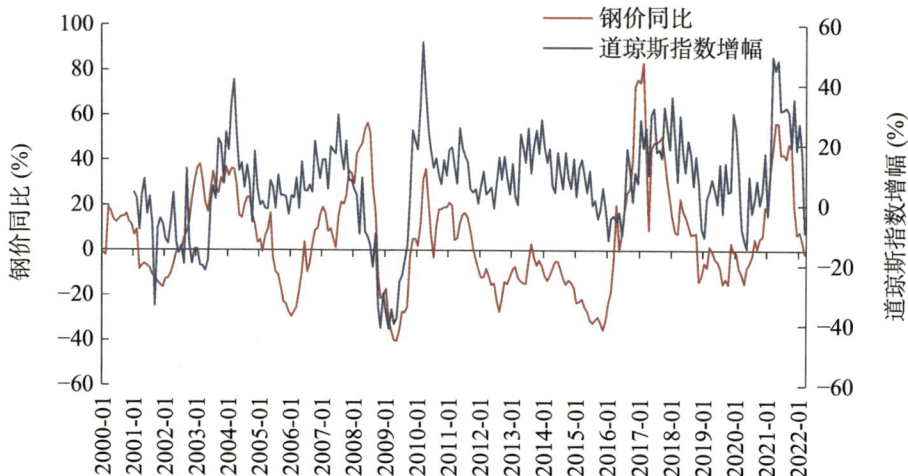

图 5-5　钢价与道琼斯工业指数相关性高
（金融危机期间，道琼斯工业指数走势与钢价高度相关）
数据来源：钢联数据

国内股市与钢材价格在某些时期有较好联动或领先性。具体来看，2007 年 11 月上证指数触顶，录得 5298 点，6 个月后（2008 年 5 月），普钢绝对价格指数亦触顶，录得 6211 元/吨，二者价格走势具有较强相似度。此外，2015 年 2 月上证指数短期内触底，9 个月后（2015 年 11 月）普钢绝对价格亦达到阶段性的底部，钢价录得 2026 元/吨（图 5-6）。

二、汇率市场影响

首先，钢材价格中有较大一部分成本为铁矿石价格，而铁矿石作为以美元为主要计价单位的大宗商品，其价格走势与美元指数亦具有极高的相关性，汇率可以通过影响铁矿石价格进而影响钢价。其次，钢材作为大宗商品的重要组成部分，其在国际贸易中，受美元指数的影响偏大。最后，美元指数作为美元对一揽子货币汇率强弱对比的重要指标，能反映全球货币流动性格局并对全球进出口贸易造成一定影响。具体数据来看，2005-2016 年间，普钢绝对价格指数与美元指数的相关性高达81%，且美元指数对钢价有一个月的领先性。在国际贸易结算中大多使用美元进行计价结算，美元指数的变化对大宗商品价格（包括钢价）的影响相对偏大。2020 年6 月-2021 年 1 月美元兑人民币从 7.12 跌至 6.48，跌幅 8.9%，美元贬值利多商品价格，此期间普钢绝对价格指数上涨 19.5%（图 5-7）。

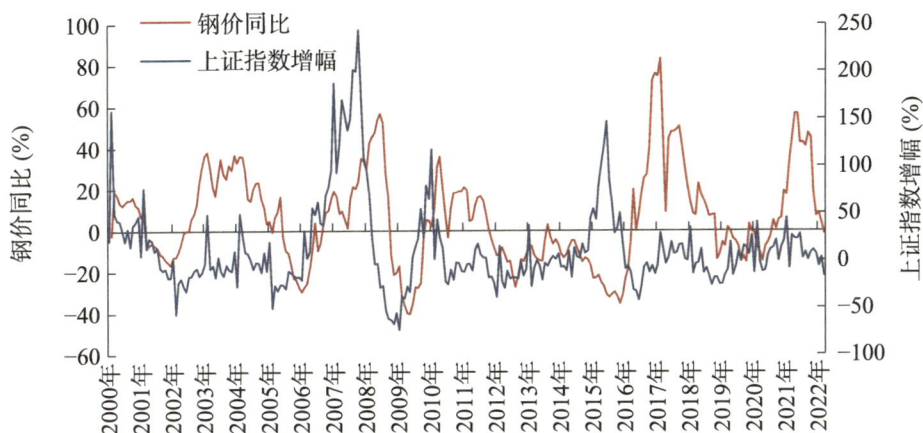

图 5-6　上证指数领先钢价 6-9 个月左右
（上证指数对钢价具有一定的领先性）

数据来源：钢联数据

图 5-7　钢价与美元指数具有较强的负相关性
（2005-2016 年钢价与美元指数具有较强的负相关性）

数据来源：钢联数据

三、期货市场影响

期货衍生品的交易是基于现货标的，通过交割规则保证期货和现货最终趋于一致，期货由于具有价格发现功能，常作为避险工具使用，期货与现货紧密结合，期货由于其强预期性，对现货市场有较大影响。

2020 年 11-12 月，由于全球经济快速复苏，通胀预期升温，期货率先拉涨，螺纹 2105 合约从 11 月 3565 元/吨涨至 12 月底 4388 元/吨，涨幅 23.1%；热卷 2105 合约从 11 月 3713 元/吨涨至 12 月底 4554 元/吨，涨幅 22.7%；而对应的螺纹钢上海市场价格上涨 16.2%，热卷上海市场价格上涨 15.9%，期货涨幅明显大于现货，并且此阶段正处于钢材消费淡季，价格大幅上涨的驱动主要受预期影响。

2021 年 10 月，由于煤炭价格严重脱离基本面，高煤价影响国计民生，受到政策强监管，动力煤、焦煤、焦炭三大品种期货开始暴跌，此外，10 月钢材需求不及预期，双重压力下，10 月钢材期货出现大幅下跌，螺纹 2201 合约从月初 5750 元/吨跌至月末 4646 元/吨，跌幅 19.2%；热卷 2201 合约从月初 5813 元/吨跌至月末 5003 元/吨，跌幅 13.9%；而对应的螺纹钢上海市场价格下跌 12.8%，热卷上海市场价格下跌 9.1%，期货跌幅明显大于现货，期货对现货的影响显著。

第四节　行业基本面对钢价的影响

一、供应因素影响

从商品经济学角度出发，商品价格变动是多因素综合影响的结果，长期受供需变动影响更大，在完全市场化环境当中，很难厘清单一因素对价格的影响，比如，当商品下跌时，可以解释为需求不足，也可以解释为供应过剩，但是总体而言供给与价格呈负相关。本课题主要探究单一因素在"特殊状态下"对钢材价格的影响。就供应因素而言，主要研究供给在约束状态下和发生重要转变时对钢价的影响，主要分时间、空间和品类三个维度进行分析。从近 20 年的走势图来看，钢材供给与价格具有较强的负相关性，通常供给增速过快，会导致价格出现下跌；而供给减少，价格则容易出现上涨（图 5-8）。

"十三五"钢铁行业供给侧结构性改革，钢铁供给长期受约束，钢材价格出现较大幅度的反弹。

国务院明确要求钢铁行业要化解过剩产能。为了改变产能过剩的局面，2016 年

图 5-8　粗钢供给与价格关系

数据来源：钢联数据，国家统计局

2月4日，国务院印发的《关于钢铁行业化解过剩产能实现脱困发展的意见》（以下简称《意见》）公布，明确指出，钢铁行业化解过剩产能、实现脱困发展，要着眼于推动钢铁行业供给侧结构性改革。这被视为是我国推动钢铁行业脱困升级的"路线图"。《意见》提出，从 2016 年开始，在近年来淘汰落后钢铁产能的基础上，用 5 年时间再压减粗钢产能 1 亿-1.5 亿吨，行业兼并重组取得实质性进展，产能利用率趋于合理。

"十三五"钢铁行业去产能目标提前完成。此次去产能效果显著，仅 2016 年，我国就化解粗钢产能逾 6500 万吨，超额完成 2016 年化解 4500 万吨粗钢产能的目标任务。同时，"地条钢"等劣质钢受到政府机构等的严格监督并禁用，钢材质量得到有效提高。本次供给侧结构性改革去产能任务持续到 2018 年，据国家统计局数据，当年统计的产能为 10.3 亿吨，较 2015 年下降 1 亿吨。加上表外产能变化，3 年间共去除 1.5 亿吨过剩产能和 1.4 亿吨"地条钢"产能，其中 2016 年和 2017 年分别去除 6500 万吨和 5500 万吨，2018 年去除 3000 万吨产能（表 5-6）。

表 5-6　2016-2018 年去产能情况　（万吨）

指标	2016 年	2017 年	2018 年
计划去产能	4500	5000	3000
实际去产能	6500	5500	3000

数据来源：公开资料整理。

钢铁供应长期受约束，钢价大幅上涨。经过三年的去产能工作，钢铁行业经营环境大幅改善，供给大幅收缩支撑钢价出现反弹，普钢绝对价格指数在 2016-2018

年分别上涨 14.9%、43.5% 和 8.2%，其中螺纹钢和热卷在 2017 年最高涨至 4916 元/吨、4441 元/吨，较 2015 年的最低点分别上涨 163%、139%。受益于供给侧改革红利，钢材利润得到极大的改善，吨钢毛利润超过千元，重点钢企利润在 2016 年扭亏为盈后，2017 年同比大幅增长 483%，2018 年重点钢企利润总计达到 2851 亿元。而亏损企业数量占比也在 2015 年达到峰值 50% 的水平后快速下降，2016 年和 2017 年分别降至 20% 和 8.6%（图 5-9 和表 5-7）。

图 5-9　供给侧结构性改革前后钢企盈利变化

数据来源：钢联数据、中国钢铁工业协会

表 5-7　供给侧结构性改革前后钢材价格、利润与供给的变化

时间	粗钢产能（万吨）	粗钢产量（万吨）	产能利用率（%）	年均价（元/吨）	重点企业利润总额（亿元）
2014 年	112851	82270	73	3372	304
2015 年	112688	80382	71	2422	−645
2016 年	107333	80837	75	2783	304
2017 年	103722	83173	80	3994	1773
2018 年	102693	92826	90	4321	2851

数据来源：钢联数据、国家统计局、中国钢铁工业协会。

"双碳"目标下，2021 年粗钢压减对钢价起到较强支撑作用。作为"十四五"的开局之年，粗钢产量压减工作对"碳达峰、碳中和"意义重大。2021 年以来唐山限产逐步趋严，3 月发布《攻坚月计划》，将"退后十"作为首要目标，而后唐山钢铁行业减排措施出台后，限产比例 30%-50%。在供应收缩的强烈预期下，以及叠加宏观等多重利好，5 月钢材价格创历史新高，螺纹钢和热卷价格分别冲高至 6290 元/吨、6714 元/吨，较 2020 年低点分别上涨 78%、103%。下半年，全国性的压减工作在 7 月正式开始，江苏、山东、安徽、江西等钢铁主产区相继开启大规模的减产计划，粗钢产量大幅下降。据国家统计局数据，2021 年粗钢产量 10.3 亿吨，同比下降 3000 多万吨。尤其是 2021 年下半年，粗钢产量单月降幅最高达到 23%，此外，由于 2021 年国内煤炭供应紧张，9 月全国大范围的"能耗双控"，限电导致电炉产能利用率超预期下滑，加速了粗钢压减进程。供给收缩使得钢材利润依然保持在较高水平，据中钢协数据，2021 年钢铁行业效益再创历史新高，全年重点大中型钢铁企业累计营业收入 6.93 万亿元，同比增长 32.7%；累计利润总额 3524 亿元，同比增长 59.7%；销售利润率 5.08%，较 2020 年提高 0.85 个百分点。

品种产量增加导致溢价逐渐下降。从品种来看，冷轧板的产量变化与冷热价差有较强的负相关性。冷轧板，尤其是汽车板、硅钢板等，通常被视为高端板材。2010 年之前，国内冷轧生产能力不足，导致冷轧供不应求，需要依赖进口，因此冷热轧价差通常保持在 1000 元/吨以上的高位水平；相似的品种如镀锌板卷、硅钢和不锈钢等一度也存在非常高的溢价。据国家统计局数据，2003 年，我国冷轧板卷产量 1072 万吨，冷热价差 1249 元/吨。随着我国粗钢产量的逐年增加，先进装备和技术的投入，冷轧板供给逐步增多，例如宝武集团、河钢、首钢等大型国企，均相继建成冷轧生产线，冷热轧价差逐年减小。国家统计局数据显示，2019 年我国冷轧板产量达到 8626 万吨，较 2003 年增加 7 倍，冷热价差也缩小到 505 元/吨，较 2003 年减少 60%。

南方粗钢产量逐年增加，南北价差缩小。从区域上看，南方热卷价格始终高于北方，这主要是因为南北方的热卷供需差异。由于历史原因，我国北方钢铁行业发展时间较早，尤其是河北，2021 年河北粗钢年产量 2.25 亿吨，占全国比例达 21.8%，是广东和广西两地粗钢产量之和的 3.3 倍。其中，河北粗钢生产大多集中在唐山，并且唐山也是全国热卷、带钢产能最大的区域。据钢联数据，截至 2021 年 12 月，我国热轧产能 40.9% 分布在华北，主要是唐山区域，华东地区占比 24.5%，而华南地区仅占比 8.5%。因此，从区域粗钢产能和热卷产能分布来看，南北热卷价格天然有着一定的价差。不过，近年来，随着产业向沿海和南方转移，以宝武、柳钢为代表的钢企在南方加快热卷产能布局。2021 年热卷产能新增 2780 万吨，主要集中在华南，产能占比较 2020 年上升 2.74 个百分点。据国家统计局数据，2021 年两广粗钢产量合计 6839 万吨，较 2004 年增加 5.6 倍，受此影响，华南和华北的热卷价差逐年收窄，2021 年平均价差仅 14 元/吨，较 2004 年大幅收窄 89%（图 5-10）。

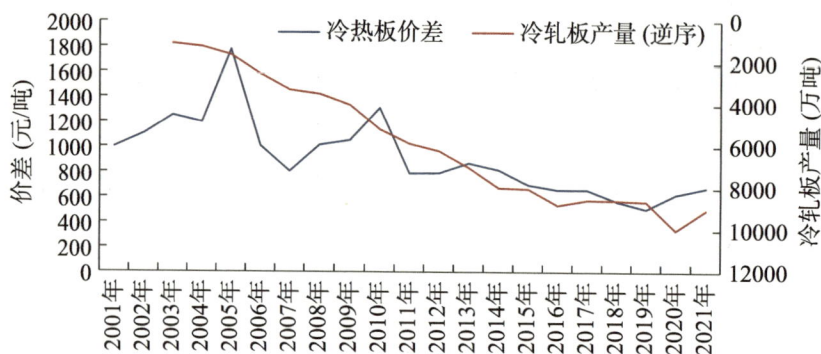

图 5-10　冷轧板产量和冷热板价差
数据来源：钢联数据，中国钢铁工业协会

二、需求因素影响

需求对钢价的影响更为直接，一般而言，当下游行业对钢材的需求增加，会刺激钢材价格上涨，而预期钢材价格上涨，会刺激需求进一步增加；相反，如果下游行业对钢材的需求减少，钢材的价格就会下跌，当钢材预期价格下跌时，会造成需求方持币观望，需求减少（图 5-11）。

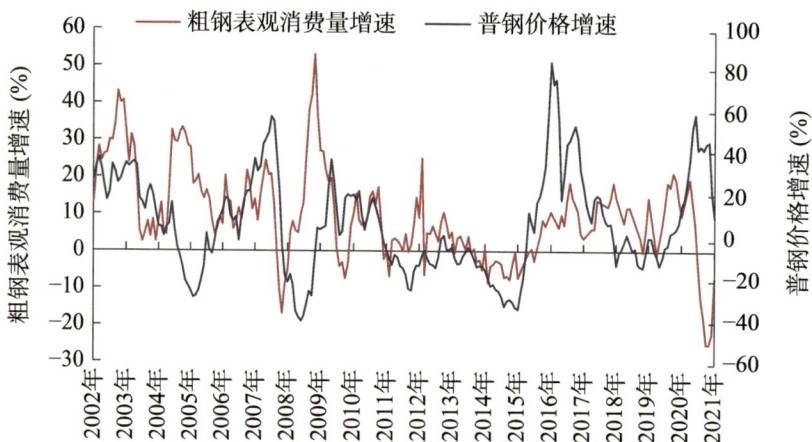

图 5-11　粗钢表观消费量与普钢价格走势
数据来源：钢联数据

2006 年下半年-2008 年上半年钢材消费大幅增长，钢价表现强势。

2006-2008 年，钢材消费持续性大幅增长，粗钢表观消费量从 2006 年 2 月 2873 万吨上升至 2008 年 6 月 4451 万吨，增长 55%。粗钢产能上升速度虽然很快，但依然供不应求，中国钢材需求增长强劲，拉动钢材价格持续上涨。这一阶段 Mysteel

普钢绝对价格指数最高点为 2008 年 6 月，达到 6215 元/吨，上涨 59.9%。这一阶段钢材需求旺盛的原因在于，国家以改变经济增长方式，增加人民收入，提高城镇化率作为重要发展目标。如党的十六大强调了城市化水平的提高，提出"城镇人口的比重较大幅度提高"，同时，"十一五"规划提出了转变我国经济增长方式的一些基本政策，其中第一个转变就是把扩大国内需求，特别是扩大消费需求，作为基本出发点来促进经济增长，实现由主要依靠投资和出口拉动经济增长，向消费与投资、内需与外需协调拉动经济增长方式转变。在国家经济方针指引下，我国经济迅速发展，国内消费需求持续扩张，钢材的主要下游如房地产、汽车、家电等行业在这一阶段蓬勃发展（图 5-12）。

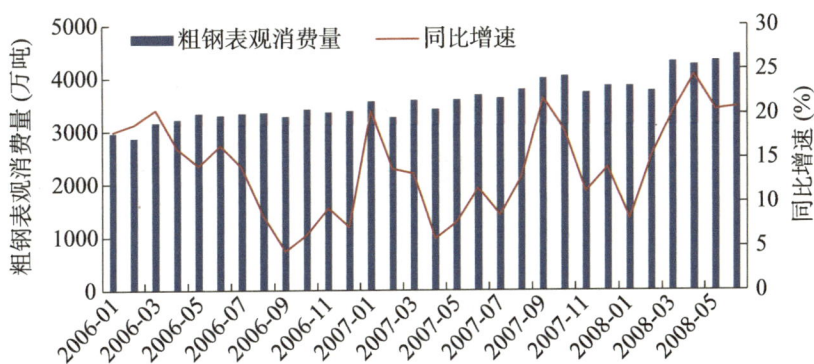

图 5-12　2006-2008 年粗钢表观消费量及增长情况

数据来源：钢联数据

2013-2015 年，钢材消费低迷，钢价大幅下跌。2013 年下半年-2015 年这一阶段，钢材消费增长速度放缓，甚至在 2014 年下半年-2015 年出现较长时间的负增长，在过去二十年中极为罕见。钢材需求动力不足，导致供大于求，带动钢价回落。从粗钢消费量来看，粗钢消费从 2013 年 1 月高点 6906 万吨下降至 2015 年 2 月 5122 万吨，降幅高达 34.8%。这一阶段，钢材价格走入下行空间，这一阶段普钢绝对价格指数从 2013 年高点 4115 元/吨下跌至 2015 年 1981 元/吨，跌幅达到 52%。我国经济进入"新常态"，钢铁消费增速放缓。"十二五"期间，我国经济发展进入了"新常态"，经济由高速增长转为中高速增长，处于增长速度换挡期、结构调整阵痛期和前期刺激政策消化期的"三期叠加"阶段，面临的国内外形势异常复杂，在此形势下，我国消费增长速度趋缓，钢材消费进入下行区间。

品种季节性需求变化导致溢价改变。冷轧广泛应用于制造业，其中以汽车作为主要代表，汽车产销变化对冷轧价格影响较大。一般而言，汽车产销进入旺季时，冷热轧价差常出现扩大；进入淡季时，冷热轧价差缩小。每年四季度均为汽车产销旺季，四季度旺季时部分年份汽车销量能达到 300 万辆，较淡季时增幅超过 50%，随着汽车消费大幅回升，冷热价差呈现规律性扩大，其中以 2020 年表现最为突出，2020 年四季度冷热价差最高时超过 1200 元/吨。镀锌应用同样广泛，尤其在建筑业，主要使用冷轧作为基板来生产，因此与冷轧价格有较强联动性，其价差又存在明显季节性规律。每年 3-5 月是建筑业的施工高峰期，镀锌需求较为旺盛，镀锌与冷轧价差常出现规律性扩大，价差最大时超过 500 元/吨。进入三季度后，镀锌旺季褪色，冷轧需求回暖，镀锌与冷轧价差逐渐收窄，2020 年镀锌与冷轧价差最低不足 100 元/吨（图 5-13 至图 5-16）。

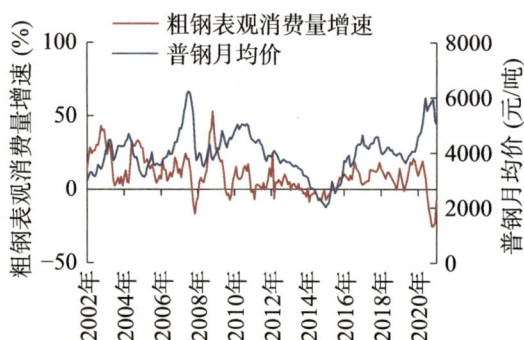

图 5-13　粗钢表观消费量增速与钢材价格走势
数据来源：钢联数据，国家统计局

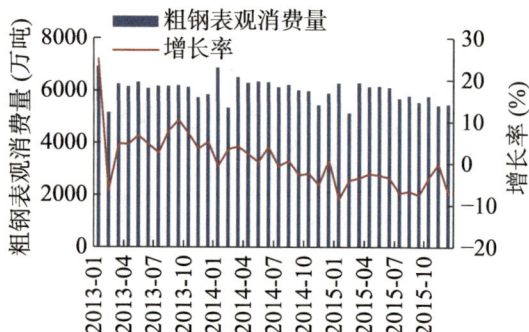

图 5-14　2013-2015 年粗钢表观消费量
数据来源：钢联数据，国家统计局

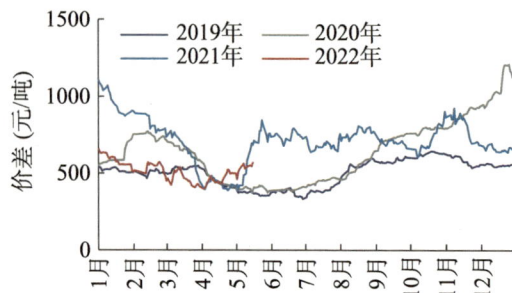

图 5-15　冷轧-热轧价差呈明显季节性
数据来源：钢联数据，国家统计局

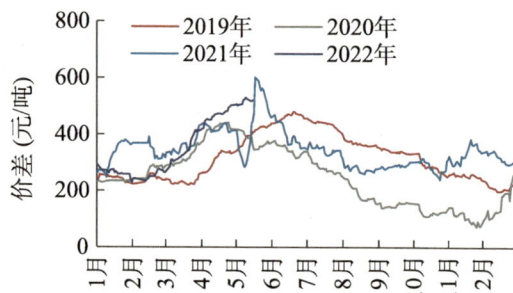

图 5-16　镀锌-冷轧价差呈明显季节性
数据来源：钢联数据，国家统计局

螺纹钢与热轧板卷价差由生产成本决定，而卷螺价差的波动则反映的是其需求的错位。热卷主要需求领域是制造业，而螺纹钢主要用于房地产和基建，因此房地产的变化对螺纹需求影响巨大。一般而言，新开工面积越高，螺纹需求越旺盛，卷螺价差收窄。而当制造业进入繁荣期，热卷需求增加，卷螺价差扩大。2017-2019

年房地产需求韧性促使房地产企业投资、新开工面积增加，2018年房地产新开工面积同比增速达到17.2%，螺纹钢消费大幅增加，推动价格上涨，而热卷主要下游制造业表现相对弱势，2017-2019年卷螺价差持续为负值，最大价差达到-625元/吨。

2020年二季度开始，卷螺价差开始扩大。2019年底暴发的新冠疫情导致的停工停产对全球供应造成的影响远大于需求，以至于需求端在疫情逐步得到控制之后快速启动，而供应则无法跟进，中国作为制造业生产大国，外贸需求大增，对热卷消费大幅增加，推动卷螺价差走扩，卷螺价差最高达到578元/吨（图5-17）。

中厚板与热卷两者生产工艺成本差一般在100-200元/吨。但相较于中厚板，热卷应用领域更加广泛，除直接用于下游行业，还作为冷系基板，而中厚板应用范围相对较小，据统计，中厚板将近40%用于机械行业，机械行业发展强弱对中厚板价格影响较大。2013-2015年工程机械行业进入低迷期，中厚板溢价下滑。这一阶段，工程机械行业出现严重的产能过剩，行业在2015年跌入谷底，当年挖掘机全国销量仅5.6万台，较2011年下滑68%，中厚板需求低迷，板卷价差也震荡下行（图5-18）。

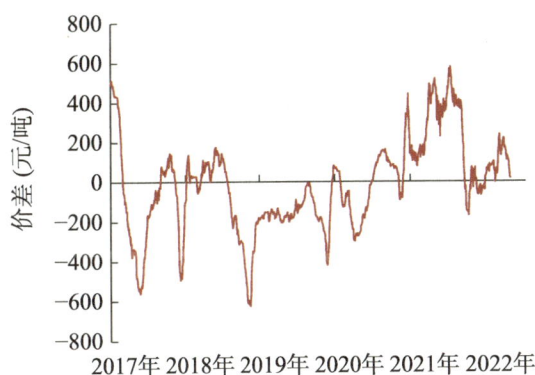

图 5-17　热卷-螺纹价差走势
数据来源：钢联数据，国家统计局

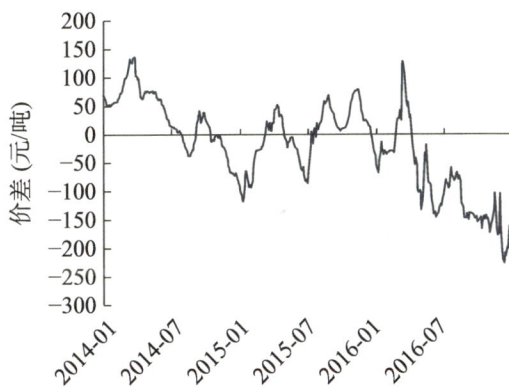

图 5-18　中厚板-热卷价差走势
数据来源：钢联数据，国家统计局

区域需求差异导致价格变化。建筑业用钢需求占比超过50%，然而建筑业的施工受气候影响较大，雨雪、高温都会影响建筑施工，尤其是冬季，水泥、混凝土在0℃以下容易冻结，北方冬季时间较长且长时间气温在0℃以下，每年冬季时北方钢材需求迅速萎缩，而南方气温仍然适合施工，导致每年冬季时，南北钢材需求出现巨大差异，导致南北价差出现巨大变化。以2019-2020年南北建筑钢材成交量为例，2019年二三季度南方建材成交量是北方的1.7-1.8倍，四季度达到2.4倍；2020年二三季度南方建材成交量是北方的1.6-1.7倍，四季度达到2.2倍。2019年四季度螺纹钢广州与天津价差最高达到1000元/吨，而在二三季度时最低在200元/吨以下（图

5-19 和图 5-20)。

　　热卷产销存在区域性不匹配，导致区域价差明显。华北地区是我国热卷主要产地，产量约占全国的 40%，而华东地区是我国最大的制造业生产基地，是汽车、家电和机械最大产地，热卷消费约占全国 45%。供需错配导致区域价差较大。一般而言，华东-华北热卷区域价差在-100-200 元/吨波动，2020 年下半年，疫情后需求启动，制造业进入上行区间，华东地区热卷消费大幅增加，区域价差扩大，上海-天津热卷价差最大达到 170 元/吨（图 5-21 ）。

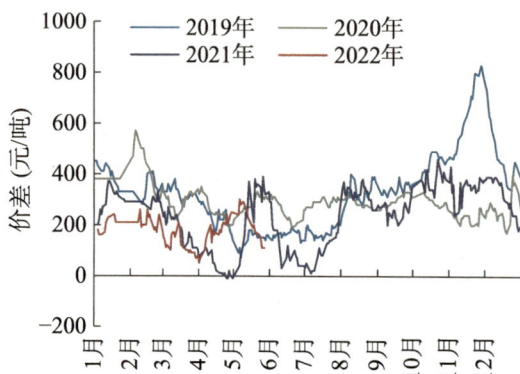

图 5-19　广州-上海螺纹南北价差呈
明显季节性

数据来源：钢联数据，国家统计局

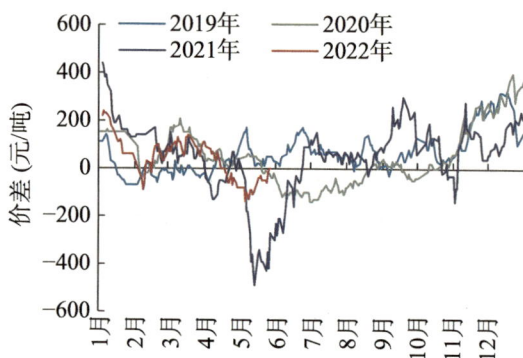

图 5-20　上海-天津螺纹区域价差呈
明显季节性

数据来源：钢联数据，国家统计局

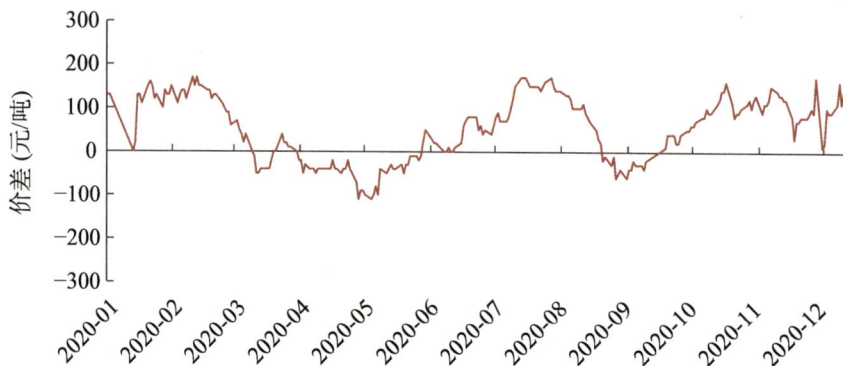

图 5-21　上海-天津热卷价差走势

数据来源：钢联数据

　　华东地区汽车产量占全国 26%，家电产量占全国 50% 以上，华东地区冷轧消费变化对区域价差影响明显。一般从三季度到四季度，随着冷轧下游消费增加，华东地区与其他地区价差扩大，2020 年 11 月，上海-天津冷轧价差最高达到 390 元/吨。

而从一季度到二季度，冷轧下游排产减少，华东地区与其他地区价差收窄，一般价差低点出现在 7、8 月份（图 5-22 和图 5-23）。

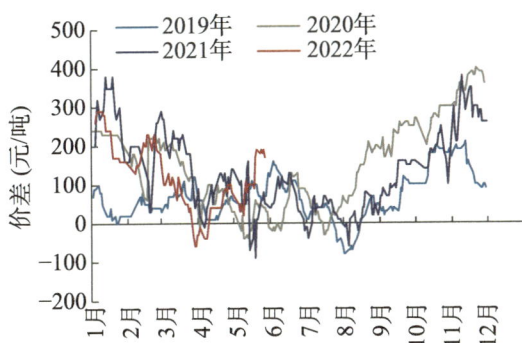

图 5-22　上海-天津冷轧价差走势
数据来源：钢联数据，国家统计局

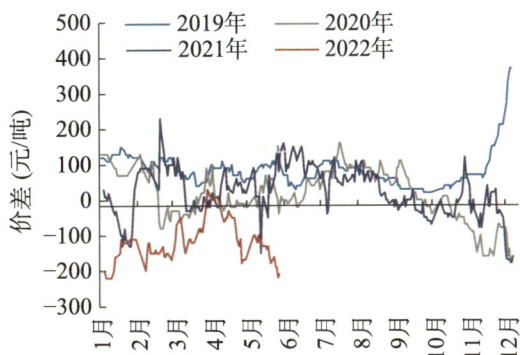

图 5-23　广州-上海冷轧价差走势
数据来源：钢联数据，国家统计局

三、成本因素影响

钢铁行业企业数量较多，行业竞争比较充分，其定价模式多遵循成本加利润的特点，且成本占价格比重较大，成本变化对价格也有显著影响。当然在不同阶段、不同时期影响程度不一。在钢材供不应求时，钢铁企业成本转嫁能力强，如果成本增加，将直接推高钢价，如果成本下降，则对价格的影响可能不大；在钢材供大于求时，钢铁企业成本转嫁能力弱，如果成本增加，对钢价可能影响不大，如果成本下降，钢价将跟随成本下跌。

成本剧烈变化时对钢价影响显著。2012 年 9 月-2013 年 4 月，钢材价格被成本推涨。由于国内钢铁企业扩张加快，产能过大，但下游行业需求不足，钢材市场供大于求的矛盾十分突出，钢材销售异常困难。钢铁产能扩张导致对铁矿石需求大幅增加，据国家统计局数据显示，生铁产量由 5290 万吨增至 6532 万吨，增幅 19.5%，而我国铁矿石生产增量空间较小，铁矿石供需错配明显，导致铁矿石价格大幅上涨 53.6%；在需求大幅增长背景下，焦化行业不断扩张，供需紧张情况相对铁矿石较弱，售价仅上涨 13.4%，综合作用带动成本上升 21.9%，钢铁成本大幅增加，推动钢价上涨，此期间螺纹钢价格上涨 4.5%，热卷价格上涨 17.2%。2020 年 11 月-2021 年 1 月，海外复苏加快，全球通胀预期强烈，市场交易钢铁原材料供不应求的预期，钢铁原材料价格大幅上涨，铁矿石上涨 238 元/吨，废钢上涨 431 元/吨，焦炭上涨 665 元/吨，钢铁生产成本增加 804 元/吨，钢铁成本大幅增加，不断推动钢价上涨，此期间螺纹钢价格上涨 465 元/吨，热卷价格上涨 558 元/吨，由于此时正处于钢材消费淡季，成本难以完全转嫁，导致钢价涨幅不及成本，钢材利润不断收缩。

不同工艺的成本差异对钢价影响较大。当前主流的钢铁冶炼方式可分为以铁矿石为主要原料的长流程炼钢和以废钢为主要原料的短流程炼钢。其中长流程炼钢包含烧结、高价铁还原（炼铁）、炼钢、连铸、轧钢等环节，短流程相对长流程主要缺少炼铁环节。长流程和短流程工艺对应的钢铁生产成本差常发生较大变动，对钢价阶段性影响显著。电炉粗钢产量占比约 10%，当电炉成本与长流程成本明显拉大时，电炉的供给将成为市场的边际变量，电炉的成本对钢价的影响将十分显著。如 2018年，环保限产常态化，钢材供给长期受到政策限制，吨钢利润较为可观，钢厂为多增加产出，在转炉环节提升废钢比例，导致废钢价格坚挺，电炉成本与长流程成本差长期保持较高水平，2018 年两种工艺成本价差均值达到 300 元/吨，最高时接近600 元/吨，为历年较高水平，2018 年钢材供需长期处于紧平衡状态，电炉供给变化对市场影响较大，钢价在 2018 年长期以电炉成本进行定价。

不同区域成本差异对钢价影响也不小。不同地区自然禀赋不同、生产要素不同，造成钢铁生产成本差异较大，对不同区域价格态势有显著影响。由于钢铁生产的主要原料煤炭、铁矿石在我国分布不均衡，煤炭北多南少、西多东少；铁矿石资源以贫矿为主,富铁矿较少,国内以东北、华北地区资源最为丰富，西南、中南地区次之，近些年对外依存度高达 80% 以上，这就导致各地区钢铁生产要素出现不同，造成华东与华中、华北与西北、南方与北方成本差异较大。华中比华东地区钢铁生产成本高，对钢价支撑较强。成本差异大主要是原材料运费导致的，以江苏和湖南为例，湖南原材料运输相较江苏增加了海运转内河再转铁路，这导致原材料价格明显高于江苏，湖南和江苏均从煤炭主产区购买焦煤，湖南运费将高出 70 元/吨左右，铁矿石运费将高出 40 元/湿吨左右，正常情况下，湖南成本将高于江苏 100 元/吨左右，两地成本差异较大。2021 年 5 月大宗商品价格快速上涨，原油价格大幅上涨导致运输成本大幅增加，湖南地区成本涨幅超过江苏，对钢价的推动作用更强，湖南螺纹钢价格上涨 19.2%，南京地区螺纹钢上涨 15.7%；湖南热卷价格上涨 17%，南京地区热卷上涨 15.7%。西北地区钢铁生产成本多数低于华北地区，高成本地区对钢价支撑较强。以河北和新疆为例，河北省是钢铁大省，又是北方重要的港口中转站，原材料运输便利性强，铁矿石接卸港口主要有京唐港、曹妃甸港和黄骅港等，运费产生较小；焦煤运费受市场需求以及运力影响较大，波动性强，基本上在 200 元/吨左右波动。而新疆是我国铁矿石第七大生产省份，主要是生产铁精粉为主，新疆铁矿石并不能满足自给自足，需要进口补充，进口来源主要是蒙古，运距明显小于从沿海港口运距，国产铁矿石价格受沿海市场影响较小，波动不频繁，因此，成本受本地供需影响较大；由于新疆焦煤主要来自进口、周边省市以及本省，运费低于到唐山运费成本，生产焦炭成本低于唐山地区。综合看，新疆地区生产成本多数时期低于唐山地区，因此，在 2021 年 5 月中上旬价格上涨过程中，唐山螺纹钢上涨25.2%，略高于乌鲁木齐上涨 23.6%，高成本地区推动钢价涨势较快。南方钢铁生产成本高于北方，对钢价底部支撑较强。成本差异的主要因素在于煤炭运输费用，而铁矿石均属于直接到港。以广州和唐山为例，广州地区采购北方焦煤海运费正常情况下约 60-70 元/吨，将带动成本提升 85-100 元/吨。在价格下跌过程中，偏高成本地区的底部支撑较强。2021 年 5 月中下旬钢价快速下跌过程中，成本也跟随快速回落，但偏高地区成本对钢价底部支撑较强，跌幅较其他区域略小；广州螺纹价格下跌 19.2%，略低于唐山地区下跌 19.6%，广州热卷价格下跌 19.3%，明显低于唐山地区下跌 22.3%（图 5-24）。

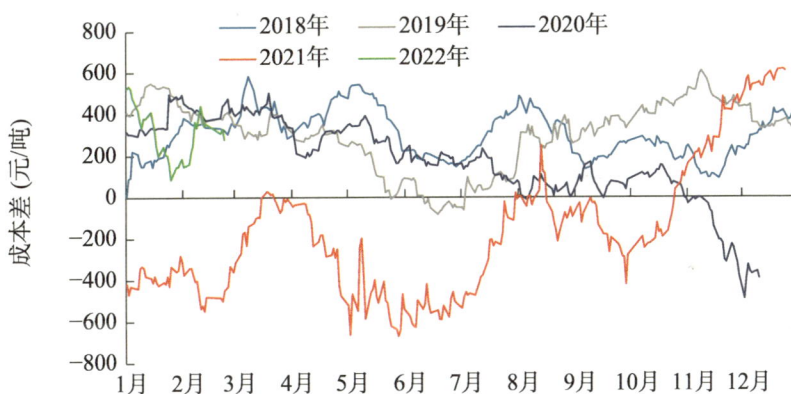

图 5-24　电炉与长流程螺纹成本差

数据来源：钢联数据

四、进出口贸易因素影响

2021 年我国进出口贸易总额共计达到 39.09 万亿元人民币（约占我国 GDP 总量的 34%），其中出口总额高达 21.73 万亿元人民币，进口总额高达 17.36 万亿元人民币。其中，钢铁产品直接出口金额高达 5288 亿元，占我国出口商品总值的 3%以上，间接出口金额价值更大，故进出口贸易对我国钢价的影响较大。

从历史周期来看，每次重大危机暴发前后（2008 年金融危机以及 2020 年新冠疫情），进出口贸易总额增速变化与钢价具有较强的相关性。

2008 年 8 月-2011 年 12 月，普钢绝对价格指数与出口的相关性高达 73.97%，与进口的相关性高达 74.01%。期间，钢价与进出口贸易额迎来一轮大幅下跌以及大幅回升的周期，截至 2009 年 12 月，普钢绝对价格指数录得 4031 元/吨，较危机暴发前下跌 2074 元/吨，跌幅高达 34%。从进出口贸易的情况来看，2009 年进出口贸易总额录得 15.06 万亿元人民币，较 2008 年下降 16.3%，其中出口总额下降 18.3%，进口总额下降 13.7%。其中，出口下滑速度大于进口，主因在于国内受金融危机冲击影响较小，海外受金融危机冲击较大，导致内需下降幅度小于外需。

2009 年后，全球经济逐步复苏，进出口贸易活跃度明显上升。2011 年我国进出口贸易总额高达 23.64 万亿元人民币，较 2009 年增长 56.9%，其中出口增长 50.2%，进口增长 64.9%。2011 年普钢绝对价格指数在内外需共振的刺激下，亦回升到 4840 元/吨的水平，较 2009 年均值上涨 25.2%。

2020 年新冠疫情暴发后，随着我国疫情得到有力的控制，国内制造业及建筑业迅速复苏，钢价从 3610 元/吨的低点（2020 年 4 月）迅速上涨，2021 年进出口贸易总额亦同比大幅增长了 21.3%。其中，2021 年我国钢材出口总量达到 6690 万吨，同比增长 24.6%，金额共计达到 5288 亿元，同比大幅增长 67.9%。随着进出口贸易的火热，我国出口单价亦明显上涨，这进一步验证了进出口贸易火热对钢价的提振作用（图 5-25）。

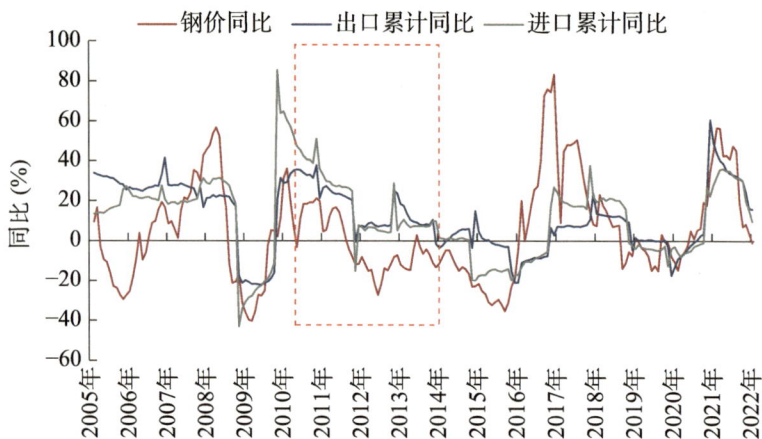

图 5-25　钢价与进出口贸易有较强相关性

数据来源：钢联数据

五、库存因素影响

库存是供需影响的结果，库存变动是反映供需关系的重要指标，当库存持续去化时，反映供不应求，当库存持续增加时，反映供过于求，但是在实际市场运行过程中,各种信息已经在价格中有所反映,价格变动越来越受边际变化的影响。2017年初市场对节后需求十分看好,然 2017 年 1-2 月 Mysteel 统计的螺纹钢库存累积 423万吨,较上年同期增加 45 万吨,反映需求不及预期,在库存边际多增的情况下,钢价随之下跌,螺纹钢绝对价格指数由 3904 元/吨跌至 3383 元/吨,跌幅 13.3%。2018年初市场对节后需求也较为看好,然而 2018 年 1-2 月 Mysteel 统计的螺纹钢库存累积 791 万吨,较上年同期增加 368 万吨,节后需求预期落空,在库存压力下,钢价出现大幅下跌,螺纹钢绝对价格指数由 4281 元/吨跌至 3754 元/吨,跌幅 12.3%。

六、运费因素影响

BDI 是全球经济的风向标,BDI 波罗的海指数是由主要航线的即期运费加权计算而成,因此,运费价格的高低会影响到指数的涨跌,BDI 指数一般是散装原物料的运费指数,散装船运以运输钢材、纸浆、谷物、煤、矿砂等民生物资及工业原料为主。因此,散装航运业营运状况与全球经济景气荣枯、原物料行情高低息息相关。波罗的海指数可视为经济领先指标。一般 BDI 大幅上涨反映全球经济复苏,货物运输需求旺盛,在运力紧张的情况下,运费价格明显上涨;而 BDI 大幅下跌一般反映全球经济下滑,货物运输需求减少,运费价格下跌(图 5-26)。

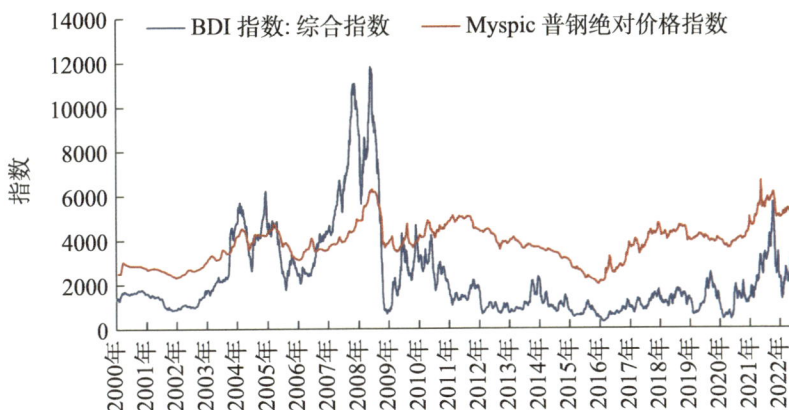

图 5-26 钢价与进出口贸易有较强相关性

数据来源:钢联数据

BDI 的剧烈变化也会导致钢价相应变动。一方面,BDI 反映是运费价格的波动,BDI 涨跌时,运费相应变化,而运费占钢材价格有较大比重,一旦运费有较大变化,对钢价也会有明显影响。另一方面,BDI 的变化很大程度上可反映全球经济的变化,从宏观方面影响钢价。2006 年 2 月-2008 年 6 月,BDI 指数从 2087 上涨至 11689,

上涨幅度 460%；普钢绝对价格指数从 3143 元/吨上涨至 6283 元/吨，上涨幅度 99.9%。2020 年 5 月-2021 年 5 月，BDI 指数从 393 上涨至 3139，上涨幅度 698%；普钢绝对价格指数从 3717 元/吨上涨至 6633 元/吨，上涨幅度 78.4%。

第五节　特殊事件对钢价的影响

特殊事件突发，严重影响消费，导致钢价下跌。2019 年底-2020 年一季度，新冠疫情对钢铁各下游行业产生重要影响。建筑业方面，受到疫情蔓延影响,各地相继出台政策,适当延长假期,暂缓工地施工,避免人流聚集,全国各建设项目复工较往年明显延后,建材需求承压明显。制造业也不可避免地受到冲击，一方面，由于延期复工、物流不畅等原因，造成劳动力短缺、原材料供应不足等问题，产业链整体运转降速；另一方面，服务消费领域的影响蔓延到制造业，市场需求下降，生产也随之下降。从图 5-27 和图 5-28 可以看出，2020 年一季度钢材消费大幅下降，消费萎靡导致钢价大幅下跌。2020 年一季度，普钢价格指数季均价为 3796 元/吨，同比下降 5.51%。

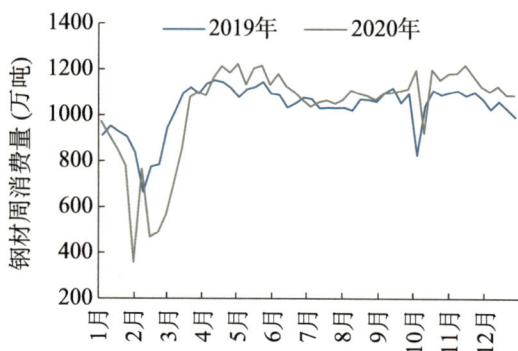

图 5-27　2020 年一季度钢材消费被抑制
数据来源：钢联数据

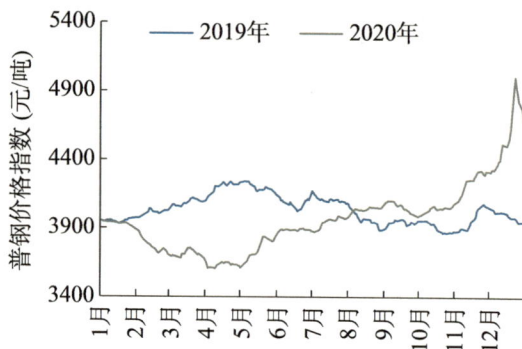

图 5-28　钢材价格明显下跌
数据来源：钢联数据

巴西溃坝，铁矿石供给明显下降，间接推高钢价。2019 年 1 月 25 日，巴西东南部米纳斯吉拉斯州布鲁马迪纽市发生溃坝事故，已造成至少 50 人死亡、超 200 人失踪。该地区是巴西铁矿石重要生产区，溃坝导致矿区停产，影响铁矿石供应量达到 4000 万吨。事故传出后，铁矿石价格应声大涨，仅几个交易日，铁矿石绝对价格指数即从 570 元/吨上涨至 689 元/吨，涨幅达到 20.9%，此期间钢价也出现小幅上涨，普钢绝对价格指数上涨 1.5%。

第〈六〉章

中国钢铁工业 2022-2030 年展望

第一节 后工业化时期我国钢铁行业展望

2020 年以来，全球宏观经济形势、我国钢铁产业政策均发生重要变化，新冠疫情、"双碳"目标以及双循环战略对钢铁行业在短中长期产生重要影响。

一、"新冠疫情"对我国钢铁产业的影响

疫情严重影响需求，行业经营风险加大。2020 年新冠疫情暴发，全国出现大范围的经济停摆，下游停工停产，导致钢铁消费大幅下降。2020 年一季度房地产新开工面积同比下降 27.2%，销售面积同比下降 26.3%，汽车产量同比下降 45.1%，空调产量同比下降 29%。钢铁消费大幅下降导致钢铁行业经营情况迅速恶化，2020 年一季度黑色金属冶炼和压延加工业利润总额仅 179 亿元，为 2013 年以来同期较低水平。目前新冠疫情仍在全球蔓延，对居民和企业的正常活动造成不利影响，考虑到病毒变异、传播性更强，未来一段时间疫情对钢铁需求的影响仍会广泛存在。

不同国家防疫力度差异为我国钢铁行业带来市场机会。2020 年在我国政府强有力疫情防控下，我国率先复工复产，而国外深陷疫情泥潭，产业链中断，我国凭借完善的工业体系为全球大量输出工业产品，从而带来大量的钢铁需求。2020 年我国粗钢表观消费为 10.48 亿吨，同比增长 10.9%。

二、"双碳发展战略"对我国钢铁产业的影响

我国提出"双碳"目标，具有划时代意义。2020 年 9 月 22 日，习近平总书记在联合国大会一般性辩论时指出，应对气候变化《巴黎协定》代表了全球绿色低碳转型的大方向，中国将提高国家自主贡献力度，采取更加有力的政策和措施，二氧化碳排放力争于 2030 年前达到峰值，努力争取 2060 年前实现"碳中和"。我国已经将温室气体减排任务纳入国家五年规划和 2035 年远景目标。"双碳"目标

的提出，给我国经济社会带来巨大变革，将引领我国未来发展方向，具有划时代意义（图 6-1）。

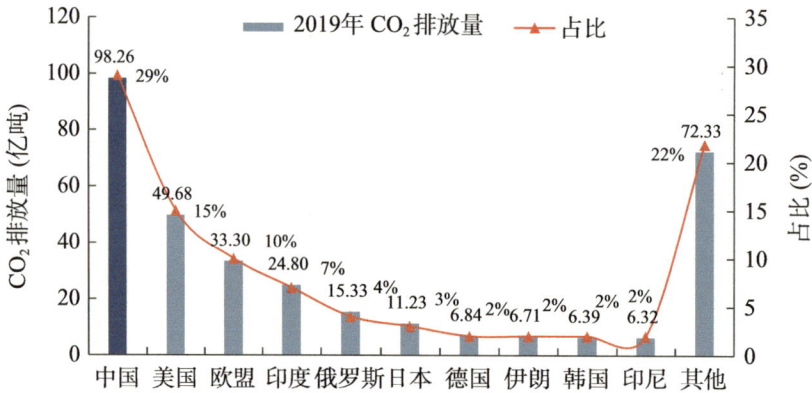

图 6-1 各国 CO_2 排放量及占比
数据来源：钢联数据

钢铁行业减排压力巨大。钢铁行业是制造业 31 个门类中碳排放量的大户，占全国碳排放量约 18%，是除了发电之外，整个工业生产活动中碳排放量最高的行业（图 6-2）。依据《钢铁行业碳达峰及降碳行动方案》，重点钢铁企业目标初步定为：2025 年前，钢铁行业实现碳排放达峰；到 2030 年，钢铁行业碳排放量较峰值降低 30%。因此，为实现"碳达峰、碳中和"目标，压降钢铁行业的碳排放总量是重要组成部分。

短期钢铁行业主要依靠控产量、降能耗。我国钢铁行业二氧化碳排放主要来自"高-转"长流程炼钢（约 90%）的生产过程，能源结构明显高碳化，煤、焦炭占能源投入近 90%，导致大量二氧化碳排放（图 6-3）。短期内行业技术路线较难变化，

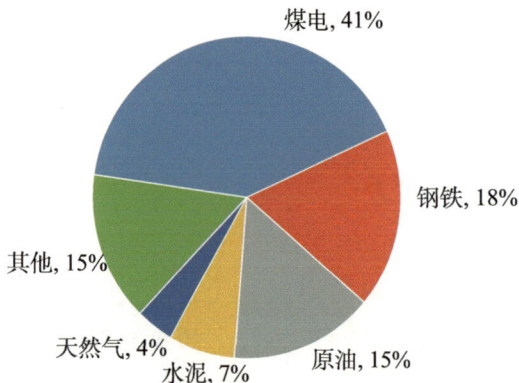

图 6-2 中国各部门碳排放占比
数据来源：钢联数据

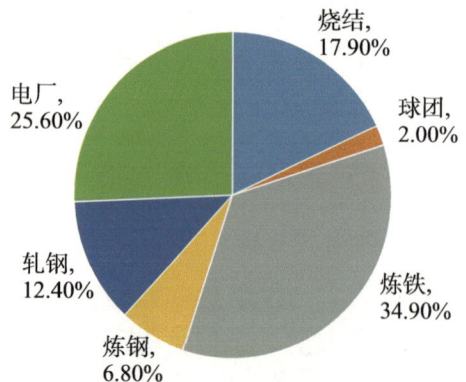

图 6-3 钢铁行业各部门碳排放占比
数据来源：钢联数据

因此行业"碳达峰"将主要依靠控产量和降能耗。2020 年 12 月 28 日,工信部在 2021 年全国工业和信息化工作会议提出,要围绕"碳达峰、碳中和"目标节点,实施工业低碳行动和绿色制造工程。钢铁行业作为能源消耗高密集型行业,从四个方面促进钢铁产量的压减:一是严禁新增钢铁产能;二是完善相关的政策措施;三是推进钢铁行业的兼并重组;四是坚决压缩钢铁产量。控制产量的落脚点主要为二氧化碳排放量的约束以及相应的碳排放交易。根据中钢协重点钢铁企业统计数据,重点钢铁企业综合能耗呈现下降趋势。2020 年我国重点钢企综合能耗 545.27 千克标准煤/吨,较 2006 年下降 95.18 千克标准煤/吨,降幅 14.86%。结合世界金属导报的数据,钢协会员单位 2020 年综合能耗的差异较大,在炼铁环节,2020 年钢协会员单位最低炼铁能耗为 322.24 千克标准煤/吨,而最高为 429.5 千克标准煤/吨,差异达到 107.26 千克标准煤/吨,而炼铁能耗均值为 385.17 千克标准煤/吨,行业整体能耗的降低仍然存在较大的空间,提效降耗将成为很多企业的必要选择。

长流程吨钢碳排放远大于短流程,板材排放高于长材,是未来碳减排重点。从不同钢铁生产工艺来看,长流程吨钢排放量约 2.1 吨,远高于短流程吨钢排放量的 1.4 吨。从长流程各主要环节来看,炼铁环节二氧化碳排放量最大,占整个长流程生产流程碳排放总量的 34.9%。从产品类型看,板材吨钢碳排放高于长材。全球各个地区的板材碳排放均要高于长材,这主要是由于板材多用高炉-转炉长流程工艺生产,而长材多用短流程工艺生产。在中国,铁水、板材、长材吨产量的二氧化碳排放量分别为 1.8 吨、2.1 吨、1.6 吨。目前我国短流程产量仅占 10%,因此中长期来看,可能会通过改变生产工艺结构以及同一生产工艺中改变生产参数(如增加球团矿用量,增加喷吹煤用量等)两种方式来降低二氧化碳排放。

"碳中和"背景下,电炉炼钢将快速发展。我国电炉炼钢(短流程)比例与世界平均水平差距很大,截至 2019 年年底,我国电炉钢比例仅为 10.4%,明显低于世界电炉钢比例 27.7%,远低于美国、欧洲、日韩比例。从环保角度看,电炉炼钢更加环保,相比于转炉炼钢能节省 60%能源、40%新水,可减少排放废气 86%、废水 76%、废渣 72%、固体排放物 97%,有利于减少温室气体排放。在碳减排背景下,我国短流程吨钢碳排放远低于长流程,虽然成本相较于长流程高出 10%-30%,但随着我国废钢供应增加以及碳排放配额的逐渐收紧,长流程吨钢成本优势将不突出。综合看,电炉钢比例提升将是行业必然选择。

大力发展电炉、减少对海外铁矿石依赖。我国铁矿石需求高度依赖进口。全球一半以上的粗钢生产集中在中国,而中国转炉炼钢比重高达 90%左右,铁矿石需求量占全球铁矿石产量的比重超六成。2020 年全球铁矿石产量约 23.38 亿吨,根据铁矿石 1.6 的折算系数，2020 年中国铁矿石需求量为 14.2 亿吨，占全球产量比重达到 60.7%。而中国自身铁矿石匮乏，且多以贫矿为主，中国炼铁所需铁矿石长期依赖进口，进口依赖度在 80% 以上。2020 年中国铁矿石进口量为 11.7 亿吨，进口依赖度为 82%，其中，八成以上来自澳大利亚和巴西。未来随着中国粗钢消费的下滑，叠加电炉钢比重的提升，铁矿石需求将大幅下滑。

钢铁企业绿色发展理念，氢能冶金有效降低二氧化碳排放，或成为中长期重要的减碳技术路线。氢能冶金使用氢气作为还原剂炼钢，每吨直接还原铁二氧化碳排放仅为 0.25 吨，假设氢能炼钢其他能耗与现有工艺相同，每吨氢能炼钢二氧化碳排放仅为 0.46 吨，与电炉炼钢的排放基本一致，有效降低二氧化碳排放。目前国内应用电炉的成本高昂，且短流程成本高于长流程，而氢能冶金能够有效利用长流程钢企的现有设备实现减碳，是当前情况下相对经济的技术路线。

行业集中度提升有助于降低能耗。"十三五"以来，钢铁行业淘汰落后产能、企业兼并重组，使得产能集中度明显提升，兼并重组典型案例，宝钢先后重组武钢、马钢、重钢、太钢、新钢，中国宝武成为全球最大的钢铁生产商。"十四五"期间，钢铁行业将加快淘汰落后产能、推进企业兼并重组、产业布局升级，将有利于龙头钢企提升上下游议价权，增强在全球市场上的竞争力。并且行业集中度提升之后将避免不必要的资源浪费，大型企业拥有更为先进的生产技术，有助于碳排放的下降。

优化钢铁进出口结构有助于减少碳排放。2021 年 4 月 29 日，财政部、国税总局发布《关于取消部分钢铁产品出口退税的公告》，提出自 2021 年 5 月 1 日起，取消部分钢铁产品出口退税，并发布取消退税的钢铁产品清单，其中涉及取消出口退税产品的量占比在七成左右，但国家仍鼓励具有高附加值的产品出口。此次取消出口退税是"去产能""减产量"大背景下的积极举措，能够有效降低钢材出口，促进出口钢材的回流，弥补国内产量下降带来的钢材需求不足的情况，同时，有助于稳定原材料（如铁矿石）价格。随着未来"碳达峰、碳中和"等环保目标的推进，我国钢铁产业链升级势在必行，出口以高附加值为主、适当进口低附加值产品补充国内资源将是未来进出口的主要发展方向，整体钢材的出口下滑及进口增加是大概率事件。

三、"双循环新发展格局"对我国钢铁产业的影响

《中共中央关于制定国民经济和社会发展第十四个五年规划和二〇三五年远景目标的建议》提出，要加快构建以国内大循环为主体、国内国际双循环相互促进的新发展格局。这是对"十四五"和未来更长时期我国经济发展战略、路径作出的重大

调整完善，是着眼于我国长远发展和长治久安作出的重大战略部署，对于我国实现更高质量、更有效率、更加公平、更可持续、更为安全的发展，对于促进世界经济繁荣，都会产生重要而深远的影响。对钢铁行业影响具体体现在：

双循环有助于形成多层次的需求结构，引领钢材消费结构升级。当前和今后一个时期，我国经济运行面临的主要矛盾仍然在供给侧，供给结构不能适应需求结构变化，产品和服务的品种、质量难以满足多层次、多样化市场需求。必须坚持深化供给侧结构性改革，提高供给体系对国内需求的满足能力，通过扩大消费，促进国内消费升级和产业升级，激活内循环的发展潜能。对于钢铁行业而言，需求将更为多样化，创造新的增量，有助于行业高质量发展。

双循环有助于钢铁产业链的稳定。新冠疫情影响广泛深远，逆全球化趋势更加明显，全球产业链、供应链面临重大冲击，风险加大，钢铁消费也多次面临骤降的局面。双循环有助于提升经济发展的自主性、可持续性，增强韧性，保持我国经济平稳健康发展，贯通生产、分配、流通、消费各环节，实现供求动态均衡。钢铁作为国民经济的筋骨，扩大消费和稳定经济有助于降低钢铁消费的波动性，尤其是提高消费的韧性，有助于钢铁行业平稳运行。

双循环有助于打破制度壁垒和区域壁垒，有助于钢铁在更大范围内流通。形成双循环相互促进新格局，要打破影响循环的制度性壁垒。形成双循环相互促进的难点在于改革制约内外循环联通互促的制度性障碍，关键在于推进国内国际规则制度的衔接，构建现代化市场经济治理体系，在制度开放方面取得实质性突破。对接国际通行做法，建立国内外相互衔接的经济运行规则、规制、管理和标准，以及自由化和便利化贸易投资合作政策，市场化、法治化、便利化营商环境。对于钢铁行业而言，国内外钢铁标准不统一，甚至国内不同地方钢材标准也存在差异，这明显影响了钢铁资源的跨区域流通，资源在很多时候难以有效合理配置，影响行业运行效率。双循环的构建将为钢铁行业营造更为通畅的制度环境和市场环境，有助于钢铁在更大范围内流通。

第二节　中国钢铁产品价格展望

一、国内钢铁供需分析

在"双碳"目标下，我国钢铁行业开始减量发展。2020 年末工信部提出 2021 年全国粗钢产量要实现同比下降，2021 年 3 月，唐山执行常态化限产措施，7 月全国性限产。2021 年第三季度，能耗双控落地，限电导致电炉产能利用率超预期下降，加速粗钢产量压减进程。国家统计局数据显示，2021 年全国粗钢产量为 10.3 亿吨，同比下降 3%，压减效果显著。2022 年，国家发展改革委、工业和信息化部、生态环境部、国家统计局四部门将继续开展全国粗钢产量压减工作，引导钢铁企业摒弃以量取胜的粗放发展方式，促进钢铁行业高质量发展。未来我国钢铁行业将告别以量取胜的发展模式，逐步迈向高质量发展，产能产量控制将成为常态化运行机制，预计未来我国钢铁产量将逐渐下降。

经济结构转型，降低钢铁消费。2021 年，国内钢铁消费明显走弱。其中，房地产行业结束高负债经营模式，进入深度调整期，用钢需求明显下降。而制造业需求在出口的拉动下仍有增长。由于房地产用钢占钢材消费结构较高，2021 年，我国钢材消费降至 9.96 亿吨，同比下降 5.08%（图 6-4）。

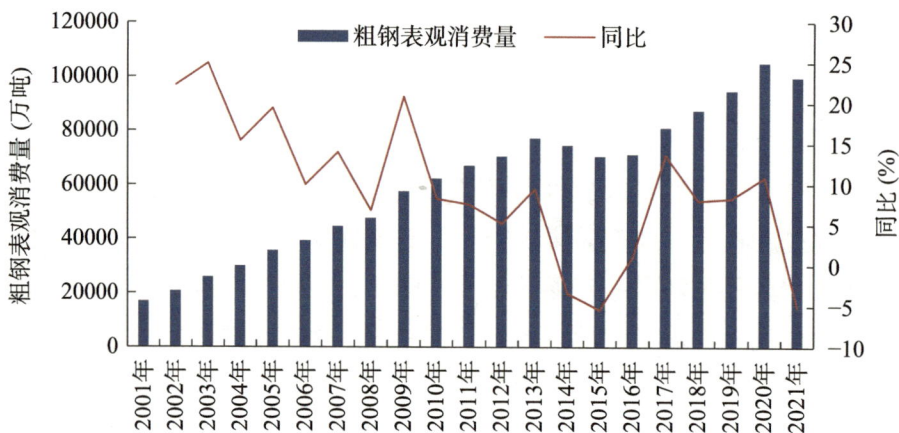

图 6-4　中国粗钢表观消费量及增速

数据来源：钢联数据

我国人均钢铁消费处于高位，未来下降是必然趋势。从人均粗钢消费看，根据发达国家钢铁行业发展规律，当人均粗钢表观消费量达到 700-800kg 以后通常面临一轮消费下降期。2020 年中国人均粗钢消费接近 700kg/人，未来中国难以保持高速经济增长，可以预见中长期中国钢材消费减弱是必然趋势（图 6-5 和图 6-6）。

我国城镇化已经达到较高水平，未来提升空间有限，国家已经将制造业发展摆在突出位置，从细分行业来看，各个主要用钢行业发展趋势有分化。

我国房地产建设高峰已经过去。经过多年发展，我国城镇住房从供给短缺到总体平衡，1978-2018 年中国城镇人均住房建筑面积从 8.1 平方米增至 33 平方米。中

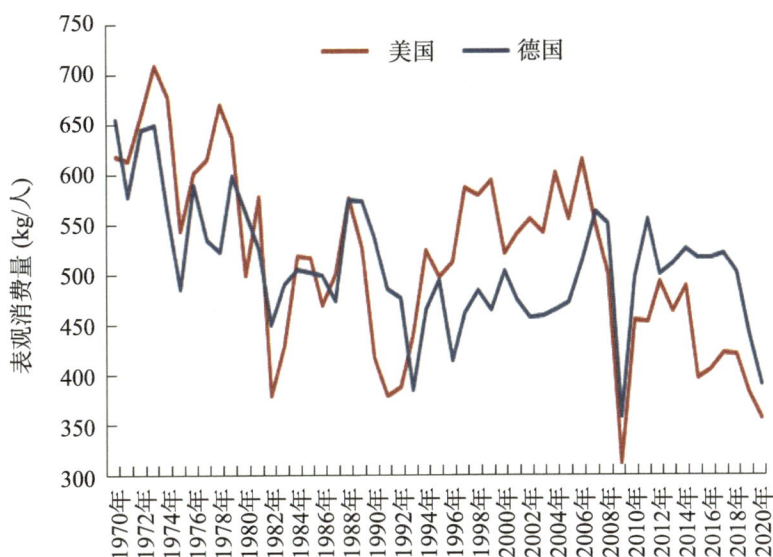

图 6-5　美国、德国人均粗钢表观消费量

数据来源：世界钢协

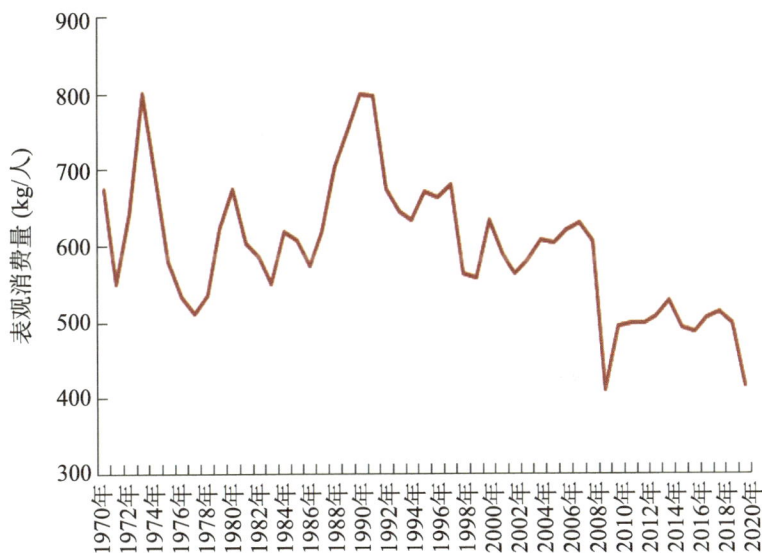

图 6-6　日本人均粗钢表观年消费量

数据来源：世界钢协

国城镇住房套户比约 1.1，对比发达国家，美国、日本分别为 1.15、1.16，德国 1.02，英国 1.03，表明我国住房供给总体平衡，房地产销售进入平台期。近年来，我国房地产销售面积增速趋缓，2017-2020 年商品房销售面积几乎稳定在 17 亿平方米的水平，在高基数水平上，未来需求增量空间较小。

　　我国人口自然增长率趋缓，居民中长期贷款高企。2012 年以来，我国人口自然增长率持续下降，截至 2021 年，我国人口自然增长率仅 0.34%，较 2000 年下降 7.24 个百分点。另外，自 2010 年以来，适龄劳动人口（15-64 岁）比重逐年下滑，2021 年适龄劳动人口比重下降至 70.40%，较 2010 年下滑 4.1 个百分点，中国人口红利逐渐消退。近年来，中长期贷款占居民总贷款比重持续攀升，截至 2022 年 3 月，居民中长期贷款比重达到 75.8%高位，房贷在居民负债中占比较高，继续加杠杆压力巨大（图 6-7 和图 6-8）。

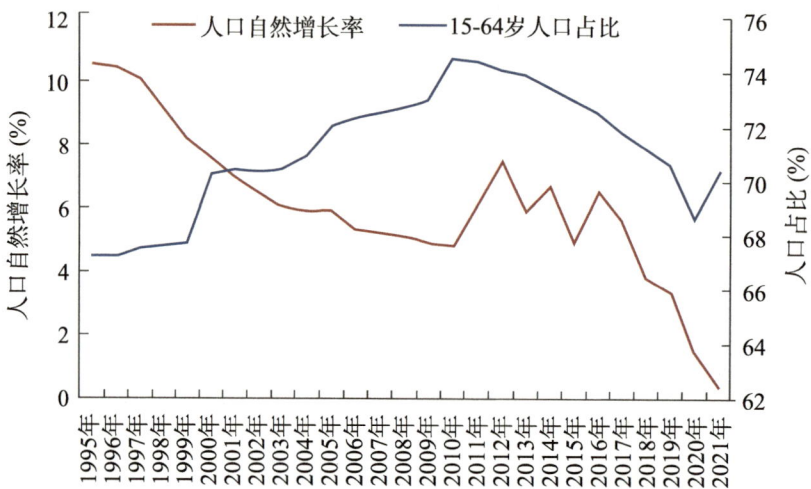

图 6-7　我国人口增长及结构变化（人口红利逐渐消退）

数据来源：国家统计局，钢联数据

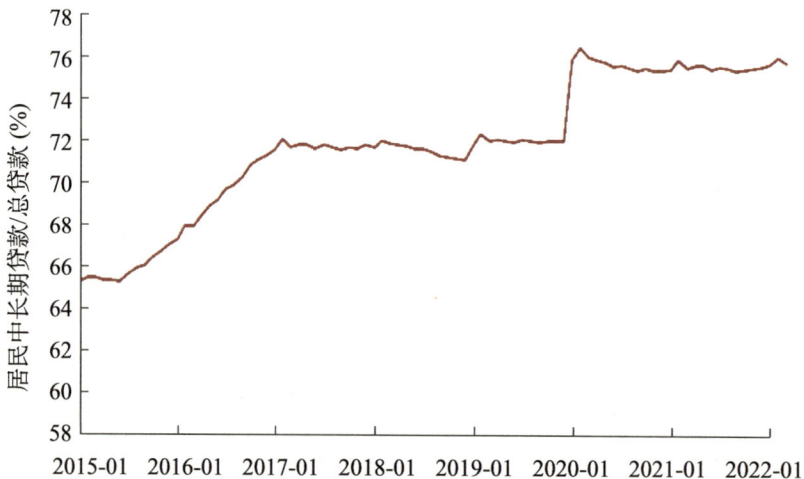

图 6-8　居民中长期货款/总贷款（居民信贷杠杆率较高）

数据来源：国家统计局，钢联数据

整体来看，未来在我国人口增速趋缓和居民房贷高企的背景下，居民刚性需求下降，全国性房地产投资建设的高峰期即将过去，房地产行业进入中低速发展期，登顶下探的可能性较大，用钢需求将下滑。

我国大规模基础设施建设已经完成。当前中国基建存量已居世界第一，铁路、公路、城际轨道等传统基建规模明显高于多数发达国家，大规模的基础设施建设基本完成。近年来，基建投资增速整体快速下滑（图 6-9）。

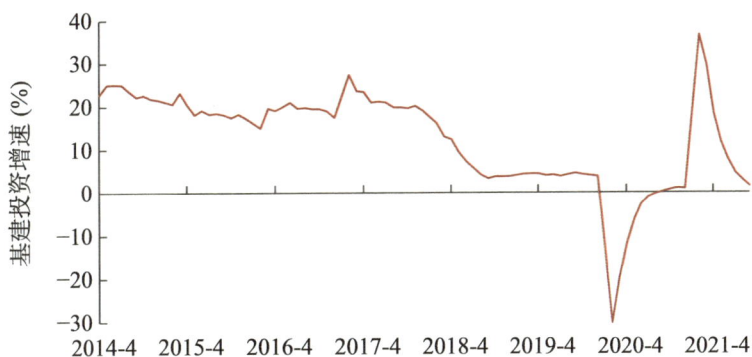

图 6-9　我国基建投资增速

数据来源：国家统计局，钢联数据

近年来，国家实行"乡村振兴"战略，提出全面改善农村供水、供电、信息等基础设施，新建改建农村公路 20 万公里，未来我国将倾向于进一步完善"欠发达"地区基础设施建设，这对基建用钢亦存在支撑（表 6-1）。

表 6-1　单位国土面积基建规模与发达国家差距仍大

主要基础设施	中国	美国	日本	英国	法国	德国
铁路营业里程（万公里）	15	23	3	2	3	3
铁路密度（公里/万平方公里）	152	246	749	696	516	957
公路里程（万公里）	501	672	122	39	105	63
公路密度（公里/万平方公里）	5221	7349	33431	16303	19235	17890
公共机场（个）	241	380	175	460	464	539
城市轨道交通（公里）	6730	1297	887	868	1183	3148

数据来源：国家统计局，钢联数据。

整体来看，未来基础设施投资预期下滑，基建用钢大概率下滑，但欠发达地区的基础设施建设逐渐完善以及较低的人均和单位面积基础设施建设仍将支撑未来基建行业的发展。

　　未来机械行业用钢需求下滑。农用机械方面，近年来，我国农机装备水平和农业机械化水平大幅度提升。2020 年，全国农作物耕种收综合机械化率达到 71%，与发达国家农业机械化水平普遍高于 90% 的情况相比，中国农业机械化发展水平仍存在较大差距，未来仍有一定发展空间。在 2025 年全国农作物耕种收综合机械化率达到 75% 的规划目标下，将对农用机械的发展存在支撑，但第一产业比重逐渐下降，且农业机械行业趋向智能化、信息化方向发展，未来增量不宜高估。工程机械方面，工程机械寿命一般在 8-10 年，行业存在更新换代问题，但过去 20 年间，由于房地产行业和基建行业高速发展，我国工程机械行业产销量高速增长，周期性并不明显。未来随着房地产和基建等行业发展降速，未来增量需求下降，以存量需求和替换需求为主要支撑。整体看，工程机械需求下降趋势明显，加之农用机械和内燃机增量需求下降，预计未来机械行业用钢将下滑。

　　汽车行业仍有发展空间。经过多年发展，我国汽车行业已进入成熟期，行业增长速度趋缓，甚至 2018-2020 年连续负增长。2021 年，我国汽车产量为 2608 万辆，同比增长 3.4%。中长期来看，目前我国汽车保有量为 200 辆/千人，相较于现阶段美国 837 辆/千人，日本 591 辆/千人，仍存在较大差距，未来我国汽车产销量仍存在增长空间（图 6-10 和图 6-11）。

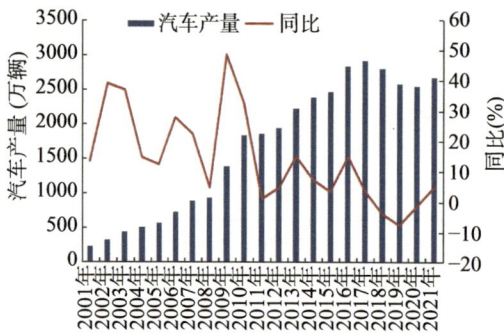

图 6-10　汽车产量及走势
数据来源：中国汽车工业协会，钢联数据

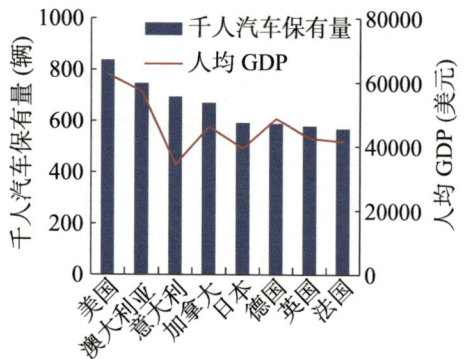

图 6-11　主要国家汽车千人保有量
数据来源：钢联数据

　　汽车作为居民大宗消费品，与居民收入水平相关性较强。截至 2021 年，我国人均国内生产总值达到 1.25 万美元，已超过世界人均 GDP 水平。在人口老龄化、外部环境日趋严峻的大背景下，未来居民收入增长速度预计放缓。另外，对比美国和日本历史上的千人保有量变化情况，在千人保有量 200 辆左右时，美国和日本汽车销量增速分别在 5% 和 2% 左右，接近 2021 年中国汽车产量增速，对我国具有参考意义。综上所述，预计未来十年我国汽车行业进入中低速增长阶段，对应汽车用钢量仍将有小幅增加。

家电行业存在结构性增长空间。三大白色家电是主要用钢产品，其用钢量占整体家电行业用钢消费约 80%。在此，主要分析三大白色家电未来走势对钢材消费的影响。

据国家统计局数据显示，截至 2020 年，我国城镇每百户冰箱拥有量已达到 103.1 台，洗衣机每百户拥有量达到 99.7 台。农村拥有量也处于较高水平，分别为 100.1 台和 92.6 台，对标日本，其冰箱和洗衣机市场早在 10 多年前已饱和，每百户拥有量峰值是 111 台和 128 台。从常理上来看，1 台冰箱和 1 台洗衣机或许是国内每户居民的保有量峰值。未来冰箱洗衣机内销增长空间较小，以替换需求为主（图 6-12 和图 6-13）。

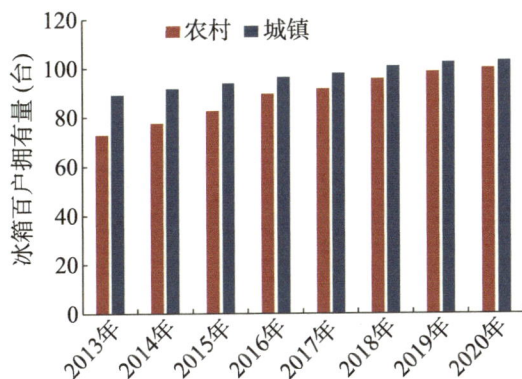

图 6-12　我国每百户冰箱拥有量
数据来源：国家统计局

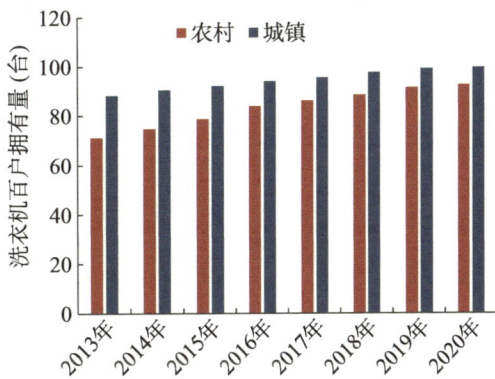

图 6-13　我国每百户洗衣机拥有量
数据来源：国家统计局

据国家统计局数据显示，2020 年，全国空调百户均保有量为 117.7 台，按常理看，户均 2-3 台空调较为合理，我国空调户均保有量仍处于较低水平。其中，城镇和农村百户均保有量分别为 123.7 台和 47.6 台，城乡差距较为明显，远高于其他白电，预计未来我国空调内需仍有增长空间。

出口方面，近年我国冰箱出口量呈现逐渐增长的态势，2021 年冰箱出口量 7116 万台，同比增长 2.33%，我国冰箱出口增长动力较强，空调出口稳中有升，洗衣机出口市场表现较平稳。

空调由于户均保有量低将对国内消费存在支撑，而冰箱和空调外销仍有增长空间，因此用钢仍将持续增长。但需注意，由于家电消费与房地产销售相关性较高，在房地产下行背景下，预计家电增速趋缓。

综上来看，我国房地产、基建等建筑行业经过多年发展，且在人口增长速度趋缓的背景下，行业增长动能减弱，用钢需求下降。汽车、家电等行业将进入中低速增长阶段。预计未来我国粗钢消费将明显下降（图 6-14）。

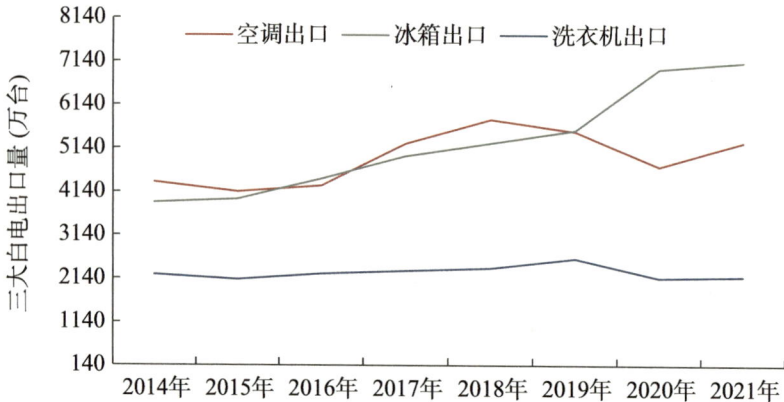

图 6-14　2014-2021 年我国三大白电出口走势

数据来源：海关总署，钢联数据

钢铁进出口方面，出口下降，钢坯、生铁等半成品进口增加是长期趋势。

未来，中国在"双碳"目标下，粗钢压减态势不改，而其他国家和地区钢材供应有望增加。据 OCED 报告显示，2023 年全球钢铁产能将增加 2.5 亿-2.56 亿吨，其中在建 4500 万吨，规划中的产能 6870 万吨，产能主要增长点在中东地区和东盟国家。未来国外新增产能将弥补中国钢材供应下降导致的部分缺口。

2021 年 4 月以来，我国先后取消热轧、镀锌多个产品出口退税政策，2021 年 8 月 1 日起，取消全部钢铁产品出口退税。究其原因，过往我国钢材出口主要依靠价格优势取胜，在海外市场并不能跻身高端产品的行列，造成资源浪费和能源消耗。未来在"双碳"政策目标下，钢材出口势必将由以前的以价格取胜转变至以产品质量取得优势，向高附加值产品出口为主的方向前进，大量低附加值出口量将大大减少。

进口方面来看，我国在实行"双碳"政策的同时也在大力鼓励钢材半成品进口，在对钢坯、生铁取消进口税，废钢解除进口限制的情况下，我国未来钢铁半成品进口或将积极增长（表 6-2）。

未来钢价将高位回落，但底部仍有支撑。2022-2030 年，国内钢材价格走势将回归基本面，价格将高位回落，但仍处于较高水平。预计 2025 年均价将回落至 4500 元/吨，2030 年均价约 4100 元/吨。

表 6-2　　2022-2030 年钢铁产业供需预测　　　　（万吨）

年份	2020	2021	2022E	2023E	2024E	2025E	2030E
综合废钢比	21.70%	20.92%	23.00%	25.00%	28.00%	30.00%	35.00%
粗钢产量	106477	103524	102500	101000	99500	98000	94000
钢材进口量	2023	1427	1300	1350	1250	1150	900
钢材出口量	5367	6691	5800	3500	3500	3000	2200
钢坯净进口量	1832	1372	1000	1300	1500	1700	2500
粗钢表观消费量	104964.68	99632	99000	100150	98750	97850	95200
生铁产量	88752	86857	84050	80800	76615	73500	65800

数据来源：钢联数据。

随着疫苗的广泛接种，全球经济将恢复正常化，2022-2023 年全球经济在各国经济刺激政策及基建计划的刺激下，仍将维持相对偏高的增速。但随着全球进入加息周期，经济活力将明显下滑，全球经济增速将进一步下滑。就中国来看，我国面临人口红利消退、能源约束、房地产下滑等冲击，未来我国经济增速将呈现阶梯式下降的状态。在此背景下，大宗商品价格将合理回归。

就成本端而言，预计 2022-2030 年全球铁矿石供应将有小幅增长，而需求将高位回落，全球铁矿石将面临供大于求的格局，铁矿石价格存在下行压力，预计铁矿石价格中枢将下移。在"低碳"路径下，预计未来化石能源供应依然偏紧，而天然气、光伏、风电等新能源成本大幅下降仍需时日。短期来看，随着煤矿产能增加和进口紧张局面缓解，双焦价格将高位回落。但中长期来看，在全球化石能源供应偏紧，而新能源利用效率和稳定性偏低的背景下，煤炭需求韧性仍在，价格大幅下降可能性较小。

房地产投资、销售等存量规模已经很高，在居民刚性需求下降的背景下，未来房地产将进入下行空间，用钢需求将下滑。汽车、家电及新能源产业用钢需求仍有一定增长空间。整体看，在"稳增长"政策引导下，预计我国钢材消费不会出现断崖式下降，但由于房地产行业是我国主要用钢来源，将影响中长期钢材消费明显下降，预计到 2030 年，我国粗钢消费将达到 9.52 亿吨，较 2021 年下降 4432 万吨。

"碳达峰、碳中和"目标指引下，钢铁将减量发展，预计未来钢材供需趋于基本平衡。另外，到 2030 年，钢铁行业碳排放量较峰值降低 30%，预计将实现碳减排量 4.2 亿吨，企业吨钢降碳成本将明显增加，对钢价有一定托底作用（图 6-15）。

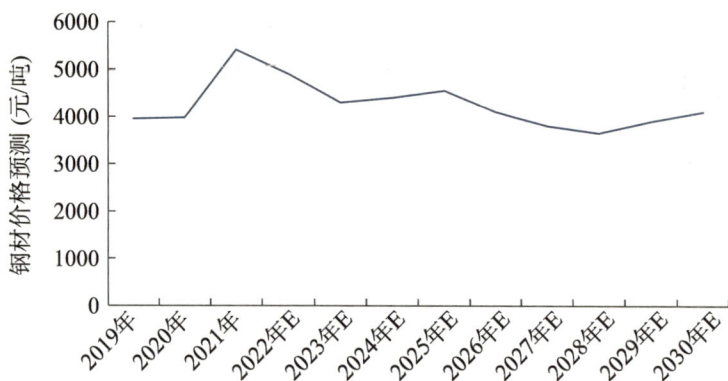

图 6-15　2022-2030 年钢材价格预测

数据来源：钢联数据

二、全球铁矿石供需格局及展望

铁矿石作为主要的铁元素来源，伴随着钢铁工业的发展，铁矿石需求不断攀升，但全球铁矿石供需区域分布极不平衡，全球铁矿石出口占总需求比重高达 72%，铁矿石贸易全球化程度高，易受全球经济变化的影响，从而造成铁矿石价格大幅波动。

2001-2021 年全球铁矿石储量和含铁量呈现上升趋势。2001 年以来，全球铁矿石储量和含铁量呈现上升趋势，储量来看，由 2001 年的 1400 亿吨增至 2021 年的 1800 亿吨，增量主要集中在澳大利亚和巴西，两国增量合计 594 亿吨，超过全球增量，表明其他地区铁矿石储量出现减少，减量主要集中在乌克兰，储量减少 155 亿吨。2020 年全球铁矿石储量约 1800 亿吨，其中含铁量在 840 亿吨左右，占全球铁矿石原矿储量的 46.67%。含铁量看，由 2001 年的 720 亿吨增至 2021 年 850 亿吨，增量集中在澳大利亚和巴西，两国增量合计 242 亿吨，减量集中在乌克兰，为 97 亿吨。

2021 年铁矿石储量主要分布在澳、巴、俄、中四国，四国储量占全球的 72.2%，其中澳、巴两国储量合计占比达 47.86%。在全球铁矿石市场中，产量和出口量主要集中在四大矿山，具有绝对垄断性，包括淡水河谷（VALE）、必和必拓（BHP）、力拓（RIO）和福蒂斯丘（FMG）（图 6-16）。

2001-2020 年全球铁矿石产量呈现爆发式增长。2001 年以来，澳大利亚和巴西铁矿石生产商不断投资建矿，产能扩张加快，带动全球铁矿石产量爆发式增长。据世界钢协数据显示，2001-2007 年，铁矿石产量增速较快，年复合增长率为 8.4%，2008-2015 年全球铁矿石产量复合增长率为 3.7%，增速明显回落主要受 2008 年、2009

年全球金融危机影响，2009 年全球铁矿石产量同比下降 7.4%。2020 年全球铁矿石产量 23.4 亿吨，较 2001 年复合增长 4.3%（图 6-17）。

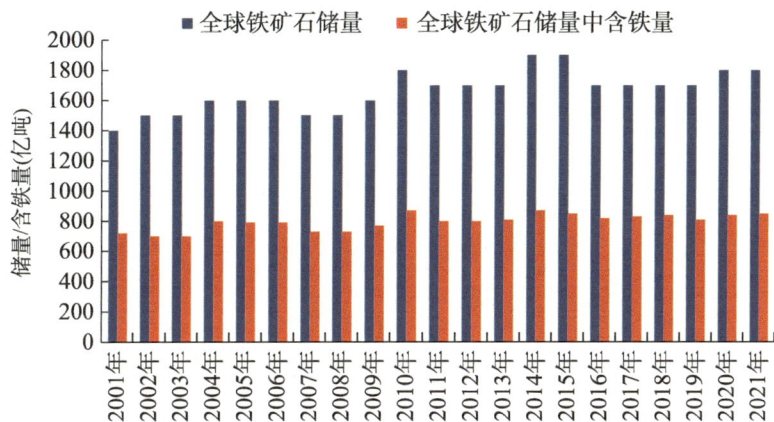

图 6-16　全球铁矿石原矿储量以及含铁量

数据来源：钢联数据，美国地质调查局

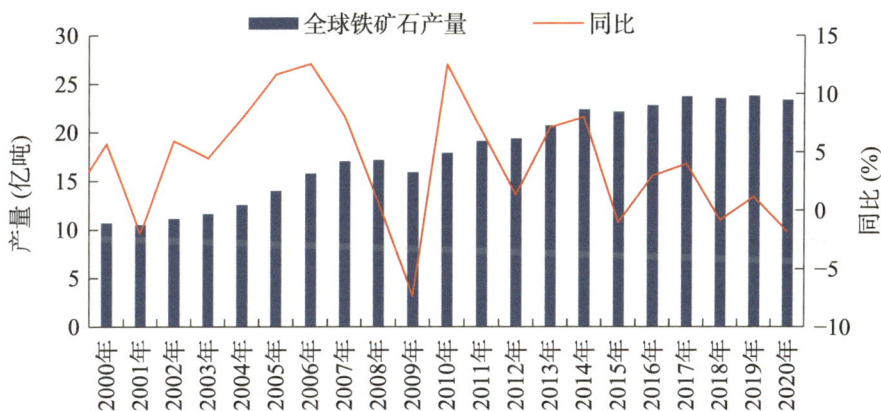

图 6-17　全球铁矿石产量及同比

数据来源：钢联数据，世界钢协

2001-2021 年，全球生铁产量呈现先快速增长后增速放缓。铁矿石需求来自长流程（高炉+转炉）高炉炼铁环节以及短流程（电炉）直接还原铁环节，因此，全球生铁产量中包含高炉炼铁和直接还原铁产量。据世界钢协数据显示，2001-2007 年全球生铁产量增速加快，复合增长率为 8.9%。2008 年受金融危机影响，生铁产量略有回落，叠加中国钢铁企业持续增加，钢铁产能严重过剩，2008-2015 年增速明显放缓，年复合增长率为 2.8%。2016-2021 年，受中国生铁产量大幅攀升带动，全球生铁产量大幅攀升。2021 年全球生铁产量 14.6 亿吨，较 2015 年复合增长 2.9%（图 6-18）。

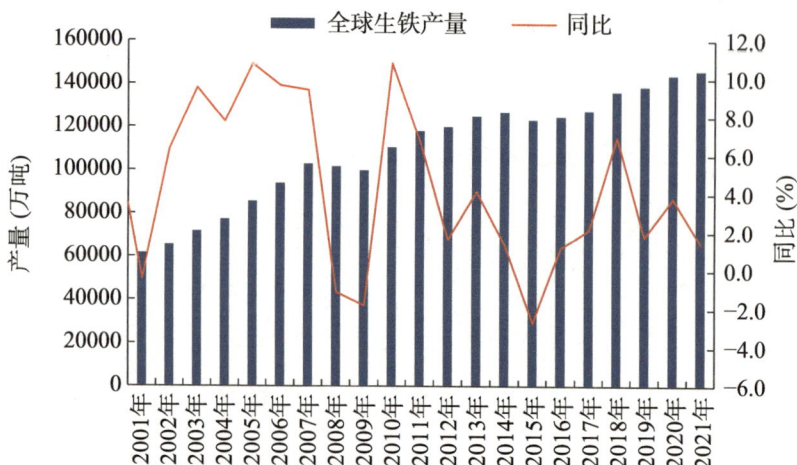

图 6-18　全球生铁产量及同比

数据来源：钢联数据，世界钢协

2000-2021 年，中国生铁产量增速逐步放缓，复合增长率为 9.3%。2000-2007 年我国生铁产量复合增长率为 20.3%，主要因我国经济快速发展，钢铁行业产能快速扩张。2008 年金融危机过后，我国钢铁行业产能不断扩张，呈现过剩局面，钢价大幅下跌导致全行业亏损，倒逼企业减产影响，2015 年我国生铁产量出现阶段性回落，2015 年较 2007 年复合增长率为 4.8%，增速明显放缓。2016-2021 年，在供给侧结构性改革背景下，中国钢铁行业采取淘汰僵尸及落后产能、产能置换、企业兼并重组等措施，使得行业发展更健康。由于中国钢铁需求持续上升，带动生铁产量大幅攀升，2020 年新冠疫情对我国钢铁生产影响相对有限，在钢铁需求增加背景下，我国生铁产量创历史高位，达到 9.08 亿吨。2021 年新冠疫情后，钢厂生产持续保持高位，但粗钢压减政策旨在减少铁矿石消费，进而影响铁矿石价格，全年生铁产量为 8.69 亿吨，同比下降 4.3%（图 6-19）。

铁矿石供应主要集中在四大矿山，占全球产量比重 50% 左右，供应格局呈现寡头垄断模式，铁矿石定价机制长期保持长协定价模式，价格受需求影响大。2009 年以前，全球经济快速增长，铁矿石需求也明显增加，价格呈现上涨行情，2008 年、2009 年受金融危机影响全球经济大幅回落，铁矿石长协定价机制逐步瓦解，矿价跟随市场供需变化而变化，2011 年以后全球经济增长明显放缓，对钢铁消费需求增速放缓，铁矿石价格也跟随回落（图 6-20）。

中国是全球铁矿石第一大消费国，占全球铁矿石消费量的 60%，但由于中国铁矿资源贫瘠、品位低，需求量远高于供给，铁矿石对外依存度逐年提升，近几年已升至 80% 以上，中国铁矿石进口量占全球进口量的比重 65% 左右。故铁矿石价格与中国 GDP 的增速具有极高的相关性，中国经济的发展情况甚至可以直接影响到国际铁矿石价格走势（图 6-21）。

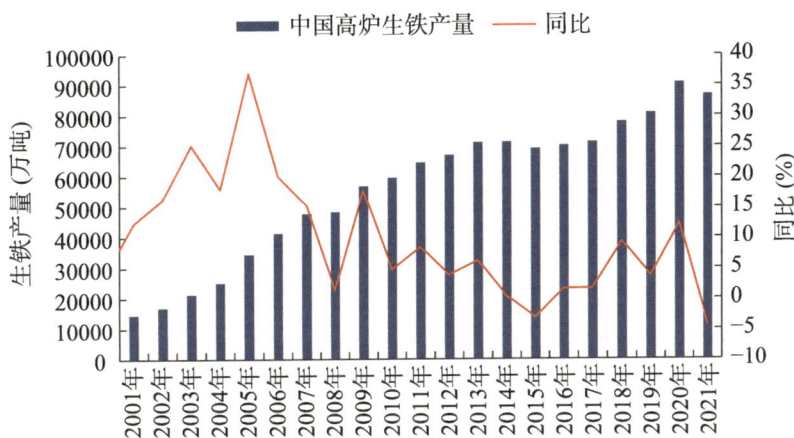

图 6-19　中国生铁产量及同比

数据来源：钢联数据，世界钢协

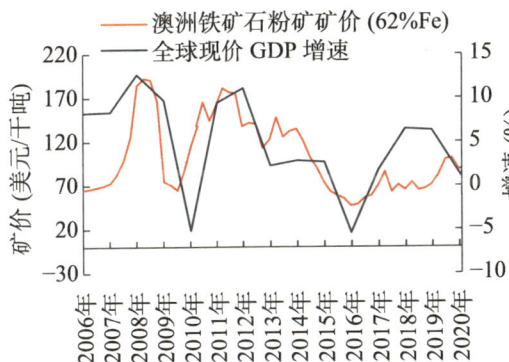

图 6-20　矿价与全球经济有良好相关性

数据来源：钢联数据，国家统计局，世界银行

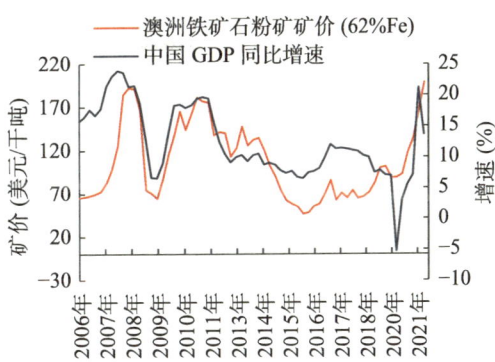

图 6-21　矿价与中国经济相关性更高

数据来源：钢联数据，国家统计局

　　展望未来，未来全球经济增速将放缓，铁矿石供需将宽松，生产成本存在继续下降空间，综合影响下，铁矿石价格或承压高位回落。

　　未来全球铁矿石消费将回落。目前我国电炉钢占比仅为 10%，"高-转"炼钢占比高达 90% 煤、焦炭占能源投入近 90%，能源结构明显高碳化。随着能源结构的转变，电炉将迎来较快发展，对铁矿石的替代作用进一步加强。2020 年中国钢铁行业碳排放量占全球钢铁碳排放总量的 60% 以上，占全国碳排放总量的 18% 左右。在"双碳"目标下，中国钢铁行业向绿色低碳发展，未来电弧炉发展潜力巨大，将对高炉转炉炼钢形成挤压。此背景下,预计 2030 年全球高炉生铁产量将呈现分化,我国高炉生铁产量将呈现下降趋势,将降至 6.58 亿吨,较 2021 年年复合下降 3%,而海外市场生铁产量将增加,增加至 6.7 亿吨,较 2021 年年复合增长 1.4%。预计 2030 年全球生铁产量 13.28 亿吨,较 2020 年年复合下降 1.1%。预计 2030 年铁矿石消费较2021 年将下降 2.11 亿吨。

未来铁矿石产量仍有增产空间。"十四五"期间,相关部委已经将加大铁矿石资源开发列入国家重要规划,未来国产矿供应将有所恢复。2022 年俄乌冲突爆发,影响乌克兰和俄罗斯非主流铁矿石生产,战后俄乌两国铁矿石生产恢复,整体影响周期相对较短。短期,澳大利亚三大矿山枯竭矿被替换,产量增产来源于提产,而淡水河谷增产主要集中在南部尾矿坝的复产、东南部扩产以及北部矿区增产,平均品位在 65% 以上。2026-2030 年,淡水河谷仍有继续增产计划以及西芒杜矿山一期(铁矿石品位 66%-67%)将是全球增量点,由于开采成本相对偏低,将挤压非主流矿市场份额,预计 2030 年全球铁矿石产量 24.5 亿吨,较 2021 年复合增长率为 0.4%(图6-22 和图 6-23)。

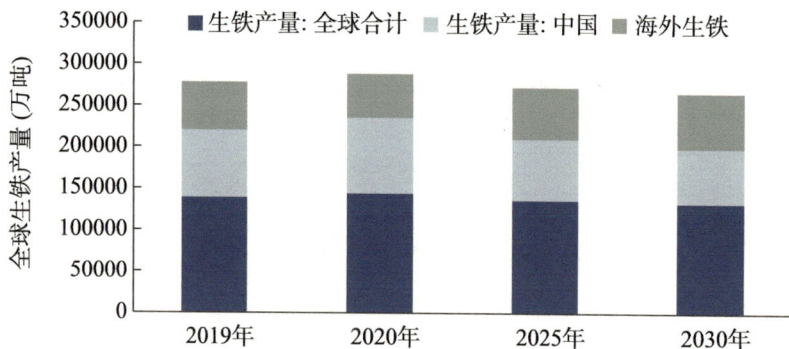

图 6-22　中性预测全球生铁产量

数据来源:钢联数据,世界钢协

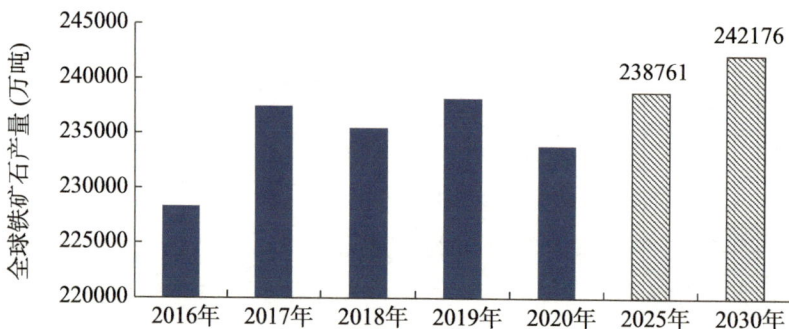

图 6-23　2025 年、2030 年全球铁矿石产量

数据来源:公司财报,上海钢联

整体看，全球铁矿石需求将呈现下降趋势，未来铁矿石存在产能过剩的风险，铁矿石价格或高位回落。预计 2025 年全球铁矿石供需差 1.25 亿吨，2030 年 2.4 亿吨。但在需求减量预期下，不排除铁矿石生产商采取减产应对需求减少，这样铁矿石供需差将明显收缩。

矿山生产成本仍有继续下降空间，尤其是高成本区域。2010 年以后四大矿山成本逐步下移趋稳，近六年四大矿山铁矿石现金成本较为稳定，主要原因是矿山企业采取提高运营效率并重视应用新技术的发展战略，如提高资产利用率，拓展供应链并推进技术革新，从而抵消了通货膨胀和铁矿石价格上涨带来的资源税费成本。预计四大矿山将继续通过矿山自动化、技术创新等措施提高运营效率，从而进一步降低生产成本。高成本区域以中国、瑞典、乌克兰、美国、加拿大为主，未来或也跟随四大矿山提高运营效率来降低成本。由于铁矿石是高利润品种，随着成本继续回落，对价格影响相对更小。

模型预测分析来看，通过研究全球宏观经济变化，发现全球经济增速与铁矿石价格之间相关性较高，在全球经济持续向好背景下，钢材消费需求增加，利好铁矿石消费，矿价上涨，而在经济形势严峻，钢材消费走弱，不利于铁矿石消费，矿价出现回落。因此，预计未来全球经济增长走弱对铁矿石价格将有不利影响。成本分析中，发现四大矿山成本逐步下移趋稳，而铁矿石价格受成本影响较小，矿价主要受基本面变化影响。

通过采用多元回归模型对铁矿石未来 9 年价格进行预测，并结合行业基本背景，预测到 2030 年铁矿石价格将呈现下降趋势。预计未来 9 年铁矿石均价在 89 美元/干吨左右，2022 年铁矿石年均价将在 120 美元/干吨左右。预计 2025 年铁矿石年均价将降至 95 美元/干吨左右，2030 年铁矿石年均价将降至 60 美元/干吨左右。

第三节　新发展阶段中国钢铁发展主要任务

近几年地缘冲突加剧，俄乌冲突将国际地缘政治以及国际形势引向了更为复杂的局面，欧美国家的强力干预导致国际贸易出现动荡，给市场造成混乱。2018 年美国对华发起贸易战，给全球正常贸易秩序带来严重不利影响。中国和澳大利亚在若干事务上也存在分歧，中国当前以及未来一段时间内面临更为不确定的国际环境，对我国经济以及重要基础性产业的发展或有持续影响。

我国钢铁规模占全球一半以上，为全球各行各业提供基础钢铁原材料的生产和加工等，中国既是钢铁第一生产国、也是第一出口国，中国钢铁产业与世界深度交互，地缘政治日益激烈将对我国钢铁行业平稳运行带来严峻挑战，因此，我国应提前谋划，采取更为有力的举措，保障钢铁的稳定供应。

一、提升资源保障能力

逐步打破国外对铁矿石的高度垄断。我国铁矿石对外依赖度高，从澳大利亚进口铁矿石占一半以上，近年来由于种种问题，铁矿石供应风险加剧，并且 2019 年以来铁矿石价格居高不下，严重侵蚀了我国钢铁行业的发展成果，因此提升我国铁矿石的资源保障能力十分必要和急迫。我国铁矿石也拥有一定的储量，但近年来由于环保和经济性的问题，国内矿山生产力度不足。从长期考虑，按照相关规划要求，一要加大铁矿石矿产资源探矿力度，并鼓励重点矿山及时更新开采设备，提高出矿效率。二要推进国内重点矿山资源开发，适当新建高标准矿山，强化国内矿产资源"压舱石"作用和基础保障能力。三要加大对低品位选矿技术的科研投入，鼓励科研机构与矿山企业深度合作，促进难选矿综合选别和利用技术应用。四要鼓励企业开展港口混矿业务，增加港口库存，发挥港口库存对资源保障的缓冲作用。五要按照市场化原则，加强国际铁矿石资源开发合作，加大对海外权益矿的开发，打破铁矿石高度垄断的局面。六要完善铁矿石期货市场建设，加强期货市场监管，完善铁矿石合理定价机制。

完善废钢供应体系。我国废钢积蓄量已经超过 118 亿吨，废钢作为铁矿石有效替代资源，也是可再生资源，未来发展前景广阔，国外发达国家钢铁冶炼大多使用废钢作为主要原料。近年来国家相关部委和行业协会积极推动废钢行业规范化建设，在废钢准入、财税政策方面已做了相关制度设计并实施，要逐步建立和形成若干大型废钢回收企业和产业集聚区，形成规模效应和集聚效应，推进回收、拆解、加工、分类、配送一体化发展。严格执行再生资源进口标准，推进优质再生资源进口。

二、提升关键钢铁材料供应能力

加强关键材料的研发能力。虽然我国是钢铁第一大国，但仍有部分关键钢铁材料仍然需要进口，在地缘冲突频繁且加剧的情况下，我国关键钢铁材料的供应链也面临着威胁。应梳理重点行业产业链供应链短板，开展关键材料的供应安全评估，制定配套供应保障工作预案。鼓励科研机构参与，就企业核心技术难点、关键材料需求进行重点攻关，形成企业与科研机构快速响应机制。

加大关键材料的储备。关键材料的技术突破需要久久为功，需要建立核心关键材料的常态化战略储备机制，应按照高于常规品类材料的储备要求进行。此外，拓宽供应渠道也是重要的方式。

加强细分领域材料的供应能力。新冠疫情、地缘冲突容易导致供应链的中断，尤其是容易导致细分领域钢铁材料供应压力加大。如 2020 年新冠疫情后，全球大量订单转移至中国，带动我国制造业强劲复苏，无取向硅钢需求旺盛，而以我国无取向硅钢的生产能力难以满足需求的大幅增长，导致其供应一度出现严重短缺，对一些企业生产造成影响。一方面应加大细分领域材料的供应能力；另一方面，引导供需及时保持信息互通，增强市场可预期性和确定性，提升企业对市场的反应能力，保持供需大体平衡。

减量发展应循序渐进，严禁"运动式减产"。钢铁减量发展工作涉及多地区、多部门，组织协调、任务执行过程中可能存在差距，应采取循序渐进的原则，严禁"运动式减产"，防止大规模集中压减产量导致阶段性供需严重失衡，造成产业链运作不稳定对经济造成伤害。

三、深挖国内市场，提升国内消费占比

深挖国内市场，寻求新的结构性增量机会。我国拥有全球最大的钢铁消费市场，并且在政府有效的经济规划下，我国钢铁消费呈现相对稳定且预期性强的特点。随着我国经济的发展和人民生活水平的提升，人们对各类产品的需求也在日益发生变化，中间蕴藏大量的市场机会，我国钢铁行业应积极了解市场需求变化，不断寻求新的市场增量，有助于稳定供应并且提效增质。

外需面临较大不确定性，应提升国内消费占比。如俄乌冲突虽然为我国钢铁出口带来替代性机会，短期缓解了我国钢铁的供应压力，但从另一角度来看，地缘冲突的背后蕴含着重大的市场风险，在我国钢铁仍有较多出口的背景下，将为我国钢铁市场带来诸多不确定性，从而影响我国钢铁供应链的稳定。此外，其他事件如国际贸易摩擦、疫情影响等都将导致外需面临很大不确定性，从长期稳定供应链角度考虑，我国钢铁行业应加大对国内市场开发，满足国内多样化的需求，提升国内市场份额占比，这与我国实施的双循环战略思路高度契合。

第七章

保持钢铁产品合理价格运行的建议

2022 年以来，国际环境更趋复杂严峻，国内新冠疫情多发散发，不利影响明显加大，经济发展极不寻常，超预期突发因素带来严重冲击，二季度经济下行压力明显增大。面对异常复杂困难局面，我国深入贯彻落实党中央、国务院决策部署，高效统筹疫情防控和经济社会发展，加大宏观政策调节力度，有效实施稳经济一揽子政策措施，新冠疫情反弹得到有效控制，国民经济企稳回升，生产需求边际改善，市场价格基本平稳，民生保障有力有效，高质量发展态势持续，社会大局保持稳定。上半年国内生产总值 562642 亿元，同比增长 2.5%，其中第二产业增加值 228636 亿元，增长 3.2%；上半年，全国规模以上工业增加值同比增长 3.4%。分三大门类看，采矿业增加值同比增长 9.5%，制造业增长 2.8%，电力、热力、燃气及水生产和供应业增长 3.9%。高技术制造业增加值同比增长 9.6%，快于全部规模以上工业 6.2 个百分点。上半年，中国粗钢产量 52688 万吨，同比下降 6.5%；生铁产量 43893 万吨，同比下降 4.7%；钢材产量 66714 万吨，同比下降 4.6%，焦炭产量 23950 万吨，同比增长 0.5%。

2022 年以来，钢铁行业面临的市场环境和经营环境更加严峻复杂。在党中央、国务院"稳字当头、稳中求进"决策部署下，钢铁企业坚持疫情防控和稳定经营"双线应对"，努力克服社会物流不畅、需求启动延迟、原燃料价格高位波动、钢材价格下降等诸多挑战，总体保持了相对平稳运行态势，为稳定国民经济发挥了重要作用，但生产经营、供应链和市场稳定等方面面临许多困难和压力。

本章节通过我们对钢铁产品价格的变化情况和影响因素，结合国内外经济发展形势，在俄乌冲突、美元加息、全球大宗商品市场剧烈波动和我国经济发展面临需求收缩、供给冲击、预期转弱三重压力的大背景下，在新发展阶段，钢铁行业产业政策发生较大调整，资源、能源、环境制约更加明显；现货市场、期货市场和企业定价关系更加紧密；地缘冲突、突发事件频发，如何稳定钢铁产品价格、保持行业运行平稳，我们提出有关对策和政策建议。

第一节　保持宏观政策连续稳定

对政府相关部门，我们提出以下六个方面的建议。

一、加强政策的贯彻落实，推动稳增长措施落地生效

5月份国务院发布了《关于扎实稳住经济一揽子政策措施的通知》，推出了六方面33项措施，各有关部委、地方政府也相继出台了一系列稳增长政策措施，希望抓好贯彻落实，取得政策实效。如加快稳投资项目的审批落地，启动需求、拉动钢材消费；推动先进制造业增值税留抵退税政策落实，明确退税标准界定和适用主体等细则，使企业真正享受留抵退税政策；及时更新环境保护、节能节水和安全生产专用设备等目录，使企业充分享受国家节能环保的税收优惠政策；将企业贷款利息支出纳入增值税抵扣范围；利用国家政策补贴，进一步降低企业直购电成本，鼓励企业消纳新能源电力。通过国家助企纾困政策的支持帮助，企业、行业的共同努力，保持国民经济稳定持续健康发展。

二、加强市场调控，打击哄抬物价，做好原燃材料保供稳价工作

今年以来，炼焦煤、焦炭资源紧张、价格持续上涨，进口铁矿石价格同比虽有所下降，但仍处于高位，比年初也是大幅上涨，企业成本上升压力不断加大，制约经济效益的提升。建议国家从战略角度，统筹考虑资源能源保障问题，采取有效措施，加快国内铁矿资源开发和废钢的回收利用；有效释放国内炼焦煤产能、适度扩大进口，缓解焦煤、焦炭的供应紧张态势，促进能源价格合理回归。进一步加强现货、期货市场监管，严厉打击虚假宣传、哄抬物价等违法违规行为；监督供需双方认真履行长协煤炭合同，维护钢铁供应链产业链相对稳定。

铁矿石作为钢铁生产的重要原料，严重依赖进口，且进口价格一直是行业内外关注的焦点。国家要进一步强化大宗商品期现货市场监管，加强大宗商品价格监测预警。加强重要原材料和初级产品保供稳价。5月份，国家发展改革委等四部门发布关于做好2022年降成本重点工作的通知中提出，继续做好能源、重要原材料保供稳价工作，保障民生和企业正常生产经营用电。增强国内资源生产保障能力，加快油气、矿产等资源勘探开发，保障初级产品供给。加强原材料产需对接，推动产业链上下游衔接联动。2022年春节前后铁矿石价格出现异常上涨，国家发展改革委、市场监管总局等国家有关部委频繁约谈相关企业，调研主要港口、期货交易所以及

有关资讯企业，市场总体呈降温态势。随着常态化监管模式建立，影响钢材、铁矿石市场价格的波动因素将回归供需基本面。

煤炭作为钢铁生产的重要原燃料，煤炭采购价格在钢铁生产成本中起着举足轻重作用。健全煤炭生产流通成本调查制度和市场价格监测制度，为开展煤炭价格调控、评估完善煤炭价格合理区间提供支撑。及时发布煤炭市场和价格信息，强化煤炭价格指数行为评估和合规性审查。煤炭价格超出合理区间时，充分运用《价格法》等法律法规规定的手段和措施，引导煤炭价格回归合理区间。

加强对铁矿石、铜、原油、天然气等大宗商品市场动态和价格形势的跟踪分析，深入研判输入性影响，及时提出储备、进出口、财税、金融等综合调控措施建议，推动有关方面做好保供稳价工作。加强宣传引导和政策解读，支持上下游行业建立长期稳定合作关系，引导产业链上下游稳定原材料供应和产供销配套协作，协同应对市场价格波动风险，要坚决打击囤积居奇、恶意炒作、哄抬价格的行为。

三、财政税费政策保持连续性、稳定性，进一步降低中小型钢铁企业税费负担

3 月份，国家发展改革委、工业和信息化部联合有关部门出台了《关于促进工业经济平稳增长的若干政策》（以下简称《若干政策》），围绕财政税费、金融信贷等提出了政策举措。钢铁行业作为国民经济支柱产业，在国家经济建设、社会发展、财政税收、国防建设以及稳定就业等方面发挥着重要作用，但税费负担相对较重、利润率不高等问题持续制约钢铁行业健康发展。据统计，2021 年会员钢铁企业平均利润率为 5.08%，虽然比上年有所提高，但仍低于全国工业平均水平。《若干政策》扩大了地方"六税两费"减免政策适用主体范围，延续实施阶段性降低失业保险、工伤保险费率政策，特别是将从业人员 1000 人以下或营业收入 4 亿元以下企业纳入政策适用范围，有利于钢铁企业特别是下游中小型加工企业减负担、降成本，提升钢铁行业盈利能力。

建议进一步简化留抵退税手续，完善大型企业的退税的标准界定和适用主体等细则；取消连续六个月有增量留抵税额的限制，适当提高留抵退税比例；适当放宽钢铁企业下属新建制造企业纳税信用评价，从而可以享受先进制造业增值税期末留抵退税，促进行业内高科技企业快速发展；将企业贷款利息支出纳入增值税抵扣范围；及时更新环境保护、节能节水和安全生产专用设备等目录，便于企业享受所得税优惠；进一步降低企业直购电成本，利用政策补贴，鼓励企业消纳新能源电力。

四、加大现有政策落地执行力度，保障物流高效畅通

为保持国民经济平稳运行，对冲新冠疫情反弹带来的不利影响，国家宏观政策持续发力。但目前部分政策落地效果尚不明显。建议国家相关部门统一疫情防控政策标准，避免地方政府过度防控，制约企业正常的生产经营活动；加大现有政策落地执行力度，尽快落实人员、物资流通通道，确保原燃料、钢材等物资采购和销售物流渠道的畅通，确保企业真正享受政策，赋能企业发展，提升市场信心，鼓励下游消费。加大稳投资扩消费政策力度，加快国内需求恢复，全力打通产业链供应链堵点卡点，精准落实助企纾困政策，稳定市场主体预期，提升工业生产效能，畅通国民经济循环，推动工业经济平稳运行。加快落实稳增长政策，保障物流高效畅通。

五、加大金融支持，助力钢铁企业高质量发展

近年来，金融系统对钢铁行业加大了支持力度，行业融资成本费用也明显下降，但钢铁企业节能减排、低碳绿色、结构调整任务艰巨，需要大量资金投入，有部分钢铁企业没有充分享受到优惠政策。建议金融机构对符合国家规范条件的合规钢铁企业给予支持性信贷政策，不抽贷、不压授信规模、不主动退出，并在利率方面给予适当优惠，支持优势企业技术改造、结构调整；加强差异化金融政策支持，对受新冠疫情影响较大地区的企业，给予延期或续贷，并适当下调贷款利率；给予企业绿色信贷、绿色债券等绿色融资支持，助力企业实现绿色高质量发展；对纳税、债券等信用评级较高的企业，减少贷款附加条件、降低融资利率、延长融资期限；对在环保提升工作方面有所担当且成效显著的先进企业配套政策性低息贷款、政府补贴等鼓励政策。

六、加强国内资源保障，稳定钢铁供应链和产业链

加大国产矿开采力度。提高废钢回收利用水平，对钢铁行业减少进口矿的高度依赖具有重要意义。建议：一是降低各项繁重的税费负担，简化加快矿山开采的审批流程，促进铁矿资源规模化开采和技术进步，集中优势力量做好国内矿山的绿色开发和安全管理。二是进一步完善废钢回收利用体系，解决开票难、抵扣难等问题，加大财税优惠政策返还力度至50%-70%，使废钢回收利用产业合法、安全、持续、稳定。三是加快推进海外铁矿开发，在有效防范投资风险、保证效益等前提下，支持有关企业加快推动开发建设，解决融资障碍，提供金融支持。

今年以来，煤焦价格持续上涨，同时，运力不足和运输不畅也加剧了煤焦供需矛盾。目前，焦煤、焦炭的成本已成为制约钢铁产业链供应链稳定的主要因素。建

议国家对山西、内蒙古等地炼焦煤产能核定增加予以考虑，适度释放关键品种产能；加人蒙占焦煤进口，缓解焦煤供应紧张态势；将喷吹煤、炼焦煤的保供稳价也纳入调控范围；加强价格监管，在出现阶段性快速、大幅波动时，要及时预警；严厉打击虚假宣传、哄抬煤价等违法违规行为；监督长协煤炭合同兑现，对兑现率过低煤矿予以约谈及曝光，并在长协铁路运力上予以支持，维护钢铁产业链相对稳定。

第二节　企业加强价格自律 以销定产

对钢铁企业，我们提出以下五个方面的建议。

一、钢铁企业加强自律，需要大企业积极发挥带头引领作用

大型钢铁企业要提高站位，树立大局意识，积极履行社会责任，促进上下游行业协调发展，维护行业良好生态，要带头维护大宗商品市场价格秩序。大企业拥有更多的资源、更多的市场话语权，在上下游产业链上具有举足轻重的地位，其行为往往引领行业方向，理应肩负更多的行业责任，勇挑更多的行业担当。我们建议并期待，大企业成为行业自律的引领者，带头践行自律规范；大企业成为市场秩序的维护者，无惧风浪坚守底线；大企业应该成为违法违规项目的监督者，敢于亮剑鞭策执行。

二、钢铁企业对市场要有理性的判断，以供需平衡为原则，坚持按合同组织生产

2022 年上半年以来，受国际形势复杂严峻、国内疫情散点多发、产业链供应链运行不畅等因素影响，钢材市场呈现"供给减量、需求偏弱、库存上升、价格下跌、成本上涨、收入减少、利润下滑"的运行态势，企业生产经营面临较大挑战。特别是二季度以来钢材价格出现深度下降。目前价格不稳定的主要问题出在钢铁需求侧，但现实解决方案在钢铁供给侧。钢铁企业对市场要有理性的判断、现实的选择、积极的应对，要以满足用户需求为目的、以供需平衡为原则，按市场需要合理安排生产计划，反对无视需求变化盲目生产。近两个月的钢铁生产显著超出市场需求，当前最重要钢铁企业要付诸行动，一是坚持按合同组织生产，不要努力生产然后都放到库存中去把资产都变成存货；二是不付款不发货，不要努力销售把收入都变成应收账款；三是反对不正当竞争，不要低于成本线向市场抛售倾销抢占市场份额恶性竞争损害行业正常市场秩序。

三、钢铁企业加强产业链建设，关注下游各领域需求变化趋势

虽然经济总体需求目前仍然偏弱，下游产业钢铁消费水平未达预期，但在国家正在启动需求的各项措施中，加大基础设施和建设领域投资的预期效果相对其他领域更加现实，钢铁相对需求在现在的基础上有望改善。钢铁企业关注：一是下游需求总量的变化，要关注新材料、新基建、新领域、新业态等消费结构的新变化，减量中有增量；二要密切关注下游价格变化情况和因素，厘清下游市场畅销、滞销产品，加大供应链建立，保供稳价；三要重点分析消费结构的变化，满足总量偏弱条件下的新消费增长需求。钢铁企业要一贯坚持按市场需求进行总量调控和结构调整，以市场需求为导向，努力保持供需平衡和价格在合理区间内波动。

四、钢铁企业要进一步完善内部定价机制，建立科学合理的价格管理体制

企业是市场行为的主体，被市场所能接受的合理价格的形成很大程度上取决于企业的定价行为，企业能否按照市场规律科学制定价格，正确行使定价权，是价格政策成功的重要条件。企业要想在复杂多变的市场竞争中处于主动地位，获得最佳经济效益，就需要建立与健全企业价格运行机制，包括掌握市场价格和供求信息、研究定价方法、健全价格管理制度和销售考核机制等，使价格决策和运行机制市场化、规范化、制度化。要加强价格人员队伍建设和知识储备，提高企业定价能力，更好地发挥价格杠杆作用。在股市、期货价格频繁大幅波动的背景下，钢材价格震荡越加频繁，有时甚至脱离了价值规律，因此，钢铁企业一定要保持定力，不要跟随股市、期货价格而盲目改变企业出厂价格和市场现货价格，稳定价格是稳定企业生产经营和经济效益的基本保障。

五、钢铁企业要加强内部管理，眼睛向内，深入对标挖潜降成本

目前，钢铁企业债务结构持续优化、资产负债率同比下降，短期借款下降、长期借款增加，企业成本费用下降、研发费用支出持续提高，表明钢铁企业整体经营较为稳健，有能力有实力可以抵御阶段性风险。但是，受疫情反复、全球货币量化宽松政策、俄乌冲突、美联储加息等影响，大宗商品价格出现大幅上涨，特别是炼焦煤、焦炭、矿石、石油等原燃材价格大幅上涨。针对上述风险点，钢铁企业要持续深化开展"对标挖潜"，扩大对标企业范围，增加对标指标，完善对标体系，提升对标质量。从原燃材采购成本、制造成本、产成品结算价格、财务费用、研发费用精准对标；推进对标世界一流企业，加强绿色对标，促进降本增效，稳定价格。

第三节 行业加强价格监测 引导市场平稳运行

对行业组织，我们提出以下八个方面的建议。

一、发挥冶金价格分会与政府、会员和企业的桥梁和纽带作用，引导价格平稳运行

冶金价格分会在中国价格协会的领导下，在中国钢铁工业协会业务指导下，搭建政府与会员、冶金相关企事业单位及公众联系的平台，发挥桥梁和纽带作用；宣传贯彻国家价格法律法规和方针政策，引导冶金企业规范价格行为，加强行业价格自律，保持价格平稳，自觉维护国家利益和经营者、消费者的合法权益；受行业组织和企业的委托，向国家价格主管部门反映冶金行业价格情况、企业有关价格制定和价格管理等方面建议；采集、监测钢铁产品价格，发布全面、客观、及时的价格信息，引导市场价格走向；会同中国价格协会做好冶金行业企业价格人员岗位资质、价格师、助理价格师行业培训和考评工作；组织冶金行业价格理论研究，汇编有关价格理论和实践成果与著作，总结推广企业价格管理经验，为提高企业价格管理水平服务；加强冶金行业价格队伍建设，不断更新价格管理知识，提升业务素质和能力，为企业培训更高水平的价格工作从业人员。

二、加强价格监测分析，保持钢铁价格基本平稳，促进钢铁行业稳定运行

中国钢铁工业协会加强钢铁行业经济运行特点及变化趋势分析，梳理突出矛盾和问题，及时向有关部委反映；加强宏观政策落实情况的跟踪，提出相关政策建议；按季度召开企业经济运行分析座谈会，及时了解会员企业生产经营状况；针对钢材市场大幅波动，加强并不断完善钢材价格指数、铁矿石价格指数和结算价格监测体系，分析价格变化原因，加强综合研判和趋势预测，强化风险评估和预测预警。

三、坚持供给侧结构性改革，巩固提升去产能成果

按照持续巩固提升钢铁化解过剩产能工作成果，对违法违规问题保持零容忍高压态势要求，扎实推进相关工作。一是对新申报纳入规范企业和已有规范企业的整改、撤销、变更等情况进行现场查验，做好行业规范管理相关工作。二是汇总钢铁行业产能置换项目公示、公告及投资建设情况，开展钢铁产能建设情况调研，提出政策建议，防范钢铁产能无序发展。三是按照钢铁工业总体发展战略，组织研讨企

业中长期发展规划、布局调整等行业发展相关问题。开展行业兼并重组实践案例调研、兼并重组研究和推进钢铁行业国际产能合作有关工作。四是及时掌握企业生产经营动态情况，特别要加强对钢产量动态监测分析。

四、加强钢铁行业自律，维护市场稳定和行业利益

有效开展行业自律是维护市场稳定和行业利益的重要手段，也是产业成熟的重要标志。要保持钢铁市场供需动态平衡，需研究建立长期、有效的市场化协调机制，重点要以"切实加强行业治理、有效维护市场秩序"为目标，形成既有能耗、碳排放政策约束，又有行业自律、政府有效监督的符合市场规律的新机制。要积极推动《钢铁行业自律工作方案》的落实，特别是约束性条款落地；继续深入开展区域市场自律、品种市场自律和出口自律工作；通过数据监测、企业调研、行业倡议和政策建议等多种方式推动全行业自律取得实质性效果；钢铁行业坚决反对低价倾销，维护行业正常的生产经营秩序。总之，钢铁行业亟须建立一种长期的、市场化的协调机制，以"切实加强行业治理、有效维护市场秩序"为目标，形成既有能耗、碳排放政策约束，又有行业自律、政府监督有效地符合市场规律和市场要求的新机制。

五、大力推进节能减排，稳步推进"双碳"工作

钢铁行业要大力推进节能减排，构建"碳达峰、碳中和""1+N"政策体系，推动落实"双碳"目标任务。作为我国实现绿色低碳发展的重要领域，钢铁行业稳步推进流程结构调整，实现减污降碳协同增效；积极推进实施超低排放改造，节能减排、清洁生产均取得显著成效。为加快推动绿色低碳发展，中国宝武发起并成立全球低碳冶金创新联盟，多家钢企明确"双碳"时间表和路线图，争做"碳达峰、碳中和"先行者，低碳转型已成为推动钢铁行业高质量发展的重要引擎。组织企业开展能耗、碳排放对标交流，提高能耗、碳排放数据质量；推动全生命周期的低碳绿色钢铁材料的研发与应用；提升废钢资源回收利用水平，推行全废钢电炉工艺等。

六、积极组织推进"基石计划"，保障铁素资源安全

钢铁工业是国民经济的基础性产业，是我国经济发展的"压舱石"和"稳定器"。国内铁矿资源开发不足，资源禀赋差、铁矿品位低和成本高，一直制约着我国钢铁工业的健康稳定发展，也对全球钢铁行业和经济的稳定运行造成了严重影响。在这种背景下，钢铁协会：一是建立推进工作机制，发挥好新成立的由重点企业参加的"基石计划"推进工作小组的作用，定期召开协调推进工作会议，研究项目实施中

的重大问题，及时汇总并向有关部门反馈，推动相关问题协调解决。二是完善细化"基石计划"方案，对国内新增产铁矿开发、境外新增权益铁矿、废钢资源等进一步梳理核实，提出完整的计划方案。三是加强国内矿开发情况调研，督促"基石计划"任务落实，及时与国家有关部门沟通汇报，统筹推进各项工作，确保一批优质铁矿项目建成投产。四是有针对性地推进境外项目投资和开发，提升海外权益矿比例。五是推进国内废钢铁资源的回收、加工、配送及流通体系的完善，理顺上下游关系，尽快解决废钢税收和开票难问题，落实好完善资源综合利用增值税政策，平抑"税收洼地"带来"票货分离"的影响，促进废钢资源产业健康发展。

七、加强分析下游需求变化，促进钢铁产业链协同发展

针对经济总体需求目前仍然偏弱，下游产业钢铁消费水平未达预期。当前钢铁行业不仅要关注需求总量的变化，还要承担的工作任务：一要密切跟踪下游各领域需求变化趋势，及时向企业提供动态市场信息；二要重点分析消费结构的变化，满足总量偏弱条件下的新消费增长需求；三要组织研究并提出可操作性的政策建议，为促进高附加值产品发展创造条件；四要加速推进以钢结构建筑为代表的跨行业合作，在扩大钢铁应用上下功夫。

八、深入开展对标挖潜，不断增强企业的竞争能力

针对市场形势变化、生产成本上升等，钢铁行业要不断深化对标挖潜工作。钢协与会员企业一起，扩大对标挖潜的广度和深度，尤其要对标世界一流企业，认真开展国内外对标，通过全维度对标、全方位找差，不断增强企业的竞争能力，真正推动行业高质量发展。

第四节　强化期货市场监管　禁止信息炒作

对第三方机构，我们提出以下七个方面的建议。

一、金融机构要继续强化现货和期货市场日常监管

金融机构应着力加强穿透式监管，依法严厉惩处违法违规行为，严禁资本炒作，伺机牟利，切实维护正常市场秩序，保障大宗商品市场价格平稳运行。

二、资讯机构应加强资讯信息管理

资讯机构要规范采集和发布制度，确保信息的准确、真实、公开、公正，要正

确引导市场走势，促进价格平稳运行。

三、第三方机构要依法合规有序经营

金融机构和信息资讯机构等第三方机构要维护好大宗商品市场价格秩序，不得相互串通操纵市场价格、捏造散播涨价信息，不得囤积居奇、哄抬价格。

四、第三方机构禁止信息炒作，夸大预期

金融机构和信息资讯机构不反映"存在过度投机炒作行为，扰乱正常产销循环，对价格上涨产生了推波助澜作用"的负面信息。

五、加强内部资讯相关从业人员管理

加强内部资讯相关从业人员（或者有关联的公司）监督检查，不得参与大宗商品期货、期权、境外掉期交易及其他相关金融领域的交易，不踩踏"红线"或者实质性的违法违规的行为，坚决杜绝资讯发布者与铁矿石等大宗商品市场有利益勾连。

六、加强工作队伍素质建设和业务培训

提高甄别能力，避免自身被蒙蔽利用，要客观反映市场信息和科学分析预判，避免选择性地屏蔽或过度报道有立场的消息，对市场形成错误引导，要为营造和谐稳定的市场和价格秩序做贡献。

七、加强对头部信息资讯机构知识产权保护

加大对头部资讯机构知识产权保护力度，严惩资讯信息的抄袭、滥用，切实保护其合法权益，避免信息资讯机构之间的无序竞争。

第〈八〉章

钢材价格理论与模型

第一节 价格理论的历史

价格理论是揭示商品价格形成和变动规律的理论，也是经济学中最古老、最基础、最现实的理论。价格理论是在长期价格实践中逐渐孕育出的理论，目前已经形成和发展为系统的价格理论体系。根据价格理论的发展过程，大致可以分为两个阶段，启蒙阶段（16世纪以前）和多学派并存阶段（17世纪至今）（图 8-1）。

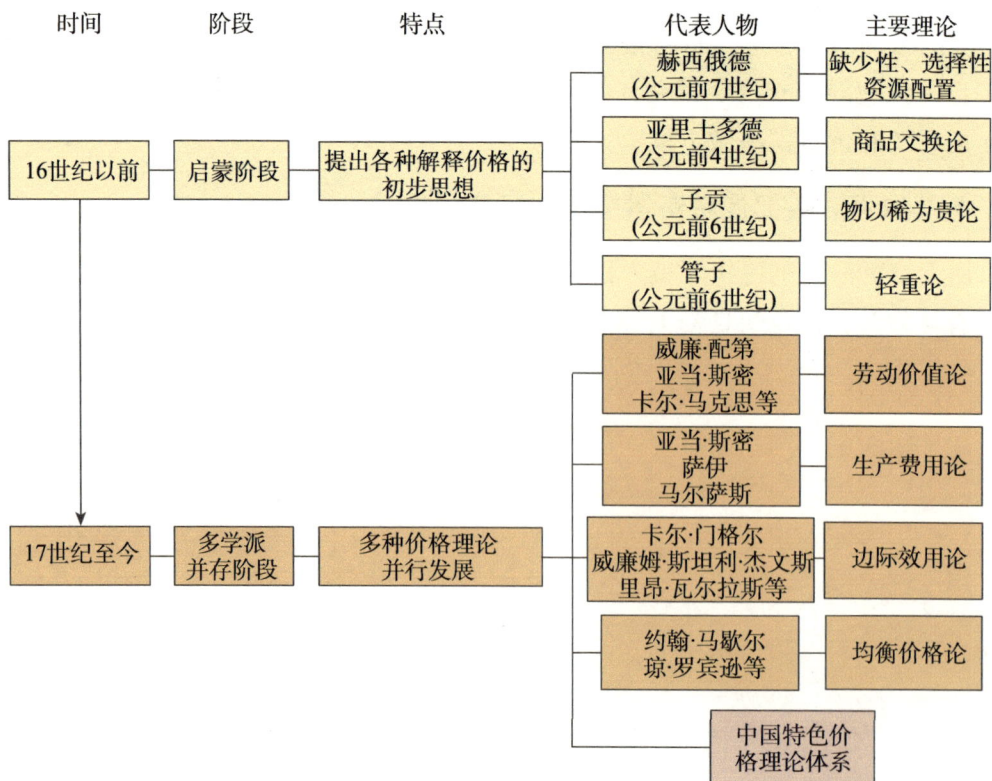

图 8-1　价格理论的发展

一、启蒙阶段（16世纪以前）

古代价格理论的萌芽和形成经历了几千年的漫长历程。价格反映的是一种商品交换关系，而这种商品交换关系可以追溯至5000-7000年前。随着经济社会发展，在一些文明古国，如古埃及、古巴比伦、古印度、中国、古希腊、古罗马，商品交换和商业贸易活动逐渐完善，价格观念和价格理论开始萌芽，其中最有代表性的是古希腊的价格理论和中国春秋战国时期的价格理论。

古希腊在欧洲和世界发展史上具有重要地位，关于商品交换和价格的理论也相当丰富，源远流长。如公元前7世纪，古希腊诗人赫西俄德在其史诗《工作与日历》中提出了人们在经济生活中需注意的缺少性，选择性和资源配置等三大问题，并鼓励"善良的竞争"。虽然他没有进行具体的分析，也没有直接对价格问题进行探讨，但他的这一卓越见解对近代西方经济学有着不可磨灭的影响；再如亚里士多德的商品交换论中，最具代表的"没有等同性，就不能交换；没有可通约性，就不能等同"，反映了他认为物品的内在价值是交换的基础，为了交换，物品必须彼此相等，由此而来的等式就是价值的表现需相同。他又进一步地认识到，物品之所以可以交换是因为它们都具有同一性，也就是说，不同物品之间存在着内在的同一的质，但他没能再进一步地去探究这一"共同的质"是什么。此外，还探讨了货币在商品交换的功能。虽然，受限于古希腊奴隶经济和城邦经济的局限性上，亚里士多德没有能够将其客观价值论推进，但其对马格努斯的公平价格理论、阿奎那的公平价格和货币理论、亚当·斯密的价值理论以及马克思的劳动价值论均产生了重要影响。

中国的春秋战国时期是从奴隶制向封建制过渡时期，是由领主经济向地主经济过渡的时代。在这一巨大变革过程中，商品货币有了很大发展，不同阶级及其代表人物都对商品货币关系提出了许多著名的观点，如管子的轻重论、子产的市不豫价论、子贡的物以稀为贵论、计然的积著之理、墨子的轻重贵贱论等。其中，管子的轻重论和子贡的物以稀为贵论较为突出。管子对同一商品的轻重关系（"聚则重、散则清"《管子·国蓄篇》）、不同商品的轻重关系（"谷重而万物轻，谷轻而万物重。"《管子·乘马数篇》）、货币数量与轻重的关系（"国币之九在上，一在下，币重而万物轻。敛万物应之以币，币在下，万物皆在上，万物重什倍。"《管子·山国轨篇》）、价格变动与轻重的关系（"岁有四秋，而分有四时。已有四者之序，发号出令，物之轻重相什而相伯，故物不得有常固。"《管子·轻重乙篇》）等方面都做了独到的见解。这些理论不但说明了商品和商品、商品和货币、货币数量与价格之间的关系，而且提出了如何利用价格的波动调解经济活动的问题，具有很高价值，尤其是在当时的背景下非常难能可贵。但是《管子》中并没有一个衡量商品轻重的标准，而是用货币数量和供求关系来解释，这必然造成了理论上的矛盾和错误。再如，孔子的学生子贡认为，"君子之所以贵玉而贱珉者，何也？为夫玉之少而珉之多耶！"（《荀子·法行篇》）。这种物以稀为贵的价格观，就是供求决定价格观点，代表了当时新兴商人阶级的观点。虽然由于历史和阶级的局限性，不同思想家对商品货币关系观点不一，形成了百家争鸣的局面。但是，学派之间的联系与继承，对价格理论发展和社会经济进步起到了极大的推动作用。

二、多学派并存阶段（17 世纪至今）

欧洲自古希腊时代以后，又经历了罗马时代、中世纪时代、重商主义时代，价格理论虽然进一步发展，但并未取得重大进展。直至 17 世纪，随着西方古典经济学的产生和发展才使价格理论有了突破性的进展，之后价格理论进入了多学派并存阶段。由于时代环境、阶级背景、研究角度、研究方法、研究手段等的不同，当前世界经济主要形成了四种影响较大的价值——价格理论体系：劳动价值论、生产费用论、边际效用论、均衡价格论（表 8-1）。

表 8-1　价格理论相关对比

研究方法	价值理论	原则	主客观性
供给分析法	劳动价值论	一元论（劳动）	客观价值论
	生产费用论	多元论（劳动、资本、土地）	主观价值论
需求分析法	边际效用论	二元论（效用、稀缺性）或一元论（边际效用）	主观价值论
供求混合分析法	均衡价格论	混合多元论（劳动、资本、土地、效用等）	主客观混合论

劳动价值论是关于价值是一种凝结在商品中的无差别的人类劳动，即抽象劳动所创造的理论。劳动决定价值这一思想最初由英国经济学家配第提出，之后，亚当·斯密和大卫·李嘉图也对劳动价值论做出了巨大贡献。马克思在继承前人的基础上，用辩证法和历史唯物论从根本上论证了它的历史性质，并在劳动价值论基础上科学地创立了剩余价值理论以及后来的利润、平均利润理论。劳动价值论认为，商品价值是由劳动创造的，价值是商品的内在属性，从质上看是人类抽象劳动的凝结，从量上看是由社会必要劳动时间决定的。

生产费用论渊源于 18 世纪亚当·斯密价值论中的庸俗成分。后来，资产阶级庸俗经济学家萨伊、马尔萨斯等人发展的"三位一体"公式。生产费用论认为，商品价值是由劳动、资本和土地三种生产要素在生产中各自提供的生产性服务而共同创造的，并分别获得相应的收入，即工人得到工资、资本得到利息、土地所有者得到地租作为自身消耗的补偿。这些收入构成生产费用，决定了商品的价值。

边际效用论是在 19 世纪 70 年代初，由英国的杰文斯、奥地利的门格尔和法国的瓦尔拉斯提出的，后由庞巴维克和维塞尔加以发展。边际效用论认为，商品价值是由物品的稀少性与效用决定的，价值并非商品内在的客观属性，而是人们对物品效用的感觉和评价。他们认为效用是价值的源泉，也是形成价值的一个必要条件，同时价值的形成还要以物品的稀少性为前提，稀少性与效用相结合，才是价值形成的充足条件。

均衡价格论是英国经济学家马歇尔在 19 世纪末提出的，随后又得到了众多数理经济学派成员发展，成为当前一个重要的流派。该理论认为，商品价格是由供给和需求达到均衡所决定的，均衡价格就是商品的价值。这一理论是把边际效用论和生产费用论相结合起来，用供求的力量对比来解释价格，提出了均衡价格论，认为均衡价格就是商品的价值，是市场价格波动围绕的中心。

目前，马克思主义的劳动价值论和均衡价格论是当代经济学中影响最大的价格理论，他们之间既存在很多同一性，也有较大差异。同一性是指，两者都旨在说明一定市场结构下，理论价格的形成机制，并把理论价格看成相关经济主体相互均衡的结果，而差异点在于两种理论研究角度、研究路径和侧重点不同。

中国的价格理论体系发展较晚。改革开放以来，中国坚持把马克思主义基本原理与中国实践结合，在总结价格改革的经验教训基础上，借鉴西方价格理论思想，逐步构建、不断丰富和发展了中国特色价格理论体系。中国特色价格理论体系是坚持以中国特色社会主义理论体系为指导思想，坚持市场的基础性作用，根据经济运行新特征，不断探索价格管理和价格管控的新领域和方式，进一步形成创新价格理论，进而建立的一套适合国情的理论体系。

第二节　中国钢材价格理论的发展历史与现状

钢铁工业是重要的原材料工业，其发展水平已成为衡量一个国家综合国力和工业水平的重要指标。钢铁产品绝大部分属于资源性产品，它的生产加工既要消耗大量的铁矿石、煤炭、油类和水资源，又要排除大量的废水、废渣、废气，是实现"双碳"目标的重要领域。钢铁的合理价位与价格形成机制，不仅关系到节能减排、高端制造等，而且涉及钢铁产业链上下游产品的价格机制，对国民经济发展具有重要影响。长期以来，国家高度重视钢铁产品价格的改革与发展，使得钢铁工业的价格改革取得了长足的进步。我国的钢材产品价格先后经历了计划性定价-价格双轨制-价格完全放开的阶段。目前，已经初步建立了适应市场经济发展的价格体系框架和符合经济发展的定价策略，钢铁产品市场价格机制逐渐走向成熟。

当前，中国钢材价格机制主要以马克思的劳动价值论为指导，同时吸纳了西方经济学，在结合中国实际的基础上形成的。根据劳动价值论，产品价格是价值的集中体现，总是围绕价值上下波动，并受市场供求关系影响。在市场经济条件下，产品价格应该反映市场供求状况和资源稀缺程度，切实发挥市场配置资源的基础性作用，从而引导结构调整，实现市场供求平衡。合理的价格机制是增强行业企业竞争力的重要手段，在经济运行中发挥着核算、分配和调剂等关键作用。由于我国目前仍处于社会主义初期阶段，市场经济发展仍在不断成熟期，钢材作为重要的基础性商品，其价格机制处于市场定价为主，政府调控为辅相结合的过程，虽已发生重大改变，但仍需进一步规范。多年来，钢铁产品价格经常出现不合理的暴涨暴跌，这与缺乏合理的价格机制和合理价格参考有重要关系。为了减少周期性波动的冲击，价格改革四十年来，我国钢铁企业通过探索实践，形成了许多具有中国特色的钢材价格定价机制。

钢材定价机制一般包括定价方法和价格执行模式。常规的定价方法主要有以下几种：

（1）成本定价法。这是以成本为中心的定价法，也是最传统的定价方式，即产品成本加利润（一般以行业平均利率为标准）定价。目前，大多数钢铁企业在定制新产品价格时，都是以生产成本为基础，考虑吨材合理利润、原材料、合金、成材率等因素，将某一品种作为基础价格，其他品种在此基础上加减价格。该方法定价时一般以行业的平均利润率作参考。目前，专用钢材大多采用这种定价法。

（2）市场定价法。即综合市场动态运行、竞争对手的价格水平、上下游产品的市场行情、国家宏观政策导向、进出口产品形势等因素汇总分析后进行定价，是在市场经济条件下对成本定价法的完善和发展，其特点是重视市场因素和综合分析，也是目前国内钢铁企业最为常用的定价方法。

（3）比价定价法。即与相当使用价值相同的产品按一定的比例来定价格。

（4）心理定价法，这是根据顾客能够接受的价位进行定价。这种定价与市场供求关系、市场预期有直接关系。它是以顾客为中心抛开成本和价值，赚取能够赚取的最高利润，即顾客能接受什么价我就定什么价，或通过与客户谈判经双方同意后进行价格锁定。目前，国内重点管线工程和一些特殊钢种采用这种方法定价。

由于各钢铁企业自身的经营理念、竞争环境与产品档次不同，不仅在定价方法上存在差异，在价格执行模式上也各有千秋。目前，不同企业主要有以下几种价格执行模式：

（1）遇涨则涨，遇降则降(随机定价)。即钢铁厂产品价格根据市场的变化及时调整，交付产品价格按调整后的价格执行，价格的不确定性较大。

（2）遇涨不涨、遇降则降。即产品价格根据客户订单确定的价格进行单方面阶段性锁定。锁定的价格不因钢厂价格上调而影响产品价格的执行，价格下调阶段，当期价格跟随钢厂价格执行下调后的产品价格。

（3）遇涨不涨，遇降不降(价格月度或季度锁定)。即产品价格按期锁定、实行季度定价或月度定价，定期出台，不受市场价格变化及其他因素影响。

（4）价格不定，月底结算。即产品价格为月底出台阶段性指导价格，月底统一确定执行。月底产品执行价格，按市场变化实际价格水平。

从以上方式可以看出，钢材价格机制具有鲜明的中国特色，重点表现为以下方面：

（1）动态性。产品价格总是随着市场变化而波动，而随着钢铁行业发展，市场竞争加剧，产品价格调整的频率将进一步增加。

（2）竞争性。钢材的定价总是根据竞争程度对市场的价格影响而变化，不同企业会采取不同的应对措施，有时甚至是战略性的改变。而调整是否正确合理，直接影响产品销售的成败和企业兴衰。

（3）地域性。由于不同地区市场特征、发展水平差异，定价方法存在明显的区域性特征，要因地制宜而施行。因此，国内国外，沿海内陆都不可能用一套方式来进行钢材产品定价。

（4）周期性。钢铁属于周期性行业，受经济周期变化的影响较大。从世界钢铁和我国钢铁行业的发展历史来看，钢铁工业受国际、国内经济发展周期和市场供求关系变化的影响很大。我国的钢材消费随国民经济增长和国家宏观经济政策的变动更为明显。因而，钢材价格受经济周期影响而出现较大波动。此外，由于不同季节的工期、天气不同，钢材价格也呈现出明显的季节性波动。

（5）主导性。产品定价与企业的市场竞争力状况密不可分。随着钢铁行业兼并重组不断推进，大型钢铁企业竞争力不断提升，这些企业在价格市场发挥着主导市场价格的作用，而小型企业、二线企业、弱势品牌企业大多只能跟风接受。

（6）关联性。钢铁工业上游关联采矿业、能源工业、交通运输业，下游又与机械工业、汽车制造业、建筑业、交通运输业等各种行业存在着密切联系。上下游产品，如铁矿石、焦煤、汽车等产品的价格波动都会对钢材价格产生明显的传导作用。

由于不同企业采取的定价方法、执行模式不同，叠加价格的不同特性，要做到整体价格相对公平合理，形成成熟有效的调价机制，保持市场平稳运行，仍有很长一段路要走。

第三节　钢铁价格研究模型与应用实例

价格是经济运行状况的指示剂，是关系宏观经济运行和微观经济主体经营的重要指标，关联着企业生存、债务风险、职工收入和大众消费支出等社会经济的方方面面。钢铁是国民经济建设中的支柱型产业，作为一种重要的大宗商品，它的价格波动与经济发展和国计民生息息相关。如何合理运用模型，分析价格现状，预测未来趋势，一直是冶金行业关心的重点和难点问题。

一、价格研究模型简介

当前，对于包含钢铁在内的大宗商品价格研究模型已经超过百种，按照模型的发展顺序可以将现有的方法模型分为四类：传统模型、计量经济模型、人工智能模型、混合模型。

（一）传统模型（20 世纪初至今）

传统模型是指主要用经济学、管理学、统计学等模型方法进行分析，包括基本面分析法、市场调查法、专家评估法等。

传统分析模型开始于 20 世纪初，随着两次世界大战、经济大衰退等事件的发生，大宗商品供需一体的格局出现裂痕，价格大幅波动，使得价格预测与研究成为社会关注的热点。为了得到准确可靠的预测结果，大量学者将经济学、管理学等传统方法应用于石油、钢铁等产品的价格分析，但从这些方法分析结果来看，多为趋势性的研究判断，分析结果量化程度较低。

（二）计量经济模型（20 世纪 70 年代至今）

计量经济模型是指利用计量经济学模型对价格进行分析预测的方法，基于假设，通过对数据进行处理与演算，从而定量分析价格波动，预测未来价格，研究当前趋势。根据模型的内在关系，可将其进一步细分为回归类模型（ARIMA 模型、GRACH 家族模型等）、随机类模型（灰色模型、随机游走模型等）、参数估计类模型（最小二乘法、卡尔曼滤波器法等）和经济结构类模型（行为模型、供需模型等）。

计量经济学概念起源于 1926 年，挪威经济学家弗里希（FRISCH R）仿照"生物计量学"一词提出了计量经济学，当时的研究领域主要是微观经济学。20 世纪 60

年代后，随着宏观经济学的引入和计算机的出现，该学科得到快速发展。20 世纪 70 年代后，受石油危机、美元与黄金脱钩、西方国家向后工业化过渡等因素影响，大宗商品价格进入新的高位平台，以化石能源为代表的大宗商品价格再次成为研究热点。部分学者开始将计量经济学模型应用到大宗商品价格研究中。

总体来看，该方法可以较好地反映大宗商品价格的内在波动，进而成功量化风险，但也存在模型受数据平稳性和独立性等特征要求限制、使用者具备较好的数理基础等不足。

（三）人工智能模型（20 世纪 80 年代至今）

人工智能模型主要指的是通过使用分层和分布式特征描述分析复杂的非线性关系，利用计算机建立基于数据驱动方法的概率统计模型，然后应用这些模型进行分析和预测的方法。根据模型的关联度，可以将其进一步分为神经网络类模型（如多层神经网络模型、模糊神经网络模型）、算法类模型（如基因表达编程、深度学习模型）等。

1956 年，人工智能作为一门学科创立，之后的大部分时间里，人工智能研究一直被划分为许多子领域，这些子领域之间往往无法相互沟通。进入 20 世纪 80 年代，随着以符号系统模仿人类智能的传统人工智能暂时陷入困境，神经网络、机器学习和遗传算法等从生物系统底层模拟智能的研究重新复活并获得繁荣。20 世纪 80–90 年代，因供需格局、价格体系和货币体系整体平稳，大宗商品价格处于相对稳定时期。与此同时，随着计算机的快速发展和普及，人工智能的推广与应用却掀起了一轮热潮。价格不确定性、非线性、时间不可逆等的特征与人工智能解决复杂的非线性关系相关问题的对象特点能很好契合，一些学者尝试该方法用于大宗商品价格研究领域，并取得了大量的成果。

总的来说，该类方法可以更好地反映短期内的价格波动，同时使用各种数据类型，模型的开发不受平稳性、独立性等数据特征要求的限制，但是该类方法需处理的数据量较大，模型较为复杂，使用者需具备较好的数理、计算机等基础，不易推广。

（四）混合模型（21 世纪至今）

混合模型指的是通过多种模型的交叉融合，实现价格预测的方法。根据混合模型构成的特点，可以将其分为计量经济混合模型（GARCH-APAARCH 模型、DCC-GARCH 模型等）、人工智能混合预测模型（CEEMD-EELM 模型、GA-BP 模型等）和多元混合模型（EMD-ARIMA-ALNN 模型、小波与隐马尔可夫模型等）。

进入 21 世纪以来，学科之间、科学和技术之间、技术之间、自然科学和人文社会科学之间日益呈现交叉融合趋势。与此同时，中国等发展中国家资源需求快速增长，在市场供需分离的背景下，期货炒作、美元贬值等因素引起矿产品的涨跌周期加快，对价格预测精度不断要求提高，一些学者开始将交叉融合的新方法应用到大宗矿产品价格研究领域。

从结果验证来看，该方法基本摆脱了模型对数据的限制，根据任务特点进行更为细致的预测研究，能更好地反映高频波动下的价格特征，但是也存在数据量大、模型复杂、对使用者要求高、推广难度大等不足。

从大宗矿产品价格预测方法的发展历史来看，主要呈现两方面趋势：一方面，随着多学科、多技术的发展，各类预测方法百花齐放，价格分析的方法模型的精度和准度不断提高，价格作为多因素综合博弈的结果，用学科、技术交叉融合的思维和方法解决相应问题已成为价格研究的重要手段；另一方面，随着各类数据爆发式增长，预测方法不断增加，方法模型愈加复杂，这就要求方法的使用者必须具备更高的能力才能驾驭相应方法，实现更高精度的研究。

二、钢铁产品价格模型概述

（一）应用领域

近年来，钢铁价格模型的研究对象主要以铁矿石和钢材为主，应用领域主要分为三个方面：（1）价格预测；（2）影响价格的因素分析；（3）价格对其他产品、行业的影响。

1. 价格预测

钢铁产品的价格预测一直是冶金行业研究的重点，准确预测钢材产品价格对于企业制定销售和生产策略，政府要求保持市场稳定，国家进行未来规划至关重要。随着价格研究方法模型的发展，钢铁产品的预测模型也从简单的定量分析转变为复杂的数理模型（如灰色模型，ARIMA 模型、CEEMDANGAKELM 模型、人工神经网络模型等），预测精度和准度也不断提高。如，陈雪等（2020）建立了考虑长记忆性的 ARFIMA 钢材价格预测模型,以青岛市 2014 年 1 月到 2019 年 6 月螺纹钢的价格为研究对象进行了钢材价格预测，并利用 ARFIMA 模型和 ARIMA 模型的预测值与真实值进行对比分析，实验结果显示：ARFIMA 模型较 ARIMA 模型的钢材价格预测精准度提高了 1.7%，且预测效果更稳定。黄敏婕（2019）通过灰色关联分析（GRA），提出了 CEEMDANGAKELM 钢材价格预测模型。将分量预测结果相加重构得到最终的钢材价格预测值。实证结果表明，运用 CEEMDANGAKELM 进行预测的相对误差为 11.77%，预测精度比单独采用 GAKELM 模型提高了 4.62%，这表明该预测方法是可行且有效的。

2. 影响价格的因素分析

钢材是国民经济发展的重要组成部分之一，分析影响钢材价格变动的原因,稳定国民经济发展，是钢材价格模型应用的另一个重要领域。如孙乐春（2021）基于新形势,对国内钢材市场价格影响因素展开分析,研究认为供求关系、宏观经济、货币政策、汇率政策是影响钢材价格的重要因素。王若旭（2020）利用文献研究法并结合螺纹钢市场的特点,主要从宏观经济、市场供求关系、生产成本构成以及其他因素等方面,筛选出 22 个影响因素并分别进行了深入分析；其次,从国家统计局、重庆市造价信息网等网站获取相关数据并进行相关性分析,筛选出 15 个相关性较强并且具有统计意义的影响因素,进而采用灰色关联分析法进一步对 15 个影响因素指标与螺纹钢价格的关联程度进行测算分析,挖掘影响螺纹钢价格的关键因素。通过选择指数平滑模型、ARIMA 模型和多元线性回归模型这三种模型构建螺纹钢价格单项预测模型库，研究发现，最为关键的 3 个螺纹钢价格影响因素分别为焦炭价格、螺纹钢出口量和制造业采购经理指数。

3. 价格对其他产品、行业的影响

此外，应用模型分析价格对其他产品、行业的传导效应也是分析钢材价格一个重要方面。合理分析钢材价格的传导效应对于产业链运行态势,国家宏观经济调控的研究至关重要。如朱玲玲（2018）应用价格传导机制，对钢铁市场中上下游产品价格波动的传导进行静态分析，通过协整分析、格兰杰因果检验等,发现上下游产品间存在传导效应，其中上游产品价格波动对下游产品的传导效应较好，时滞性较弱；同时运用变结构理论及变参数模型对钢铁市场的价格传导机制进行动态研究，发现依旧是上游产品价格波动对下游产品的传导路径更为畅通，传导效应较好，但上下游产品间的传导效应明显增强，影响更为持久。

（二）分析流程

对于钢铁产品价格分析，模型的应用主要分为以下步骤：确定分析目标–收集相关资料–选择分析模型–计算与验证–分析评价结果（图 8-2）。

确定分析目标 → 收集相关资料 → 选择分析模型 → 计算与验证 → 分析评价结果

图 8-2 钢铁产品价格模型分析流程

具体分析步骤如下：

（1）确定分析目标。根据决策需要确定研究的对象，如螺纹钢、板材、铁矿石等，进而对研究背景进行分析，确定分析目的以及所需精度。

（2）资料的收集整理。对搜集的资料进行整理、归纳、分析，总结研究对象的特征和变化规律。

（3）选择分析模型。模型的选择是分析的核心，依据各种方法模型的特性和适用条件，选择合适的模型，建立能够良好表达对象特征和符合变化规律的模型。

（4）计算与验证。根据模型的特性，输入相关数据进行计算和处理，最终得到预测结果，并对预测结果进行多次验证。

（5）分析评价结果。通过对结果误差的分析，进行分析结果评价，并对预测结果进行修正。

（三）结果评述

分析结果与实际情况的相符程度，是衡量分析模型是否适用的基准。常用的模型衡量指标主要如下：

（1）单个结果（预测值）的误差 e_i，变量的实际值为 X_t，结果值（预测值）为 $\hat{X}_t$，则 t 期误差为：

$$e_i = X_t - \hat{X}_t \ (t=1,2,\cdots,n)$$

（2）单个结果（预测值）的相对误差 RE（Relative Error）：

$$RE = \frac{X_t - \hat{X}_t}{X_t} \times 100\% \ (t=1,2,\cdots,n)$$

（3）误差平方和 SSE（Sum of Squared Errors）：

$$SSE = \sum_{t=1}^{n} \left(X_t - \hat{X}_t \right)^2$$

（4）绝对误差和 SAE（Sum of Absolute Errors）：

$$SAE = \sum_{t=1}^{n} \left| X_t - \hat{X}_t \right|$$

（5）均方误差 MSE（Mean Squared Error）：

$$MSE = \frac{1}{n} \sum_{t=1}^{n} \left(X_t - \hat{X}_t \right)^2$$

（6）平均绝对误差 MAE（Mean Absolute Error）：

$$MAE = \frac{1}{n}\sum_{t=1}^{n}\left|X_t - \hat{X}_t\right|$$

（7）平均绝对百分比误差 MAPE（Mean Absolute Percentage Error）：

$$MAE = \frac{1}{n}\sum_{t=1}^{n}\left|\frac{X_t - \hat{X}_t}{X_t}\right|$$

三、钢材价格模型应用实例

由于我国钢材产品丰富，价格研究模型多样，对于钢材产品价格的研究也涌现了大量的成果。此次的模型应用实例，以中国钢材价格指数为研究对象，分别运用不同的模型进行预测分析未来 3 年的变化规律。

数据来源为中国钢铁工业协会 2001 年 4 月-2021 年 12 月中国钢材价格指数（CSPI）的月度数据为样本。从钢材价格指数波动的特点来看，中国钢材价格指数呈现非平稳和随机性，因此，选取了灰色模型、广义回归神经网络（GRNN）模型进行分析。

（一）灰色模型（Gray Model）应用

邓聚龙教授于 1982 年提出灰色系统理论，它以"部分信息已知、部分信息未知"的"小样本""贫信息"不确定性系统为研究对象，通过较少的不完全的信息提取有价值的信息，建立其数学模型，并最终做出预测的一种预测方法。灰色系统理论的技术内容是：在少量数据不确定性背景下，数据的处理、现象的分析、模型的建立、发展趋势的预测、事物的决策、系统的控制与状态的评估。与其他数理统计方法相比，该模型在预测中具有如下特点：（1）计算简便、无需典型的概率分布、小样本即可计算，（2）减少时间序列的随机性，（3）定量分析结果与定性分析结果不会不一致，（4）可用于近期、短期和中长期预测，（5）灰色预测精确度高。

灰色 GM 预测模型，一般是指 GM（1,1）模型及其扩展形式，具体公式见下。
GM（1,1）定义型的形式，令 $\hat{x}^{(0)}$ 为 GM（1,1）建模序列：

$$\hat{x}^{(0)} = \left[\hat{x}^{(0)}(1), \hat{x}^{(0)}(2), \cdots, \hat{x}^{(0)}(n)\right]$$

令 $\hat{x}^{(1)}$ 为 $\hat{x}^{(0)}$ 的累加序列，$\hat{x}^{(1)} = \left[\hat{x}^{(1)}(1), \hat{x}^{(1)}(2), \cdots, \hat{x}^{(1)}(n)\right]$

$$\hat{x}^{(1)}(1) = \hat{x}^{(0)}(1)$$

$$\hat{x}^{(1)}(k) = \sum_{m=1}^{k}\hat{x}^{(0)}(m)$$

令 $z^{(1)}$ 为 $\hat{x}^{(1)}$ 的均值（MEAN）序列：

$$\hat{z}^{(1)}(k) = 0.5\hat{x}^{(1)}(k) + 0.5\hat{x}^{(1)}(k-1)$$

$$\hat{z}^{(0)} = \left[\hat{z}^{(1)}(2), \hat{z}^{(1)}(3), \cdots, \hat{z}^{(1)}(n)\right]$$

则 GM（1,1）的定义型，即 GM（1,1）的灰微分方程模型为：

$$\hat{x}^{(0)}(k) + a\hat{z}^{(1)}(k) = b$$

式中，$\hat{x}^{(0)}(k)$ 为灰导数；$\hat{z}^{(1)}(k)$ 为白化背景值；a 为发展系数；b 为灰色作用量。记 a、b 构成的矩阵为灰参数 $\hat{a} = \begin{pmatrix} a \\ b \end{pmatrix}$，只要求出 a、b，就能求出 $\hat{z}^{(1)}(k)$，进而求出 $\hat{x}^{(0)}$ 的预测值。

建立模型后，需要对模型的合理性和精度进行检验，主要有级比偏差（指数率差异）值检验、残差检验和后验差检验。本节采用后验差检验和残差检验。

令 $x^{(0)}$ 为 GM（1,1）原始序列

$$x^{(0)} = \left[x^{(0)}(1), x^{(0)}(2), \cdots, x^{(0)}(n)\right]$$

则称 $\varepsilon(k) = \dfrac{x^{(0)}(k) - \hat{x}^{(0)}(k)}{x^{(0)}(k)} \times 100\% (k = 2,3,\cdots,n)$ 为 GM（1,1）的残差，称 $\varepsilon(\text{avg}) = \dfrac{1}{n-1}\sum_{k=2}^{n}|\varepsilon(k)|$ 为 GM（1,1）的平均残差。

均值 $\qquad\qquad\qquad \bar{X} = \dfrac{1}{n}\sum_{k=1}^{n} x^{(0)}(k)$

方差 $\qquad\qquad\qquad S_1 = \sqrt{\dfrac{1}{n}\sum_{k=1}^{n}\left[x^{(0)}(k) - \bar{X}\right]}$

残差的方差 $\qquad\quad S_2 = \sqrt{\dfrac{1}{n-1}\sum_{k=2}^{n}\left[\varepsilon(k) - \varepsilon(\text{avg})\right]^2}$

后验差比值 $\qquad\quad C = \dfrac{S_2}{S_1}$

称 $P = P\{|\varepsilon(k) - \varepsilon(\text{avg})| < 0.6745S_1\}$ 为小误差概率，称 $p^{\circ} = \left[1 - \varepsilon(\text{avg})\right] \times 100\%$ 为 GM（1,1）的建模精度。

预测精度等级如下：

好：$P > 0.95$，$C < 0.35$；合格：$P > 0.8$，$C < 0.45$；勉强合格：$P > 0.70$，$C < 0.50$；不合格：$P \leqslant 0.70$，$C \geqslant 0.65$。

残差检验准则：

若 $x^{(0)}$ 的 GM（1,1）模型具有平均残差 $\varepsilon(\text{avg})$，则认为 GM（1,1）模型具有精度 p°，且 $p^\circ = [1 - \varepsilon(\text{avg})] \times 100\%$。

灰色模型的相关检验参数如表 8-2 所示，从模型的精准度来说，该模型的 $P > 0.8$，$C < 0.45$，因此模型的精度一般（表 8-2 和图 8-3）。

表 8-2　灰色模型相关参数统计表

模型	$\varepsilon(\text{avg})$	$\overline{X}$	S_1	S_2	C
GM（1，1）	0.16	107.27	3.92	0.31	0.08

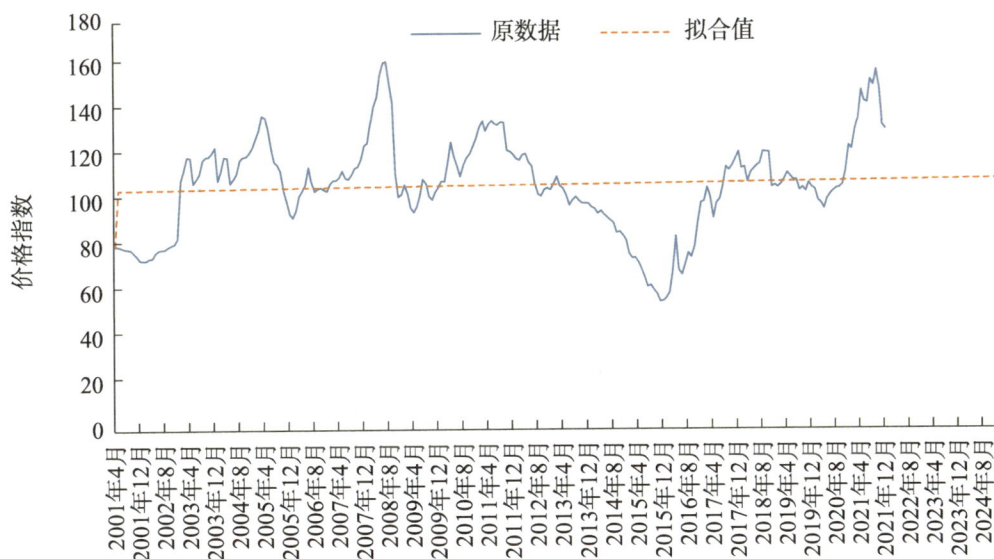

图 8-3　灰色模型的拟合曲线和预测值

根据灰色模型 GM（1，1）的预测结果，预测结果未来 3 年，中国钢材价格指数将在 109 点左右震荡，该结果仅为参考值，可信度一般。

（二）广义回归神经网络（GRNN）模型

广义回归神经网络（GRNN，generalized regression neural network）是美国学者 Specht 在 1991 年提出的，是径向基神经网络模型的一种。GRNN 具有很强的非线性映射能力和柔性网络结构以及高度的容错性，适用于解决非线性问题。GRNN 在逼近能力和学习速度上较 RBF 网络有更强的优势，网络最后收敛于样本量积聚较多的优化回归面，并且在样本数据较少时，预测效果也较好。此外，网络还可以处理不稳定的数据。因此，GRNN 在信号过程、结构分析、教育、能源、食品、药物、金融、生物等各个领域得到了广泛的应用。GRNN 的理论基础如下：

假设 x、y 是两个随机变量，其联合概率密度为 $f(x,y)$，若已知 x 的观察值为 x_0，y 相对 x 的回归为：

$$E(y|x_0) = (x_0) = \frac{\int_{-\infty}^{0} yf(x_0,y)\mathrm{d}y}{\int_{-\infty}^{0} f(x_0,y)\mathrm{d}y}$$

$y(x_0)$ 即在输入为 x_0 的条件下，y 的预测输出。对应 Parzen 非参数估计，可由样本数据集 $\{x_i,y_i\}_{i=1}^{n}$ 按下式估算概率密度函数 $f(x_0,y)$：

$$f(x_0,y) = \frac{1}{n(2\pi)^{\frac{p+1}{2}}\sigma^{p+1}} \sum_{i=1}^{n} \mathrm{e}^{-d(x_0,x_i)}\mathrm{e}^{-d(x_0,x_i)}$$

$$d(x_0,x_i) = \sum_{j=1}^{p}\left[(x_{0j}-x_{ij})/\sigma\right]^2$$

$$d(y,y_i) = (y-y_i)^2$$

式中，n 为样本容量；P 为随机变量 x 的维数；σ 为光滑因子，实际上就是高斯函数的标准差。将上式代入，并交换积分与求和顺序，有：

$$y(x_0) = \frac{\sum_{i=1}^{n}\left(\mathrm{e}^{-d(x_0,x_i)}\int_{-\infty}^{+\infty} y\mathrm{e}^{-d(y_0,y_i)}\mathrm{d}y\right)}{\sum_{i=1}^{n}\left(\mathrm{e}^{-d(x_0,x_i)}\int_{-\infty}^{+\infty} \mathrm{e}^{-d(y_0,y_i)}\mathrm{d}y\right)}$$

由于 $\int_{-\infty}^{+\infty} x\mathrm{e}^{-x^2}\mathrm{d}x = 0$，化简可得，

$$y(x_0) = \frac{\sum_{i=1}^{n} y\mathrm{e}^{-d(y_0,y_i)}}{\sum_{i=1}^{n} \mathrm{e}^{-d(y_0,y_i)}}$$

需要注意的是，广义回归神经网络模型中，光滑因子 σ 的值对网络性能影响很大，需要优化取值。

GRNN 的网络结构由四层组成，分别为输入层、模式层、求和层和输出层。理论基础是非线性回归分析，Y 相对于 X 的回归分析实际上是计算具有最大概率值的 y（图 8-4）。

输入层　　模式层　　求和层　　输出层

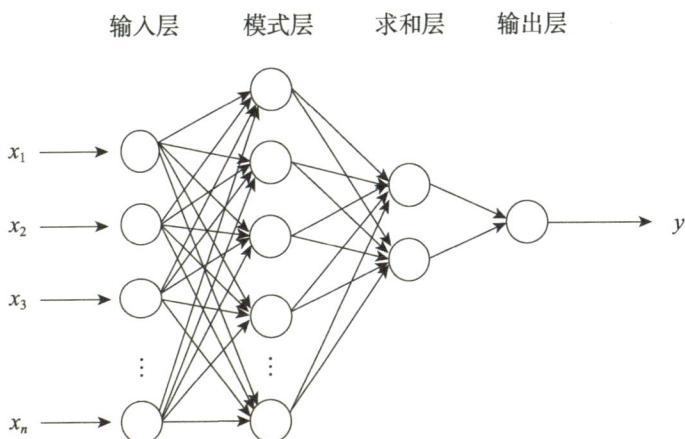

图 8-4　广义神经网络（GRNN）示意图

（1）输入层。输入层神经元的数目等于学习样本中输入向量的维数，各神经元是简单的分布单元，直接将输入变量传递给模式层。

（2）模式层。模式层神经元数目等于学习样本数目 n，各神经元对应不同的样本，模式层神经元传递函数为：

$$p_i = \exp\left[-\frac{(X-X_i)^T(X-X_i)}{2\sigma^2}\right] \quad (i=1,2,\cdots,n)$$

神经元 i 的输出为输入变量与其对应的样本 X 之间欧氏距离平方的指数平方，即：

$$D_i^2 = (X-X_i)^T(X-X_i)$$

式中，X 为网络输入变量；X_i 为第 i 个神经元对应的学习样本。

（3）求和层。求和层中使用两种类型神经元进行求和。

一类公式为 $\sum\limits_{i=1}^{n}\exp\left[-\dfrac{(X-X_i)^T(X-X_i)}{2\sigma^2}\right]$，它对所有模式神经元的输出进行算数求和，其模式层与各神经元的连接权值为 1，传递函数为：

$$S_{\mathrm{D}} = \sum_{i=1}^{n}P_i$$

另一类计算公式为 $\sum\limits_{i=1}^{n}Y_i\exp\left[-\dfrac{(X-X_i)^T(X-X_i)}{2\sigma^2}\right]$，它对所有模式层的神经元进行加权求和，模式层中第 i 个神经元与求和层中第 j 个分子求和神经元之间的连接权值为第 i 个输出样本 Y_i 中的第 j 个元素，传递函数为：

$$S_{Nj} = \sum_{i=1}^{n} y_{ij} P_i \qquad (j=1,2,\cdots,k)$$

（4）输出层中的神经元数目等于学习样本中输入向量的维数 k，各神经元将求和层的输出相除，神经元 j 的输出对应估计 $\hat{Y}(X)$ 的第 j 个元素，即

$$y_i = \frac{S_{Nj}}{S_D} \qquad (j=1,2,\cdots,k)$$

应用 MATLAB 进行非线性函数预测，并根据实际情况对组合模型中各单项预测的权重进行调整。在学习训练中，采用 3 输入 1 输出，即输入 3 个单项预测模型的拟合值，得到 1 个真实值。此次运用 GRNN 神经网络组合预测模型进行预测，其中训练样本的个数为 200 个，预测的结果和误差如图 8-5 和表 8-3 所示。

根据灰色根据广义神经网络（GRNN）模型的预测结果，预测结果未来 3 年，中国钢材价格指数将在 134 点左右震荡。

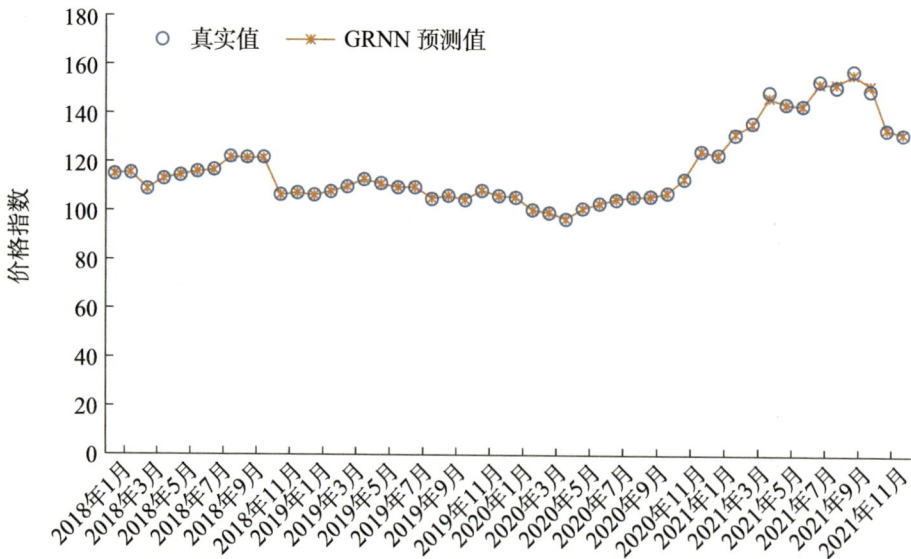

图 8-5　广义神经网络（GRNN）模型的拟合值

表 8-3　广义神经网络（GRNN）模型预测结果

时间	预测值	时间	预测值	时间	预测值
2022 年 3 月	132.42	2022 年 3 月	133.10	2022 年 3 月	134.03
2022 年 6 月	132.56	2022 年 6 月	133.33	2022 年 6 月	134.23
2022 年 9 月	132.71	2022 年 9 月	133.57	2022 年 9 月	134.40
2022 年 12 月	132.89	2022 年 12 月	133.81	2022 年 12 月	134.55

　　从模型对比可以发现，以人工智能为代表的模型如 GRNN 模型，在一定程度上优于计量经济模型，在预测精度要求较高时，尽量选择较为复杂的人工智能类模型，而在对预测精度要求不太高的情况下，可以选择简单的模型，提高工作效率。

　　在实际应用中，除了要求模型符合客观变化规律，有较高的精度外，还必须具有较高的实用性。钢铁产品价格的研究是基于客观事实，服务决策工作的，因此，任何的模型应用都要考虑实际条件的要求和限制，实现分析结果与工作效率的最优结合，尽量避免片面高精度而使得价格研究分析沦为数字游戏。

附　录

第一部分　钢材价格领域的相关文件

钢铁是反映国家综合实力的重要标志之一，长期以来受到党和政府的高度重视。价格是反映市场最灵敏的信号，进入新世纪以来，为了满足国民经济快速发展需求，发挥价格合理配置资源的作用，国家及有关部委先后出台了一系列配套的法规和有关文件。

有关法律、行政法规、规章文件如下。

一、法律

关于市场价格方面的法律，有 1993 年颁布的《中华人民共和国反不正当竞争法》（附件 1）、1997 年颁布的《中华人民共和国价格法》（附件 2）、2007 年颁布的《中华人民共和国反垄断法》（附件 3）。

二、行政法规

行政法规是指国务院根据宪法和法律，按照法定程序制定的有关行使行政权力，履行行政职责的规范性文件的总称。价格领域的行政法规主要有：

（1）国务院印发《关于钢铁行业化解过剩产能实现脱困发展的意见》（2016-2-4）；

（2）国务院关于发布《促进产业结构调整暂行规定》的决定（2005-12-2）；

（3）国务院发布的实施的《价格管理条例》（1987-9-19）。

三、规章

行政规章常用规定、办法、细则等文件。由于冶金行业的重要性，因此，这部分相关的文件较多，按照部门的不同，对 20 年来国家层面的重要规章进行梳理。

（一）国务院文件

（1）国务院关于印发《2030 年前碳达峰行动方案》的通知（2021-10-27）；

（2）国务院关税税则委员会《关于进一步调整钢铁产品出口关税的公告》

（2021-7-29）；

（3）国务院《关于调整和完善固定资产投资项目资本金制度的通知》（2015-9-9）；

（4）国务院办公厅关于印发《2014-2015 年节能减排低碳发展行动方案》的通知（2014-5-15）；

（5）国务院《关于化解产能严重过剩矛盾的指导意见》（2013-10-6）；

（6）国务院关于印发《大气污染防治行动计划》的通知（2013-9-10）；

（7）国务院关于印发《循环经济发展战略及近期行动计划》的通知（2013-1-23）；

（8）国务院关于印发《"十二五"节能减排综合性工作方案》的通知（2011-8-31）；

（9）国务院《关于促进企业兼并重组的意见》（2011-8-28）；

（10）《淘汰落后产能工作考核实施方案》（2011-1-26）；

（11）国务院办公厅《关于进一步加大节能减排力度加快钢铁工业结构调整的若干意见》（2010-6-4）；

（12）国务院《关于进一步加强淘汰落后产能工作的通知》（2010-2-6）；

（13）国务院批转发展改革委等部门《关于抑制部分行业产能过剩和重复建设引导产业健康发展若干意见》的通知（2009-9-26）；

（14）国务院办公厅关于印发《2009 年节能减排工作安排》的通知（2009-7-19）；

（15）国务院《关于调整固定资产投资项目资本金比例的通知》（2009-5-25）；

（16）《装备制造业调整和振兴规划》（2009-5-12）；

（17）《钢铁产业调整和振兴规划》（2009-3-20）；

（18）《国务院批转节能减排统计监测及考核实施方案和办法的通知》（2007-11-17）；

（19）国务院关于印发《节能减排综合性工作方案》的通知（2006-3-12）；

（20）国务院《关于加快推进产能过剩行业结构调整的通知》（2005-12-2）。

（二）发改委文件

（1）国家发展改革委等部门《关于严格能效约束推动重点领域节能降碳的若干意见》（2021-10-18）；

（2）国家发展改革委关于《重要商品和服务价格指数行为管理办法（试行）》（2021-6-11）（附件 4）；

（3）国家发展改革委《关于"十四五"时期深化价格机制改革行动方案的通知》（2021-5-18）；

（4）国家发展改革委会同工业和信息化部印发《关于运用价格手段促进钢铁行

业供给侧结构性改革有关事项的通知》（2016-12-30）（附件5）；

（5）国家发展改革委、工业和信息化部《关于坚决遏制产能严重过剩行业盲目扩张的通知》（2013-5-10）；

（6）国家发展改革委、自然资源部、生态环境部《关于清理钢铁项目的通知》（2010-10-29）；

（7）国家发展改革委《关于〈铁合金行业准入条件〉和〈电解金属锰企业行业准入条件〉修订公告》（2008-2-4）；

（8）国家发展改革委《关于禁止落后炼铁高炉等淘汰设备转为它用有关问题的紧急通知》（2007-8-18）；

（9）国家发展改革委关于《钢铁工业控制总量淘汰落后加快结构调整的通知》（2006-6-14）；

（10）国家发展改革委发布《钢铁产业发展政策》（2005-7-8）。

（三）工信部文件

（1）工业和信息化部等三部委关于印发《"十四五"原材料工业发展规划》的通知（2021-12-21）；

（2）工业和信息化部关于印发《钢铁行业产能置换实施办法》的通知（2021-4-17）；

（3）工业和信息化部《关于促进制造业产品和服务质量提升的实施意见》（2019-8-29）；

（4）工业和信息化部、科技部、商务部、市场监管总局《原材料工业质量提升三年行动方案（2018-2020年）》（2018-10-16）；

（5）工业和信息化部《钢铁工业调整升级规划（2016–2020年）》（2016-11-14）；

（6）关于《钢铁行业规范条件（2015年修订）》和《钢铁行业规范企业管理办法》的公告（2015-5-19）；

（7）《钢铁产业调整政策（2015年修订）（征求意见稿）》（2015-3-20）；

（8）工业和信息化部关于印发《原材料工业两化深度融合推进计划（2015-2018年）》的通知（2015-1-21）；

（9）工业和信息化部《关于做好部分产能严重过剩行业产能置换工作的通知》（2014-7-10）；

（10）工业和信息化部关于印发《钢铁、建材企业能源审计指南》的通知（2013-1-10）；

（11）工业和信息化部《钢铁行业规范条件（2012年修订）》（2012-10-1）；

（12）工业和信息化部发布《废钢铁加工行业准入条件》（2012-9-28）；

（13）工业和信息化部关于印发《钢铁工业"十二五"发展规划》的通知（2011-1-24）；

（14）工业和信息化部贯彻落实《国务院办公厅关于进一步加大节能减排力度加快钢铁工业结构调整的若干意见》有关工作的通知（2010-8-9）；

（15）工业和信息化部《关于禁止将落后炼铁高炉转为铸造生铁用途的紧急通知》（2010-4-20）；

（16）工业和信息化部《关于钢铁工业节能减排的指导意见》（2010-4-13）；

（17）工业和信息化部《关于分解落实 2009 年淘汰落后产能任务的通知》（2009-11-25）；

（18）工业和信息化部《关于遏制钢铁行业产量过快增长的紧急通报》（2009-4-24）。

（四）其他部委文件

（1）国家市场监督管理总局《关于明码标价和禁止价格欺诈规定》（2022-4-14）；

（2）生态环境部办公厅关于印发《2021-2022 年秋冬季大气污染综合治理攻坚方案》的通知（2021-10-29）；

（3）财政部、国家税务总局《关于取消钢铁产品出口退税的公告》（2021-7-28）；

（4）生态环境部《关于开展重点行业建设项目碳排放环境影响评价试点的通知》（2021-7-21）；

（5）中国证监会《上市公司行业信息披露指引第九号——钢铁》（2015-11-22）；

（6）财政部、国家税务总局《关于调整铁矿石资源税适用税额标准的通知》（2015-4-27）（附件6）；

（7）财政部、海关总署、国家税务总局《关于取消加工贸易项下进口钢材保税政策的通知》（2014-7-2）；

（8）中国人民银行、银保监会《关于进一步做好金融服务支持重点产业调整振兴和抑制部分行业产能过剩的指导意见》（2009-12-22）。

第二部分　部分文件的具体内容

一、《中华人民共和国反不正当竞争法》

中华人民共和国反不正当竞争法

（1993 年 9 月 2 日第八届全国人民代表大会常务委员会第三次会议通过 2017 年 11 月 4 日第十二届全国人民代表大会常务委员会第三十次会议修订）

目录

第一章　总则

第二章　不正当竞争行为

第三章　对涉嫌不正当竞争行为的调查

第四章　法律责任

第五章　附则

第一章　总　则

第一条　为了促进社会主义市场经济健康发展，鼓励和保护公平竞争，制止不正当竞争行为，保护经营者和消费者的合法权益，制定本法。

第二条　经营者在生产经营活动中，应当遵循自愿、平等、公平、诚信的原则，遵守法律和商业道德。

本法所称的不正当竞争行为，是指经营者在生产经营活动中，违反本法规定，扰乱市场竞争秩序，损害其他经营者或者消费者的合法权益的行为。

本法所称的经营者，是指从事商品生产、经营或者提供服务（以下所称商品包括服务）的自然人、法人和非法人组织。

第三条　各级人民政府应当采取措施，制止不正当竞争行为，为公平竞争创造良好的环境和条件。

国务院建立反不正当竞争工作协调机制，研究决定反不正当竞争重大政策，协调处理维护市场竞争秩序的重大问题。

第四条　县级以上人民政府履行工商行政管理职责的部门对不正当竞争行为进行查处；法律、行政法规规定由其他部门查处的，依照其规定。

第五条　国家鼓励、支持和保护一切组织和个人对不正当竞争行为进行社会监督。

国家机关及其工作人员不得支持、包庇不正当竞争行为。

行业组织应当加强行业自律，引导、规范会员依法竞争，维护市场竞争秩序。

第二章　不正当竞争行为

第六条　经营者不得实施下列混淆行为，引人误认为是他人商品或者与他人存在特定联系：

（一）擅自使用与他人有一定影响的商品名称、包装、装潢等相同或者近似的标识；

（二）擅自使用他人有一定影响的企业名称（包括简称、字号等）、社会组织名称（包括简称等）、姓名（包括笔名、艺名、译名等）；

（三）擅自使用他人有一定影响的域名主体部分、网站名称、网页等；

（四）其他足以引人误认为是他人商品或者与他人存在特定联系的混淆行为。

第七条　经营者不得采用财物或者其他手段贿赂下列单位或者个人，以谋取交易机会或者竞争优势：

（一）交易相对方的工作人员；

（二）受交易相对方委托办理相关事务的单位或者个人；

（三）利用职权或者影响力影响交易的单位或者个人。

经营者在交易活动中，可以以明示方式向交易相对方支付折扣，或者向中间人支付佣金。经营者向交易相对方支付折扣、向中间人支付佣金的，应当如实入账。接受折扣、佣金的经营者也应当如实入账。

经营者的工作人员进行贿赂的，应当认定为经营者的行为；但是，经营者有证据证明该工作人员的行为与为经营者谋取交易机会或者竞争优势无关的除外。

第八条　经营者不得对其商品的性能、功能、质量、销售状况、用户评价、曾获荣誉等作虚假或者引人误解的商业宣传，欺骗、误导消费者。

经营者不得通过组织虚假交易等方式，帮助其他经营者进行虚假或者引人误解的商业宣传。

第九条　经营者不得实施下列侵犯商业秘密的行为：

（一）以盗窃、贿赂、欺诈、胁迫或者其他不正当手段获取权利人的商业秘密；

（二）披露、使用或者允许他人使用以前项手段获取的权利人的商业秘密；

（三）违反约定或者违反权利人有关保守商业秘密的要求，披露、使用或者允许他人使用其所掌握的商业秘密。

第三人明知或者应知商业秘密权利人的员工、前员工或者其他单位、个人实施前款所列违法行为，仍获取、披露、使用或者允许他人使用该商业秘密的，视为侵犯商业秘密。

本法所称的商业秘密，是指不为公众所知悉、具有商业价值并经权利人采取相应保密措施的技术信息和经营信息。

第十条 经营者进行有奖销售不得存在下列情形：

（一）所设奖的种类、兑奖条件、奖金金额或者奖品等有奖销售信息不明确，影响兑奖；

（二）采用谎称有奖或者故意让内定人员中奖的欺骗方式进行有奖销售；

（三）抽奖式的有奖销售，最高奖的金额超过五万元。

第十一条 经营者不得编造、传播虚假信息或者误导性信息，损害竞争对手的商业信誉、商品声誉。

第十二条 经营者利用网络从事生产经营活动，应当遵守本法的各项规定。

经营者不得利用技术手段，通过影响用户选择或者其他方式，实施下列妨碍、破坏其他经营者合法提供的网络产品或者服务正常运行的行为：

（一）未经其他经营者同意，在其合法提供的网络产品或者服务中，插入链接、强制进行目标跳转；

（二）误导、欺骗、强迫用户修改、关闭、卸载其他经营者合法提供的网络产品或者服务；

（三）恶意对其他经营者合法提供的网络产品或者服务实施不兼容；

（四）其他妨碍、破坏其他经营者合法提供的网络产品或者服务正常运行的行为。

第三章 对涉嫌不正当竞争行为的调查

第十三条 监督检查部门调查涉嫌不正当竞争行为，可以采取下列措施：

（一）进入涉嫌不正当竞争行为的经营场所进行检查；

（二）询问被调查的经营者、利害关系人及其他有关单位、个人，要求其说明有关情况或者提供与被调查行为有关的其他资料；

（三）查询、复制与涉嫌不正当竞争行为有关的协议、账簿、单据、文件、记录、业务函电和其他资料；

（四）查封、扣押与涉嫌不正当竞争行为有关的财物；

（五）查询涉嫌不正当竞争行为的经营者的银行账户。

采取前款规定的措施，应当向监督检查部门主要负责人书面报告，并经批准。采取前款第四项、第五项规定的措施，应当向设区的市级以上人民政府监督检查部门主要负责人书面报告，并经批准。

监督检查部门调查涉嫌不正当竞争行为，应当遵守《中华人民共和国行政强制法》和其他有关法律、行政法规的规定，并应当将查处结果及时向社会公开。

第十四条　监督检查部门调查涉嫌不正当竞争行为，被调查的经营者、利害关系人及其他有关单位、个人应当如实提供有关资料或者情况。

第十五条　监督检查部门及其工作人员对调查过程中知悉的商业秘密负有保密义务。

第十六条　对涉嫌不正当竞争行为，任何单位和个人有权向监督检查部门举报，监督检查部门接到举报后应当依法及时处理。

监督检查部门应当向社会公开受理举报的电话、信箱或者电子邮件地址，并为举报人保密。对实名举报并提供相关事实和证据的，监督检查部门应当将处理结果告知举报人。

第四章　法律责任

第十七条　经营者违反本法规定，给他人造成损害的，应当依法承担民事责任。

经营者的合法权益受到不正当竞争行为损害的，可以向人民法院提起诉讼。

因不正当竞争行为受到损害的经营者的赔偿数额，按照其因被侵权所受到的实际损失确定；实际损失难以计算的，按照侵权人因侵权所获得的利益确定。赔偿数额还应当包括经营者为制止侵权行为所支付的合理开支。

经营者违反本法第六条、第九条规定，权利人因被侵权所受到的实际损失、侵权人因侵权所获得的利益难以确定的，由人民法院根据侵权行为的情节判决给予权利人三百万元以下的赔偿。

第十八条　经营者违反本法第六条规定实施混淆行为的，由监督检查部门责令停止违法行为，没收违法商品。违法经营额五万元以上的，可以并处违法经营额五倍以下的罚款；没有违法经营额或者违法经营额不足五万元的，可以并处二十五万元以下的罚款。情节严重的，吊销营业执照。

经营者登记的企业名称违反本法第六条规定的，应当及时办理名称变更登记；名称变更前，由原企业登记机关以统一社会信用代码代替其名称。

第十九条　经营者违反本法第七条规定贿赂他人的，由监督检查部门没收违法所得，处十万元以上三百万元以下的罚款。情节严重的，吊销营业执照。

第二十条　经营者违反本法第八条规定对其商品作虚假或者引人误解的商业宣传，或者通过组织虚假交易等方式帮助其他经营者进行虚假或者引人误解的商业宣传的，由监督检查部门责令停止违法行为，处二十万元以上一百万元以下的罚款；

情节严重的，处一百万元以上二百万元以下的罚款，可以吊销营业执照。

经营者违反本法第八条规定，属于发布虚假广告的，依照《中华人民共和国广告法》的规定处罚。

第二十一条 经营者违反本法第九条规定侵犯商业秘密的，由监督检查部门责令停止违法行为，处十万元以上五十万元以下的罚款；情节严重的，处五十万元以上三百万元以下的罚款。

第二十二条 经营者违反本法第十条规定进行有奖销售的，由监督检查部门责令停止违法行为，处五万元以上五十万元以下的罚款。

第二十三条 经营者违反本法第十一条规定损害竞争对手商业信誉、商品声誉的，由监督检查部门责令停止违法行为、消除影响，处十万元以上五十万元以下的罚款；情节严重的，处五十万元以上三百万元以下的罚款。

第二十四条 经营者违反本法第十二条规定妨碍、破坏其他经营者合法提供的网络产品或者服务正常运行的，由监督检查部门责令停止违法行为，处十万元以上五十万元以下的罚款；情节严重的，处五十万元以上三百万元以下的罚款。

第二十五条 经营者违反本法规定从事不正当竞争，有主动消除或者减轻违法行为危害后果等法定情形的，依法从轻或者减轻行政处罚；违法行为轻微并及时纠正，没有造成危害后果的，不予行政处罚。

第二十六条 经营者违反本法规定从事不正当竞争，受到行政处罚的，由监督检查部门记入信用记录，并依照有关法律、行政法规的规定予以公示。

第二十七条 经营者违反本法规定，应当承担民事责任、行政责任和刑事责任，其财产不足以支付的，优先用于承担民事责任。

第二十八条 妨害监督检查部门依照本法履行职责，拒绝、阻碍调查的，由监督检查部门责令改正，对个人可以处五千元以下的罚款，对单位可以处五万元以下的罚款，并可以由公安机关依法给予治安管理处罚。

第二十九条 当事人对监督检查部门作出的决定不服的，可以依法申请行政复议或者提起行政诉讼。

第三十条 监督检查部门的工作人员滥用职权、玩忽职守、徇私舞弊或者泄露调查过程中知悉的商业秘密的，依法给予处分。

第三十一条 违反本法规定，构成犯罪的，依法追究刑事责任。

第五章　附　则

第三十二条 本法自 2018 年 1 月 1 日起施行。

二、《中华人民共和国价格法》

中华人民共和国价格法

（1997 年 12 月 29 日第八届全国人民代表大会常务委员会第二十九次会议通过 1997 年 12 月 29 日中华人民共和国主席令第九十二号公布自 1998 年 5 月 1 日起施行）

第一章　总　则

第一条　为了规范价格行为，发挥价格合理配置资源的作用，稳定市场价格总水平，保护消费者和经营者的合法权益，促进社会主义市场经济健康发展，制定本法。

第二条　在中华人民共和国境内发生的价格行为，适用本法。

本法所称价格包括商品价格和服务价格。

商品价格是指各类有形产品和无形资产的价格。

服务价格是指各类有偿服务的收费。

第三条　国家实行并逐步完善宏观经济调控下主要由市场形成价格的机制。价格的制定应当符合价值规律，大多数商品和服务价格实行市场调节价，极少数商品和服务价格实行政府指导价或者政府定价。

市场调节价，是指由经营者自主制定，通过市场竞争形成的价格。

本法所称经营者是指从事生产、经营商品或者提供有偿服务的法人、其他组织和个人。

政府指导价，是指依照本法规定，由政府价格主管部门或者其他有关部门，按照定价权限和范围规定基准价及其浮动幅度，指导经营者制定的价格。

政府定价，是指依照本法规定，由政府价格主管部门或者其他有关部门，按照定价权限和范围制定的价格。

第四条　国家支持和促进公平、公开、合法的市场竞争，维护正常的价格秩序，对价格活动实行管理、监督和必要的调控。

第五条　国务院价格主管部门统一负责全国的价格工作。国务院其他有关部门在各自的职责范围内，负责有关的价格工作。

县级以上地方各级人民政府价格主管部门负责本行政区域内的价格工作。县级以上地方各级人民政府其他有关部门在各自的职责范围内，负责有关的价格工作。

第二章 经营者的价格行为

第六条 商品价格和服务价格，除依照本法第十八条规定适用政府指导价或者政府定价外，实行市场调节价，由经营者依照本法自主制定。

第七条 经营者定价，应当遵循公平、合法和诚实信用的原则。

第八条 经营者定价的基本依据是生产经营成本和市场供求状况。

第九条 经营者应当努力改进生产经营管理，降低生产经营成本，为消费者提供价格合理的商品和服务，并在市场竞争中获取合法利润。

第十条 经营者应当根据其经营条件建立、健全内部价格管理制度，准确记录与核定商品和服务的生产经营成本，不得弄虚作假。

第十一条 经营者进行价格活动，享有下列权利：

（一）自主制定属于市场调节的价格；

（二）在政府指导价规定的幅度内制定价格；

（三）制定属于政府指导价、政府定价产品范围内的新产品的试销价格，特定产品除外；

（四）检举、控告侵犯其依法自主定价权利的行为。

第十二条 经营者进行价格活动，应当遵守法律、法规，执行依法制定的政府指导价、政府定价和法定的价格干预措施、紧急措施。

第十三条 经营者销售、收购商品和提供服务，应当按照政府价格主管部门的规定明码标价，注明商品的品名、产地、规格、等级、计价单位、价格或者服务的项目、收费标准等有关情况。

经营者不得在标价之外加价出售商品，不得收取任何未予标明的费用。

第十四条 经营者不得有下列不正当价格行为：

（一）相互串通，操纵市场价格，损害其他经营者或者消费者的合法权益；

（二）在依法降价处理鲜活商品、季节性商品、积压商品等商品外，为了排挤竞争对手或者独占市场，以低于成本的价格倾销，扰乱正常的生产经营秩序，损害国家利益或者其他经营者的合法权益；

（三）捏造、散布涨价信息，哄抬价格，推动商品价格过高上涨的；

（四）利用虚假的或者使人误解的价格手段，诱骗消费者或者其他经营者与其进行交易；

（五）提供相同商品或者服务，对具有同等交易条件的其他经营者实行价格歧视；

（六）采取抬高等级或者压低等级等手段收购、销售商品或者提供服务，变相提高或者压低价格；

（七）违反法律、法规的规定牟取暴利；

（八）法律、行政法规禁止的其他不正当价格行为。

第十五条　各类中介机构提供有偿服务收取费用，应当遵守本法的规定。法律另有规定的，按照有关规定执行。

第十六条　经营者销售进口商品、收购出口商品，应当遵守本章的有关规定，维护国内市场秩序。

第十七条　行业组织应当遵守价格法律、法规，加强价格自律，接受政府价格主管部门的工作指导。

第三章　政府的定价行为

第十八条　下列商品和服务价格，政府在必要时可以实行政府指导价或者政府定价：

（一）与国民经济发展和人民生活关系重大的极少数商品价格；

（二）资源稀缺的少数商品价格；

（三）自然垄断经营的商品价格；

（四）重要的公用事业价格；

（五）重要的公益性服务价格。

第十九条　政府指导价、政府定价的定价权限和具体适用范围，以中央的和地方的定价目录为依据。

中央定价目录由国务院价格主管部门制定、修订，报国务院批准后公布。

地方定价目录由省、自治区、直辖市人民政府价格主管部门按照中央定价目录规定的定价权限和具体适用范围制定，经本级人民政府审核同意，报国务院价格主管部门审定后公布。

省、自治区、直辖市人民政府以下各级地方人民政府不得制定定价目录。

第二十条　国务院价格主管部门和其他有关部门，按照中央定价目录规定的定价权限和具体适用范围制定政府指导价、政府定价；其中重要的商品和服务价格的政府指导价、政府定价，应当按照规定经国务院批准。

省、自治区、直辖市人民政府价格主管部门和其他有关部门，应当按照地方定价目录规定的定价权限和具体适用范围制定在本地区执行的政府指导价、政府定价。

市、县人民政府可以根据省、自治区、直辖市人民政府的授权，按照地方定价目录规定的定价权限和具体适用范围制定在本地区执行的政府指导价、政府定价。

第二十一条 制定政府指导价、政府定价，应当依据有关商品或者服务的社会平均成本和市场供求状况、国民经济与社会发展要求以及社会承受能力，实行合理的购销差价、批零差价、地区差价和季节差价。

第二十二条 政府价格主管部门和其他有关部门制定政府指导价、政府定价，应当开展价格、成本调查，听取消费者、经营者和有关方面的意见。

政府价格主管部门开展对政府指导价、政府定价的价格、成本调查时，有关单位应当如实反映情况，提供必需的账簿、文件以及其他资料。

第二十三条 制定关系群众切身利益的公用事业价格、公益性服务价格、自然垄断经营的商品价格等政府指导价、政府定价，应当建立听证会制度，由政府价格主管部门主持，征求消费者、经营者和有关方面的意见，论证其必要性、可行性。

第二十四条 政府指导价、政府定价制定后，由制定价格的部门向消费者、经营者公布。

第二十五条 政府指导价、政府定价的具体适用范围、价格水平，应当根据经济运行情况，按照规定的定价权限和程序适时调整。

消费者、经营者可以对政府指导价、政府定价提出调整建议。

第四章　价格总水平调控

第二十六条 稳定市场价格总水平是国家重要的宏观经济政策目标。国家根据国民经济发展的需要和社会承受能力，确定市场价格总水平调控目标，列入国民经济和社会发展计划，并综合运用货币、财政、投资、进出口等方面的政策和措施，予以实现。

第二十七条 政府可以建立重要商品储备制度，设立价格调节基金，调控价格，稳定市场。

第二十八条 为适应价格调控和管理的需要，政府价格主管部门应当建立价格监测制度，对重要商品、服务价格的变动进行监测。

第二十九条 政府在粮食等重要农产品的市场购买价格过低时，可以在收购中实行保护价格，并采取相应的经济措施保证其实现。

第三十条 当重要商品和服务价格显著上涨或者有可能显著上涨，国务院和省、自治区、直辖市人民政府可以对部分价格采取限定差价率或者利润率、规定限价、实行提价申报制度和调价备案制度等干预措施。

省、自治区、直辖市人民政府采取前款规定的干预措施，应当报国务院备案。

第三十一条　当市场价格总水平出现剧烈波动等异常状态时，国务院可以在全国范围内或者部分区域内采取临时集中定价权限、部分或者全面冻结价格的紧急措施。

第三十二条　依照本法第三十条、第三十一条的规定实行干预措施、紧急措施的情形消除后，应当及时解除干预措施、紧急措施。

第五章　价格监督检查

第三十三条　县级以上各级人民政府价格主管部门，依法对价格活动进行监督检查，并依照本法的规定对价格违法行为实施行政处罚。

第三十四条　政府价格主管部门进行价格监督检查时，可以行使下列职权：

（一）询问当事人或者有关人员，并要求其提供证明材料和与价格违法行为有关的其他资料；

（二）查询、复制与价格违法行为有关的账簿、单据、凭证、文件及其他资料，核对与价格违法行为有关的银行资料；

（三）检查与价格违法行为有关的财物，必要时可以责令当事人暂停相关营业；

（四）在证据可能灭失或者以后难以取得的情况下，可以依法先行登记保存，当事人或者有关人员不得转移、隐匿或者销毁。

第三十五条　经营者接受政府价格主管部门的监督检查时，应当如实提供价格监督检查所必需的账簿、单据、凭证、文件以及其他资料。

第三十六条　政府部门价格工作人员不得将依法取得的资料或者了解的情况用于依法进行价格管理以外的任何其他目的，不得泄露当事人的商业秘密。

第三十七条　消费者组织、职工价格监督组织、居民委员会、村民委员会等组织以及消费者，有权对价格行为进行社会监督。政府价格主管部门应当充分发挥群众的价格监督作用。

新闻单位有权进行价格舆论监督。

第三十八条　政府价格主管部门应当建立对价格违法行为的举报制度。

任何单位和个人均有权对价格违法行为进行举报。政府价格主管部门应当对举报者给予鼓励，并负责为举报者保密。

第六章　法　律　责　任

第三十九条　经营者不执行政府指导价、政府定价以及法定的价格干预措施、紧急措施的，责令改正，没收违法所得，可以并处违法所得五倍以下的罚款；没有违法所得的，可以处以罚款；情节严重的，责令停业整顿。

第四十条 经营者有本法第十四条所列行为之一的，责令改正，没收违法所得，可以并处违法所得五倍以下的罚款；没有违法所得的，予以警告，可以并处罚款；情节严重的，责令停业整顿，或者由工商行政管理机关吊销营业执照。有关法律对本法第十四条所列行为的处罚及处罚机关另有规定的，可以依照有关法律的规定执行。

有本法第十四条第（一）项、第（二）项所列行为，属于是全国性的，由国务院价格主管部门认定；属于是省及省以下区域性的，由省、自治区、直辖市人民政府价格主管部门认定。

第四十一条 经营者因价格违法行为致使消费者或者其他经营者多付价款的，应当退还多付部分；造成损害的，应当依法承担赔偿责任。

第四十二条 经营者违反明码标价规定的，责令改正，没收违法所得，可以并处五千元以下的罚款。

第四十三条 经营者被责令暂停相关营业而不停止的，或者转移、隐匿、销毁依法登记保存的财物的，处相关营业所得或者转移、隐匿、销毁的财物价值一倍以上三倍以下的罚款。

第四十四条 拒绝按照规定提供监督检查所需资料或者提供虚假资料的，责令改正，予以警告；逾期不改正的，可以处以罚款。

第四十五条 地方各级人民政府或者各级人民政府有关部门违反本法规定，超越定价权限和范围擅自制定、调整价格或者不执行法定的价格干预措施、紧急措施的，责令改正，并可以通报批评；对直接负责的主管人员和其他直接责任人员，依法给予行政处分。

第四十六条 价格工作人员泄露国家秘密、商业秘密以及滥用职权、徇私舞弊、玩忽职守、索贿受贿，构成犯罪的，依法追究刑事责任；尚不构成犯罪的，依法给予处分。

第七章　附　则

第四十七条 国家行政机关的收费，应当依法进行，严格控制收费项目，限定收费范围、标准。收费的具体管理办法由国务院另行制定。

利率、汇率、保险费率、证券及期货价格，适用有关法律、行政法规的规定，不适用本法。

第四十八条 本法自 1998 年 5 月 1 日起施行。

三、《中华人民共和国反垄断法》

中华人民共和国反垄断法

（2007 年 8 月 30 日第十届全国人民代表大会常务委员会第二十九次会议通过）

目　录

第一章　总　则

第一条　为了预防和制止垄断行为，保护市场公平竞争，提高经济运行效率，维护消费者利益和社会公共利益，促进社会主义市场经济健康发展，制定本法。

第二条　中华人民共和国境内经济活动中的垄断行为，适用本法；中华人民共和国境外的垄断行为，对境内市场竞争产生排除、限制影响的，适用本法。

第三条　本法规定的垄断行为包括：

（一）经营者达成垄断协议；

（二）经营者滥用市场支配地位；

（三）具有或者可能具有排除、限制竞争效果的经营者集中。

第四条　国家制定和实施与社会主义市场经济相适应的竞争规则，完善宏观调控，健全统一、开放、竞争、有序的市场体系。

第五条　经营者可以通过公平竞争、自愿联合，依法实施集中，扩大经营规模，提高市场竞争能力。

第六条　具有市场支配地位的经营者，不得滥用市场支配地位，排除、限制竞争。

第七条　国有经济占控制地位的关系国民经济命脉和国家安全的行业以及依法实行专营专卖的行业，国家对其经营者的合法经营活动予以保护，并对经营者的经营行为及其商品和服务的价格依法实施监管和调控，维护消费者利益，促进技术进步。

前款规定行业的经营者应当依法经营，诚实守信，严格自律，接受社会公众的监督，不得利用其控制地位或者专营专卖地位损害消费者利益。

第八条 行政机关和法律、法规授权的具有管理公共事务职能的组织不得滥用行政权力，排除、限制竞争。

第九条 国务院设立反垄断委员会，负责组织、协调、指导反垄断工作，履行下列职责：

（一）研究拟订有关竞争政策；

（二）组织调查、评估市场总体竞争状况，发布评估报告；

（三）制定、发布反垄断指南；

（四）协调反垄断行政执法工作；

（五）国务院规定的其他职责。

国家市场监督管理总局的组成和工作规则由国务院规定。

第十条 国务院规定的承担反垄断执法职责的机构（以下统称国务院反垄断执法机构）依照本法规定，负责反垄断执法工作。

国务院反垄断执法机构根据工作需要，可以授权省、自治区、直辖市人民政府相应的机构，依照本法规定负责有关反垄断执法工作。

第十一条 行业协会应当加强行业自律，引导本行业的经营者依法竞争，维护市场竞争秩序。

第十二条 本法所称经营者，是指从事商品生产、经营或者提供服务的自然人、法人和其他组织。

本法所称相关市场，是指经营者在一定时期内就特定商品或者服务（以下统称商品）进行竞争的商品范围和地域范围。

第二章 垄 断 协 议

第十三条 禁止具有竞争关系的经营者达成下列垄断协议：

（一）固定或者变更商品价格；

（二）限制商品的生产数量或者销售数量；

（三）分割销售市场或者原材料采购市场；

（四）限制购买新技术、新设备或者限制开发新技术、新产品；

（五）联合抵制交易；

（六）国务院反垄断执法机构认定的其他垄断协议。

本法所称垄断协议，是指排除、限制竞争的协议、决定或者其他协同行为。

第十四条 禁止经营者与交易相对人达成下列垄断协议：

（一）固定向第三人转售商品的价格；

（二）限定向第三人转售商品的最低价格；

（三）国务院反垄断执法机构认定的其他垄断协议。

第十五条 经营者能够证明所达成的协议属于下列情形之一的，不适用本法第十三条、第十四条的规定：

（一）为改进技术、研究开发新产品的；

（二）为提高产品质量、降低成本、增进效率，统一产品规格、标准或者实行专业化分工的；

（三）为提高中小经营者经营效率，增强中小经营者竞争力的；

（四）为实现节约能源、保护环境、救灾救助等社会公共利益的；

（五）因经济不景气，为缓解销售量严重下降或者生产明显过剩的；

（六）为保障对外贸易和对外经济合作中的正当利益的；

（七）法律和国务院规定的其他情形。

属于前款第一项至第五项情形，不适用本法第十三条、第十四条规定的，经营者还应当证明所达成的协议不会严重限制相关市场的竞争，并且能够使消费者分享由此产生的利益。

第十六条 行业协会不得组织本行业的经营者从事本章禁止的垄断行为。

第三章　滥用市场支配地位

第十七条 禁止具有市场支配地位的经营者从事下列滥用市场支配地位的行为：

（一）以不公平的高价销售商品或者以不公平的低价购买商品；

（二）没有正当理由，以低于成本的价格销售商品；

（三）没有正当理由，拒绝与交易相对人进行交易；

（四）没有正当理由，限定交易相对人只能与其进行交易或者只能与其指定的经营者进行交易；

（五）没有正当理由搭售商品，或者在交易时附加其他不合理的交易条件；

（六）没有正当理由，对条件相同的交易相对人在交易价格等交易条件上实行差别待遇；

（七）国务院反垄断执法机构认定的其他滥用市场支配地位的行为。

本法所称市场支配地位，是指经营者在相关市场内具有能够控制商品价格、数量或者其他交易条件，或者能够阻碍、影响其他经营者进入相关市场能力的市场地位。

第十八条 认定经营者具有市场支配地位，应当依据下列因素：

（一）该经营者在相关市场的市场份额，以及相关市场的竞争状况；

（二）该经营者控制销售市场或者原材料采购市场的能力；

（三）该经营者的财力和技术条件；

（四）其他经营者对该经营者在交易上的依赖程度；

（五）其他经营者进入相关市场的难易程度；

（六）与认定该经营者市场支配地位有关的其他因素。

第十九条 有下列情形之一的，可以推定经营者具有市场支配地位：

（一）一个经营者在相关市场的市场份额达到二分之一的；

（二）两个经营者在相关市场的市场份额合计达到三分之二的；

（三）三个经营者在相关市场的市场份额合计达到四分之三的。

有前款第二项、第三项规定的情形，其中有的经营者市场份额不足十分之一的，不应当推定该经营者具有市场支配地位。

被推定具有市场支配地位的经营者，有证据证明不具有市场支配地位的，不应当认定其具有市场支配地位。

第四章　经营者集中

第二十条 经营者集中是指下列情形：

（一）经营者合并；

（二）经营者通过取得股权或者资产的方式取得对其他经营者的控制权；

（三）经营者通过合同等方式取得对其他经营者的控制权或者能够对其他经营者施加决定性影响。

第二十一条 经营者集中达到国务院规定的申报标准的，经营者应当事先向国务院反垄断执法机构申报，未申报的不得实施集中。

第二十二条 经营者集中有下列情形之一的，可以不向国务院反垄断执法机构申报：

（一）参与集中的一个经营者拥有其他每个经营者百分之五十以上有表决权的股份或者资产的；

（二）参与集中的每个经营者百分之五十以上有表决权的股份或者资产被同一个未参与集中的经营者拥有的。

第二十三条 经营者向国务院反垄断执法机构申报集中，应当提交下列文件、资料：

（一）申报书；

（二）集中对相关市场竞争状况影响的说明；

（三）集中协议；

（四）参与集中的经营者经会计师事务所审计的上一会计年度财务会计报告；

（五）国务院反垄断执法机构规定的其他文件、资料。

申报书应当载明参与集中的经营者的名称、住所、经营范围、预定实施集中的日期和国务院反垄断执法机构规定的其他事项。

第二十四条 经营者提交的文件、资料不完备的，应当在国务院反垄断执法机构规定的期限内补交文件、资料。经营者逾期未补交文件、资料的，视为未申报。

第二十五条 国务院反垄断执法机构应当自收到经营者提交的符合本法第二十三条规定的文件、资料之日起三十日内，对申报的经营者集中进行初步审查，作出是否实施进一步审查的决定，并书面通知经营者。国务院反垄断执法机构作出决定前，经营者不得实施集中。

国务院反垄断执法机构作出不实施进一步审查的决定或者逾期未作出决定的，经营者可以实施集中。

第二十六条 国务院反垄断执法机构决定实施进一步审查的，应当自决定之日起九十日内审查完毕，作出是否禁止经营者集中的决定，并书面通知经营者。作出禁止经营者集中的决定，应当说明理由。审查期间，经营者不得实施集中。

有下列情形之一的，国务院反垄断执法机构经书面通知经营者，可以延长前款规定的审查期限，但最长不得超过六十日：

（一）经营者同意延长审查期限的；

（二）经营者提交的文件、资料不准确，需要进一步核实的；

（三）经营者申报后有关情况发生重大变化的。

国务院反垄断执法机构逾期未作出决定的，经营者可以实施集中。

第二十七条 审查经营者集中，应当考虑下列因素：

（一）参与集中的经营者在相关市场的市场份额及其对市场的控制力；

（二）相关市场的市场集中度；

（三）经营者集中对市场进入、技术进步的影响；

（四）经营者集中对消费者和其他有关经营者的影响；

（五）经营者集中对国民经济发展的影响；

（六）国务院反垄断执法机构认为应当考虑的影响市场竞争的其他因素。

第二十八条 经营者集中具有或者可能具有排除、限制竞争效果的，国务院反垄断执法机构应当作出禁止经营者集中的决定。但是，经营者能够证明该集中对竞争产生的有利影响明显大于不利影响，或者符合社会公共利益的，国务院反垄断执法机构可以作出对经营者集中不予禁止的决定。

第二十九条 对不予禁止的经营者集中，国务院反垄断执法机构可以决定附加减少集中对竞争产生不利影响的限制性条件。

第三十条 国务院反垄断执法机构应当将禁止经营者集中的决定或者对经营者集中附加限制性条件的决定，及时向社会公布。

第三十一条 对外资并购境内企业或者以其他方式参与经营者集中，涉及国家安全的，除依照本法规定进行经营者集中审查外，还应当按照国家有关规定进行国家安全审查。

第五章 滥用行政权力排除、限制竞争

第三十二条 行政机关和法律、法规授权的具有管理公共事务职能的组织不得滥用行政权力，限定或者变相限定单位或者个人经营、购买、使用其指定的经营者提供的商品。

第三十三条 行政机关和法律、法规授权的具有管理公共事务职能的组织不得滥用行政权力，实施下列行为，妨碍商品在地区之间的自由流通：

（一）对外地商品设定歧视性收费项目、实行歧视性收费标准，或者规定歧视性价格；

（二）对外地商品规定与本地同类商品不同的技术要求、检验标准，或者对外地商品采取重复检验、重复认证等歧视性技术措施，限制外地商品进入本地市场；

（三）采取专门针对外地商品的行政许可，限制外地商品进入本地市场；

（四）设置关卡或者采取其他手段，阻碍外地商品进入或者本地商品运出；

（五）妨碍商品在地区之间自由流通的其他行为。

第三十四条 行政机关和法律、法规授权的具有管理公共事务职能的组织不得滥用行政权力，以设定歧视性资质要求、评审标准或者不依法发布信息等方式，排斥或者限制外地经营者参加本地的招标投标活动。

第三十五条 行政机关和法律、法规授权的具有管理公共事务职能的组织不得滥用行政权力，采取与本地经营者不平等待遇等方式，排斥或者限制外地经营者在本地投资或者设立分支机构。

第三十六条 行政机关和法律、法规授权的具有管理公共事务职能的组织不得滥用行政权力，强制经营者从事本法规定的垄断行为。

第三十七条 行政机关不得滥用行政权力，制定含有排除、限制竞争内容的规定。

第六章　对涉嫌垄断行为的调查

第三十八条　反垄断执法机构依法对涉嫌垄断行为进行调查。

对涉嫌垄断行为，任何单位和个人有权向反垄断执法机构举报。反垄断执法机构应当为举报人保密。

举报采用书面形式并提供相关事实和证据的，反垄断执法机构应当进行必要的调查。

第三十九条　反垄断执法机构调查涉嫌垄断行为，可以采取下列措施：

（一）进入被调查的经营者的营业场所或者其他有关场所进行检查；

（二）询问被调查的经营者、利害关系人或者其他有关单位或者个人，要求其说明有关情况；

（三）查阅、复制被调查的经营者、利害关系人或者其他有关单位或者个人的有关单证、协议、会计账簿、业务函电、电子数据等文件、资料；

（四）查封、扣押相关证据；

（五）查询经营者的银行账户。

采取前款规定的措施，应当向反垄断执法机构主要负责人书面报告，并经批准。

第四十条　反垄断执法机构调查涉嫌垄断行为，执法人员不得少于二人，并应当出示执法证件。

执法人员进行询问和调查，应当制作笔录，并由被询问人或者被调查人签字。

第四十一条　反垄断执法机构及其工作人员对执法过程中知悉的商业秘密负有保密义务。

第四十二条　被调查的经营者、利害关系人或者其他有关单位或者个人应当配合反垄断执法机构依法履行职责，不得拒绝、阻碍反垄断执法机构的调查。

第四十三条　被调查的经营者、利害关系人有权陈述意见。反垄断执法机构应当对被调查的经营者、利害关系人提出的事实、理由和证据进行核实。

第四十四条　反垄断执法机构对涉嫌垄断行为调查核实后，认为构成垄断行为的，应当依法作出处理决定，并可以向社会公布。

第四十五条　对反垄断执法机构调查的涉嫌垄断行为，被调查的经营者承诺在反垄断执法机构认可的期限内采取具体措施消除该行为后果的，反垄断执法机构可以决定中止调查。中止调查的决定应当载明被调查的经营者承诺的具体内容。

反垄断执法机构决定中止调查的，应当对经营者履行承诺的情况进行监督。经营者履行承诺的，反垄断执法机构可以决定终止调查。

有下列情形之一的，反垄断执法机构应当恢复调查：

（一）经营者未履行承诺的；

（二）作出中止调查决定所依据的事实发生重大变化的；

（三）中止调查的决定是基于经营者提供的不完整或者不真实的信息作出的。

第七章 法 律 责 任

第四十六条 经营者违反本法规定，达成并实施垄断协议的，由反垄断执法机构责令停止违法行为，没收违法所得，并处上一年度销售额百分之一以上百分之十以下的罚款；尚未实施所达成的垄断协议的，可以处五十万元以下的罚款。

经营者主动向反垄断执法机构报告达成垄断协议的有关情况并提供重要证据的，反垄断执法机构可以酌情减轻或者免除对该经营者的处罚。

行业协会违反本法规定，组织本行业的经营者达成垄断协议的，反垄断执法机构可以处五十万元以下的罚款；情节严重的，社会团体登记管理机关可以依法撤销登记。

第四十七条 经营者违反本法规定，滥用市场支配地位的，由反垄断执法机构责令停止违法行为，没收违法所得，并处上一年度销售额百分之一以上百分之十以下的罚款。

第四十八条 经营者违反本法规定实施集中的，由国务院反垄断执法机构责令停止实施集中、限期处分股份或者资产、限期转让营业以及采取其他必要措施恢复到集中前的状态，可以处五十万元以下的罚款。

第四十九条 对本法第四十六条、第四十七条、第四十八条规定的罚款，反垄断执法机构确定具体罚款数额时，应当考虑违法行为的性质、程度和持续的时间等因素。

第五十条 经营者实施垄断行为，给他人造成损失的，依法承担民事责任。

第五十一条 行政机关和法律、法规授权的具有管理公共事务职能的组织滥用行政权力，实施排除、限制竞争行为的，由上级机关责令改正；对直接负责的主管人员和其他直接责任人员依法给予处分。反垄断执法机构可以向有关上级机关提出依法处理的建议。

法律、行政法规对行政机关和法律、法规授权的具有管理公共事务职能的组织滥用行政权力实施排除、限制竞争行为的处理另有规定的，依照其规定。

第五十二条 对反垄断执法机构依法实施的审查和调查，拒绝提供有关材料、信息，或者提供虚假材料、信息，或者隐匿、销毁、转移证据，或者有其他拒绝、阻碍调查行为的，由反垄断执法机构责令改正，对个人可以处二万元以下的罚款，对单位可以处二十万元以下的罚款；情节严重的，对个人处二万元以上十万元以下的罚款，对单位处二十万元以上一百万元以下的罚款；构成犯罪的，依法追究刑事责任。

第五十三条　对反垄断执法机构依据本法第二十八条、第二十九条作出的决定不服的，可以先依法申请行政复议；对行政复议决定不服的，可以依法提起行政诉讼。

对反垄断执法机构作出的前款规定以外的决定不服的，可以依法申请行政复议或者提起行政诉讼。

第五十四条　反垄断执法机构工作人员滥用职权、玩忽职守、徇私舞弊或者泄露执法过程中知悉的商业秘密，构成犯罪的，依法追究刑事责任；尚不构成犯罪的，依法给予处分。

第八章　附　则

第五十五条　经营者依照有关知识产权的法律、行政法规规定行使知识产权的行为，不适用本法；但是，经营者滥用知识产权，排除、限制竞争的行为，适用本法。

第五十六条　农业生产者及农村经济组织在农产品生产、加工、销售、运输、储存等经营活动中实施的联合或者协同行为，不适用本法。

第五十七条　本法自 2008 年 8 月 1 日起施行。

四、国家发展改革委关于《重要商品和服务价格指数行为管理办法（试行）》

国家发展改革委关于
《重要商品和服务价格指数行为管理办法（试行）》

中华人民共和国国家发展和改革委员会令　第 43 号

第一章　总　则

第一条　为了规范重要商品和服务价格指数（以下称"价格指数"）行为，促进价格指数市场健康有序发展，充分发挥价格指数信号作用，服务市场价格合理形成，根据《中华人民共和国价格法》及有关法律法规，制定本办法。

第二条　本办法适用于在中华人民共和国境内与价格指数相关的各种行为，包括价格指数的编制、发布、运行维护、评估、转让和终止等。本办法所称重要商品和服务，是指与国民经济发展和人民生活关系密切的商品和服务。本办法所称价格指数，包括某种（类）商品或服务在两个不同时期价格变动的相对数，以及某种（类）商品或服务在某一特定时期内的绝对价格水平。政府部门编制的价格指数及基于在中央对手方交易的金融产品价格编制的价格指数不适用本办法。

第三条 价格指数行为应当遵守法律法规，遵循独立、公开、透明原则，不得损害国家利益和社会公共利益。

第四条 国务院价格主管部门会同相关部门负责全国价格指数行为的规范管理，县级以上地方各级人民政府价格主管部门会同相关部门负责本行政区域内价格指数行为的规范管理。价格指数行为规范管理应当坚持规范行为和优化服务的原则。

第五条 价格主管部门、相关部门及其工作人员，依法对价格指数行为主体按照本办法提交的材料负有保守商业秘密的义务。本办法所称价格指数行为主体，是指编制发布价格指数的企业、事业单位、社会团体以及其他组织。

第二章 价格指数的行为主体

第六条 在中华人民共和国境内依法设立的企业、事业单位、社会团体以及其他组织可以编制发布价格指数。

第七条 价格指数行为主体应当具备以下条件：

（一）独立于价格指数所反映的商品或服务市场的直接利益相关方，并对外公开声明接受监督；

（二）合法稳定的价格信息来源；

（三）必备的组织架构、专业人员和设施；

（四）完备的价格信息采集、指数计算发布和勘误、内部控制等行为流程；

（五）健全的客观中立保障制度；

（六）规范的价格指数投诉受理和处理机制；

（七）价格主管部门规定的其他条件。

本办法所称价格信息包括：在价格信息采集点发生的已完成交易的成交价格、成交量、产品规格、交付日期及交付地等，未成交的买卖报价、拟交易量、拟交易产品规格、拟交付日期及拟交付地等，以及其他市场信息。本办法所称内部控制流程是指为保证价格指数完整性和可靠性而制定的机制和程序，包括价格信息采集人员、指数计算人员和销售人员的隔离措施和监督机制，价格指数审核评估程序、授权发布程序，以及内部控制流程的定期审查和更新机制等。

第三章 价格指数的编制方案

第八条 价格指数行为主体应当制定价格指数编制方案，并归档。

第九条 价格指数编制方案应当包括以下内容：

（一）价格指数的名称；

（二）价格指数的编制背景和目的；

（三）价格指数所反映的市场基本情况；

（四）价格信息采集点、代表规格品、计算价格指数使用的数据形式及优先级、权重确定方式、价格指数计算公式等；

（五）价格指数发布方式和频率；

（六）相对价格指数的基期基点；

（七）保证价格指数完整性和可靠性的措施。

本办法所称数据形式包括已完成的交易价格、未成交的买卖报价和其他市场信息。

第十条　价格指数的命名应当符合价格指数所反映市场的状况。

冠以"中国""国家""全国""中华"等字样的价格指数，应当在价格指数编制方案中充分证明，信息采集点覆盖的相应商品或服务市场交易规模在全国市场中的占比，以及该覆盖面能够准确有效地反映全国市场价格情况；冠以区域性名称的，应当在价格指数编制方案中充分证明，信息采集点覆盖的相应商品或服务市场交易规模在该区域市场中的占比，以及该覆盖面能够准确有效地反映该区域市场价格情况。禁止使用国家明文规定限制使用的词汇。不得与政府部门编制的价格指数中英文名称重复。

第十一条　价格指数编制方案中保证价格指数完整性和可靠性措施包括：

（一）价格信息采集点的选择标准；

（二）满足价格指数编制需要的价格信息的选择标准；

（三）保证价格信息真实性的措施；

（四）处理离群值或可疑交易的标准；

（五）在价格指数编制过程中使用主观判断的条件及优先级；

（六）少数价格信息采集点在价格信息来源中占较大比例情况时的处理措施；

（七）编制方案的调整条件，以及编制方案调整情况对价格指数使用方的通知和反馈应对方式；

（八）鼓励价格信息采集点提交所有满足价格指数编制方案要求的价格信息的措施。

编制价格指数时，应当尽量使用已完成的交易价格，市场交易活跃度低或无实际成交情况下，可以使用合理的询盘、报盘和其他实际市场信息。

本办法所称价格信息真实性是指采集点提交的必须为已经被执行或者将要被执行的价格信息，并且产生价格信息的交易来自非关联方之间。本办法所称主观判断是指价格指数行为主体在计算价格指数时使用的自由裁量，包括从先前的或者相关交易中推断价格，根据可能影响数据质量的因素来调整价格，或者给予买卖报价高于已完成交易价格的权重等。

第四章　价格指数的发布

第十二条　价格指数行为主体可以自主决定价格指数的发布渠道。价格指数对外发布前应当试运行不少于 6 个月。

第十三条　价格指数行为主体应当在指数发布渠道显著位置披露价格指数的相关信息，包括以下内容：

（一）价格指数行为主体的基本情况及变动情况，接受委托开展价格指数编制、发布、运行维护的，还应包括委托方基本情况及变动情况；

（二）价格指数编制方案及调整情况；

（三）价格指数最新值的简要计算基础和过程，包括提交价格信息采集点的数量、样本量，成交量、价格的范围和平均值，在计算价格指数时使用的每种数据形式的百分比，以及主观判断的使用情况等；

（四）利益相关方的投诉受理渠道和处理机制；

（五）利益相关方的投诉及价格指数行为主体的调查和反馈；

（六）价格指数自我评估结果；

（七）价格主管部门规定的其他信息。

上述第一、第二项中的变动调整情况和第三项内容应当在发布价格指数的同时在同一渠道披露。

第五章　价格指数的运行维护

第十四条　价格指数行为主体应当与价格信息采集点建立规范的信息提交制度，包括提交价格信息的人员、提交标准、提交时间和提交方式。提交方式应当满足价格信息可追溯查询需要。

第十五条　价格指数行为主体应当对所有采集的价格信息进行核实。

第十六条　运行维护过程中出现错误，价格指数行为主体应当第一时间纠正并在指数发布渠道显著位置予以披露。

第十七条　价格指数运行维护过程中涉及的价格信息、工作人员信息、主观判断依据和结果、离群值或可疑交易排除等所有信息都应当归档，并保存不少于 3 年。

第十八条　价格指数行为主体应当设立内部控制部门，建立本办法第七条规定的内部控制流程，对价格指数行为进行合规性审查。

第十九条　价格指数行为主体在运行维护过程中应当保持客观中立，不得有以下行为：

（一）参与价格指数所反映的商品和服务市场的交易；

（二）与相关市场主体进行不当利益交换；

（三）操纵价格指数；

（四）其他可能影响价格指数独立性的行为。

第六章　价格指数的评估

第二十条　价格指数行为主体应当于每年第一季度对上年度价格指数开展自我评估，并在指数发布渠道显著位置对外公布评估结果。

第二十一条　价格指数行为主体对价格指数的自我评估应当包括以下内容：

（一）价格指数行为主体应当具备条件的满足情况；

（二）价格指数编制方案调整和执行情况；

（三）价格指数发布方式和信息披露情况；

（四）价格指数运行维护的规范性和独立性情况；

（五）信息归档情况；

（六）其他需要评估的内容。

第二十二条　价格指数行为主体可以委托专业机构对价格指数开展第三方评估。专业机构开展第三方评估时，应当按照本办法的相关规定进行。

第二十三条　价格主管部门可以根据工作需要，会同相关部门或委托独立专业机构对价格指数行为开展评估和合规性审查。价格指数行为主体应当积极配合并接受指导。评估和合规性审查中发现不合规行为的，价格指数行为主体应当按照价格主管部门的意见进行整改，并提交整改报告。

第七章　价格指数的转让和终止

第二十四条　价格指数转让时，转让方应当与受让方签订价格指数转让协议，并移交所有归档信息档案。价格指数在整改期间不得转让。受让方应当满足本办法第六条、第七条规定。

第二十五条　价格指数行为主体可以视情况终止价格指数，但应当履行以下责任：

（一）至少提前 30 个工作日在指数发布渠道显著位置对外发布终止公告；

（二）在终止之日前继续运行维护和发布价格指数；

（三）归档信息保存至本办法规定期限；

（四）价格主管部门规定的其他事项。

第八章 法 律 责 任

第二十六条 价格指数行为主体或有关责任人有以下行为之一的，价格主管部门可以视情况予以约谈、公开曝光、限期整改、列入失信企业（自然人）名单并纳入全国信用信息共享平台；构成违法的，由相关部门依法追究法律责任：

（一）损害国家利益或社会公共利益的；

（二）编造发布虚假价格指数的；

（三）操纵价格指数的；

（四）利用价格指数组织相关经营者达成价格垄断协议的；

（五）未按照本办法规定进行信息披露的；

（六）未按照本办法规定归档的；

（七）伪造、编造归档文件、评估报告的；

（八）不配合价格主管部门评估和合规性审查的；

（九）违反本办法规定的其他行为。

第二十七条 价格主管部门工作人员在对价格指数开展评估和合规性审查中，存在违法违规行为的，责令限期改正，并依法追究责任。

第九章 附 则

第二十八条 本办法由国务院价格主管部门负责解释。

第二十九条 本办法自 2021 年 8 月 1 日起施行，有效期 3 年。

五、国家发展和改革委员会会同工业和信息化部印发《关于运用价格手段促进钢铁行业供给侧结构性改革有关事项的通知》

国家发展改革委 工业和信息化部
关于运用价格手段促进钢铁行业供给侧结构性改革有关事项的通知

发改价格[2016]2803 号

各省、自治区、直辖市发展改革委、物价局、工业和信息化主管部门，国家电网公司、南方电网公司、内蒙古电力公司，中国钢铁工业协会：

为落实《国务院关于钢铁行业化解过剩产能实现脱困发展的意见》（国发〔2016〕

6 号）有关要求，促进钢铁行业技术进步，提高能源资源利用效率，改善环境，决定运用价格手段促进钢铁行业供给侧结构性改革，化解过剩产能。现就有关事项通知如下：

一、实行更加严格的差别电价政策

（一）对列入《产业结构调整指导目录（2011 年本）（修正）》钢铁行业限制类、淘汰类装置所属企业生产用电继续执行差别电价，在现行目录销售电价或市场交易电价基础上实行加价，其中：淘汰类加价标准由每千瓦时 0.3 元提高至 0.5 元，限制类加价标准为每千瓦时 0.1 元。

（二）未按期完成化解过剩产能实施方案中化解任务的钢铁企业，其生产用电加价标准执行淘汰类电价加价标准，即每千瓦时加价 0.5 元。

（三）各地可结合实际情况在上述规定基础上进一步加大差别电价实施力度，提高加价标准。

（四）若今后国家调整《产业结构调整指导目录（2011 年本）（修正）》，差别电价执行范围随之同步调整更新。

二、推行阶梯电价政策

（一）结合《粗钢生产主要工序单位产品能源消耗限额》（GB 21256—2013），对除执行差别电价以外的钢铁企业（以下简称"其他类钢铁企业"）生产用电实行基于粗钢生产主要工序单位产品能耗水平的阶梯电价政策。对钢铁企业生产用电按工序能耗分别设定三档电价，其中：第一档不加价，第二档每千瓦时加价 0.05 元，第三档每千瓦时加价 0.1 元（具体见附件）。

（二）各地可结合实际情况在上述规定基础上进一步加大阶梯电价实施力度，提高加价标准。

三、加强分工协作

（一）省级工业和信息化主管部门要会同有关部门严格按照国家产业政策等规定，对省内上一年度钢铁企业生产用电情况开展统计、核查，逐个甄别应执行差别电价政策和执行阶梯电价政策的钢铁企业名单以及确定"其他类钢铁企业"的工序单位产品能耗，商省级节能主管部门同意后，于每年 7 月 1 日前向社会公布，并函告省级价格主管部门、节能主管部门，同时将有关情况报国家发展改革委、工业和信息化部备案。省级价格主管部门于每年 6 月 1 日前及时明确差别电价、阶梯电价加价标准。

（二）省级电网企业根据省级工业和信息化主管部门公布的执行差别电价政策和

执行阶梯电价政策的钢铁企业名单、省级价格主管部门公布的加价标准，按照钢铁企业生产用电量（含市场化交易电量）收取加价电费，并及时将收费情况报省级发展改革部门、工业和信息化主管部门、价格主管部门、国家能源局各派出监管机构备案。

四、严格管理和规范使用加价电费资金

因实施差别电价、阶梯电价政策而增加的加价电费，10%留电网企业用于弥补执行差别电价、阶梯电价增加的成本；90%归地方政府使用，主要用于奖励钢铁行业先进企业、支持钢铁企业节能技术改造、淘汰落后和转型升级。具体办法由省级人民政府有关部门制定。

五、加强监督检查

（一）各地要严格执行国家电价政策，不得自行降低钢铁企业的用电价格。

（二）省级工业和信息化主管部门要将辖区内应执行差别电价政策和执行阶梯电价政策的钢铁企业名单以及"其他类钢铁企业"的工序单位产品能耗在官方网站上向社会公布，并动态更新，接受社会监督。省级价格主管部门应会同有关部门加强对钢铁行业差别电价、阶梯电价政策落实情况的监督检查，督促电网企业及时足额上缴加价电费资金。

（三）国家发展改革委、工业和信息化部、国家能源局在各自职责范围内组织力量不定期对钢铁企业执行差别电价、阶梯电价政策情况进行核查和抽查，必要时组织开展交叉检查。

本通知自 2017 年 1 月 1 日起执行。原对钢铁企业执行的惩罚性电价政策相应停止执行。

国家发展改革委

工业和信息化部

2016 年 12 月 30 日

六、财政部《国家税务总局关于调整铁矿石资源税适用税额标准的通知》

关于调整铁矿石资源税适用税额标准的通知

财税[2015]46 号

各省、自治区、直辖市、计划单列市财政厅（局）、地方税务局，西藏、宁夏、青海省（自治区）国家税务总局，新疆生产建设兵团财务局：

经国务院批准，现将铁矿石资源税有关政策事项通知如下：

一、自 2015 年 5 月 1 日起，将铁矿石资源税由减按规定税额标准的 80%征收调整为减按规定税额标准的 40%征收。

二、请有关省（区、市）财政、税务部门抓紧做好政策组织实施工作，确保政策及时落实到位。

财政部　国家税务总局

2015 年 4 月 27 日